『十三五』国家重点图书出版规划项目

秦史与秦文化研究丛书

王子今 主编

秦政治文化研究

雷依群 著

西北大学出版社
·西安·

图书在版编目(CIP)数据

秦政治文化研究 / 雷依群著. --西安:西北大学出版社,2021.2 (2024.6 重印)
(秦史与秦文化研究丛书 / 王子今主编)
ISBN 978-7-5604-4681-3

Ⅰ.①秦… Ⅱ.①雷… Ⅲ.①政治文化—文化史—研究—中国—秦代 Ⅳ.①D691

中国版本图书馆 CIP 数据核字(2020)第 268963 号

秦政治文化研究

QINZHENGZHIWENHUAYANJIU　　雷依群　著

责任编辑　赵瑞萍
装帧设计　谢　晶
出版发行　西北大学出版社
地　　址　西安市太白北路 229 号　　**邮　　编**　710069
网　　址　http://nwupress.nwu.edu.cn　　**E-mail**　xdpress@nwu.edu.cn
电　　话　029-88303593　88302590
经　　销　全国新华书店
印　　装　西安华新彩印有限责任公司
开　　本　710 毫米×1020 毫米　1/16
印　　张　17.25
字　　数　294 千字
版　　次　2021 年 2 月第 1 版　2024 年 6 月第 2 次印刷
书　　号　ISBN 978-7-5604-4681-3
定　　价　116.00 元

如有印装质量问题,请与本社联系调换,电话 029-88302966。

“秦史与秦文化研究丛书”

QINSHI YU QINWENHUA YANJIU CONGSHU

总　序

公元前221年,秦王嬴政完成了统一大业,建立了中国历史上第一个高度集权的"大一统"帝国。秦王朝执政短暂,公元前207年被民众武装暴动推翻。秦短促而亡,其失败,在后世长久的历史记忆中更多地被赋予政治教训的意义。然而人们回顾秦史,往往都会追溯到秦人从立国走向强盛的历程,也会对秦文化的品质和特色有所思考。

秦人有早期以畜牧业作为主体经济形式的历史。《史记》卷五《秦本纪》说秦人先祖柏翳"调驯鸟兽,鸟兽多驯服"①,《汉书》卷一九上《百官公卿表上》则作"葬作朕虞,育草木鸟兽"②,《汉书》卷二八下《地理志下》说"柏益……为舜朕虞,养育草木鸟兽"③,经营对象包括"草木"。所谓"育草木""养育草木",暗示农业和林业在秦早期经济形式中也曾经具有相当重要的地位。秦人经济开发的成就,是秦史进程中不宜忽视的文化因素。其影响,不仅作用于物质层面,也作用于精神层面。秦人在周人称为"西垂"的地方崛起,最初在今甘肃东部、陕西西部活动,利用畜牧业经营能力方面的优势,成为周天子和东方各个文化传统比较悠久的古国不能忽视的政治力量。秦作为政治实体,在两周之际得到正式承认。

关中西部的开发,有周人的历史功绩。周王朝的统治重心东迁洛阳后,秦人在这一地区获得显著的经济成就。秦人起先在汧渭之间地方建设了畜牧业基地,又联络草原部族,团结西戎力量,"西垂以其故和睦",得到周王室的肯定,秦于是立国。正如《史记》卷五《秦本纪》所说:"邑之秦,使复续嬴氏祀,号曰秦嬴。"④秦国力逐渐强盛,后来向东发展,在雍(今陕西凤翔)定都,成为西方诸侯

---

① [汉]司马迁:《史记》,中华书局,1959年,第173页。

② 颜师古注引应劭曰:"葬,伯益也。"《汉书》,中华书局,1962年,第721、724页。

③ [汉]班固:《汉书》,中华书局,1962年,第1641页。

④ 《史记》卷五《秦本纪》,第177页。

国家,与东方列国发生外交和战争关系。雍城是生态条件十分适合农耕发展的富庶地区,与周人早期经营农耕、创造农业奇迹的所谓“周原膴膴”[①]的中心地域东西相邻。因此许多学者将其归入广义“周原”的范围之内。秦国的经济进步,有利用“周余民”较成熟农耕经验的因素。秦穆公时代“益国十二,开地千里,遂霸西戎”,“广地益国,东服强晋,西霸戎夷”,[②]是以关中西部地区作为根据地实现的政治成功。

秦的政治中心,随着秦史的发展,呈现由西而东逐步转移的轨迹。比较明确的秦史记录,即从《史记》卷五《秦本纪》所谓“初有史以纪事”的秦文公时代起始。[③] 秦人活动的中心,经历了这样的转徙过程:西垂—汧渭之会—平阳—雍—咸阳。《中国文物地图集·陕西分册》中的《陕西省春秋战国遗存图》显示,春秋战国时期西安、咸阳附近地方的渭河北岸开始出现重要遗址。[④] 而史书明确记载,商鞅推行变法,将秦都由雍迁到了咸阳。《史记》卷五《秦本纪》:“(秦孝公)十二年,作为咸阳,筑冀阙,秦徙都之。”[⑤]《史记》卷六《秦始皇本纪》:“孝公享国二十四年……其十三年,始都咸阳。”[⑥]《史记》卷六八《商君列传》:“于是以鞅为大良造……居三年,作为筑冀阙宫庭于咸阳,秦自雍徙都之。”[⑦]这些文献记录都明确显示,秦孝公十二年(前350)开始营造咸阳城和咸阳宫,于秦孝公十三年(前349)从雍城迁都到咸阳。定都咸阳,既是秦史上具有重大意义的事件,实现了秦国兴起的历史过程中的显著转折,也是秦政治史上的辉煌亮点。

如果我们从生态地理学和经济地理学的角度分析这一事件,也可以获得新的

---

① 《诗·大雅·绵》,[清]阮元校刻:《十三经注疏》,中华书局据原世界书局缩印本1980年10月影印版,第510页。

② 《史记》卷五《秦本纪》,第194、195页。《史记》卷八七《李斯列传》作“并国二十,遂霸西戎”。第2542页。《后汉书》卷八七《西羌传》:“秦穆公得戎人由余,遂罢西戎,开地千里。”中华书局,1965年,第2873页。

③ 《史记》,第179页。

④ 张在明主编:《中国文物地图集·陕西分册》,西安地图出版社,1998年,上册第61页。

⑤ 《史记》,第203页。

⑥ 《史记》,第288页。

⑦ 《史记》,第2232页。

有意义的发现。秦都由西垂东迁至咸阳的过程，是与秦“东略之世”[①]国力不断壮大的历史同步的。迁都咸阳的决策，有将都城从农耕区之边缘转移到农耕区之中心的用意。秦自雍城迁都咸阳，实现了重要的历史转折。一些学者将“迁都咸阳”看作商鞅变法的内容之一。翦伯赞主编《中国史纲要》在“秦商鞅变法”题下写道：“公元前356年，商鞅下变法令”，“公元前350年，秦从雍(今陕西凤翔)迁都咸阳，商鞅又下第二次变法令”。[②] 杨宽《战国史》(增订本)在“秦国卫鞅的变法”一节“卫鞅第二次变法”题下，将“迁都咸阳，修建宫殿”作为变法主要内容之一，又写道：“咸阳位于秦国的中心地点，靠近渭河，附近物产丰富，交通便利。”[③]林剑鸣《秦史稿》在“商鞅变法的实施”一节，也有“迁都咸阳”的内容。其中写道：“咸阳(在咸阳市窑店东)北依高原，南临渭河，适在秦岭怀抱，既便利往来，又便于取南山之产物，若浮渭而下，可直入黄河；在终南山与渭河之间就是通往函谷关的大道。”[④]这应当是十分准确地反映历史真实的判断。《史记》卷六八《商君列传》记载，商鞅颁布的新法，有扩大农耕的规划，奖励农耕的法令，保护农耕的措施。[⑤] 于是使得秦国在秦孝公—商鞅时代实现了新的农业跃进。而指导这一历史变化的策划中心和指挥中心，就在咸阳。咸阳附近也自此成为关中经济的重心地域。《史记》卷二八《封禅书》说“霸、产、长水、沣、涝、泾、渭皆非大川，以近咸阳，尽得比山川祠”[⑥]，说明“近咸阳”地方水资源得到合理利用。关中于是“号称陆海，为九州膏腴”[⑦]，被看作“天府之国”[⑧]，因其丰饶，千百年居于经济优胜地位。

回顾春秋战国时期列强竞胜的历史，历史影响比较显著的国家，多位于文明程度处于后起地位的中原外围地区，它们的迅速崛起，对于具有悠久的文明传统

---

① 王国维：《秦都邑考》，《王国维遗书》，上海古籍书店，1983年，《观堂集林》卷一二第9页。

② 翦伯赞主编：《中国史纲要》，人民出版社，1979年，第75页。

③ 杨宽：《战国史》(增订本)，上海人民出版社，1998年，第206页。

④ 林剑鸣：《秦史稿》，上海人民出版社，1981年，第189页。

⑤ 商鞅“变法之令”：“民有二男以上不分异者，倍其赋。”“僇力本业，耕织致粟帛多者复其身。事末利及怠而贫者，举以为收孥。”《史记》，第2230页。

⑥ 《史记》，第1374页。

⑦ 《汉书》卷二八下《地理志下》，第1642页。

⑧ 《史记》卷五五《留侯世家》，第2044页。

的“中国”，即黄河中游地区，形成了强烈的冲击。这一历史文化现象，就是《荀子·王霸》中所说的：“虽在僻陋之国，威动天下，五伯是也。”“故齐桓、晋文、楚庄、吴阖闾、越句践，是皆僻陋之国也，威动天下，强殆中国。”①就是说，“五霸”虽然都崛起在文明进程原本相对落后的“僻陋”地方，却能够以新兴的文化强势影响天下，震动中原。“五霸”所指，说法不一，如果按照《白虎通·号·三皇五帝三王五伯》中的说法：“或曰：五霸，谓齐桓公、晋文公、秦穆公、楚庄王、吴王阖闾也。”也就是除去《荀子》所说“越句践”，加上了“秦穆公”，对于秦的“威”“强”，予以肯定。又说：“《尚书》曰‘邦之荣怀，亦尚一人之庆’，知秦穆之霸也。”②秦国力发展态势之急进，对东方诸国有激励和带动的意义。

在战国晚期，七雄之中，以齐、楚、赵、秦为最强。到了公元前3世纪的后期，则秦国的军威，已经势不可当。在秦孝公与商鞅变法之后，秦惠文王兼并巴蜀，宣太后与秦昭襄王战胜义渠，实现对上郡、北地的控制，使秦的疆域大大扩张，时人除“唯秦雄天下”③之说外，又称“秦地半天下”④。秦国上层执政集团可以跨多纬度空间控制，实现了对游牧区、农牧并作区、粟作区、麦作区以及稻作区兼行管理的条件。这是后来对统一王朝不同生态区和经济区实施全面行政管理的前期演习。当时的东方六国，没有一个国家具备从事这种政治实践的条件。

除了与秦孝公合作推行变法的商鞅之外，秦史进程中有重要影响的人物还有韩非和吕不韦。《韩非子》作为法家思想的集大成者，规范了秦政的导向。吕不韦主持编写的《吕氏春秋》为即将成立的秦王朝描画了政治蓝图。多种渊源不同的政治理念得到吸收，其中包括儒学的民本思想。

秦的统一，是中国史的大事件，也是东方史乃至世界史的大事件。对于中华民族的形成，对于后来以汉文化为主体的中华文化的发展，对于统一政治格局的定型，秦的创制有非常重要的意义。秦王朝推行郡县制，实现中央对地方的直接控制。皇帝制度和官僚制度的出现，也是推进政治史进程的重要发明。秦始皇时代实现了高度的集权。皇室、将相、后宫、富族，都无从侵犯或动摇皇帝的权

① ［清］王先谦撰，沈啸寰、王星贤点校：《荀子集解》，中华书局，1988年，第205页。

② ［清］陈立撰，吴则虞点校：《白虎通疏证》，中华书局，1994年，第62、64页。

③ 《史记》卷八三《鲁仲连邹阳列传》，第2459页。

④ 《史记》卷七〇《张仪列传》，第2289页。

威。执掌管理天下最高权力的，唯有皇帝。“夫其卓绝在上，不与士民等夷者，独天子一人耳。”[1]与秦始皇“二世三世至于万世，传之无穷”[2]的乐观设想不同，秦的统治未能长久，但是，秦王朝的若干重要制度，特别是皇帝独尊的制度，却成为此后两千多年的政治史的范式。如毛泽东诗句所谓“百代犹行秦政法”[3]。秦政风格延续长久，对后世中国有长久的规范作用，也对东方世界的政治格局形成了影响。

秦王朝在全新的历史条件下带有试验性质的经济管理形式，是值得重视的。秦时由中央政府主持的长城工程、驰道工程、灵渠工程、阿房宫工程、丽山工程等规模宏大的土木工程的规划和组织，表现出经济管理水平的空前提高，也显示了相当高的行政效率。秦王朝多具有创新意义的经济制度，在施行时各有得失。秦王朝经济管理的军事化体制，以极端苛急的政策倾向为特征，而不合理的以关中奴役关东的区域经济方针等方面的弊病，也为后世提供了深刻的历史教训。秦王朝多以军人为吏，必然使各级行政机构都容易形成极权专制的特点，使行政管理和经济管理都具有军事化的形制，又使统一后不久即应结束的军事管制阶段在实际上无限延长，终于酿成暴政。

秦王朝的专制统治表现出高度集权的特色，其思想文化方面的政策也具有与此相应的风格。秦王朝虽然统治时间不长，但是所推行的文化政策却在若干方面对后世有规定性的意义。“书同文”原本是孔子提出的文化理想。孔子嫡孙子思作《中庸》，引述了孔子的话：“今天下车同轨，书同文，行同伦。”[4]“书同文”，成为文化统一的一种象征。但是在孔子的时代，按照儒家的说法，有其位者无其德，有其德者无其位，“书同文”实际上只是一种空想。战国时期，分裂形势更为显著，书不同文也是体现当时文化背景的重要标志之一。正如东汉学者许慎在《说文解字·叙》中所说，“诸侯力政，不统于王”，于是礼乐典籍受到破坏，天下分为七国，“言语异声，文字异形”。[5] 秦灭六国，实现统一之后，丞相李

---

① 章太炎：《秦政记》，《太炎文录初编》卷一，《章太炎全集》第 4 卷，上海人民出版社，1985 年，第 71 页。

② 《史记》卷六《秦始皇本纪》，第 236 页。

③ 《建国以来毛泽东文稿》第 13 册，中央文献出版社，1998 年，第 361 页。

④ ［清］阮元校刻：《十三经注疏》，第 1634 页。

⑤ ［汉］许慎撰，［清］段玉裁注：《说文解字注》，上海古籍出版社据经韵楼藏版 1981 年 10 月影印版，第 757 页。

斯就上奏建议以“秦文”为基点，欲令天下文字“同之”，凡是与“秦文”不一致的，通通予以废除，以完成文字的统一。历史上的这一重要文化过程，司马迁在《史记》卷六《秦始皇本纪》的记载中写作“书同文字”与“同书文字”，①在《史记》卷一五《六国年表》与《史记》卷八七《李斯列传》中分别写作“同天下书”“同文书”。② 秦王朝的“书同文”虽然没有取得全面的成功，但是当时能够提出这样的文化进步的规划，并且开始了这样的文化进步的实践，应当说，已经是一个值得肯定的伟大的创举。秦王朝推行文化统一的政策，并不限于文字的统一。在秦始皇出巡各地的刻石文字中，可以看到要求各地民俗实现同化的内容。比如琅邪刻石说到“匡饬异俗”，之罘刻石说到“黔首改化，远迩同度”，表示各地的民俗都要改造，以求整齐统一；而强求民俗统一的形式，是法律的规范，就是所谓“普施明法，经纬天下，永为仪则”。③ 应当看到，秦王朝要实行的全面的“天下”“同度”，是以秦地形成的政治规范、法律制度、文化样式和民俗风格为基本模板的。

秦王朝在思想文化方面谋求统一，是通过强硬性的专制手段推行有关政策实现的。所谓焚书坑儒，就是企图全面摈斥东方文化，以秦文化为主体实行强制性的文化统一。对于所谓“难施用”④“不中用”⑤的“无用”之学⑥的否定，甚至不惜采用极端残酷的手段。

秦王朝以关中地方作为政治中心，也作为文化基地。关中地方得到了很好

---

① 《史记》，第239、245页。

② 《史记》，第757、2547页。

③ 《史记》，第245、250、249页。

④ 《史记》卷二八《封禅书》：“始皇闻此议各乖异，难施用，由此绌儒生。”第1366页。

⑤ 《史记》卷六《秦始皇本纪》：“（秦始皇）大怒曰：‘吾前收天下书不中用者尽去之。’”第258页。

⑥ 《资治通鉴》卷七《秦纪二》“始皇帝三十四年”：“魏人陈馀谓孔鲋曰：‘秦将灭先王之籍，而子为书籍之主，其危哉！’子鱼曰：‘吾为无用之学，知吾者惟友。秦非吾友，吾何危哉！吾将藏之以待其求；求至，无患矣。’”胡三省注：“孔鲋，孔子八世孙，字子鱼。”［宋］司马光编著，［元］胡三省音注，“标点资治通鉴小组”校点：《资治通鉴》，中华书局，1956年，第244页。承孙闻博副教授提示，据傅亚庶《孔丛子校释》，《孔丛子》有的版本记录孔鲋说到“有用之学”。叶氏藏本、蔡宗尧本、汉承弼校跋本、章钰校跋本并有“吾不为有用之学，知吾者唯友。秦非吾友，吾何危哉？”语。中华书局，2011年，第410、414页。参看王子今：《秦文化的实用之风》，《光明日报》2013年7月15日15版“国学”。

的发展条件。秦亡，刘邦入咸阳，称“仓粟多”[1]，项羽确定行政中心时有人建议“关中阻山河四塞，地肥饶，可都以霸”，都说明了秦时关中经济条件的优越。项羽虽然没有采纳都关中的建议，但是在分封十八诸侯时，首先考虑了对现今陕西地方的控制。“立沛公为汉王，王巴、蜀、汉中，都南郑”，又“三分关中”，“立章邯为雍王，王咸阳以西，都废丘”，“立司马欣为塞王，王咸阳以东至河，都栎阳；立董翳为翟王，王上郡，都高奴”。[2] 因“三分关中”的战略设想，于是史有“三秦”之说。近年“废丘”的考古发现，有益于说明这段历史。所谓“秦之故地”[3]，是受到特殊重视的行政空间。

汉代匈奴人和西域人仍然称中原人为“秦人”[4]，汉简资料也可见“秦骑”[5]称谓，说明秦文化对中土以外广大区域的影响形成了深刻的历史记忆。远方“秦人”称谓，是秦的历史光荣的文化纪念。

李学勤《东周与秦代文明》一书中将东周时代的中国划分为7个文化圈，就是中原文化圈、北方文化圈、齐鲁文化圈、楚文化圈、吴越文化圈、巴蜀滇文化圈、秦文化圈。关于其中的“秦文化圈”，论者写道：“关中的秦国雄长于广大的西北地区，称之为秦文化圈可能是适宜的。秦人在西周建都的故地兴起，形成了有独特风格的文化。虽与中原有所交往，而本身的特点仍甚明显。”关于战国晚期至于秦汉时期的文化趋势，论者指出：“楚文化的扩展，是东周时代的一件大事”，“随之而来的，是秦文化的传布。秦的兼并列国，建立统一的新王朝，使秦文化成为后来辉煌的汉代文化的基础”。[6] 从空间和时间的视角进行考察，可以注意

---

① 《史记》卷八《高祖本纪》，第362页。

② 《史记》卷七《项羽本纪》，第315、316页。

③ 《史记》卷九九《刘敬叔孙通列传》：“陛下入关而都之，山东虽乱，秦之故地可全而有也。”“今陛下入关而都，案秦之故地，此亦搤天下之亢而拊其背也。”第2716页。

④ 《史记》卷一二三《大宛列传》，第3177页；《汉书》卷九四上《匈奴传上》，第3782页；《汉书》卷九六下《西域传下》，第3913页。东汉西域人使用“秦人”称谓，见《龟兹左将军刘平国作关城诵》，参看王子今：《〈龟兹左将军刘平国作关城诵〉考论——兼说“张骞凿空”》，《欧亚学刊》新7辑，商务印书馆，2018年。

⑤ 如肩水金关简“☐所将胡骑秦骑名籍☐”（73EJT1：158），甘肃简牍保护研究中心、甘肃省文物考古研究所、甘肃省博物馆、中国文化遗产研究院古文献研究室、中国社会科学院简帛研究中心编：《肩水金关汉简》（壹），中西书局，2011年，下册第11页。

⑥ 李学勤：《东周与秦代文明》，上海人民出版社，2007年，第10—11页。

到秦文化超地域的特征和跨时代的意义。秦文化自然有区域文化的含义,早期的秦文化又有部族文化的性质。秦文化也是体现法家思想深刻影响的一种政治文化形态,可以理解为秦王朝统治时期的主体文化和主导文化。秦文化也可以作为一种积极奋进的、迅速崛起的、节奏急烈的文化风格的象征符号。总结秦文化的有积极意义的成分,应当注意这样几个特点:创新理念、进取精神、开放胸怀、实用意识、技术追求。秦文化的这些具有积极因素的特点,可以以"英雄主义"和"科学精神"简要概括。对于秦统一的原因,有必要进行全面的客观的总结。秦人接受来自西北方向文化影响的情形,研究者也应当予以关注。

秦文化既有复杂的内涵,又有神奇的魅力。秦文化表现出由弱而强、由落后而先进的历史转变过程中积极进取、推崇创新、重视实效的文化基因。

对于秦文化的历史表现,仅仅用超地域予以总结也许还是不够的。"从世界史的角度"估价秦文化的影响,是秦史研究者的责任。秦的统一"是中国文化史上的重要转折点",继此之后,汉代创造了辉煌的文明,其影响,"范围绝不限于亚洲东部,我们只有从世界史的高度才能估价它的意义和价值"。[①] 汉代文明成就,正是因秦文化而奠基的。

在对于秦文化的讨论中,不可避免地会导入这样一个问题:为什么在战国七雄的历史竞争中最终秦国取胜,为什么是秦国而不是其他国家完成了"统一"这一历史进程?

秦统一的形势,翦伯赞说,"如暴风雷雨,闪击中原",证明"任何主观的企图,都不足以倒转历史的车轮"。[②] 秦的"统一",有的学者更愿意用"兼并"的说法。这一历史进程,后人称之为"六王毕,四海一"[③],"六王失国四海归"[④]。其实,秦始皇实现的统一,并不仅仅限于黄河流域和长江流域原战国七雄统治的地域,亦包括对岭南的征服。战争的结局,是《史记》卷六《秦始皇本纪》和卷一一

---

① 李学勤:《东周与秦代文明》,第294页。

② 翦伯赞:《秦汉史》,北京大学出版社,1983年,第8页。

③ [唐]杜牧:《阿房宫赋》,《文苑英华》卷四七,[宋]李昉等编:《文苑英华》,中华书局,1966年,第212页。

④ [宋]莫济《次梁安老王十朋咏秦碑韵》:"六王失国四海归,秦皇东刻南巡碑。"[明]董斯张辑:《吴兴艺文补》卷五〇,明崇祯六年刻本,第1103页。

三《南越列传》所记载的桂林、南海、象郡的设立。[1] 按照贾谊《过秦论》的表述，即“南取百越之地，以为桂林、象郡，百越之君俛首系颈，委命下吏”[2]。考古学者基于岭南秦式墓葬发现，如广州淘金坑秦墓、华侨新村秦墓，广西灌阳、兴安、平乐秦墓等的判断，以为“说明了秦人足迹所至和文化所及，反映了秦文化在更大区域内和中原以及其他文化的融合”，“两广秦墓当是和秦始皇统一岭南，‘以谪徙民五十万戍五岭，与越杂处’的历史背景有关”。[3] 岭南文化与中原文化的融合，正是自“秦时已并天下，略定杨越”[4]起始。而蒙恬经营北边，又“却匈奴七百余里”[5]。南海和北河方向的进取，使得秦帝国的国土规模远远超越了秦本土与“六王”故地的总和。[6]

对于秦所以能够实现统一的原因，历来多有学者讨论。有人认为，秦改革彻底，社会制度先进，是主要原因。曾经负责《睡虎地秦墓竹简》定稿、主持张家山汉简整理并进行秦律和汉律对比研究的李学勤指出：“睡虎地竹简秦律的发现和研究，展示了相当典型的奴隶制关系的景象”，“有的著作认为秦的社会制度比六国先进，笔者不能同意这一看法，从秦人相当普遍地保留野蛮的奴隶制关系来看，事实毋宁说是相反”。[7]

秦政以法家思想为指导。法家虽然经历汉初的“拨乱反正”[8]受到清算，又经汉武帝时代“罢黜百家，表章《六经》”[9]“推明孔氏，抑黜百家”[10]，受到正统意

---

① 王子今：《论秦始皇南海置郡》，《陕西师范大学学报》（哲学社会科学版）2017 年第 1 期。

② 《史记》卷六《秦始皇本纪》，第 280 页。

③ 叶小燕：《秦墓初探》，《考古》1982 年第 1 期。

④ 《史记》卷一一三《南越列传》，第 2967 页。

⑤ 《史记》卷六《秦始皇本纪》，第 280 页；《史记》卷四八《陈涉世家》，第 1963 页。

⑥ 参看王子今：《秦统一局面的再认识》，《辽宁大学学报》（哲学社会科学版）2013 年第 1 期。

⑦ 李学勤：《东周与秦代文明》，第 290—291 页。

⑧ 《汉书》卷六《武帝纪》，第 212 页；《汉书》卷二二《礼乐志》，第 1030、1035 页。《史记》卷八《高祖本纪》：“拨乱世反之正。”第 392 页。《史记》卷六〇《三王世家》：“高皇帝拨乱世反诸正。”第 2109 页。

⑨ 《汉书》卷六《武帝纪》，第 212 页。

⑩ 《汉书》卷五六《董仲舒传》，第 2525 页。

识形态压抑,但是由所谓“汉家自有制度,本以霸王道杂之,奈何纯任德教,用周政乎”[①]可知,仍然有长久的历史影响和文化惯性。这说明中国政治史的回顾,有必要思考秦政的作用。

在总结秦统一原因时,应当重视《过秦论》“续六世之余烈,振长策而御宇内”的说法。[②] 然而秦的统一,不仅仅是帝王的事业,也与秦国农民和士兵的历史表现有关。是各地万千士兵与民众的奋发努力促成了统一。秦国统治的地域,当时是最先进的农业区。直到秦王朝灭亡之后,人们依然肯定“秦富十倍天下”的地位。[③] 因农耕业成熟而形成的富足,也构成秦统一的物质实力。

有学者指出,应当重视秦与西北方向的文化联系,重视秦人从中亚地方接受的文化影响。这是正确的意见。但是以为郡县制的实行可能来自西方影响的看法还有待于认真的论证。战国时期,不仅秦国,不少国家都实行了郡县制。有学者指出:“郡县制在春秋时已有萌芽,特别是‘县’,其原始形态可以追溯到西周。到战国时期,郡县制在各国都在推行。”[④]秦人接受来自西北的文化影响,应当是没有疑义的。周穆王西行,据说到达西王母之国,为他驾车的就是秦人先祖造父。秦早期养马业的成功,也应当借鉴了草原游牧族的技术。青铜器中被确定为秦器者,据说有的器形“和常见的中国青铜器有别,有学者以之与中亚的一些器物相比”。学界其实较早已经注意到这种器物,以为“是否模仿中亚的风格,很值得探讨”。[⑤] 我们曾经注意过秦风俗中与西方相近的内容,秦穆公三十二年(前628),发军袭郑,这是秦人首创所谓“径数国千里而袭人”的长距离远征历史记录的例证。晋国发兵在殽阻截秦军,“击之,大破秦军,无一人得脱者,虏秦三将以归”。[⑥] 四年之后,秦人复仇,《左传·文公三年》记载:“秦伯伐晋,济河焚舟,取王官及郊。晋人不出,遂自茅津渡,封殽尸而还。”[⑦]《史记》卷五《秦本

---

① 《汉书》卷九《元帝纪》,第277页。

② 《史记》卷六《秦始皇本纪》,第280页。

③ 《史记》卷八《高祖本纪》,第364页。

④ 李学勤:《东周与秦代文明》,第289—290页。

⑤ 李学勤:《东周与秦代文明》,第146页。

⑥ 《史记》卷五《秦本纪》,第190—192页。

⑦ 《春秋左传集解》,上海人民出版社,1977年,第434页。

纪》："缪公乃自茅津渡河，封殽中尸，为发丧，哭之三日。"[①]《史记》卷三九《晋世家》："秦缪公大兴兵伐我，度河，取王官，封殽尸而去。"[②]封，有人解释为"封识之"[③]，就是筑起高大的土堆以为标识。我们读记述公元 14 年至公元 15 年间史事的《塔西佗〈编年史〉》第 1 卷，可以看到日耳曼尼库斯·凯撒率领的罗马军队进军到埃姆斯河和里普河之间十分类似的情形："据说伐鲁斯和他的军团士兵的尸体还留在那里没有掩埋"，"罗马军队在六年之后，来到这个灾难场所掩埋了这三个军团的士兵的遗骨"，"在修建坟山的时候，凯撒放置第一份草土，用以表示对死者的衷心尊敬并与大家一同致以哀悼之忱"。[④] 罗马军队统帅日耳曼尼库斯·凯撒的做法，和秦穆公所谓"封殽尸"何其相像！罗马军人们所"修建"的"坟山"，是不是和秦穆公为"封识之"而修建的"封"属于性质相类的建筑形式呢？相关的文化现象还有待于深入考论。但是关注秦文化与其他文化系统之间的联系可能确实是有意义的。

秦代徐市东渡，择定适宜的生存空间定居[⑤]，或许是东洋航线初步开通的历史迹象。斯里兰卡出土半两钱[⑥]，似乎可以看作南洋航线早期开通的文物证明。理解并说明秦文化的世界影响，也是丝绸之路史研究应当关注的主题。

"秦史与秦文化研究丛书"系"十三五"国家重点图书出版规划项目，共 14 种，由陕西省人民政府参事室主持编撰，西北大学出版社具体组织实施。包括以下学术专著：《秦政治文化研究》（雷依群）、《初并天下——秦君主集权研究》（孙闻博）、《帝国的形成与崩溃——秦疆域变迁史稿》（梁万斌）、《秦思想与政治研究》（臧知非）、《秦法律文化新探》（闫晓君）、《秦祭祀研究》（史党社）、《秦礼仪研究》（马志亮）、《秦战争史》（赵国华、叶秋菊）、《秦农业史新编》（樊志民、

---

① 《史记》，第 193 页。

② 《史记》，第 1670 页。

③ 《史记》卷五《秦本纪》裴骃《集解》引贾逵曰，第 193 页。

④ 〔罗马〕塔西佗著，王以铸等译：《塔西佗〈编年史〉》，商务印书馆，1981 年，上册，第 1 卷，第 51—52 页。

⑤ 《史记》卷一一八《淮南衡山列传》："徐福得平原广泽，止王不来。"第 3086 页。

⑥ 查迪玛（A. Chandima）：《斯里兰卡藏中国古代文物研究——兼谈古代中斯贸易关系》，山东大学博士学位论文，导师：于海广教授，2011 年 4 月；〔斯里兰卡〕查迪玛·博嘎哈瓦塔、柯莎莉·卡库兰达拉：《斯里兰卡藏中国古代钱币概况》，《百色学院学报》2016 年第 6 期。

李伊波)、《秦都邑宫苑研究》(徐卫民、刘幼臻)、《秦文字研究》(周晓陆、罗志英、李巍、何薇)、《秦官吏法研究》(周海锋)、《秦交通史》(王子今)、《秦史与秦文化研究论著索引》(田静)。

本丛书的编写队伍,集合了秦史研究的学术力量,其中有较资深的学者,也有很年轻的学人。丛书选题设计,注意全方位的研究和多视角的考察。参与此丛书的学者提倡跨学科的研究,重视历史学、考古学、民族学与文化人类学等不同学术方向研究方法的交叉采用,努力坚持实证原则,发挥传世文献与出土文献及新出考古资料相结合的优长,实践“二重证据法”“多重证据法”,力求就秦史研究和秦文化研究实现学术推进。秦史是中国文明史进程的重要阶段,秦文化是历史时期文化融汇的主流之一,也成为中华民族文化的重要构成内容。对于秦史与秦文化,考察、研究、理解和说明,是历史学者的责任。不同视角的观察,不同路径的探究,不同专题的研讨,不同层次的解说,都是必要的。这里不妨借用秦汉史研究前辈学者翦伯赞《秦汉史》中“究明”一语简要表白我们研究工作的学术追求:“究明”即“显出光明”。[①]

王子今

2021 年 1 月 18 日

① 翦伯赞:《秦汉史》,第 2 页。

目录

绪　论

一　政治文化界说

政治文化属于现代政治学概念，在政治学学科体系中占有十分重要的地位。当代政治文化研究的奠基者阿尔蒙德与西德尼·维巴在1963年出版的《公民文化》一书中，把政治文化的概念界定为："一个民族在特定时期流行的一套政治态度、政治信仰和感情，它由本民族的历史和当代社会、经济和政治活动进程所促成。"[①]阿尔蒙德认为："政治文化的内容主要包括三个基本成分，政治认知、政治情感和政治评价，其中，认知取向是对政治系统的职责，这些职责的在任者，政治输入、输出的认识和信念；情感取向是关于政治系统的职责、人员和功能的情感；评价取向是对政治对象的判断和观点，通常包含价值标准和信息、情感的结合。"[②]阿尔蒙德关于政治文化的认识，表明政治文化是由客观的历史实践和主观的人们的思想结合而形成的客观存在的文化现象，是一个独立存在的、可供研究的客体。作为一种文化现象，政治文化是伴随着人类社会而产生的。单从政治认知来说，人类在史前社会就已经产生了对上帝、神灵、祖宗的信仰和崇拜。在古代，上帝和各种神灵是人们面对一切无法解释的事物时，唯一能够给出答案者。进入文明社会，这种信仰与崇拜依然在延续，例如在商代甲骨文中，这种情

---

① 卢春龙：《政治文化研究的多元历史传统：一个方法论的分析》，见〔美〕迈克尔·布林特著，卢春龙、袁倩译：《政治文化的谱系》，北京：社会科学文献出版社，2013年，第5页。

② Gabriel A Almond and Sidneg Verba, The Civic Culture: Political Attitudes and Democracy in Five Nations. Princeton University Press, 1963, p. 14.

况就比比皆是。商人把自己能够成就大业的原因归于上帝,《诗经·商颂·长发》说:"帝命不违,至于汤齐。汤降不迟,圣敬日跻。昭格迟迟,上帝是祗。帝命式于九围。"是说成汤之所以能够取得天下,建功立业,是因为他对上帝虔诚恭敬。早在新石器时代,人类就以家族、家庭的形式进行生产生活,著名的半坡、姜寨等遗址向我们生动地展现了这一点,遗址的物质构成说明这个时期人类已有了个体家庭和社会组织,有了对上帝、神灵和祖先的认知和崇拜。家庭和社会组织的出现,意味着人与人之间、家庭与家庭之间必然会产生各种各样的关系,为了规范人们的行为,维护人们之间的各种关系,一系列的社会规范便产生了。这种社会规范就是《诗经·大雅·烝民》所说的"天生烝民,有物有则"。社会规范本身属于政治文化,特别是当人类进入父系宗法制阶段后,对上帝、祖宗、君主的崇拜更为系统规范和制度化,更具政治文化特征。而在早期国家产生后,这种政治文化就自然转化为某个政治共同体社会普遍的价值意识。

关于政治文化的概念,国内学者从不同的角度给予了不同的的界定。高毅曾提出政治文化应该具备三个主要特征,这就是:"(1)它专门指向一个民族的群体政治心态,或该民族在政治方面的群体主观取向;(2)它强调民族的历史和现实社会运动对群体政治心态的影响;(3)它重视群体政治心态对于群体政治行为的制约作用。"①张分田在研究中国古代统治思想时,根据中国古代统治思想的基本特征提出:"广义的统治思想与主流政治文化是同义词,其核心内容是被精英总结的,被国家肯定的,又被大众认同的全社会的价值共识。"②阎步克在研究中国古代政治文化时,"为了适应中国古代政治与文化之间的密切关系,对'政治文化'概念做了重新界定,其中虽然也大致包含了阿尔蒙德定义的内容在内,但它更为宽泛,也经常用于指涉处于政治和文化的交界面上,兼有政治和文化性质的那些有关事项和问题。特别是'政治文化'精致化了的结晶物,诸如'礼治''法治'等等"③。陈苏镇在《〈春秋〉与"汉道":两汉政治与政治文化研究》一书中提出:"'政治文化'就是一个民族在特定时期和特定环境中形成的群

① 高毅:《法兰西风格:大革命的政治文化》,杭州:浙江人民出版社,1991年,第7页。

② 张分田:《中国古代统治思想研究》,北京:人民出版社,2013年,第6页。

③ 转引自陈苏镇:《〈春秋〉与"汉道":两汉政治与政治文化研究》,北京:中华书局,2011年,第5页。

体政治心态,这种心态构成政治生活的软环境,对人们的政治行为有制约作用,与政治演进、制度变迁等现象存在互动关系。相对而言,‘政治学说’‘政治思想’‘政治哲学’等,属于学者或政治精英;‘政治文化’则属于‘群体’‘社会’或‘民族’,其中不仅包括‘精英’,也包括‘大众’。政治思想要在被人们普遍理解和接受从而形成某种政治文化之后,才会对实际政治生活产生较大影响。”①

以上包括西方学者在内,对政治文化的界说,应当说都有一定的道理,也为我们进一步研究政治文化拓宽了思路,提供了新的视角,但我们认为:政治文化作为一种文化形态,按照马列主义经济基础决定上层建筑的理论,它应当是指在同一个经济基础、同一类型的社会结构、同一个文化传统、同一类生活经历、同一类政治活动过程中所形成的,为全社会认可并遵循的核心价值意识。政治文化一旦形成,就相对地具有了长期性和稳定性,不仅会对现实政治生活产生干预和影响,而且还会以典范化的形式为后世所模仿和传承。②

政治文化的形成,不仅取决于顶层设计者(统治者本人、统治集团、社会精英),同时也取决于处于社会底层的人民大众。它既体现了国家与官方的政治思想、制度设计,也体现了下层人民大众的政治倾向和政治信仰。

政治文化既包括精神层面(如统治思想、经典思想)的内容,也包括了物质层面(如制度、政治习俗、行为习惯等)的内容。

阿尔蒙德与维巴把政治文化划分为三种经典类型,即村民型、臣民型和参与型。③ 这种划分虽然是以西方国家的政治文化为对象而言,但对于我们认识和研究中国古代政治文化的发生和发展仍然有重要的参考意义。

政治文化研究在西方可以说是源远流长,我国“自十九世纪末起,学者们在讨论中西文化关系,反思中国传统文化和‘国民性’时,也大量涉及政治文化的内容”④,因为“政治文化研究关注政治系统的内在心理层面,强调政治文化是决定政治主体行为的准则和支配其政治活动的重要因素,因此,政治文化对于了解

① 陈苏镇:《〈春秋〉与汉道:两汉政治与政治文化研究》,北京:中华书局,2011 年,第 5 页。

② 雷依群:《秦政治文化述论》,《咸阳师范学院学报》2018 年第 3 期。

③ 〔美〕迈克尔·布林特著,卢春龙、袁倩译:《政治文化的谱系》,北京:社会科学文献出版社,2013 年,第 5 页。

④ 〔美〕迈克尔·布林特著,卢春龙、袁倩译:《政治文化的谱系》,北京:社会科学文献出版社,2013 年,第 2 页。

一个国家正式制度框架下的政治行为，理解历史上一个国家特殊的发展模式，都具有独特的不可替代的价值。政治文化研究还特别与政治发展和民主化研究有密切关系，它与经济发展、公民社会、国际环境、政治战略、政治精英等一起，构成了解释一个国家政治发展和民主化进程与模式的重要的自主性变量”①。正因为如此，所以我们在研究中国古代政治文化时，应当注意从综合性和整体性上进行分析，对政治文化的研究不能只停留在对结果的分析上，更重要的是要关注其形成的过程。不仅要关注各个社会发展阶段的经济基础、社会结构，关注统治者、统治集团的政治思想，政治潮流与文化倾向，社会精英及社会制度变迁，更要关注下层人民大众的政治观念、政治态度和政治信仰。关注下层人民大众的政治文化对上层统治者、统治集团及社会精英的影响。对政治文化研究具体来讲，我们认为至少应当包括以下几点内容：一是社会经济基础及在此之上所形成的社会结构；二是最高统治者、统治集团及社会精英的政治思想；三是宗教文化与政治文化之间的关系；四是下层人民大众的政治文化倾向及政治文化信仰。

不同的经济基础与社会结构会产生不同的政治文化。就中国历史来说，同世界各国一样，其发展经历了从蒙昧时代到文明社会的漫长过程。早在距今一万年左右的时期，我国黄河、长江流域的大部分地区已进入了新石器时代。社会经济随着工具的改进已有了长足的进步。由于自然条件的不同，北方地区以种植旱作农作物粟米为主，南方则多以种植水稻为主。在南北方发现的属于这个时代的窖藏中，粮食的贮存已成为普遍的现象。农业生产可能已经进步到能出现剩余。家畜的人工驯化和饲养已普及化，今天所谓的六畜已经出现，特别是猪的饲养数量巨大，用猪来做祭品或陪葬已成为身份高的标志。手工业生产以陶器为大宗，由最初的手工到慢轮再到快轮制作，装饰花纹愈来愈繁缛和精美，而且有相当数量的产品投入市场成为商品。冶铜技术已经出现并日益成熟，在黄河上游的齐家文化遗址出土了制作精美、刃部锋利的铜刀、铜凿、铜锥等。骨器和玉器的雕刻更为先进，不仅有浮雕、圆雕，还出现了镂空和透雕。社会经济的发展，使当时的社会结构发生了新的变化，以家庭、宗族为基础的氏族出现，并进而发展扩大为部落、部落联盟及早期国家。《礼记·礼运》曾具体地描述了这个

---

① 〔美〕迈克尔·布林特著，卢春龙、袁倩译：《政治文化的谱系》，北京：社会科学文献出版社，2013年，第5页。

阶段社会结构所呈现的政治文化特征:“今大道既隐,天下为家。各亲其亲,各子其子,货力为己,大人世及以为礼,城郭沟池以为固,礼义以为纪。以正君臣,以笃父子,以睦兄弟,以和夫妇,以设制度,以立田里,以贤勇知,以功为己。故谋用是作,而兵由此起。”在考古学上,城址和大型祭祀遗址的出现,充分证明了这一点。

这个阶段,社会结构中最主要的特点就是伴随着城市和早期国家的出现而出现的阶级对立。历史上的夏王朝已出现了“家天下”的概念。至商代,由于社会生产力的进步,许多不同于此前的国家机器、制度文物开始出现,从而又显现出一种新的政治文化现象,这就是王权的进一步加强。商王常自称为“余一人”,商代最后的两位王“竟将上帝的‘帝’字用于王的名号,称为帝乙、帝辛,直接反映了君权神授的观念”①。与夏商两代不同的是西周王朝,从开始立国便实行了严格的宗法制与分封制。宗法制和分封制所确立的等级社会结构从血缘和地缘两个方面推动了王权地位的巩固和提高。西周的政治文化在各方面都体现了这一特色。西周末年的社会动乱将历史引入了春秋战国时代。春秋时期社会经济政治文化都发生了新的变化,特别是西周时代的井田制、宗法制、分封制遭到了很大的破坏,周天子的领地“日蹙百里”,不断被蚕食,诸侯势力的崛起和相互间的明争暗斗,持续了数百年之久。经过春秋战国时期的诸侯争霸和兼并战争,到秦的统一,中国古代社会结构发生了新变化,这就是由以皇帝为代表的地主阶级和农民阶级的对立,形成新的等级秩序。以中央集权为特色的政治文化成为这个时代最引人注目的特色。

最高统治者、统治集团、社会精英与政治文化的关系,可以说是最为密切的。马克思在谈到统治思想时曾讲过这样一段话:“统治阶级的思想,在每一时代都是占统治地位的思想。这就是说,一个阶级是社会上占统治地位的物质力量,同时也是社会上占统治地位的精神力量。”②对于政治文化而言又何尝不是如此。统治者及统治集团是他们阶级利益的代表者、代言人,他们掌握着国家政治权力,权力和地位决定了他们对政治文化的创造权。统治者的政治文化创造,主要

---

① 晁福林:《夏商西周的社会变迁》,北京:中国人民大学出版社,2010年,第13—14页。

② 〔德〕马克思:《德意志意识形态》,《马克思恩格斯选集》第1卷,北京:人民出版社,1995年,第58页。

是通过他们的思想,他们的个人意志、个人魅力,他们所倡导的学说,制定的制度、政策表现出来的。统治者创造政治文化虽然包含了许多个人因素(比如说统治者成长的环境、生活阅历、传统政治文化影响及个人的文化素养等),但说领袖人物对一个时代政治文化有引领和传承的决定作用,并不是要否定人民创造历史的唯物主义观点,因为他们所倡导的政治文化最终还是由他们所处时代的经济、政治和人民决定的。

君主与官僚亲信组成了统治集团,此中不乏极具政治头脑,学养深厚,思辨力强,善于审时度势,高瞻远瞩的精英人士。特别是在政治清明、君明臣直的时代,他们在政治文化的创造上则更具活力。商代的名臣伊尹"名阿衡,阿衡欲干汤而无由,乃为有莘氏媵臣,负鼎俎,以滋味说汤,致于王道",还有一说,谓"伊尹处士,汤使人聘迎之,五反然后肯往从汤,言素王及九主之事,汤举任以国政"[①]。伊尹被任以国政,开创了以"王道"为核心的政治文化。周公旦是中国历史上有名的贤臣,他不仅挽狂澜于既倒,拯救了西周的政治危机,而且是中国以传统礼乐文明为核心的政治文化的的缔造者和奠基者。商鞅以强国之术说服秦孝公,在秦国变法,"行之十年,秦民大悦,道不拾遗,山无盗贼,家给人足。民勇于公战,怯于私斗,乡邑大治"[②]。商鞅的成功,更多的是得益于秦国固有的政治文化传统,秦国没有像西周那样严格的宗法制度,因而也就没有以公室贵族和封君所形成的政治势力,没有以宗室贵族掌握国家权力的政治文化传统。因此商鞅变法所创立的一系列制度,又进一步丰富了秦国的政治文化。

中国古代政治文化的创造,离不开众多的社会精英,"他们关于现有秩序的理论化乃至哲理化的剖析、解释和论证,为优化现有秩序的设计,描绘的政治理想,不仅为本阶级,而且为全社会提供了具有普遍性形式的价值体系"[③]。战国时代的百家争鸣,吸引了无数社会精英的参与,他们提出了各自不同的对当代社会的看法和价值判断,设计出未来社会的走向和理想蓝图,在各个学派的激烈论证中,经过大浪淘沙式的筛选,诞生了大一统的政治文化。而汉代初年关于马上得之能否马上治之的讨论则使得"霸王道杂之"的政治文化得以确立。

---

① 《史记》卷三《殷本纪》,北京:中华书局标点本,1959 年,第 94 页。

② 《史记》卷六八《商君列传》,北京:中华书局标点本,1959 年,第 2231 页。

③ 张分田:《中国古代统治思想研究》,北京:人民出版社,2013 年,第 9、10 页。

以上帝和祖先崇拜为主的政治文化，虽非中国古代政治文化的主流，但其对中国古代政治文化的影响也应值得关注。对上帝神灵的崇拜，是中国古代传统政治文化的一大特色。例如汉武帝迷信天道神灵，追求长生不老，时亳人缪忌"奏祠泰一方，曰：'天神贵者泰一，泰一佐曰五帝，古者天子以春秋祭泰一东南郊，用太牢具，七日，为坛开八通之鬼道。'于是天子令太祝立其祠长安东南郊，常奉祠如忌方"。因为泰一之佐是五帝，五帝中黄帝又曾"先登于天"，这对于追求长生不老的汉武帝来说无疑是最大的诱惑，他甚至对人说："吾诚得如黄帝，吾视去妻子如脱躧耳。"[①]本为五帝之佐的黄帝，于是超越泰一而成为汉代皇帝祭祀的首要对象，汉武帝以后，对黄帝祭祀愈来愈重视，黄帝成为中国人文初祖，应当说与汉武帝及其后人推行的这种政治文化有绝大的关系。

在中国古代占主要地位的宗教是佛教和道教。佛教是外来宗教，道教则是土生土长的宗教。一般来说，宗教对政治文化的影响和统治者的提倡是分不开的，如唐代统治者对道教十分看重，一个很重要的原因"就是唐初的时候，门阀士族的传统势力还很大，若不是系出名门，就得不到社会的重视，李唐王朝的统治者为了提高其门第，神话其统治，乃利用道教所奉的教主老子姓李，唐王朝帝室也姓李的关系，与老子叙家谱，尊之为始祖，宣称自己是李老君的后代，'为神仙之苗裔'，这样既可以借神权来抬高皇家的地位，又可以用以麻痹人民"[②]。唐代统治者既认定老子为祖宗，于是便认定道教的地位应在佛教之上。武则天以佛典《宝雨经》中女主降临人间的故事，为自己取代李唐王朝寻找合理依据，与此相似，用上天神意作为手段来推行自己的政治目的。虽不能说宗教政治可以替代一个时代的政治文化，但我们从中可以领悟出宗教与政治文化之间这种互动的微妙关系。宗教政治思想和文化为我们提供了认识一个时代政治文化的角度，是不可否认的。

在中国古代传统政治文化研究中，底层人民大众的政治文化倾向和政治文化信仰占有相当重要的地位，在国家治乱兴衰过程中往往会起到决定性的作用。《尚书·泰誓》说"天视自我民视，天听自我民听"，是谓天命和神的意志，是由人民来决定的。《左传·庄公三十二年》云："国将兴，听于民，将亡，听于神。神聪

---

① 《史记》卷十二《孝武本纪》，北京：中华书局标点本，1959年，第468页。

② 卿希泰：《简明中国道教史》，北京：中华书局，2013年，第56页。

明正直而壹者也，依人而行。”国家能否兴盛由人民决定，神也要依人民的意志而行事。人民是国家政权的根本，得民心则国家稳固安宁，失民心则国家衰乱败亡，诚如《管子》所说：“以人为本，本治则国固，本乱则国危。”“民为国本，民为邦本”，这个来自社会实践，由统治者和社会精英总结的从西周时代起延续了数千年之久的理论，是我们研究中国古代政治文化的重要支撑。

二 秦政治文化概论

文献记载，嬴秦人最初起源于东方，原本为东夷族的一支。《史记·秦本纪》详细叙述了嬴秦族的起源：“秦之先，帝颛顼之苗裔孙曰女脩。女脩织，玄鸟陨卵，女脩吞之，生子大业。大业取少典之子，曰女华。女华生大费，与禹平水土。已成，禹赐玄圭。禹受曰：‘非予能成，亦大费为辅。’帝舜曰：‘咨尔费，赞禹功，其赐尔皂游。尔后嗣将大出。’乃妻之姚姓之玉女。大费拜受，佐舜调驯鸟兽，鸟兽多驯服，是为伯益。舜赐姓嬴氏。”《史记》这段话，揭示了秦人起源的政治文化背景：秦人是以玄鸟为图腾的东方部族；是颛顼后裔，有舜之赐姓，为华夏正宗；与禹平水土，佐舜调驯鸟兽，是华夏文明的创造者。

秦人卵生的神话传说，以少昊、颛顼为始祖，嬴姓又多为东方部族之姓，因此近现代以来研究秦史者多主秦人起源于东方，特别是清华简《系年》的发现[①]，使东方说取得了更加有力的支持。笔者亦赞同此说。

商末周初之际，秦人的祖先被周人西迁于关陇地区。在漫长而艰难的岁月中，他们辗转迁徙，备受艰辛，至非子时，始定居于犬丘一带，秦人从此才进入一个相对稳定的发展时期。犬丘一名槐里，在今陕西兴平市东南，非子因善养马而得到周孝王的赏识，使其邑之于“秦”，并复续嬴氏之祀，“号曰秦嬴”[②]，这是秦人之所以称秦的来由。非子及其族人所居的“秦”地，地处西北黄土高原，这里沟壑纵横，水土流失严重，自然环境恶劣，生存困难，不仅如此，在秦邑的周边还分布着众多的方国和少数民族部落，为了争夺资源和财富，部族之间的战争是经常

---

① 李学勤：《初识清华简》，上海：中西书局，2013年，第40页。

② 《史记》卷五《秦本纪》，北京：中华书局标点本，1959年，第177页。

性的。依照马列主义经济基础决定上层建筑,物质决定意识的原理,正是这种恶劣的自然和人文环境造就了秦人勇悍坚韧、不怕牺牲、勇于开拓、贪狠强力、趋功近利、崇拜权威、奋发向上的政治文化品格。

周宣王时,秦人首领秦仲被周王封为大夫。秦仲奉周王之命伐西戎,结果为西戎所杀。秦仲死后,其子庄公大胜戎人,被周王封为"西垂大夫",秦人开始逐步强大起来。公元前777年,秦襄公即位,为了对付强大的戎狄势力,秦襄公把政治中心迁至汧邑,同时又将其妹妹缪嬴嫁于丰王为妻,缓和了两者之间的关系。公元前770年,周幽王被杀,秦襄公以兵护送周平王至洛邑,平王封襄公为诸侯,并赐以岐以西之地。秦襄公正式立国。建畤受天命。

历史进入春秋时代(前770—前476)。春秋时期社会经济取得了长足的发展,社会生活有了明显的进步,社会文明跃上了一个新台阶。

在农业领域,铁器农具与牛耕被广泛使用,《管子·轻重乙》说当时"一农之事,必有一耜、一铫、一镰、一耨、一椎、一铚,然后成为农",可见在当时的农业生产领域内铁农具应用之广泛。牛耕也是这个时期开始出现的。20世纪20年代山西浑源李峪村曾出土了带有鼻环的牛尊,说明当时牛已被役用。此前作为宗庙牺牲的牛被驱赶到田野里进行耕作,所以《国语·晋语》有这样的譬喻:"夫范、中行氏不恤庶难,欲擅晋国,今其子孙将耕于齐,宗庙之牺为畎亩之勤。"铁制农具和牛耕的普遍使用,使大面积荒田的开垦有了可能。如果说春秋以前农田还主要依赖于雨水浇灌,靠天吃饭,那么到春秋时这种情况已发生了显著变化,人工灌溉迅速发展,各国统治者十分重视水利事业,《左传·襄公三十年》记郑国执政"子产使田有封洫",即在田间建立了人工灌溉系统。据《淮南子·人间训》的记载,楚庄王时孙叔敖曾"决期思之水,而灌雩娄之野"。雩娄之野包括了今天安徽庐江、金寨一带,雩娄灌区是我国最早的人工水利工程,至今仍在沿用。

农耕技术的进步表现在两方面:一是禾麦两熟制的出现。《左传·隐公三年》记载由于周郑交恶,"四月,郑祭足帅师取温之麦。秋,又取成周之禾"。一年之内既取麦又取禾,这是典型的两熟制。二是施肥技术的普遍使用。这时不仅用传统的草木灰做肥料,而且粪土已被广泛使用,孔子在《论语·公冶长》中曾有"粪土之墙不可圬也"的话,粪土如果不是一个常见词语的话,那这句话就很难理解了。

由于铁制农具的使用,水利工程的兴修,农耕技术的进步,春秋到战国时期的农业生产水平有了明显的提高，主要表现在粮食产量的增加上。这里最能说明问题的是战国晚期秦国郑国渠修建所带来的粮食亩产量的提高，郑国渠建成之后"用注填阏之水，溉泽卤之地四万余顷，收皆亩一钟"①。如果"按照古代计量'十釜为钟'计算，一钟当十石。关中地区沃野可以达到亩产十石"②，这在当时已是最高的产量。

和中原各国相比，春秋早期的秦国在经济方面也有了飞速的进步。这时的秦人已经广泛使用以铜或铁制造的工具，"毛家坪遗址 A 组发现了一件长 8 厘米，宽 2 ~3.5 厘米，厚 0.3 ~0.9 厘米的铁镰，这是迄今为止所知秦人最早使用的铁器劳动工具"③。毛家坪遗址出土有炊具、盛食器、藏贮器。"尤其是陶仓的发现，反映了秦人的饮食生活当以农作物的粮食为重要食物来源。"④这从根本上改变了长期以来人们普遍认为秦人当时过着游牧、狩猎的生活的观点。与农业并重的养殖业是秦人重要的经济来源之一，在毛家坪遗址发现了大量的牛、羊、猪、马、狗的遗骸，说明秦人社会经济生活十分丰富。

周平王东迁之后，周王室控制的地方日渐缩小，经济状况日益窘迫。周平王在鲁隐公三年（前 720）去世时，连丧葬费用也筹措不到。中原的许多诸侯国根本不把周天子放在眼里。列国蜂起争雄的局面，正在悄然形成。

公元前 766 年，秦襄公伐戎至岐而卒。其子文公继位。秦文公在位五十年，文公在位期间最大的功绩主要是：营建汧邑、初为鄜畤、设立史官以记事、收周余民、获陈宝，将秦的地盘扩展至岐。从这时起，在此后数十年间，经过宪公、武公，到德公时，开始将都城迁至雍（今陕西凤翔），秦人不仅控制了岐丰之地，而且将西起天水、东到华山之地都已掌握在手。德公在位仅仅两年就去世了，继位的宣公、成公年祚亦短，这时的秦国由于国力的薄弱，尚无力插手中原事务，所以努力吸纳周文化，积蓄力量，与周边戎狄争夺资源和领土，成为这一时期秦国政治的主要内容。到缪公即位后，秦国的历史才翻开了新的一页。

缪公名任好，德公之少子。缪公即位后面临的形势亦十分严峻，一是秦人周

---

① 《史记》卷二十九《河渠书》，北京：中华书局标点本，1959 年，第 1408 页。

② 晁福林：《春秋战国的社会变迁》，北京：商务印书馆，2011 年，第 403 页。

③ 徐日辉：《秦早期发展史》，北京：中国科学文化出版社，2003 年，第 245 页。

④ 樊志民：《秦农业历史研究》，西安：三秦出版社，1997 年，第 9、10 页。

边戎狄势力还相当强盛;二是向东方发展,追求霸业,阻力还很大。秦缪公即位后,首先清除了对秦人威胁最大的茅津之戎和允姓之戎,然后迎妇于晋,娶晋太子申生之姊为妻,暂时缓和了与晋国的关系。在取得对诸戎斗争的胜利之后,缪公把目标放在向东发展并与当时中原强国晋国的争霸上,秦缪公十五年(前645),秦晋合战于韩原(今山西河津、万荣附近),秦军大胜,将其领土扩展至黄河西岸。又用由余之谋,竭力笼络、不拘一格任用各类人才,以礼乐法度为政,取得了“益国十二,开地千里,遂霸西戎”①的战功,成为春秋五霸之一。这时的秦国已成为雄踞于西方的巍巍强国了。秦缪公实现了对关陇地区的统一,加快了民族的融合,促进了文化发展,使社会经济发展迈上了一个新台阶,为此后国家统一奠定了基础。

缪公死后,秦国政局曾长期处于混乱之中,三十年中,六易君主。造成这种局面的一个很重要的原因,在于秦的政治文化传统中宗法制度薄弱且没有预立太子制度。秦国还存在着大量的奴隶制残余。对外战争不断失利,三晋成为秦的最大威胁。这个阶段,秦的政治、文化和经济发展明显地落后于东方诸国。但在秦国内部,新的封建制因素依然在缓慢地增长,秦简公七年(前408)实行“初租禾”就是最好的说明。

历史进入战国阶段,各国的经济已发生了重大变化,私有制经济和个体小农已成为社会主体,但小农经济的脆弱使其难以承受天灾人祸的打击,这就势必会动摇新兴封建国家的根基,在此基础上产生的新的中央集权制度还处于初生阶段,旧贵族的势力还比较强大,他们依赖其与上层统治集团的血缘关系,上逼主而下虐民。为了争夺领土和资源,各国都需要富国强兵,寻找一条有利于国家强大的建功立业之路,正是在这样的背景下,变法的浪潮遂汹涌而起。

秦人顺应历史潮流,应时而动,迅速地走向富国强兵之路。秦献公二年(前383),迁都于栎阳(今临潼武屯)并开始了一系列的改革:“止从死”“为户籍相伍”“初行为市”等。秦献公二十三年(前362)献公去世,其子秦孝公执政,他继承父亲的未竟之业,在秦国进行了新一轮更为彻底的改革。

秦孝公一即位,便下诏求贤。卫国庶出公子公孙鞅(商鞅)闻令而来。作为前期法家的杰出代表,商鞅在秦孝公的支持下,用二十年的时间在秦国厉行变法

---

① 《史记》卷五《秦本纪》,北京:中华书局标点本,1959年,第194页。

改革。商鞅变法的内容很多,但最主要的,一是奖励耕战,实行二十等爵制,把军功作为刑赏工具,从而培育出秦人善首功、英勇强悍的尚武风气;二是建立起严密的社会控制机制,用户籍制度和什伍连坐制度将全国人民编制起来,从而实现了对基层社会的有效控制;三是用法家思想来统一社会思想和国家意识。商鞅深知思想不统一,就难以达到行动一致,而且极易产生异端思想,从而对君主集权和国家统一造成削弱和伤害,因此极力推行以建立中央集权的君主专制为最高政治目标,以称霸为理想的法家学说。商鞅变法使秦国日益强盛,为后来秦始皇的统一奠定了基础。变法所形成的功利观、价值观,为秦的政治文化增添了崭新的内容。

由于商鞅的最高政治目标是建立中央集权的君主专制制度和实现称霸理想,从而导致全社会的价值观倾向于极端功利化和实用主义,造成帝国统治的深层次稳定机制(即一个为全社会公认的道德观、价值观)在结构上的重大缺陷,当社会一旦出现危机,这种缺陷所形成的恶果就会立即暴露出来。

孝公死后,其继任者继续把富国强兵、东进称霸作为既定国策,并在兼并战争中不断取得新的胜利。随着兼并地区的不断扩大,先进的农业生产技术得到推广,商业往来更加活跃,秦国社会经济获得突飞猛进的发展。秦惠王时期,西举巴蜀,南取汉中,武王时期夺取了通往东方的重镇宜阳,为秦人进入中原打开了大门。昭王时,秦人已取得中原大片土地,灭掉北方的戎族义渠,范雎执政时,实行远交近攻的政策,摧赵而灭西周,使天下从此再无共主。政治和经济的发展为学术文化的进步增添了新的动力,这个时期在秦国除了法家之外,墨家、纵横家以及儒家都很活跃,他们都以各自不同的文化对执政者产生影响,秦人对周文化和东方各国文化的吸收,进一步丰富了自身文化,既保持了传统,又增添了新的血液。由秦来统一全国的趋势已基本形成。

据《史记》的说法,秦昭襄王时,吕不韦来到秦国,他支持当时在赵国做人质而后来成为秦王的公子异人登上王位,这就是庄襄王。庄襄王即位后,任用吕不韦为相国,吕不韦当政时,秦国对外战争不断取得胜利,灭东周,占领韩国的成皋与荥阳,设立了三川郡,夺取了韩、赵、魏大片领土,设立太原郡和东郡。除了军事上的节节胜利,吕不韦还厚招天下学士写成《吕氏春秋》一书,为即将到来的统一国家进行顶层设计,制作蓝图规划,为统一的中央集权制度做了思想理论准备。在吕不韦为未来中央集权国家所做的政治文化设计中,提出了一系列既有创新又有远见的思想观点：如“胜非其难也，持之其难者也”，即创业难守业更难的思想，可谓远见卓识；提出顺应自然，按规律办事；统治者应以民为本，顺应民心，实行德治，反对专以刑杀为威；主张君道虚，臣道实，臣有为，君无为，反对君主独裁；推行重农政策，发展农业生产，稳定小农经济，加强中央集权国家的统治基础；主张兼容并包，合儒墨，兼名法，贤者参政；鼓励商人致富，主张全面发展经济等思想。

庄襄王只在位短短的三年时间就死掉了，他的儿子嬴政即位为皇帝，这就是历史上的秦始皇。吕不韦因与秦始皇之间的矛盾日渐加深，最后被迫自杀。但秦始皇并未因噎废食，而是继续实行秦国传统的用人及对外来文化广泛吸纳、为我所用的政策，顺利地完成了国家的统一，体现出秦政治文化实用主义的鲜明特征。

秦始皇二十六年（前221），以齐的灭亡为标志，一个全新的、以中央集权为特征的新政权——秦王朝宣告成立，历史进入了帝制时代。秦始皇创立皇帝名号，建立了皇帝至高无上的权威；在全国推行郡县制，建立了一个包括众多民族在内的有共同文化、共同心理、共同凝聚力的新型政治组织国家。依靠国家政权的力量，在经济上实行土地国有制下的私人占有制，实行统一的度、量、衡，奖励耕作，鼓励商人致富；在文化上实行书同文字、思想统一政策，吸收知识分子参与国家政权建设，通过封禅、山川祭祀等礼制建设活动将秦文化强行推广至全国各地，使得大一统政治文化得到全面确立。

秦始皇热衷于阴阳五行学说和术数文化，并将其作为新王朝各种制度建立的理论基础，成为秦朝政治文化的一大特色。

秦政治文化建立在以皇权为中心的中央集权制度和以国家政权为中心的郡县制度两块基石之上，以皇帝的专制集权为国家政治建设的最高目标，漠视了对稳定一个社会所需要的共同信仰、共同价值观及道德观的建设。而以法家（主要是商鞅、韩非和李斯）思想为圭臬，导致秦政治文化最终走向了极端法治主义的道路。

秦始皇三十七年（前210），秦始皇于巡狩途中病死沙丘，秦二世胡亥立为皇帝。秦二世在位仅三年，就为秦相赵高所杀，二世兄之子子婴立为秦王。子婴元年（前206）十月，刘邦入关，子婴出降，秦朝灭亡，但秦的政治文化影响并未因此而终结，而是流及此后两千余年。

第一章 秦人起源壮大的政治文化背景

一 来自东方的卵生神话

卵生神话,是原始社会图腾崇拜的遗迹,是人类最古老的宗教形式之一。据19世纪美国人类学者摩尔根的研究,图腾(totem)一词源于北美印第安语,原意为"他的亲族"。"作为一种文化现象来看,它既是宗教的,又是社会的,所以早有学者指出:'图腾制度在中国古代部落政治时代是一种基本的社会制度,为社会组织生活的基础。'"[①]秦人自谓其祖先出自玄鸟。《史记·秦本纪》说:"秦之先,帝颛顼之苗裔孙曰女脩,女脩织,玄鸟陨卵,女脩吞之,生子大业。"当时的东方沿海一带,还分布着许多以鸟名氏、以鸟命官的族群,大者如少昊集团等。秦人向以颛顼、少昊为祖先,说明秦人很可能就属于这个部落联盟中的一支。这个时期的秦人应已具有了相当完备的部落组织结构,这是氏族社会的成熟形态。在部落联盟中秦人有自己的分工和相应地位。秦人的始祖颛顼,在司马迁的古史系统中被列为五帝之一,是东夷族的著名领袖。秦人将颛顼奉为始祖,不仅见于文献记载,而且得到了考古资料的证实。1985年出土于凤翔南指挥村一号秦墓的石磬就有"天子宴喜,龚桓是祠。高阳有灵,四方以鼎"的铭文,高阳是颛顼的号。秦人以颛顼为始祖,自称是高阳氏之后。有学者认为秦人之所以认颛顼为祖先,"主要是要证明秦是华夏族,而非戎族,戎族是当时的劣等民族,自为秦人所不齿"[②]。但我们认为,事情并非这样简单。从政治文化的角度看,秦人奉

① 张富祥:《东夷文化通考》,上海:上海古籍出版社,2008年,第119页。

② 王辉:《秦出土文献编年》,台北:新文丰出版公司,2000年,第35页。

颛顼为祖先，首先是因为他使人类摆脱了人神杂糅、家为巫史的蒙昧状态。《国语·楚语》记载了楚昭王和大臣观射父的一段对话，楚昭王问观射父："周书所谓重黎实使天地不通者，何也？若无然，民将能登天乎？"观射父对他讲："非此之谓也。古者民神不杂……及少昊之衰也，九黎乱德，民神杂糅，不可方物。夫人作享，家为巫史，无有要质。民匮于祀，而不知其福。烝享无度，民神同位。民渎齐盟，无有严威。神狎民则，不蠲其为，嘉生不降，无物以享。祸灾荐臻，莫尽其气。颛顼受之，乃命南正重司天以属神，命火正黎司地以属民，使复旧常，无相侵渎，是谓绝地天通。"绝地天通的本质意义，一是结束了在此之前的"民神杂糅"的时代，建立了政治信仰的神圣性和严肃性，使神事和民事有了严格的区分，维护了天上和人间的正常秩序，为人间的最高领导者树立了不可侵犯的权威，也就是说只有人间的最高领袖才有通天的权力，使宗教权完全处于政权的控制之下，形成此后中国政治文化的显著特色；二是司天与司地职能的划分，即《史记·五帝本纪》所说的"养材以任地，载时以象天"职能的划分，确立了正常的宇宙秩序。据传说，颛顼根据当时社会生产，特别是农业生产的发展需要，加强了对天象和物候的观察，制定了中国历史上第一部历法。这在人类文明发展史上是一件破天荒的大事，它不仅使人类的社会生活和社会生产有章可循，使人类社会生活更加趋于秩序化和规范化，而且这种以人为本的思维格局，有利于充分发挥人的主观能动性，加强了人类掌握自然规律、战胜自然的能力。其次秦人以少昊和颛顼为先祖，还要表达秦人不仅是华夏一员，而且是华夏文明的创造者。

但在这里有一个问题不得不辩，即历史上对秦人"夷狄遇之"的问题。

说秦人为夷狄，人们经常援引的有两条资料：一是秦孝公时因为"秦僻在雍州，不与中国诸侯之会盟，夷狄遇之"[①]，另一条是王国维在《观堂集林·秦都邑考》中所说"秦之祖先，起于戎狄"。但仔细推敲，秦孝公之说，主要是为了激励他的大臣和民众而发，针对的是东方各国对秦之偏见。而且"夷狄"一词在秦孝公时代早已发生了变化，这时的夷狄，不仅指华夏族以外的其他少数民族，而且也是华夏敌对国家之间相互污蔑对方的称呼。春秋时的夷狄观念并不是以种族或血统为根据的。如晋国就曾因进攻过鲜虞而被称为夷狄。《穀梁传·昭公十

---

① 《史记》卷五《秦本纪》，北京：中华书局标点本，1959年，第202页。

二年》传云:"晋伐鲜虞,其曰晋,狄之也。其狄之何也?不正其与夷狄交伐中国,故狄称之也。"王玉哲先生因此说:"晋为姬姓,春秋时及以前的人都目之为正统的华夏,现在也因了侵伐而被称为夷狄,反以号称白狄的鲜虞为中国,这真是此期戎狄观念的特色。"[①]戎狄观念随着时代变迁而变化,这是我们应当注意的。说秦不与诸侯会盟,更讲不通,揆诸史料,我们看到在春秋早期秦就已经多次参加中原诸侯的会盟,据马非百先生在《秦集史·会盟表》中的统计,其时秦单独或与其他诸侯会盟的次数就多达42次。可举出的例证就有:鲁僖公二十八年在温、鲁僖公二十九年在翟泉、鲁成公二年在蜀。晋厉公在河西的多次会盟都有秦人的参加(分别见《左传》鲁僖公二十八年、鲁僖公二十九年、鲁成公二年、鲁成公十一年等)。说秦不与中国诸侯会盟,显然讲不通。至于王国维先生的那句话,我们完全可以理解为:秦人是在戎狄生活的地区、是在戎狄的包围中兴盛起来的。秦人原本就在戎狄中间生活,司马迁讲到秦之先世时就说他们"或在中国,或在戎狄",这完全符合春秋到战国这个阶段秦人的实际情况。《国语·郑语》曾讲到当时成周的情况:"当成周者,南有荆蛮,申、吕、应、邓、陈、蔡、随、唐;北有卫、燕、狄、鲜虞、潞、洛、泉、徐、蒲;西有虞、虢、晋、隗、霍、杨、魏、芮;东有齐、鲁、曹、宋、滕、薛、邹、莒。是非王之支子母弟甥舅也,则皆蛮、荆、戎狄之人也。"成周尚且如此,又何况秦人。

《史记·匈奴列传》记春秋时秦人所处的环境时说:"故自陇以西有绵诸、绲戎、翟、獂之戎;歧、梁山、泾、漆之北有义渠,大荔、乌氏、朐衍之戎。"当时民族的融合正处于高潮时期,各民族混杂相居已十分普遍,秦人兴起于戎狄之中是很自然的事情,但不能因此就说秦人是戎狄。

民族杂居相处使秦人对外来文化不仅包容而且大量吸纳,由此创造出一个令世人叹为观止的新文化。《左传·襄公二十九年》记载吴国的季扎聘鲁观乐,在听到乐人演奏秦乐时评价说:"此谓之夏声,夫夏,则大,大之至也,其周之旧乎。"季扎惊叹秦乐之美,用"周之旧"来称誉,不无道理,春秋时流行的秦乐和歌诗,如《诗经·秦风》《石鼓文》以及秦公大墓石磬残文等,明显地体现了夏、周文化的特点,体现了秦人对夏、周文化的继承和创新。

少昊、颛顼之后,在秦人的发展壮大史上,伯益是一个关键性的人物。《史

---

① 王玉哲:《中华民族早期源流》,天津:天津古籍出版社,2010年,第39页。

记·秦本纪》记载颛顼之苗裔孙女脩吞玄鸟卵，“生子大业，大业取少典之子，曰女华。女华生大费，与禹平水土，已成，帝赐玄圭，禹受曰：‘非予能成，亦大费为辅。帝舜曰：‘咨尔费，赞禹功，其赐尔皂游，尔后嗣将大出。’乃妻之姚姓之玉女，大费拜受，佐舜调驯鸟兽，鸟兽多驯服，是为伯益，舜赐姓嬴氏。”这段话告诉我们：嬴姓秦人的先祖伯益与夏禹同时，曾佐禹平水土，是华夏文明的创造者；他善于调驯鸟兽，获得了帝舜所赐之嬴姓，是华夏之正宗。

赐姓在上古时期是一件非常严肃的大事，是用以表彰功德的，它蕴含着丰富的政治文化信息，“天子建德因生以赐姓。胙土而命之氏。诸侯以字为谥，因以为族。官有世功，则有官族。邑亦如之”（《左传·隐公八年》）。伯益因功德被赐姓并获得封地，《路史·后记七》说：“伯益大费能训鸟兽，知其语言，以服事虞夏，始食于嬴，为嬴氏。”由此我们知道，伯益的嬴姓来源于他的封邑，即嬴。伯益所封的嬴，春秋时为齐邑，秦时在此设嬴县，汉属泰山郡，北魏移治于今天山东莱芜市东北，唐长安四年（704）置莱芜县，县治在今天莱芜市东北嬴县古城。此地应当就是嬴秦人的祖源地。这里距离商族最初的统治中心“商奄”很近，作为秦的祖源地应当没错。这种说法得到了清华简《系年》的佐证，李学勤先生在《清华简关于秦人始源的重要发现》一文中提到秦人先祖“飞廉参与三监之乱，失败后东逃至奄，奄即是《秦本纪》讲到的运奄氏，属于嬴姓，飞廉向那里投靠，正是由于同一族姓”的缘故。飞廉失败后逃到他的故乡同族那里是很正常的，因为他在那里可以找到庇护和支持。

伯益作为嬴秦族的直系祖先，他的贡献是多方面的，《世本》多次讲到伯益作井、作占岁之法等，可见其历史地位之高。

伯益的杰出贡献，使他成为东夷族部落联盟首领皋陶最为亲近的大臣和助手，皋陶死后，他被推举为接班人，但由于此时社会已开始步入私有制，即“家天下”的时代，在接班人问题上竟发生了流血冲突，《古本竹书纪年》记载说：“益干启位，启杀之。”权力已被视为私有财产，夏启不愿意“家天下”落入别人手中，所以杀了伯益。

伯益之后，嬴秦人分成两个支系，即大廉和若木，他们分别获得了鸟俗氏和费氏两个氏姓。费氏的费昌生活在夏末周初，因夏桀的暴虐无道，费昌去夏归商，做了商族著名领袖商汤的御者，参加了商汤灭夏之战——鸣条之战。而鸟俗氏即大廉的一支在商王太戊时也因为善御而为商王重用。《史记·秦本纪》云：

“自太戊以下，中衍之后，遂世有功，以佐殷国，故嬴姓多显，遂为诸侯。”嬴秦人世代忠于商朝，特别是商朝末年的飞廉父子，更是助纣为虐。据《史记·秦本纪》记载：“恶来有力，飞廉善走，父子俱以材力事纣。”周成王时，飞廉等参与三监之乱，动乱被平定之后，周朝将周公长子伯禽分封到原来奄国的地方，强迫商奄之民西迁，这些商奄之民被迁的地方，清华简《系年》称作“邾圉”，据李学勤先生的研究，这个地方“可确定在今甘肃甘谷县西南，西周初秦人的最早居地在这样的地方，由近年考古工作看，是非常合理的。甘谷西南，即今礼县西北，正为早期秦文化可能的发源地”。①

二　释分土为附庸

被迫西迁的秦人，经历了无数的艰难困苦和长途跋涉，先是落脚于犬丘（今甘肃礼县），在这里他们重操旧业，以牧马为生，在逆境之中重新崛起，这个时期引领秦人走向强盛的领袖人物是非子。

关于非子的身世，《史记·秦本纪》是这样记述的：“周武王之伐纣，并杀恶来。是时飞廉为纣石北方，还，无所报，为坛霍太山而报，得石棺，铭曰：‘帝令处父不与殷乱，赐尔石棺以华氏。’死，遂葬于霍太山。飞廉复有子曰季胜，季胜生孟增。孟增幸于周成王，是为宅皋狼。皋狼生衡父，衡父生造父。造父以善御幸于周穆王。得骥、温骊、骅骝、騄耳之驷。西巡狩，乐而忘归。徐偃王作乱，造父为穆王御，长驱归周，一日千里以救乱。穆王以赵城封造父，造父族由此为赵氏。自飞廉生季胜以下五世至造父，别居赵，赵衰其后也。恶来革者，飞廉子也，早死，有子曰女防。女防生旁皋，旁皋生太几，太几生大骆，大骆生非子。”作为大骆族的一支，非子秉承了嬴秦人“好马及畜”的文化传统，在畜牧业上取得了巨大成就。他的名声很快传播出去，引起了周王的注意。“非子居犬丘，好马及畜，善养息之。犬丘人言之周孝王，孝王召使主马于汧渭之间，马大蕃息。周孝王说：‘昔伯益为舜主畜，畜多息，故有土，赐姓嬴。今其后世亦为朕息马，朕其

① 李学勤：《清华简关于秦人起源的重要发现》，《光明日报》2011年9月8日。

分土为附庸,邑之秦,使复续嬴氏祀,号曰秦嬴。’”①

非子是嬴秦族发展史上一位划时代的人物,他的出现,为秦的政治文化注入了新的血液。主要是:第一,在嬴秦族历史上非子成为其祀统的正宗,是嬴秦的高祖,是世世不毁的受祀者;第二,从非子开始,嬴秦族被天下共主的周王封为“附庸”,被正式纳入西周王朝的分封体系中;第三,非子时嬴秦族被周王分封为附庸,从此之后,也就取得了定期向王室朝贡、保卫王室以讨不庭的权利和义务;第四,周王的分封,使非子这一系嬴秦人正式获得了“秦”这一氏号。非子成为嬴秦族的政治领袖,这是一件意义非同寻常的事,它对此后秦人历史的发展起到了奠基性的作用。

“附庸”,依照《孟子》的解释是指“不能五十里,不达于天子,附于诸侯,曰附庸”。但秦的情况显然不同于一般的附庸,秦和西周王朝的关系诚如上述。西周时期,秦文化与西周文化已十分接近,这一点在考古学上体现得殊为明显,在“已知的早期秦文化遗存,尤其是西周时期秦文化的整体面貌,与位于其东方的以农业经济为主的西周文化有着极大的相似性,甚至可称之为西周文化的一支地方类型,而找不到可以确认其为戎人一支或其经济生活以游牧为主的证据”②。结合文献记载可以看出,当时的周秦关系是十分密切的。“在当时的西戎眼中,将秦人视与周王是等同,在周王室眼中,则把秦人当作可以为自己对抗西戎的力量,而在秦人眼中,自己与西戎的关系或敌或友,则是与周王室与西戎的关系息息相关。”③关于这个“秦”字的来历,我们注意到周孝王在分土附庸时对非子讲的“复续嬴氏祀”这句话,所谓复续,它意味着非子所取得的不仅是宗子权、主祭权,同时也取得了伯益封土所拥有的地名权,即“秦”这个称号。不过这个“秦”已不是东土的秦,其位置已在西周统治的核心区域,即今天的关陇地区了。正因为此,我们不同意说非子所封之秦和伯益所封旧地没有关系的观点。伯益所封的嬴,我们前面已经说过是在商奄附近,此地原就有名叫“秦” 的地方,《春秋·庄公三十一年》记载:“秋,筑台于秦。”宋人邓名世《古今姓氏书辩证》载:“周文王世子伯禽父受封为鲁侯,裔孙以公族为鲁大夫者,食邑于秦,以邑为

① 《史记·秦本纪》,北京:中华书局校点本,1959 年,第 177 页。

② 滕铭予:《秦文化:从封国到帝国的考古学观察》,北京:学苑出版社,2002 年,第 56 页。

③ 滕铭予:《秦文化:从封国到帝国的考古学观察》,北京:学苑出版社,2002 年,第 57 页。

氏。”秦作为地名,历史是非常悠久的。这里是当年嬴秦人聚族而居的地方,这里不仅距商族最初的统治中心地商奄不远,而且与传说中秦人的先祖颛顼所居的濮阳也很近,周孝王让非子“复续嬴氏祀”,就是赓续了东方之秦这个称号,这绝不是偶然的现象。非子所封的“秦”究竟在什么地方,司马迁在《史记》中没有确指,所以引起后人聚讼。但将周孝王召非子“使主马汧渭之间”,又“分土为附庸,邑之秦”联系起来看,这个“秦”当在距汧河与渭河交汇之处不会很远的地方。此地由后来秦文公的一段话也可以得到证实:秦文公三年(前 763)率领七百人东猎,四年(前 762)来到了汧渭交会之处,他非常慷慨地讲了一段话,说:“昔周邑我先秦嬴于此,后卒获为诸侯。”[①]这不是明白地告诉我们非子的封地就在汧渭交汇之处吗?非子邑秦,使嬴秦族从此成为西周政治体系中的重要一员,有更多的机会接触西周及中原地区先进的政治文化、生产技术,从而加快了秦人社会向前迈进的步伐。

三 秦仲始大

非子之后,继位者为秦侯,秦侯立十年,卒,子公伯继位,公伯在位仅三年就去世了,其子秦仲继位,四代人都居住在汧渭之会的秦邑。秦仲三年时,在西周首都发生了著名的国人暴动,当时“诸侯或叛之,西戎反王室,灭犬丘大骆之族”[②]。这一次动乱使西周的西垂边境防线全部崩溃,而大骆之族被灭亡,意味着秦人赖以生存的根据地、秦人的宗庙、祖先的陵墓都落入他人之手,这显然是秦仲不能容忍的。也就在此时,新即位的周宣王决定“以秦仲为大夫,诛西戎”[③]。关于秦仲的行事,史书记载很少,但也不是完全无迹可寻,从后人对其评价进行合理推测,我们还可以多一些了解。《国语·郑语》记载了郑桓公同史伯的一段对话:“公曰:‘姜、嬴其孰兴?’对曰:‘夫国大而有德近者兴,秦仲、齐侯姜、嬴之俊也,且大,其将兴乎?’”韦注曰:“秦仲,嬴姓,附庸秦伯之子,为宣王大

---

① 《史记》卷五《秦本纪》,北京:中华书局标点本,1959 年,第 179 页。

② 《史记》卷五《秦本纪》,北京:中华书局标点本,1959 年,第 1978 页。

③ 《史记》卷五《秦本纪》,北京:中华书局标点本,1959 年,第 178 页。

夫,《诗序》云:‘秦仲始大,齐侯,齐庄公,姜姓之有德者也。此二人为姜嬴之俊,且国大,故近兴。”这里谈到了国家兴盛的两个条件,一个是德,一个是大。所谓德,《论语·为政》有“道之以政,齐之以礼,有耻且格”,是说以德来教化百姓,人民就知道羞耻,而且行事也就正派。这里所说的德,就是指德政、教化,即以德治国治民。而“大”又是指什么呢?同书记载史伯的解释:“若加之以德,可以大启。”韦昭注:“国已险固若增之一德,可以大开土宇。”至此我们可以明白,所谓大,即大开土宇,亦即扩大疆域之意。秦仲始大的推动力,就是《史记·秦本纪》所说的“周厉王无道,诸侯或叛之。西戎反王室,灭犬丘大骆之族”。秦人既为周室之附庸,就有征讨不庭之权利。而大骆之族的被灭亡,更让秦仲与西戎有了不共戴天之仇恨。周宣王即位,以秦仲为大夫,奉王命开始了对西戎的斗争。秦仲的大开土宇,史书没有给我们留下更多的记载,但我们仍可以从其他文献中获取一些弥足珍贵的信息。郑玄《诗·秦风谱》说:“天水本隶秦,在汧陇之西,秦仲始大,有车马礼乐侍御之好。”《水经注·渭水》说秦川“有秦故亭,非子所封也,秦之为号,始自是矣”,此说不确。《通典·州郡四》谓清水为“秦仲所始封地”。我们知道秦仲的始封地是在汧渭之间的秦邑,并不在清水,所以上述的地方应当都是秦仲“大开土宇”之后的新辟之地。

秦仲“大开土宇”,一方面收复了因大骆被杀而丧失了的秦人故土,在陇右为秦人建立了稳定的后方基地,为此后秦人的东进扫除了障碍;另一方面,秦仲对西方诸戎的斗争,缓解了西周王朝的边境压力,使处于风雨飘摇中的西周王朝得以暂时生存下来。秦仲的功绩,源自秦人的恢廓大度、知人善任、虚心纳谏和君臣相得。后人赞美他说:“有车鄰鄰,有马白颠。未见君子,寺人之令。阪有漆,隰有栗。既见君子,并坐鼓瑟。今者不乐,逝者其耋。阪有桑,隰有杨。既见君子,并坐鼓簧。今者不乐,逝者其亡”(《诗经·秦风·车邻》)。此诗《序》谓:“美秦仲。”但秦仲之大,似乎不仅指此,《史记·集解》引《毛诗序》曰:“秦仲始大,有车马礼乐侍御之好也。”将车马、礼乐视为“大”的内容,有更深刻的政治文化含义。传统观点把秦视为虎狼之国,在精神文化上毫无建树①,这种看法显然是错误的。

在秦的政治文化发展过程中,礼乐文化的建设从未中断过。因为礼与法向

① 王和:《名将世家与秦帝国的兴亡》,安徽:安徽人民出版社,2013 年,第 199 页。

来被视为缺一不可的立国之本。《礼记·礼运》记言偃问礼于孔子,孔子回答说:“夫礼,先王以承天之道,以治人之情。故失之者死,得之者生。《诗》曰:‘相鼠有体,人而无礼。人而无礼,胡不遄死!’是故夫礼,必本于天,殽于地,列于鬼神,达于丧祭射御冠婚朝聘,故圣人以礼示之,故天下国家可得而正也。”可见礼对于治人治国之重要。诚如前述,秦人在广泛吸收西周礼乐文化的基础上建立起以周礼为榜样的礼乐文化,表明其对西周文化的认同。而秦仲始大,不仅为秦的礼乐文化发展奠定了基础,而且使礼乐文化的建设成为秦政治文化建设的主要内容之一。

第二章　畤祭与天命

一　畤与上帝

《史记·六国年表》说："太史公读《秦记》，至犬戎败幽王，周东徙洛邑，秦襄公始封为诸侯，作西畤用事于上帝，僭端见矣。《礼》曰：'天子祭天地，诸侯祭其域内名山大川。'今秦杂戎狄之俗，先暴戾，后仁义，位在藩臣而胪于郊祀，君子惧焉。"这段话重点是在说秦襄公被封为诸侯，僭用天子之礼，并开始对诸侯形成威胁，开启了秦人取代周天子统理天下的野心。从此后历史的发展看，司马迁的看法是有一定道理的。

从秦仲大开土宇之后，秦人的活动中心开始由汧渭之间向西扩展到今天陇右的清水河、牛头河流域。而此时曾经无比强大的西周王朝却因为各种内外矛盾的集中爆发而急剧地走向衰落，强大的戎族猃狁势力，已成为西周王朝的致命威胁。这种情况，文献多有记载："曰归曰归，岁亦莫止。靡室靡家，猃狁之故。不遑启居，玁狁之故。"[①]"玁狁匪茹，整居焦获，侵镐及方，至于泾阳。"[②]在和戎族的斗争中，秦仲为保卫西周王朝和本族的利益而牺牲，其子庄公担当起此后对西戎斗争的重任，《史记·秦本纪》记载："秦仲立二十三年，死于戎，有子五人，其长者曰庄公，周宣王乃召庄公昆弟五人，与兵七千人，使伐西戎，破之。"庄公取得了对戎斗争的暂时胜利，但未能挽救西周王朝的灭亡。周幽王七年，西戎、犬戎与申侯联合起来杀周幽王于骊山之下，这时继庄公之位的秦襄公遂率领族人

① 《诗经·小雅·采薇》。

② 《诗经·小雅·六月》。

奋力救周,并护送新即位的周平王东徙洛邑。因护送之功,秦襄公被周平王封“为诸侯,赐以岐以西之地”,并许诺说:“戎无道,侵夺我岐、丰之地,秦能攻逐戎,即有其地。”①

秦襄公被封为诸侯,这是秦人历史上的一个重大转折,是一个新的里程碑,也标志着秦政治文化发展到了一个新阶段。

司马迁在《史记·秦本纪》中郑重写道:“襄公于是始国,与诸侯通使聘享之礼,乃用骝驹、黄牛、羝羊各三,祠上帝西畤。”《集解》引徐广曰:“年表云立西畤,祠白帝。”《索隐》云:“襄公始列为诸侯,自以为居西,西,县名,故作西畤,祠白帝。畤,止也,言神灵之所依止也。亦音市,谓为坛以祭天也。”从上述引文我们可以了解到,秦襄公立国以后,与各诸侯国有了通使聘享的外交往来,大量的、多方位的文化交流自在其中。而襄公建立西畤,将本来只有周天子才有权祭祀的上帝作为最高神来祭祀,意味着他已经接受了天命,要做未来的天下之主;建坛(畤)受天命,向天下宣告了秦政权的合法性及权威性。

对畤的设立和对上帝的祭祀,司马迁在《史记》中特别标出,当有其特别意义,这就是关于天命和政权的关系问题,天命决定了政权的合理性与合法性。在秦襄公之前,商、周的统治者都把自己政权的获得看作天命所赐,《尚书·汤誓》讲汤灭夏的理由是“非台小子敢行称乱,有夏多罪,天命殛之”,盘庚迁殷,在其对民众的训诫中也一再强调“先王有服,恪谨天命”“天其永我命于兹新邑”(《尚书·盘庚》)。在这里我们可以看出,在商人的眼里,人类和国家的命运是由天命来决定的,人间君主的权力,是天命所授。上帝具有至高无上的权威,自然界和人世间的一切事物都由其主宰,同时上帝也是人间帝王的保护神,是人间秩序的维护者。上帝在人间的统治代理就是这些人间的帝王,这就是所谓的天命。

和殷人一样,周人也相信自己的政权来自天命,《诗·大雅·文王有声》云:“文王有声,遹骏有声,遹求厥宁,遹观厥成。文王烝哉! 文王受命,有此武功,既伐于崇,作邑于丰。文王烝哉!”这里讲文王伐崇作丰的伟大功绩,都是以接受天命为前提的。《大盂鼎》铭文:“不(丕)显玟(文)王受天有大令(命),在珷(武)王嗣玟乍(作)邦,闢(辟)氒(厥)匿,匍(敷)有四方,(?)畯正(氒)厥民。”周人认为,自己作为偏处一隅的蕞尔小邦,能灭掉一个东方的大邦殷,这完全是

① 《史记》卷五《秦本纪》,北京:中华书局标点本,1959年,第179页。

上帝和天的保佑，是得了天命的原因。但殷周之际的社会巨变也使周人意识到，天命是会发生转移的，转移是以是否有德来决定的。所以和商人不同的是，周人提出了唯命不于常、唯德是授的观点，秦人接受了这一思想。

如何接受天命？周人创立了建坛祭祀的郊礼方式，实现与上帝的沟通。郊礼是周代最重要的祭礼，是周天子权威的最高体现，也是周天子祈求上帝保护自己政权和臣民的重要方式。对此汉代大儒董仲舒在《春秋繁露·四祭》中叙述说："已受命而王，必先祭天，乃行王事，文王之伐崇是也。《诗》曰：'济济辟王，左右奉璋。奉璋峨峨，髦士攸宜。'此文王之郊也。其下之辞曰：'淠彼泾舟，烝徒楫之。周王于迈，六师及之。'此文王之伐崇也。上言奉璋，下言伐崇，以是见文王之先郊而后伐也。文王受命则郊，郊乃伐崇，崇国之民，方困于暴乱之君，未得被圣人德泽，而文王已郊矣。安在德泽未洽者不可以郊乎？"是说受命者必须实行郊祭，郊祭表明接受了天命，同时也取得了讨伐不廷的权利。

坛是祭祀上帝行礼的地方，其形制仿照天地而成，上圆象天，下方象地，四周有台陛，有壝，分为不同的层次，体现出宇宙间神灵高下有序，象征着人间政治的尊卑有别。

传统文献记载的殷人祭祀上帝之礼见于《论语·尧曰》，其文云："予小子履，敢用玄牡，敢昭告于皇皇后帝。"何晏《集解》："孔曰：履，殷汤名。此伐桀告天之文。殷豕尚白。未变夏礼，故用玄牡。皇，大。后，君也。大大君帝，谓天帝也。"从中我们可以知道，商汤是用玄牡来祭祀上帝。

周人祭祀上帝之礼最早者见于《诗经·大雅·生民》："诞我祀如何，或舂或揄，或簸或蹂。释之叟叟，烝之浮浮。载谋载惟，取萧祭脂，取羝以軷。载燔载烈，以兴嗣岁。"这个时期周人对天的祭祀还显得相当质朴简素，舂、揄、蹂、释、烝，都是祭祀前对祭品的准备，到祭祀时，则取萧草和祭牲之脂爇于行神之位，使燃脂的香味上达于天神，同时取牡羊以祭神，又燔烈其肉为尸羞。周人尚臭，所以在祭祀时，特别重视脂之馨香之上达，因而就特别重视用牲。《尚书·召诰》记周公继召公之后到洛邑举行郊祭，"越三日丁巳，用牲于郊，牛二"。在周原甲骨 H11：96、H11：82 中也有对天神祭祀用牲的记载[①]。

建坛、用牲、燔燎，这是西周国家郊礼中祭祀上帝最主要的内容，这一切全被

① 《四川大学学报丛刊》第十辑，1982 年 5 月。

秦襄公拿来为其所用。

西畤是秦人立国时建立的用于郊祭上帝的最早、最重要的一处祭坛,此后随着秦人政治中心的转移,畤也跟着不断地转移。根据《史记》的记载,自襄公立西畤以后,"其后十六年,秦文公东猎汧渭之间,卜居之而吉。文公梦黄蛇自天下属地,其口止于鄜衍,文公问史敦,敦曰:'此上帝之征,君其祠之。'于是作鄜畤,用三牲祭白帝焉"。《史记·封禅书》云:"秦宣公作密畤渭南,祭青帝。……其后百余年,秦灵公作吴阳上畤,祭黄帝;作下畤祭炎帝,后四十八年,周太史儋见秦献公曰:'秦始与周合,合而离,五百岁当复合,合十七年而霸王出焉。'栎阳雨金,秦献公自以为得金瑞,故作畦畤栎阳而祀白帝。"但《封禅书》还说:"自未作鄜畤也,而雍旁故有吴阳武畤,雍东有好畤,皆废无祠。或曰:'自古以雍州积高,神明之隩,故立畤郊上帝诸神祠皆聚云。盖黄帝时尝用事,虽晚周亦郊焉。'其语不经见,缙绅者不道。"吴阳武畤和雍东好畤"其语不经见",《封禅书》虽认为此属传说之类,但从秦人立畤的制度看,绝不能轻易排斥其可能存在,不能排斥其为秦人所立。

关于畤祭的对象,《史记》中《秦本纪》与《封禅书》有不同的说法,《秦本纪》认为畤祭的对象是上帝,而《封禅书》则提出了"四色帝"的说法。如何看待这种分歧?我们认为:第一,秦人畤祭的对象就是上帝,这是秦人心目中最高的神明,舍此而无他。第二,四色帝或四方帝是阴阳五行学说出现后的产物,在秦畤祭的时代尚不存在。第三,《秦本纪》和《封禅书》史料来源不同。《秦本纪》的史料多来源于秦人自己的历史书《秦记》,而《封禅书》的记载则多出自汉人之手。对此学者已多有论说。因为史料来源不同,所以就有了以上的区别。

二 陈宝与怒特的故事

据《史记·秦本纪》的记载,秦文公时在秦国曾发生了两件奇怪的事情。一件发生在秦文公十九年(前747)。《秦本纪》云:"十九年,得陈宝。"《索隐》按:"《汉书·郊祀志》云:'文公获若石云,于陈仓北阪祠之,其神来,若雄雉,其声殷殷云,野鸡夜鸣,以一牢祠之,号曰陈宝。"《史记·封禅书》的记载则更为详细:"作鄜畤后九年,文公获若石云,于陈仓北阪城祠之。其神或岁不止,或岁数来,来也常以夜，光辉若流星，从东南来集于祠城，则若雄鸡，其声殷云，野鸡夜雊。以一牢祠，命曰陈宝。”对于陈宝本身，最早给予解说者是《史记正义》所引《三秦记》，其文云：“太白山西有陈仓山，山有石鸡，与山鸡不别。赵高烧山，山鸡飞去，而石鸡不去，晨鸣山头，声闻三里。或言是玉鸡。”这个说法附会成分很大，难以取信。现代学者论说颇多，王国维尝作《陈宝说》谓：“秦所得陈宝，其质在玉石间，盖汉益州金马碧鸡之比，秦人殆以为《周书·顾命》之陈宝，故以名之。是陈宝亦玉名也。”马非百先生认为：“陈宝即陨星也，昔乃失之者，盖以秦僻处西陲，罕见星象，而祥瑞之说又从而乱之耳。其言‘光辉若流星，从东方来，其声殷云’者，星初陨也。‘野鸡夜雊’者，星陨有声野鸡皆惊而鸣也。”陆思贤的《神话考古》认为陈宝是流星、陨石类的东西，它与秦人卵生神话的传说有关。这应是一种符合科学的正确解释。

另一件事是《秦本纪》所记秦文公二十七年（前739），“伐南山大梓，‘丰’大特”。《正义》引《括地志》云：“大梓树在岐州陈仓县南十里仓山上，《录异传》云秦文公时，雍南山有大梓树，文公伐之，辄有大风雨，树生合不断。时有一人病，夜往山中，闻有鬼语树神曰：‘秦若使人被发，以朱丝绕树伐汝，汝得不困耶？’树神无言。明日，病人语闻，公如其言伐树，断，中有一青牛出，走入沣水中。其后牛出沣水中，使骑击之，不胜。有骑堕地复上，发解，牛畏之，入不出，故置髦头。汉、魏、晋因之。武都郡立怒特祠，是大梓牛神也。”在这里，髦头有明显的辟邪作用。此后武都郡立怒特祠，祭牛神成了秦地的一种风俗。

髦头蕴含了辟邪与对牛的崇拜，而陈宝故事中蕴含的政治文化意义我们则可以通过《史记·索隐》所引《晋太康地志》来加以理解。《晋太康地志》云：“秦文公时，陈仓人猎得兽，若彘，不知名，牵以献之。逢二童子，童子曰：‘此名为媦，常在地中，食死人脑。’即欲杀之，拍捶其首。媦亦语曰：‘二童子名陈宝，得雄者王，得雌者霸。’陈仓人乃逐二童子，化为雉，雌上陈仓北阪，为石。秦祠之。”这其中最有意义的是“得雄者王，得雌者霸”“雌上陈仓北阪”这两句话。这两句话到底蕴含了什么意义？确实值得探讨。

秦文公时期，历史进入了春秋时代，这是一个礼崩乐坏的时代。周王室东迁之后，周天子失去了天下共主的地位，其势力一落千丈，各诸侯国不再定期向周天子朝觐纳贡，不再听从周天子的命令。周天子失去了经济来源，不得不向诸侯们伸手要钱、要车，甚至周天子的丧葬费用都要乞求于诸侯。随着周天子地位的衰落，他再也无法对诸侯实行控制，各诸侯国为了争夺领土和资源，相互之间展开了长期激烈的战争，其目标只有一个，争做天下霸主，争夺对天下的控制权。处于大国争霸边缘地带的秦国也不能不受其影响。秦襄公立西畤，祭上帝，是因为在当时人的心目中，上帝是一位既超越人又超越自然力量的终极之神，他有至高无上的力量，是秦国政权的给予者。秦襄公立西畤祭祀上帝，除前面所述原因外，还有一个重要目的，就是要利用神权，采用神道设教的方式来树立自己的权威，开启秦人东进争霸的“天下共主”梦。因此司马迁在《史记》中说他有僭越之心。而记述发生在秦文公时代的陈宝和怒特的故事，实际上是想合理地说明两个方面的问题：一是宣示秦人将东进争霸，实现其做天下共主的理想，显示其力量的不可阻挡；二是“得雌者霸”的预言，解释了秦人虽有做天下共主的愿望，但在当时的历史条件下，它只能称霸，称王做天下共主则不可能，因为这时周王各方面势力虽然已经衰弱，但天下共主的名义还在。

秦襄公执政时间较短，做诸侯也仅仅五年，就死于伐戎之役中。秦文公即位后的第三年，率领七百人“东猎”，这实际上是一次军事试探行动，第四年即在汧渭之会建立了新的政权中心。秦文公东迁，是秦人追求霸业迈出的重要一步，对此后秦国的发展至为重要。脚跟站稳之后，秦文公开始了一系列的政权建设活动，《史记》记载：“十年，初为鄜畤，用三牢。十三年，初有史以记事，民多化者。十六年，文公以兵伐戎，戎败走。于是文公遂收周余民有之，地至岐，岐以东献之周。十九年，得陈宝。二十年，法初有三族之罪。二十七年，伐南山大梓，丰大特。”[①]在此，司马迁将陈宝和怒特的故事都系之于秦文公名下，自有其特别意义：

第一，建畤祭上帝，用三牢，使秦国国家祭祀制度得到进一步的完善和确立，使祭祀权服从于国家政权，并将其牢牢地掌握在国君手中。

第二，“初有史以记事，民多化者”，正式建立起秦国的记史和史官制度。中国古代史官起源很早，殷商甲骨文中已有“史”的出现，《周礼》一书中有太史、小史、左史、内史、外史等称谓，也出现了最早的历史文献，如《尚书·多士》提到的“惟殷先人，有册有典”。史官不仅负责历史记载，还负责历史文献的保管，《左传·昭公二年》记晋国的韩宣子聘鲁时曾“观书于太史氏，见《易》《象》与《鲁春秋》曰：‘周礼尽在鲁矣，吾乃今知周公之德与周之所以王也。’”韩宣子所见的

---

① 《史记》卷五《秦本纪》，北京：中华书局标点本，1959 年，第 179 页。

《鲁春秋》就是由鲁国史官所记的鲁国历史。春秋时各国都设有史官,史官不仅书写历史,保存历史文献,早期史官还兼管行政事务、掌管法律、担任君主顾问、负责教化和移风易俗。所以史官制度的建立对秦国来说意义非常重大,首先,是因史官从事公文的起草书写,主管行政法律事务,因而使国家机器进一步完善与规范,各部门分工更为明确,而"严格遵循法律法规和充分利用文书档案,构成了官僚体制(bureaucracy)的基本性格"①的特点,给此后秦国历史的发展带来重大影响,形成了秦政治文化发展中最为引人注目的地方。其次,史官的顾问性质,决定了他在国家政治生活中举足轻重的地位。史官掌握着历史知识和最前沿的精神文化,兼管神职与人事,国君的重大决策和举动都离不开他们的襄助。因为史官的顾问,才保证了国君决策的正确性和前瞻性,对君主的行为起到了规范和监督作用。再次,有史记事,正如《礼记·玉藻》所言"动则左史书之,言则右史书之",君主的一言一行都被记录下来,不仅为后世保存了大量有关秦人早期的历史资料,而且这些前代君主的言行,往往会形成制度,为后代君主所遵循,成为国家重要的政治文化传统。其四,祝中熹先生在《秦史求知录》说:"秦文公设置史官,秦国历史由此开始了正规的纪年叙事,时间要比被认为文化最先进的鲁国的国史《春秋》早三十多年。"这在一定程度上说明秦文化并不像人们通常想象得那么落后。这种史学传统,显然也是秦政治文化最具特色的内容之一。

第三,伐戎,收周余民,并将岐以东之地献给周王,是秦文公进入陇东地区的一件大事。伐戎收回西周王畿旧地,收周余民,不仅使秦人拥有了当时全国最为先进的农业生产区,最为先进的生产技术,获得了大量的劳动生产力,而且献岐之东地给周王,获得周王的信任,提高了秦文公的政治地位,为以后的东进找到了名正言顺的理由,扫清了障碍。

第四,"法初有三族之罪",说明在此前秦已经有了自己的法律体系,只是现在增加了"三族之罪"。关于"三族",历来有不同的解释,有谓"父母、兄弟、妻子"者,有谓"父族、母族、妻族"者。② 这种连坐之法"目前还找不到一条早于秦文公二十年(前745)的例证。因此,我们还没有理由说秦国的三族连坐法学自

① 阎步克:《乐师与史官》,北京:生活·读书·新知三联书店,2001年,第33页。

② 《史记》卷五《秦本纪·集解》,北京:中华书局标点本,1959年,第179页。

他国,秦文公首创此法的可能性是很大的”[①]。“三族之罪”对于我们研究秦国法律的渊源、秦法与社会、秦法律的演变、秦早期政治文化有着特别的意义。

陈宝、怒特的出现,说明秦文公是秦国国家制度的开创者,是秦国此后霸业的奠基者。

秦的畤祭和陈宝、怒特传说除受商周王朝正统祭祀和神鬼信仰的影响外,浓厚的秦地民间信仰也对其产生了重要影响。

《史记·封禅书》提到秦人故地的民间祠祀,仅秦之旧地雍就有“日、月、参、辰、南北斗、荧惑、太白、岁星、填星、二十八宿、风伯、雨师、四海、九臣、十四臣、诸布、诸严、诸逑之属,百有余庙”,而“西亦有数十祠。于湖有周天子祠。于下邽有天神。沣、镐有昭明、天子辟池。于杜、亳有三杜主之祠、寿星祠;而雍菅庙亦有杜主。杜主故周之右将军,其在秦中,最小鬼之神者。各以岁时奉祠”。这里包括了自然神日、月、星辰、风伯、雨师之类,主民间生活吉凶的诸布、诸严之类,还有诸如九臣、十四臣等人鬼及杜主那样的卑微小鬼。这些都是当时盛行于秦地民间的鬼神信仰。

最有意义的是1975年12月出土于湖北云梦睡虎地的秦简《日书》,给我们提供了更为翔实的秦国下层老百姓精神信仰的资料。《日书·诘咎》是一篇专讲禁鬼、劾鬼和如何制伏鬼的文章,其中涉及的鬼神名称就有数十种,下面仅举数例:

刺鬼:即厉鬼。人无故而攻之不已者,是谓刺鬼。

丘鬼:人无故鬼籍其宫。籍即践踏,宫即室,无故而践踏人的房间,这是丘鬼。

诱鬼:专门诱惑玩弄人的鬼,叫诱鬼。

哀鬼:无缘无故对人纠缠不休的鬼叫哀鬼。

棘鬼:一个院子的人突然都有疫病,有死有病,这是棘鬼在作祟。

孕鬼:一个院子的人都遭疫病,大部分在梦寐中死去,这是因为孕鬼埋在院内。

疫鬼:疫鬼能使一家人得病,使人的须发脱落,眼睛变黄。

神狗:故意变作鬼来抓人丈夫、调戏妇女,却难以抓住,这是神狗。

幼龙:夏天正值大暑酷热,室内却突然寒气逼人,这是幼龙在室内的缘故。

---

① 祝中熹:《秦史求知录》,上海:上海古籍出版社,2012年,第131页。

飘风之气：野兽或六畜见人会说话，这是飘风之气在作怪。

阳鬼：家里炉灶无故不能做熟饭，这是阳鬼在作怪，取走了灶台之气。

阴鬼：人家的六畜，无故都死掉了，这是阴鬼进入家里的缘故。

神虫：鬼经常和男男女女在一起，见他人就离去，这是神虫。

状神：一家人忽然都没了气息，不能动弹，这是因为状神在室。

游鬼：鬼经常迎人而来，或入人房间，这叫游鬼。

不辜鬼：妇女生孩子，未能生就死了，这是有不辜鬼在的缘故。

上述情况体现了秦国民间信仰的一些基本特点：第一，民间信仰和神灵祭祀有着浓厚的地方特色，呈现出多元化色彩，广泛而复杂，其中有鬼、有妖、有神、有动物及自然现象等，几乎涵盖了天上人间方方面面的鬼和神灵；第二，秦国民间信仰具有极大的包容性和对异质文化的吸纳性。如对杜伯的祠祀就是显著一例，《汉书·地理志》说："杜陵，故杜伯国。"其地在今天西安市长安区境内。文公时，此地尚不属于秦国。杜伯的故事见《墨子·明鬼下》："周宣王杀其臣杜伯而不辜，杜伯曰：'吾君杀我而不辜，若以死者为无知，则止矣；若死而有知，不出三年，必使君知之。'其三年，周宣王和诸侯而田于圃，田车数百乘，从数千，人满野。日中，杜伯乘白马素车，朱衣冠，执朱弓，挟朱矢，追周宣王，射之车上，中心折脊，殪车中，伏弢而死。"杜主祠是为纪念杜伯而立，最初应在杜地。《史记·封禅书》说"杜主，故周之右将军，其在秦中，最小鬼之神者"，对杜伯的祠祀，应当是在秦人东进过程中将其纳入自己祠祀系统中的。第三，在具有地方民间祭祀和信仰特点的同时，又体现出官方意志的作用。在这一点上，双方的互动和影响是非常明显的。畤祭最早应起源于秦地民间，"秦国诸畤，出于当地传说，其初均为民间祠祀，所祭之庙，为杂合体，其与五行配合乃后来之事。畤为峙立之事。民间所祭杂神，可能在田间立石以祭，属原始拜物教"①。自从秦襄公为秦国建立了这一套国家的祭祀礼制之后，其典礼为历代秦君所继承，形成了秦国独特的畤祭传统。第四，秦国不论是官方还是民间的祠祀与信仰，都具有非宗教的性质，因为在他们那儿上帝和鬼神只是人间政权和个人行为合法性的给予者，祠祀和信仰是以服务于国家政权利益为前提的，这跟宗教以救世主的身份来拯救人类是截然不同的。

---

① 汪受宽：《畤祭原始说》，《兰州大学学报》2002 年第 5 期。

第三章　礼乐法度为政

在秦的政治文化传统中,国家礼乐制度是一项非常重要的内容。但长期以来并未引起人们的关注,其中非常重要的原因:一是对秦的历史研究过于重视秦朝这一段,即秦始皇和秦二世统治时期,而忽视秦国历史和秦早期历史的丰富内容;二是商鞅变法以后,在秦国的政治文化中,法家政治和思想曾占据了主导地位,而富国强兵,以军事手段实现国家统一,又被扣上一顶军国主义的帽子①,秦国的礼乐制度研究自然被忽视了。

礼乐向来被人们并提,它是人类文明发展的结果。《荀子·礼论》说:“凡礼,事生,饰欢也;送死,饰哀也;祭祀,饰敬也;师旅,饰威也。是百王之所同,古今之所一也。”《荀子·乐论》论乐之作用时说:“故乐在宗庙之中,君臣上下同听之,则莫不合敬;闺门之内,父子兄弟同听之,则莫不和亲;乡里族长之中,长少同听之,则莫不和顺。故乐者,审一以定和者也,比物以饰节者也,合奏以成文者也,足以率一道,足以治万变。”在荀子看来,“乐合同,礼别异,礼乐之统,管乎人心矣”。礼乐之作用既然如此重要,秦历代国君无有不重视者。

一　“处虽辟,行中正”的秦礼

秦国的礼乐制度主要有三个来源:一是秦人自己的旧传统;二是承袭西周礼乐制度;三是吸纳六国礼仪,采择其善而行。通过对传统文献和考古资料的梳理,我们大致可以了解秦国时代的礼乐制度,下面略做说明:

---

① 阎步克:《士大夫政治演生史稿》,北京:北京大学出版社,1996年,第225页。

(一)吉礼

在《周礼》中,吉礼是有关祭祀之礼,是古人为求吉祥而举行的祭祀。其具体内容即《周礼·春官·大宗伯》所说的"以吉礼事邦国之鬼神示。以禋祀祀昊天上帝,以实柴祀日、月、星、辰,以槱燎祀司中、司命、风师、雨师"。秦国吉礼有以下几种:

郊礼:从秦襄公始,秦国立畤祭上帝,用三牲。襄公以后,有文公立鄜畤,宣公作密畤,灵公作吴阳上、下畤,献公作畦畤。此后畤祭祭祀上帝成为秦国的国家祭祀制度。

社稷:社是土地神,稷是百谷之主,亦即谷神。《史记·十二诸侯年表》载:"德公二年,初作社。"《韩非子·右储说下》记有一则故事:"秦襄王病,百姓为之祷;病愈,杀牛塞祷。郎中闫遏,公孙衍出见之,曰:'非社腊之时也,奚自杀牛而祠社?'"似秦在襄公时已有了社祭。

祠天神:《史记索隐·封禅书》:"雍有日、月、叁、辰、南北斗、荧惑、太白、岁星、填星、二十八宿、风伯、雨师、四海、九臣、十四臣、诸布、诸严、诸逑之属,百有余庙。雍西下邽有天神,沣、镐有昭明之祠。诸此祠,皆太祝常主,以岁时奉祠之。"

妻河:《史记·六国年表》:"灵公八年,初以君主妻河。"《索隐》谓:"谓初以此年取他女为君主,君主犹公主也。妻河,谓嫁之河伯,故魏俗犹为河伯取妇,盖其遗风。"

宗庙:《史记·秦始皇本纪》:"先王庙,或在西雍,或在咸阳。"1981—1984年,考古工作者在凤翔马家庄发掘了"一座保存比较完整的宗庙遗址,坐北朝南四周有围墙环绕。墙内建筑由北部正中的祖庙,东部的昭庙,西部的穆庙,南部的门塾以及中庭五部分组成。……在中庭和祖庙夹室内共发现各类祭祀坑181个,其中牛坑86个,羊坑55个,牛羊同坑1个,人坑8个,人羊同坑1个,车坑2个。祭坑之间存在着复杂的打破关系,应是多次祭祀的结果。据推断,这座宗庙始于春秋中期后段,废弃时间当在春秋末期到战国初期"。[1]

---

① 中国社会科学院考古研究所编著:《中国考古学·两周卷》,中国社会科学出版社,2004年,第257页。

伏祠:《史记·秦本纪》:"德公二年,初作伏祠,磔狗邑四门,以御蛊灾。"《集解》引孟康曰:"六月伏日初也,周时無,至此乃有之。"《索隐》引服虔曰:"周时无伏,秦始作之。"《正义》云:"六月三伏之节,起秦德公为之,故云初伏。伏者,隐伏避盛暑也。"

杂祭祀:《史记·封禅书》云:"于杜、亳有三杜主之祠、寿星祠;而雍菅庙亦有杜主。杜主,故周之右将军,其在秦中,最小鬼之神者。"又有陈宝祠,文公十九年,得陈宝。于陈仓北阪城祠之。怒特祠,《水经注·渭水》引《列异传》云:"武都故道县有怒特祠云:神本南山大梓也,昔秦文公二十七年,伐之,树疮随合。文公乃遣四十人持斧斫之,犹不断。疲士一人,伤足不能去,卧树下。闻鬼相与言曰:'劳攻战乎?'其一曰:'足为劳矣。'又曰:'秦公必持不休。'答曰:'其如我何?'又曰:'赤灰跋于子,何如?'乃默无言。卧者以告。令士皆赤衣,随所斫以灰跋。树断,化为牛,入水。故秦为立祠。"

(二)宾礼

《周礼·春官·大宗伯》:"以宾礼亲邦国:春见曰朝,夏见曰宗,秋见曰覲,冬见曰遇,时见曰会,殷见曰同,时聘曰问,殷眺曰视。"根据《周礼》,宾礼就是天子诸侯接待宾客的礼仪。秦国的宾礼主要有:

聘礼:《史记·秦本纪》云:"襄公得岐以西之地,于是始国,与诸侯通使聘享之礼。"秦与众诸侯交聘频繁,有来聘者,有出聘者。如秦缪公时"戎王使由余于秦。"由余出使秦国期间,《史记·秦本纪》记载:"秦缪公示以宫室、积聚。由余曰:'使鬼为之,则劳神矣。使人为之,亦苦民矣。'缪公怪之,问曰:'中国以诗书礼乐法度为政,然尚时乱,今戎夷无此,何以为治,不亦难乎?'由余笑曰:'此乃中国所以乱也。夫自上圣黄帝作为礼乐法度,身以先之,仅以小治。及其后世,日以骄淫。阻法度之威,以责督于下,下罢极则以仁义怨望于上,上下交争而相篡弒,至于灭宗,皆以此类也。夫戎夷不然。上含淳德以遇其下,下怀忠信以事其上,一国之政犹一身之治,不知所以治,此真圣人之治也。'于是缪公退而问内史廖曰:'孤闻邻国有圣人,敌国之忧也,今由余贤,寡人之害,将奈之何?'"于是内史廖设计使由余降秦。秦缪公用由余之谋伐戎王,取得了"益国十二,开地千里,遂霸西戎"的伟业。

秦康公六年(前615)秦使西乞术聘于鲁,且言将伐晋国,鲁国公子襄仲依礼节辞玉不受。《左传·文公十二年》记载:"(襄仲)曰:'君不忘先君之好,照临鲁国,镇抚其社稷,重之以大器,寡君敢辞玉。'对曰:'不腆敝器,不足辞也。'主人三辞,宾客曰:'寡君愿徼福于周公、鲁公以事君,不腆先君之敝器,使下臣致诸执事,以为瑞节,要结好命,所以藉寡君之命,结二国之好,是以敢致之。'襄仲曰:'不有君子,岂能国乎?国无陋矣。'厚贿之。"西乞术依照周礼执玉,用恰当的外交辞令和得体的举止行为,使襄仲感到秦国虽小又处于僻陋之地,然"有君子",是不可小视的礼仪之邦,遂依礼还玉并予以厚礼。

来朝:《史记·秦本纪》记德公元年(前677)"梁伯、芮伯来朝",成公元年(前663)"梁伯芮伯来朝"。

盟会:《左传·僖公十五年》:秦、晋韩原之战后,"十月,晋阴饴甥会秦伯,盟于王城。秦伯曰:'晋国和乎?'对曰:'不和。小人耻失其君而悼丧其亲,不惮征缮以立圉也,曰:必报仇,宁事夷狄。君子爱其君,而知其罪,不惮征缮以待秦命,曰:'必报德,有死无二。'以此不和。秦伯曰:'国谓君何?'对曰:'小人戚,谓之不免;君子恕,以为必归。小人曰:我毒秦,秦岂归君?君子曰:我知罪矣,秦必归君。贰而执之,服而舍之,德莫厚焉,刑莫威焉。服者怀德,贰者畏刑,此一役也,秦可以霸。纳而不定,废而不立,以德为怨,秦不其然。'秦伯曰:'是吾心也。'改馆晋侯,馈七牢焉"。从盟会期间的对话中我们可以看出,秦伯对君子之言是完全赞同的,其原因就在于君子所言符合礼的原则,《周礼·秋官·大行人》云:"诸侯之礼,介七人,礼七牢。"秦伯以七牢馈对待晋侯,亦是符合周礼规定的。《左传·成公十一年》:"秦、晋为成,将会于令狐。晋侯先至焉。秦伯不肯涉河,次于王城,使史颗盟晋侯于河东。晋郤犨盟秦伯于河西。"

入质:春秋初年,周、郑交恶,双方互为质子。自此之后,诸侯之间相互交换质子遂成惯例。《史记·秦本纪》记载秦、晋韩原之战后,秦掳晋君以归。秦穆公欲以晋君祠上帝,后经周天子和穆公夫人求情,穆公说:"我得晋君以为功,今天子为请,夫人是忧。""乃与晋君盟。许归之,更舍上舍,而馈之七牢。十一月,归晋君夷吾,夷吾献其河西地,使太子圉为质于秦。"

来贺:《史记·秦本纪》载秦穆公三十七年(前623),"秦用由余谋伐戎王,益国十二,开地千里,遂霸西戎。天子使召公过贺缪公以金鼓"。

馈遗:《史记·秦本纪》载穆公请教于内史廖,廖曰:"戎王处辟匿,未闻中国之声。君试遗其女乐,以夺其志;为由余请,以疏其间;留而莫遣,以失其期。

……缪公因与由余曲席而坐，传器而食，问其地形与其兵势尽詧，而后令内史廖以女乐二八遗戎王。”《左传·僖公十五年》载，穆公“乃与晋君盟，许归之，更舍上舍，而馈之七牢”。

来媵：《史记·秦本纪》载秦穆公“五年（前655）晋献公灭虢、虞，虏虞君与其大夫百里奚，以璧马赂于虞故也，既虏百里奚，以为秦缪公夫人媵于秦”。

致赙：《左传·文公九年》载：“秦人来归僖公成风之禭，礼也。”此条是言秦人来弔，虽不及时，但还是合乎礼的，《春秋》给予记载，表示不忘旧好。

享质：《国语·晋语四》记述了秦穆公以国君之礼来招待晋国的流亡公子重耳，第一天先是用隆重的享礼，迎接其到来；第二天再设宴款待。在第二天的宴会上，“秦伯赋《采菽》，子余使公子降拜。秦伯降辞。子余曰：‘君以天子之命服命重耳，重耳敢有安志，敢不降拜？’成拜卒登，子余使公子赋《黍苗》。子余曰：‘重耳之仰君也，若黍苗之仰阴雨也。若君实庇荫膏泽之，使能成嘉谷，荐在宗庙，君之力也。君若昭先君之荣，东行济河，整师以复强周室，重耳之望也。重耳若获集德而归载，使主晋民，成封国，其何实不从。君若恣志以用重耳，四方诸侯，其谁不惕惕以从命！’秦伯叹曰：‘是子将有焉，其专在寡人乎！’秦伯赋《鸠飞》，公子赋《河水》。秦伯赋《六月》，子余使公子降拜。秦伯降辞。子余曰：‘君称所以佐天子匡王国者以命重耳，重耳敢有惰心，敢不从德。’”

（三）嘉礼

《周礼·春官·大宗伯》：“以嘉礼亲万民。”嘉礼的主要内容包括饮食、婚冠、宾射、飨、燕，脤、膰，庆贺等。秦国的嘉礼主要有：

庆贺：《史记·秦本纪》：秦穆公“三十七年（前623），秦用由余谋伐戎王，益国十二，开地千里，遂霸西戎。天子使召公过贺缪公以金鼓”。

婚姻：《史记·秦本纪》记载：“襄公元年，以女弟缪嬴为丰王妻。”“十一月，归晋君夷吾，夷吾献其河西地，使太子圉为质于秦。秦妻子圉以宗女。”《国语·晋语四》：“秦伯归女五人，怀嬴与焉。”秦缪公派人到楚国召重耳到秦国，秦伯将五位秦女嫁给重耳，其中有女儿怀嬴。《左传·襄公十二年》：“秦嬴归于楚。”秦嬴为秦景公之妹，嫁于楚共王为夫人，因返秦省母后回楚国。《左传·襄公十二年》说：“楚司马子庚聘于秦，为夫人宁，礼也。”

冠礼：《史记·秦本纪》：惠文王“三年，王冠”。昭襄王“三年，王冠”。

飨礼：国君或诸侯设宴酬请下级贵族或使者的隆重礼仪。春秋时代的飨燕礼有一套繁缛的内容，有乐舞，设宾客，设介、相，有赋诗等，《史记·秦本纪》正义引应劭云："秦缪公与群臣饮酒酣，公曰：'生共此乐，死共此哀。'于是奄息、仲行、针虎许诺。"

（四）军礼

《周礼·春官·大宗伯》："以军礼同邦国。"军礼包括了大师之礼、大均之礼、大田之礼、大役之礼、大封之礼。秦国的军礼主要有：

校猎（大蒐礼）：在秦人早期经济生活中，田猎是一项重要的内容，田猎不仅具有经济和娱乐功能，而且是治兵的一项重要方式。同于西周的大蒐礼。《诗经·秦风·驷驖》："驷驖孔阜，六辔在手。公之媚子，从公于狩。奉时辰牡，辰牡孔硕。公曰左之，舍拔则获。游于北园，四马既闲。輶车鸾镳，载猃歇骄。"《诗序》谓"美襄公始命，有田狩之事，园囿之乐"。该诗为我们提供了秦襄公进行校猎（大蒐礼）时的生动场景，为我们理解秦国军礼提供了翔实的资料。此外还有秦文公三年（前763）以兵七百人东猎，至汧渭之会的记载。

誓师：《史记·秦本纪》记载秦穆公三十六年（前624），"缪公复益厚孟明等，使将兵伐晋……于是缪公乃自茅津渡河，封崤中尸，为发丧，哭之三日，乃誓于军曰：'嗟士卒！听无哗，余誓告汝。古之人谋黄发番番，则无所过。'以申思不用蹇叔、百里奚之谋，故作此誓，令后世以记余过"。

兵祭：《左传·文公十二年》："秦为令狐之役故，冬秦伯伐晋，……秦伯以璧祈战于河。"即沉璧于河，祈祷战胜对方。沉璧为兵祭祈战最常见的祭祀方式。

致师：《左传·文公十二年》："秦人欲战，秦伯谓士会曰：'若何而战？'对曰：'……若使轻者肆焉，其可。'"肆者，谓以轻兵突犯。《周礼·夏官·环人》："环人掌致师。"致师就是挑战，所以郑玄注说："致师者，致其必战之志。古者将战，先使勇力之士犯敌焉。"

（五）凶礼

《周礼·春官·大宗伯》云"以凶礼哀邦国之忧"。凶礼包括了丧礼、荒礼、吊礼、禬礼和恤礼。秦国凶礼主要有：

从死和用殉：《史记·秦本纪》载，秦武公二十年（前678），"武公卒，葬雍平阳,初以人从死,从死者六十六人”。秦穆公三十九年(前621),“缪公卒,葬雍。从死者百七十七人,秦之良臣子舆氏三人名曰奄息、仲行、鍼虎,亦在从死之中。秦人哀之,为作歌《黄鸟》之诗”。但从考古发掘材料看,秦国的人殉似乎还要更早,其中甘肃礼县大堡子山编号为M2的中字形大墓,墓室内设二层台。其中东、北、南三面二层台上殉葬7人,均为直肢葬,都有葬具,多随身葬有小件玉饰。西墓道在深1.25米的层面填土中埋葬12个殉人,均为屈肢葬。M3亦为中字形大墓,北侧二层台上现存殉人1名,西墓道填土中埋殉人7名。以上两座大墓的年代在西周晚期到春秋早期之间。① 凤翔秦公大墓“发现有人牲20具,位于土圹四周,这些人牲被置于墓室顶上的填土内,殉葬者166人,其中72人的葬具为枋木垒成的箱,另外94人则被置于匣状的薄木葬具里,前者在内侧,后者在外侧”②。

山陵:秦都雍期间,正值春秋早期,此期的秦公陵墓依然遵循《周礼》制度,一是实行“公墓制”,二是不起坟,不墓不坟,不封不树。定都咸阳后,新开辟的毕陌陵区和芷阳陵区出现了新气象:一是原先的“公墓制”已为独立的陵园制度所代替;二是高大的封土出现在主墓之上,并且称之为“陵”;三是在墓旁建寝,开始墓祭;四是秦国王公陵主墓道俱为东向,这是遵从了一项重要礼仪的结果,即以东向为尊。就目前的考古发现来看,截至目前发现的秦国最早的王公大墓是甘肃礼县大堡子山的两座中字形大墓(M1和M2),主墓道均向东,车马坑K1也是向东。③ 雍城发现的秦王公陵墓除M45坐北朝南外,其余的王公陵都为东向。④ 秦芷阳陵区共发现四座陵园,其主墓墓道仍是东向。⑤

---

① 戴春阳:《礼县大堡子山秦公墓地及有关问题》,《秦西垂文化论集》,北京:文物出版社,2005年,第548页。

② 中国社会科学院考古研究所编著:《中国考古学·两周卷》,北京:中国社会科学出版社,2004年,第325页。

③ 戴春阳:《礼县大堡子山秦公墓地及有关问题》,《文物》2000年第5期。

④ 陕西省雍城考古队:《凤翔秦公陵园第二次钻探简报》,《文物》1987年第5期。

⑤ 陕西省考古研究所、临潼县文管会:《秦东陵第一号陵园勘查记》,《考古与文物》1987年第4期;陕西省考古研究所、临潼县文管会:《秦东陵第二号陵园钻探简报》,《考古与文物》1990年第4期;陕西省考古研究所秦陵工作站:《秦东陵第四号陵园调查钻探简报》,《考古与文物》1993年第3期。

园寝:《秦会要订补》:“古不墓祭,诸陵皆有园寝,秦所为也。说者以为古宗庙前置庙、后置寝,以象人之居前有朝、后有寝也。庙以藏主,以四时祭;寝有衣冠、几杖、象生之具,以荐新物。秦始出寝,起居于墓侧,故陵上称寝殿。”祭祀有人牲及铜、石礼乐器。

目前已探明的秦国国君陵园主要有甘肃礼县大堡子山陵园、陕西凤翔雍城陵园、咸阳毕陌陵园和临潼芷阳陵园。陵墓多为亚字形、中字形、甲字形或凸字形,周围设有隍壕以分别陵园。秦雍城秦公陵虽实行“公墓”制度,但在公墓区的每一位国君都有用隍壕围起来的相对独立的陵园,墓上没有封土,但有和墓祭有关的“享堂”类建筑①;咸阳的毕陌秦公陵园共有两处独立的陵园,这两座陵园在封土侧旁及内外墙间都发现有地面建筑②;临潼的芷阳陵区有四个用壕沟围成的陵园,在这四个陵园内的封土侧旁都发现了地面建筑遗迹③,这些建筑中应当有祭陵的专门建筑,也就是我们说的陵寝。东汉蔡邕的《独断》说:“古不墓祭,至秦始皇出寝,起之于墓侧,汉因而不改,故今陵上称寝殿,有起居衣冠象生之备,皆古寝之意也。”现在看来,显然有误,陵寝之制,在惠文王和悼武王的毕陌陵园中就已产生了。

厚葬:《秦会要订补》引《汉书·楚元王传》说:“及秦惠文、武、昭、严襄五王,皆大作丘陇,多其瘗藏。”凤翔秦公大墓是 20 世纪发掘的最大的春秋时期墓葬。“其墓顶长 59.4 米,宽 38.8 米,底长 40 米,宽 20 米,深 24 米,斜坡墓道总长 270 米,呈倒金字塔形。墓室由上至下有三层台阶,台阶环绕墓壁宽 2~6 米。第三层台阶中部为椁室,分主副两部分,各以柏木浇注金属构成。主椁形同一座长方体的木屋,长 14.4 米,宽 5.6 米,高 5.6 米,可能是我国时代最早的一套‘黄肠题凑’葬具。椁室、侧室四周及上部填土中分布有 186 个人殉、人牲棺椁。墓附近有巨大的车马坑。墓内出土 20 多个巨型石磬,还有各种残存的青铜器、金器、玉器、漆器、丝织品 3500 余件。”④其埋藏之丰厚,确实令人叹为观止。

荒礼:《左传·僖公十三年》:“冬,晋荐饥,使乞籴于秦,秦伯谓子桑:‘与诸

---

① 王学理、尚志儒、呼林贵等:《秦物质文化史》,西安:三秦出版社,1994 年,第 263 页。

② 陕西省考古研究院:《咸阳“周王陵”考古调查、勘探简报》,《考古与文物》2011 年第 1 期;刘伟鹏、岳起:《咸阳塬上“秦陵”的发现和确定》,《文物》2008 年第 4 期。

③ 陕西省考古研究所等:《秦东陵第一号陵园勘查记》,《考古与文物》1987 年第 4 期。

④ 顾德融、朱顺龙:《春秋史》,上海:上海人民出版社,2001 年,第 491 页。

乎?'对曰:'重施而报,君将何求?重施而不报,其民必携,携而讨焉,无众,必败。'谓百里:'与诸乎?'对曰:'天灾流行,国家代有,救灾、恤邻,道也。行道,有福。'丕郑之子豹在秦,请伐晋。秦伯曰:'其君是恶,其民何罪?'秦于是乎输粟于晋,自雍及绛相继,命之曰泛舟之役。"在灾年,邻国有难,予以帮助,是合乎礼的行为。

二 谐配之乐

《吕氏春秋·季夏纪·音初》:"凡音者,产乎人心者也。感于心则荡乎音,音成于外而化乎内。是故闻其声而知其风,察其风而知其志,观其志而知其德。盛衰、贤不肖、君子小人皆形于乐,不可隐匿。故曰:乐之为观也深矣。"这里是说音乐(包括舞蹈)作为一种社会观察对象,有极为深刻的意义,它是了解一个地区、一个国家的风俗、价值取向、政治文化最好的窗口;一个国家或民族的兴盛与衰亡通过音乐就能表现出来。而礼、乐相配则构成了先秦时期国家政治生活秩序的主要内容之一。

《通志·乐略·乐府总序》说:"礼乐相须为用,礼非乐不行,乐非礼不举。"在先秦时代,礼、乐常常并提,二者密不可分,《礼记·仲尼燕居》有:"子曰:礼也者,理也。乐也者,节也。君子无理不动,无节不作。不能《诗》,于礼缪;不能乐,于礼素;薄于德,于礼虚。"在孔子看来,不懂乐,行礼也是单调无味的。礼乐谐配以行教化,可以使天下和谐而至治。《礼记·乐记》说:"乐至则无怨,礼至则不争。揖让而治天下者,礼乐之谓也。暴民不作,诸侯宾服,兵革不试,五刑不用,百姓无患,天子不怒,如此则乐达矣。合父子之亲,明长幼之序,以敬四海之内,天子如此,则礼行矣。"认为这是实行礼乐政治所能达到的最高境界。

在秦代作为礼乐文化之一部的乐,它一方面传承着秦人古老的风俗习惯,另一方面又承袭了西周制礼作乐的传统,把乐舞和政治秩序、伦理道德紧密结合,以期达到社会和人心的和谐,同时它又大量地吸收东方郑、卫及南方楚国等异国乐舞,形成了独特的秦乐体系。

先秦时代秦乐十分发达,主要表现在:

礼乐成为治国理政的重要指导思想。秦缪公在接见戎王使者由余时就讲到,中国(即秦国)“以诗书礼乐法度为政”,把礼乐作为治理国家的指导思想,这样明确的表述在中国古代特别是在春秋时代还是第一次,所以具有特别重要的意义。秦代国君的统治理念,秦代国家与政治,始终没有离开过礼乐,这是秦国政治文化的一个重要特色。秦甚至在外交活动中也将“乐”作为一种手段。秦缪公为了扩张领土,就动用了女乐。《史记·秦本纪》记载秦缪公“令内史廖以女乐二八遗戎王。戎王受而说之,终年不还”,戎王为女乐所迷惑,结果国家被秦缪公所吞并。

团结上下而和睦的宗庙乐的形成。秦国有严格的宗庙祭祀制度,祭祀乐已相当兴盛而理性,且已制度化,充分体现了秦人的审美和价值观念。叔孙通制定的汉宗庙乐,就直接移植于秦国。《汉书·礼乐志第二》记载,庙祭时“大祝迎神于庙门,奏《嘉至》,犹古降神之乐也。皇帝入庙门,奏《永至》,以为行步之节。犹古《采荠》《肆夏》也。乾豆上,奏《登歌》,独上歌,不以筦弦乱人声,欲在位者遍闻之,犹古《清庙》之歌也。《登歌》再终,下奏《休成》之乐,美神明既飨也。皇帝就酒东厢,坐定,奏《永安》之乐,美礼已成也”。宗庙之乐肃穆庄严,在这种气氛之中,人们怀着悲痛之心追忆先祖,而音乐唤起的浓浓血缘亲情,则使族人之间的相互团结不断得到加强,诚如《礼记·乐记》所说:“是故乐在宗庙之中,君臣上下同听之则莫不和敬;在族长乡里之中,长幼同听之则莫不和顺;在闺门之内,父子兄弟同听之则莫不和亲。故乐者,审一以定和,比物以饰节;节奏合以成文。所以合和父子君臣,附亲万民也,是先王立乐之方也。”这里是说在宗庙祭祀中演奏音乐,可以起到“和敬”“和顺”“和亲”的效果,能够使父子、君臣、万民的感情融为一体,达到礼乐教化的目的,这也是先王立乐的根本所在。

歌诗的繁荣是秦乐发达的又一标志。歌诗是为演奏而谱写的,“诗言志,歌咏言”,说的就是这回事。由于时间久远,今天我们能够看到的秦国歌诗已经很少了,但从这些少量的诗歌中我们仍然可以了解到秦国时代秦人生活的方方面面。《石鼓文》以刻在十个鼓形石上的十首诗歌而得名。《石鼓文》为春秋时代秦国国君制作,至于是哪位国君,学界尚有争议,但其诗歌风格与《诗经》接近,是一部描写秦国国君田猎盛况的诗歌集。其中甲鼓《吾车》描写出猎队伍及其武装、追逐射杀野兽的情况:“吾车既工,吾马既同,吾车既好,吾马既骈。君子员猎,员猎员游。牝鹿速速,君子之求。”乙鼓《汧沔》写在汧捕鱼的情景,“汧殹沔沔,烝皮淖渊,鰋鲤处之,君子渔之”。其描写都具体而生动,充满了生活气息。《诗经 · 秦风》中收有十首秦人的诗歌,当然这只是秦人诗歌中的极少数,但极具代表性。如《秦风》首篇的《车邻》以生动朴实的笔调描写了秦国早期政治文化的简易朴实,“既见君子,并坐鼓瑟”“既见君子,并坐鼓簧”,一副君臣相得、欢乐平生的景象跃然纸上,后世那种尊君抑臣、君贵臣卑的景象确实不可与之同日而语。《黄鸟》三章写秦缪公去世,以子车氏三子为殉,而国人哀痛。缪公所处的春秋时期正是个人的价值被认识、个体被解放的时代,秦缪公以人为殉,显然是倒行逆施,所以《史记 · 秦本纪》借君子之口对其行为进行了谴责,君子曰:“秦缪公广地益国,东服强晋,西霸戎夷,然不为诸侯盟主,亦宜哉。死而弃民,收其良臣而从死。且先王崩,尚犹遗德垂法,况夺之善人良臣百姓所哀者乎! 是以知秦不能复东征也。”以人为殉,说明其时秦国社会的发展尚落后于东方诸国。《渭阳》是秦康公送别舅氏的一首诗:“我送舅氏,曰至渭阳。何以赠之,路车乘黄。我送舅氏,悠悠我思,何以赠之,琼瑰玉佩。”整首诗仅仅三十二字,却表达了对舅氏依依难舍、对母亲深切思念的感情,因此被后人誉为送别诗之祖。《无衣》一共三章,其中的“岂曰无衣,与子同袍”“岂曰无衣,与子同泽”“岂曰无衣,与子同裳”显示了秦人相与友爱、团结一致、足以相死的淳朴感情,特别是在“王于兴师”之际,更显珍贵。秦人这种尚气概、先勇力、忘生轻死的精神产生于关陇这块土厚水深、民风强悍、崇尚气力之地,和此后“招八州而朝同列”的局面出现于中国古代历史上,岂无逻辑之联系?

秦乐在祭祀和宴饮中具有重要的作用。在秦代的政治文化生活中,音乐是沟通天、地、神、人,活跃宴饮气氛,进行思想交流的重要工具。在墓地举行祭祀仪式,音乐是其中的重要内容。秦国墓祭在传统文献中不见记述,但在考古发掘中却有所揭示。2006 年甘肃礼县大堡子山发掘了人祭坑 4 座,乐器坑 1 座,其中乐器坑为一东西向的长方形坑,坑长 8.8 米,宽 2.1 米,残深 1.1 ~1.6 米。“坑内乐器分为两排,南侧为铜钟镈与钟架,北侧为石磬与磬架。南侧靠坑壁处为一字排开的 11 件铜钟镈,其西部为 3 件铜镈,东部是 8 件铜甬钟。镈由西向东大小依次排列,在 3 件镈上或一侧发现 3 件铜虎,甬钟大小相次排列,但不是很整齐,镈、钟附有铜挂钩,置放在镈、钟之上或一侧,镈和甬钟的表面都残留有布纹,放入时当包以麻布,镈和甬钟以及铜虎的纹饰沟槽内均发现朱砂残迹,11 件镈、钟的北侧为钟架,留有时断时续的钟架朽痕,但痕迹的宽度不均,可能钟架的木质部分朽烂后四周填土向内挤压,遂致钟架变形,钟架由一条东西向长方木和二条南北向的短方木组成。长8.8米,宽1.97米。钟架木质部分大致宽0.13米,从残留的少量漆皮观察,钟架外表部分有髹漆,纹饰已不易辨别,未发现钟架的铜构件。从钟架的高度和钟、镈并不悬挂在钟架上而是在其一侧摆放的情况看,该钟架并非实用,磬架与钟架相似,长2.5米、宽0.8米,木质横梁大致宽0.11米。与钟、镈摆放在钟架一侧不同,石磬则发现于磬架的正下方,不排除直接悬挂的可能,石磬为五件一组,均按照由东向西,由小到大的方式排列。"发掘者认为:"西周至春秋时期,已发现的大、中型墓葬为数不少,但除车马坑外,还没有发现在大墓附近有这种铜乐器坑或礼器坑作为陪葬坑的例证。河南新郑郑国故城曾发现规模很大的春秋中期乐器坑及礼器坑,被认为属于祭祀遗迹,因此,我们认为大堡子山乐器坑与人祭坑同属于一组祭祀遗迹。"①乐器坑的发现及其所展示的考古学面貌,使我们认为:秦国国君承袭了西周的"乐悬"制度。所谓的乐悬制度,原本是指将钟、镈或磬类乐器按照一定的规则悬挂起来进行演奏的制度,而西周的统治者却赋予它深刻的政治文化内涵,使其成为一种等级森严、爵秩分明的政治制度。大堡子山发现的乐器坑出土一组钟、磬、镈俱全的乐悬,而这种乐悬在西周时,只有天子和诸侯才有权使用,《仪礼·燕礼》贾公彦疏谓:"天子宫悬,诸侯轩悬,面皆钟、磬,镈各一虡。"也就是说天子、诸侯的乐悬应当为钟、磬、镈的组配。对照大堡子秦公墓乐器坑的乐器配置,我们不难看出,不论这座墓葬的主人是谁,在对他进行祭祀的人心目中,他不是天子就是诸侯,当然这时的秦公只能是诸侯,因为此时周天子仍为天下共主,是不可公开僭越的。陕西凤翔南指挥村秦公一号大墓出土残编磬26枚,其上文字经缀合后,有铭文37字,曰:"汤汤厥商。百乐咸奏,允乐孔煌,钮铻载入。有虮载漾。天子宴喜,共桓是嗣。高阳有灵,四方以宓平。"②这些石磬应当也是祭祀用物,这些祭祀乐器的组成实际上是一定的等级制度的反映。

音乐被应用于秦国国君的宴饮场合,不仅营造了一种欢乐的宴饮气氛,而且成为国君表达自己政治意愿的委婉手段,前述《国语·晋语四》秦缪公宴请落难的晋公子重耳即其一例。

---

① 早期秦文化联合考古队:《2006年甘肃礼县大堡子山祭祀遗迹发掘报告》,《文物》2000年第11期。

② 王辉:《论秦景公》,《史学月刊》1989年第3期。

秦国乐器种类繁多，表明秦国礼乐的兴盛。在古代文献如《西京杂记》中就记有秦咸阳宫的“璠玙之乐”和“昭华之管”，其文称：“复铸铜人十二枚，坐皆高三尺，列在一筵上，琴筑笙竽，各有所执，皆缀花彩，俨若生人，筵下有二铜管，上口高数尺，出筵后其一管空，一管内有绳，大如指，使一人吹空管，一人纽绳，则众乐皆作，与真乐不异焉。有琴长六尺，安十三弦二十六徽，皆用七宝饰之，铭曰：‘璠玙之乐。’玉管长二尺三寸，六孔，吹之则见车马山林，隐辚相次，吹息，亦不复见，铭曰：‘昭华之管。’”《西京杂记》中诸多记载已为现代考古资料所证实，[①]所以我们相信它关于秦咸阳宫中的这些乐器的记载应当比较真实。礼乐器作为秦礼乐制度的实证，在文献记载和考古资料中多见。秦国乐器主要有缶、筑、琴、瑟、箫、笙、筝、鼗鞞鼓、埙、篪、柷、敔、磬、镈、钟、錞于等，现代意义上的打击乐、管弦乐、吹弹乐都已具备。凤翔秦公一号大墓出土的石磬上就有“百乐咸奏，允煌孔乐”的诗句。

秦国专职乐人的队伍也很庞大，秦缪公曾送二八女乐与戎王。此外见于记载的秦国乐人还有如萧史、秦青、屠门高等人，其中以萧史最有名气。刘向《列仙传·萧史》：“萧史者，秦缪公时人也。善吹箫，能致孔雀、白鹤于庭。缪公有女字弄玉，好之，公遂以女妻焉。日教弄玉作凤鸣，居数年，吹似凤声，凤凰来止其屋。公为作凤台，夫妇止其上，不下数年。一旦，皆随凤凰飞去。故秦人为作凤女祠于雍宫中，时有箫声而已。”《列仙传》赞曰：“萧史妙吹，凤雀舞庭。嬴氏好合，乃习凤声。遂攀凤翼，参翥高冥。女祠寄想，遗音载清。”

音乐理论的创建和总结。秦国时代，发达的礼乐文化促进了秦国音乐理论的形成，这些理论涉及人类音乐的起源、音乐与教化、音乐与政治、音乐与社会风气等方面，不仅具有历史价值，而且有一定的现实意义。如关于将音乐作为观察对象，通过音乐加深对社会的深刻认识的理论：“凡音者，产乎人心者也。感于心则荡乎音，音成于外而化乎内。是故闻其声而知其风，察其风而知其志，观其志而知其德。盛衰、贤不肖、君子小人皆形于乐，不可隐匿。故曰：乐之为观也，深矣。”[②]又如：“故治世之音安以乐，其政平也；乱世之音怨以怒，其政乖也；亡国之音悲以哀，其政险也。凡音乐，通乎政而移风平俗者也。俗定而音乐化之矣。

① 丁宏武：《考古发现对〈西京杂记〉史料价值的印证》，《文献》2006年第2期。

② 陈奇猷校释：《吕氏春秋》，上海：学林出版社，1984年，第335页。

故有道之世，观其音而知其俗矣，观其俗而知其政矣，观其政而知其主矣。故先王必托于音乐以论其教。……故先王之制礼乐也，非特以欢耳目，极口腹之欲也，将教民平好恶、行理义也。”[①]是说音乐与政治及国家的治乱兴衰、民风民俗都有密切关系，因此，君主一定要通过音乐来实行教化。先王制礼作乐的目的并非只是为了耳目之好、口腹之欲，最重要的是要教人们端正好恶，推行理义。

三　礼乐法度为政

春秋时代的秦国，强化国家机器、严格刑法的最早记载见于《史记·秦本纪》秦文公“二十年，法初有三族之罪”这一条。设立三族之罪，其目的在于树立国君的权威，镇压敌对势力的反抗，这是不言而喻的。根据秦早期文化多脱胎于周文化的事实，文公之前的秦国法律制度应和周之法律制度有很多相同的地方，但根据文献的记载，西周并无三族之罪，因此建立三族连坐之法，应当是秦文公的独创。而且这个连坐之法到秦孝公时又为商鞅所发扬光大，成为秦政治文化一个重要组成部分。三族连坐之法出现的春秋时期是一个社会大变更的时代，也是一个百家争鸣的时代，面对诡谲多变的形势，礼崩乐坏的现实，当时的儒、法、道、墨、阴阳、纵横等各家学派纷纷表达自己对拯救、改良、改革社会的看法和观点，因此法律思想和依法治国的思想，在这个时期得到了空前的重视和发展，各国的立法活动都很活跃。春秋时期东方诸国立法的国家主要有郑国和晋国。郑国在郑简公三十年（前536）在执政大臣子产主持下制定了刑法，《左传·昭公六年》记载：“三月，郑人铸《刑书》。”杜预注说：“铸《刑书》于鼎，以为国之常法。”又据《左传·成公十八年》的记载，这一年晋悼公初即位，即命“右行辛为司空，使修士苏之法”。可见晋国之法是士苏时所制定。士苏为晋国制法是在他做大司空之后，《左传》载庄公“二十六年春，晋士苏为大司空”，庄公二十六年为公元前668年。从上述记载来看，郑国和晋国立法的年代都要晚于秦文公制定三族之法的年代（前746）。文公二十年（前746年）“法初有”云云，说明此前秦国已有了比较完整的立法和刑政体系了。

---

① 陈奇猷校释：《吕氏春秋》，上海：学林出版社，1984年，第273页。

“礼乐法度为政”一语，出自秦缪公之口，是讲给戎族的使臣由余听的，虽不免有自视甚高的意思在内，但还是比较切合当时秦国实际的。

从上述情况可以看出，礼乐、法度是其时秦国政治文化的主要内容。秦国的礼乐、法度主要是沿袭西周而来。黄留珠先生曾将秦在商鞅变法后的礼乐制度与西周的五礼（吉、嘉、宾、军、凶）做了仔细对比，他认为："商鞅变法后的秦礼治文化，基本上仍不离周礼的窠臼。"[①]通过以上我们对秦国礼乐制度的论述，可以明确看出，早在商鞅变法之前，秦人就已大量地吸收西周的礼乐文化，但秦人并未完全照搬周礼，而是根据自己的实际应用，对其进行了改造和创新，以实用为目的，以适应新的社会形势发展为原则，形成了自己独有的礼乐文化制度。

礼乐法度为政，充分体现了秦人的理性主义精神。秦国的统治者正是借助于这一套政治文化体系来维护森严的等级秩序，维护君主的权力和统治，维护国家机器的正常运转。礼乐的主要功能诚如《礼记·哀公问》所说："民之所由生，礼为大。非礼勿以节事天地之神明也，非礼无以辨君臣、上下、长幼之位也，非礼无以别男女、父子、兄弟之亲，婚姻、疏数之交也；君子以此之为尊敬然。"因为礼乐的重要性，所以秦国国君在西周礼乐文化的影响下，把礼乐看作是安邦定国、教化百姓的重要手段。秦国国君通过对天即上帝的祭祀，确立了国君至高无上的权力，通过礼乐制度，构建了严格的等级制度。秦国时期就已建立了以武功封爵的制度，爵位之高低有一定的制度，其享受的待遇也有一定的区别。它与西周的五等爵制已有区别。武功爵制，除彻侯外，都只有爵名而无封土。秦国的社会身份、等级地位还表现在墓葬制度上，即以青铜礼器及其组合来表明墓主人的地位高低。"随葬的青铜礼器以成组的鼎、簋、壶相配，亦近于西周文化之用鼎制度。"[②]西周时代贵族阶级有一套严格的用鼎制度，根据其身份的不同，使用不同的鼎，即所谓列鼎制度，一般天子用九鼎，卿大夫七鼎，下大夫五鼎，士则一至三鼎。与鼎配合使用的有簋，簋以偶数计，形成了从九鼎八簋到五鼎四簋的制度。这个制度亦为秦人所用。秦国历代君主都非常重视礼乐的教化作用，秦人的尚武、重耕战精神除与其所处关陇一带的地理环境有关以外，与其重视礼乐教化亦有相当重要的关系 。《汉书·赵充国辛庆忌传》赞云："山西天水、陇西、安定、北

① 黄留珠：《秦汉历史文化论稿》，西安：三秦出版社，2002 年，第 170 页。

② 滕铭予：《秦文化：从封国到帝国的考古学观察》

地处势迫近羌胡,民俗修习战备,高上勇力鞍马骑射。故《秦诗》曰:‘王于兴师,修我甲兵,与子皆行。’其风声气俗自古而然,今之歌谣慷慨,风流犹存耳。”何谓“风声气俗”?其实就是指由风化教育而形成的习俗和传统。产生于关陇一代的《诗经·秦风》就是秦人政治文化传统形成的最好说明,《秦风》中多有车马、出征和战争的描述,在这些场面描写中,看不到秦人的畏惧懦弱,看不到秦人的怨天尤人,而是对面临的困难和死亡的蔑视 ,是对保国卫家的热忱,正如朱熹在《诗经集传》中所说:“秦人之俗,大抵尚气概,先勇力,忘生轻死,故其见于诗如此。”礼乐教化不止诗歌一种,上自郊庙朝廷,下至民间闾巷的各种礼典活动,都会对人们起到教育教化作用。

礼乐法度为政,是加强秦国君主权力、权威的重要手段。国君的尊严和特权在建筑制度上有鲜明的体现,《三辅黄图·序》云:“秦缪公居西秦,以境地多良才,始大宫观,戎使由余适秦,缪公示以宫观。由余曰:‘使鬼为之,则劳神矣。使人为之,亦苦民矣。’是则缪公时,秦之宫室已壮大矣。”秦德公元年(前677)秦人定都于雍,考古工作者在雍城遗址内中部偏西的地方发现了面积约2万平方米的姚家岗高台建筑遗址,并发现了大批的建筑构件,其中64件为铜质建筑构件,形状各异,有曲尺形、楔形、方筒形、小拐头等,其上有精美的蟠虺纹装饰。该遗址内还出土了玉璧、玉璜、玉圭。如此豪华的装饰,显示出这座宫殿的地位之高、权位之重。在雍城中部偏北的马家庄发现了秦的宗庙遗址,在东距宗庙遗址50米的地方发现了可分为五座院落的马家庄三号建筑遗址,这几座建筑,总面积在数万平方米以上。另外在雍城西南16公里处,还发现了面积约2万平方米的蕲年宫遗址。[①] 雄伟高大、壮观豪华、威严肃穆的宫室建筑,凸显了君主的威严高不可及。

秦的礼乐制度使秦国君主对臣下的人身有了更为强大的支配权,这一点从秦国的所谓“从死”、人殉现象上看得更为清楚。秦武公初以人从死,《史记·秦本纪》记载:“武公卒,葬雍平阳。初以人从死,从死者六十六人。”秦缪公死,《史记·秦本纪》说其时“从死者一百七十七人,秦之良臣子舆氏三人名曰奄息、仲行、鍼虎,亦在从死之中,秦人哀之,为作《黄鸟》之诗”。凤翔秦公大墓M1殉葬

---

① 中国社会科学院考古研究所编著:《中国考古学·两周卷》,北京:中国社会科学出版社,2004年,第256页。

者达166人。以人从死和殉葬,是一种野蛮的丧葬制度,春秋中后期,这种被当时人视为不道德的现象,在秦国却得以强化。对此,我们认为不能简单地以文化落后来做解释,它其实反映了秦国政治文化中,正在孕育生长着一种君主专制、君主独裁的因素,这种因素的不断发展和加强是促使秦国走向专制主义中央集权道路的一个重要原因。

礼乐法度作为秦国各项制度的外化形式,说到底是用来维护贵族内部等级关系,协调各方面关系,强化君主专制权力的重要手段。清人邵懿辰《礼经通论》说:"冠、婚、丧、祭、朝、聘、乡、射八者,礼之经也。冠以明成人,婚以合男女,丧以仁父子,祭以严鬼神,乡饮以合乡里,燕射以成宾主,聘食以成邦交,朝觐以辨上下,天下之人尽于此矣,天下之事亦尽于此矣。"邵懿辰的看法,是对礼制功能的概括,在这个时代,国家的政治事务、社会的伦理道德都包括在礼乐法度之中,因此《左传·庄公二十三年》有"夫礼所以整民也,故会以训上下之则,制财用之则,朝以正班爵之义,帅长幼之序,征伐以讨其不然,诸侯有王,王有巡守,以大习之,非是君不举矣"的说法。礼乐法度维护国家政治和社会伦理在《汉书·礼乐志》中有更为详细的表述:"人性有男女之情,妒忌之别,为制婚姻之礼;有交接长幼之序,为制乡饮之礼;有哀死思远之情,为制丧祭之礼,有尊尊敬上之心,为制朝觐之礼。……故婚姻之礼废,则夫妇之道苦,而淫僻之罪多;乡饮之礼废,则长幼之序乱,而争斗之狱蕃;丧祭之礼废,则骨肉之恩薄,而背死忘先者众;朝聘之礼废,则君臣之位失,而侵陵之渐起。故孔子曰:'安上治民,莫善于礼,移风易俗,莫善于乐'。礼节民心,乐和民声,政以行之,刑以防之。礼乐政刑四达而不悖,则王道备矣。"礼的功能,可说无所不包。秦礼亦规范了社会生活的各个方面,但我们同时也注意到秦礼乐法度的建设,正处在"礼崩乐坏"的春秋时代,秦礼乐法度实施中存在许多与周礼不合的地方。早在汉代,大儒董仲舒就已指出:"今秦与周俱得为天子,而所以事天者异于周。"①即秦的郊礼与周代有异,他对此表示不理解。其实,秦礼与周礼不合之处还有许多,如秦虽有宗庙制度,但没有严格的宗法制度;秦有封君制,但除高爵的彻侯或庶长外,其余封君既没有封土,也没有治民权;秦有伏祠,周礼无之;秦缪公以国君之礼款待晋国流亡公子重耳,这在西周是绝不可能之事。那么如何看待秦礼乐法度与传统礼乐制

---

① [清]苏舆撰,钟哲点校:《春秋繁露义证》,北京:中华书局,1992年,第399页。

度的不合,这很值得我们深思。

宋代史学家欧阳修考察了历代礼乐制度与政治和社会伦理关系的互动情况,在其所修《新唐书・礼乐志》中指出:"由三代而上,治出于一,而礼乐达于天下;由三代而下,治出于二,而礼乐为虚名。"这段话深刻地揭示出中国古代政治文化演变的事实。三代以下,"治出于二,而礼乐为虚名",虽未必完全符合实际,但离史实颇近。把政治和社会伦理从礼乐法度中剥离开来,这是秦人的一大创造。上述秦国礼乐法度与西周的不合,这恰恰是秦人从实际出发进行创新的地方,体现出秦人重功利而轻伦理、重现实而轻宗教的政治文化特点,创新则构成了秦政治文化的一个亮点。正是这种创新,使当时的秦人和秦以后的中国没有走上纯宗教或政教合一的国家道路。

第四章 饮马于河的政治抱负

一 秦武公的政治制度创设

公元前716年,秦文公去世,宪公继位为君。宪公继承先辈的东进政策,在即位的第二年就把都城由汧渭之会迁至平阳(今宝鸡市陈仓区阳平镇),第三年(前713)出兵灭掉了平阳以东亳王之戎族,占领了其邑荡。宪公在位十二年,他去世后,秦国发生了内乱,《史记·秦本纪》对此记载说:“宁(宪)公生十岁立,立十二年卒,葬西山。生子三人,长男武公为太子。武公弟德公,同母鲁姬子。生出子。宁(宪)公卒,大庶长弗忌、威畾、三父废太子而立出子为君。出子六年,三父等复共令人贼杀出子。出子生五岁立,立六岁卒。三父等乃复立故太子武公。”在这次国君废立的斗争中,我们看到了庶长权力对国君地位的干预。异姓的庶长之所以能够干预君位、左右政局,说明秦国宗法制度薄弱,国君既未能受到宗法、宗室势力的护佑,也缺乏宗族力量的藩屏;另一方面说明其时中央集权制还不稳固。在当时形势下,庶长干预对秦国政局的稳定、对国家战略政策的实行,都造成了很大的影响。因此追求政治权力的高度集中,对秦国来说,不仅是现实的需要,也是国家长治久安的要求。《史记·秦本纪》说,武公即位的第三年,即“诛三父等而夷三族”,消灭了对秦政权威胁甚大的异己力量,将国家政权牢牢地掌握在自己手中,高度的中央集权从此逐步形成,成为秦国政治文化中的一大特色。武公时代,由于中央权力的集中加强,使秦国的东进战略政策获得了巨大的胜利。武公元年(前697)“伐彭戏氏,至于华山下”①,《正义》云“盖同州

---

① 《史记》卷五《秦本纪》,北京:中华书局标点本,1959年,第182页。

彭衙故城是也”。同州彭衙在今陕西白水县东北,其东面即晋之河西地,武公伐彭戏氏已接近三晋领地,其影响肯定不小。

作为秦国的国君,在诛灭三父之后,秦武公此时已拥有相当的独断权力,他的思想和政治态度、政治观念对于秦国未来的权力运作、国势走向有着深刻的影响。首先,是对君主权力的维护,即只允许统治权掌握在国君一人手中。三父等人废太子,立出子,接着又杀出子,这是明显的对君主权力的干预。尽管秦人没有严格的宗法制度,但他们有自己的传统,即是君位的传递不一定非得嫡长子,而是“择勇猛者立之”。三父等人的做法,一方面说明秦国还没有建立起像后世那样的中央集权制度,或者说此时秦国的君主集权制度尚处于初期阶段,还不很成熟。另一方面,秦武公杀三父等,确保了君权不再旁落,强化了国君的权力,促使秦国中央集权制度逐步建立。

其二是县的建立。《史记·秦本纪》记载,秦武公“十年,伐邽、冀戎,初县之。十一年,初县杜、郑”。这是秦国行政制度史上首次出现设县,也是春秋时代最早建立的县。但自古至今,有许多学者并不以此为然。顾炎武当年驳田汝成谓郡县不始于秦时说:“谓郡县不始于秦,而引《左传》晋分祁氏之田为七县,羊舌氏之田为三县,事在周敬王八年,以为秦未置郡县以前之明证,此盖据秦孝公用商鞅变法……若侯国之置县,则实自秦始。”[1]林剑鸣先生亦认为这是“中国史书上关于设置县治的最早记载”[2],所以具有特别的意义。

县出现于春秋时代,是有其背景的。公元前770年,周平王依靠郑、晋、秦等诸侯的力量,迁都洛邑。伴随迁都,周王室的力量开始急剧下降,周王室的领土不断地受到周边诸侯的蚕食,日渐缩小;政治地位不断下降,周王曾经号称天下共主,此时却连一个大的诸侯也不如。《春秋·僖公二十八年》记载:城濮之战后,众诸侯有温之会,“是会也,晋侯召王,以诸侯见,且使王狩。仲尼曰:‘以臣召君,不可以训。’”周王被晋侯召见,在名义上却谓之为狩,足见其地位之低下与虚伪,所以孔子发出了“不可以为训”的警告。正是在这种背景下,周王所分封的诸侯却纷纷强大起来,他们的领土范围在不断扩大,武装力量由于领土扩张的需要亦日益发展壮大起来,反过来又促进了领土的扩张。在扩张领土的过程

---

① 赵翼撰,曹光甫点校:《陔余丛考》,上海:上海古籍出版社,2011年,第266—277页。

② 林剑鸣:《秦史稿》,上海:上海人民出版社,1981年,第43页。

中,自然也要加强对新占领地区的行政管理,导致这时的社会结构开始发生悄然的变化,县就应运而生。

县的出现,可以追溯至西周时代。《逸周书·作雒解》谓:"(周公)及将致政,乃作大邑成周于土中。城方千七百二十丈,郛方七百里。南系于洛水,地因于郏山,以为天下之大凑。制郊甸方六百里,国西土为方千里。分以百县,县有四郡,郡有□鄙,大县城,方王城三之一;小县城,方王城九之一。"但这里的县和秦代作为行政区划的县是有本质区别的,通过前后的语境我们可以看出,这里的县是关于都城内部区域的划分,并不具有行政职能。在《周礼》一书中,也多次出现了"县",如《周礼·地官·遂人》云:"遂人掌邦之野,以土地之图经田野,造县鄙形体之法。五家为邻,五邻为里,四里为酂,五酂为鄙,五鄙为县,五县为遂,皆有地域,沟树之。"《周礼·地官·小司徒》:"乃经土地,而井牧其田野,九夫为井,四井为邑,四邑为丘,四丘为甸,四甸为县,四县为都,以任地事,而令贡赋。"《周礼》中出现的县,是讲如何划分经界,使人民因地制宜从事生产,同样不具备行政职能。而具有行政职能的县,是春秋时代才出现的,就春秋时的县来说,它和秦汉时代的郡县也有很大的不同。春秋时代的县,最早在秦国出现,从后来春秋各国设县的大背景和秦设县的具体情况看,秦县具有以下几个特点:

第一,秦县设在秦国的边境地区。当时秦也仅有四个县,但有意思的是这四个县分别设在秦国都城(平阳)的东、西边境,其目的非常明确,就是为了防务。西部边境的邽和冀,是在伐邽、冀戎之后所设,其目的自然是为了防备戎族的入侵;十一年所设的杜、郑两县,是秦东境的两个西周早期的古国,武公元年伐彭戏氏之后,杜、郑归秦所有,从此杜、郑也就成为秦人继续东进的桥头堡,成为秦的东部边防重镇。

第二,秦所设县,多利用所攻占的敌方的行政中心或国都所在。邽、冀是戎族的统治中心。这两支戎族历史颇为悠久,"邽戎发源于甘肃上邽(天水市),乃炎帝之少女娃氏之后。到帝舜时,其后裔有一支西迁,成为邽戎的首领,邽戎由姜姓首领转为妫姓首领","冀戎,乃帝尧子丹朱的一支后裔,建立冀国,一部分游牧者,称冀戎"①。翁独健在其编著的《中国民族关系史纲要》中认为:"邽戎、冀戎,在今甘肃天水、甘谷一带。"这里正是秦早期对西戎斗争的前沿阵地,也是

---

① 何光岳:《桂人、邽戎的来源和迁徙》,《长沙水电师院学报》1989年第1期。

之后秦向东方发展而起到支撑保障作用的大后方。杜、郑皆为古国国都所在地。《史记》正义引《括地志》云:“下杜古城在雍州长安县东南九里,古杜伯国。华州,郑县也。《毛诗谱》云:‘郑国者,周畿内之地,宣王封其弟于咸林之地,是为郑桓公。’”秦将其灭亡后,设置为县。所利用者首先是人力资源,其次是丰厚的经济资源,其三是便利的交通条件。

第三,秦县和西周的封邑有本质的区别。西周的分封制是以血缘为纽带,以世袭为特征的松散的管理体制,受封者不仅有封土,而且有人民,有很大的独立性。秦县的管理者由秦王任命,不仅负责地方军政管理,是一种政治实体,而且还要负责徭役、兵役和赋税的征发。这是一套前所未有的新的政治体制模式。

第四,秦在被征服的地方设县,一般都采取灭其国而迁其民的政策。《水经注·渭水》云:“又东径下邽县故城南。秦伐邽,置邽戎于此。有上邽,故加下也。”下邽在今陕西渭南市北下邽镇。所谓迁其民,应当主要是将上层贵族由故地迁出,另置新县予以安置,以防止他们盘根错节,相互勾结,威胁新政权。而对一般老百姓而言,则允许他们仍留居旧地,从事生产、生活。

第五,秦县的设置,从一个侧面说明,秦武公时期已经对秦国薄弱的宗法制度开始突破,秦没有像西周国家那样的血缘分封制,所以也不存在诸侯坐大、尾大不掉、争权夺利而对君权造成威胁的现象。秦武公创制县一级政权,是从制度的层面上对中央集权制的设计,县级政权直接接受中央政权即国君的领导,使国君的权力得到进一步的加强。秦君委任官员对县域进行管理,并逐步形成一套完整的官僚系统。尤为重要的是,武公这个经过深思熟虑、经过实践检验的政治决策,在武公以后开始制度化,最终成为秦国、秦王朝的国家体制和政治文化的重要组成部分,并对后世产生了深远影响。

二　饮马于河

武公执政二十年而去世,立其弟德公为继位者。德公在位只有短短的两年,但他的政治观念、政治态度,及对所面临形势的准确把握,使其在国家前途和未来发展方向上做出了准确的判断和决策,这就是“饮马于河”的政治抱负及政治理想的提出。

要了解秦德公饮马于河的政治抱负，我们首先应该对当时的整个社会政治形势有一个大致的了解。秦德公即位的公元前677年，正处于春秋的早期阶段，这是中国古代历史的一个大转变时期，铁器的普遍使用，使生产效率明显提高，荒地的大量开垦，水利事业的发展，粮食产量的增加，促进了手工业和商业的进步，大城市特别是工商业城市开始大量出现，标志着工商业经济的长足进步。经济发展使生产关系发生了新的变化，西周时期以井田制为特征的土地所有制已开始瓦解，个体自耕小农普遍出现，封建剥削关系的萌芽，成为这个时代一个最显著的亮点。

春秋时代经济基础的变化，引起思想文化的剧烈变动，思想潮流开始冲破天、天子的观念，转向以人为本，以现实政治为导向，以世俗生活为根本的价值取向。思想文化向多元化发展，不同形式和内容的史学、文学著作，天文、数学、机械制造等科学技术领域都取得了很大的成就。科学发展、思想解放，导致西周以来社会等级秩序被打乱，“礼崩乐坏”是人们对当时社会政治文化最确切、最简洁的总结。周天子的神圣地位被动摇，诸侯、卿大夫以下僭上的行为普遍发生。

政治制度的变革。由于井田制、宗法制的被破坏，西周以来的世官制度受到冲击，一种新的、集权式的官僚制度在各国得以逐步建立，郡县制取代封建制、采邑制已成为普遍的趋势。以私有土地为基础的封建主为了攫取更大的利益，利用手中的权力，控制各级国家政权，形成了新的统治阶层，新的封建地主阶级走上政治舞台，井田制时代的劳动者挣脱了井田和宗法的束缚而成为受国家和新的封建地主剥削的小自耕农。众多的社会事务及阶级矛盾的出现，促使中国古代法律制度不得不进行改革，成文法在一些国家开始出现。

上述社会变化促使春秋社会由统一走向分裂，诸侯争霸的局面开始出现。各诸侯国及诸侯国内的卿大夫，为了争夺土地、人民，争夺各种社会资源，相互之间展开了激烈的争夺战，后世人所说“春秋无义战”就是指此而言。

仅武公在位期间，据《史记·秦本纪》所记，就有郑高渠眯杀其君昭公，齐人管至父、连称等杀其君襄公而立公孙无知，晋灭霍、魏、耿，而齐雍廪杀公孙无知、管至父等立齐桓公诸多事件的发生。齐、晋成为当时最强大的诸侯国。司马迁在《史记·十二诸侯年表》中论及当时的形势时说：“是后或力政，强乘弱，兴师不请天子。然挟王室之义，以讨伐为会盟主，政由五伯，诸侯恣行，淫侈不轨，贼臣篡子滋起矣。齐、晋、秦、楚其在成周微甚，封或百里或五十里。晋阻三河，齐负东海，楚介江淮，秦因雍州之固，四海迭兴，更为伯主，文武所褒大封，皆威而服焉。”

面对这样一个复杂多变，诸侯争霸的政治局面，秦国的出路在哪里，生死存亡如何面对，这是秦君必须首先考虑的重大问题，这也正是我们应当从政治文化视角予以关注的问题。

秦德公即位后把都城迁到雍（今陕西凤翔南），雍城的地理位置十分优越，它北依千山，南临雍水，境内土地肥沃，水系发达，物产丰富，交通方便，战略地位重要，是西去河西走廊、东向中原、南往巴蜀、北通蒙古草原的咽喉要地，是东进中原争霸和统一的理想根据地。

《史记·秦本纪》记载：“德公元年，初居雍城大郑宫。以牺三百牢祠鄜畤。卜居雍。后子孙饮马于河。”秦德公迁雍并以“后子孙饮马于河”作为自己未来的政治思路，这是在正确评估秦国的国力及其在诸侯争霸中的政治和军事地位之后做出的战略决定，是着眼国家长期发展的战略问题。这些我们可从德公以后秦国历史发展的轨迹中看出来。

“饮马于河”作为秦德公的政治抱负和发展目标，和秦人立国以后确定的国家发展战略目标是完全契合的，从襄公立国之后，历代的秦国国君都把东进开辟、扩大领土版图看作第一要务。文公建都于汧渭之会，宪公徙都于平阳，武公伐彭戏氏，将秦的势力推进到华山脚下，但当时的河西之地尚控制在晋国手中，秦还没有足够的力量与之争锋，所以在一个时期内要将主要精力用在巩固关中西部的稳固上。而极富开拓精神的秦人当然并不满足于局限在关中西部一隅之地，待关中根据地完全稳定后，他们就要雄心勃勃地向东发展，要达到“饮马于河”的政治目标，从后来的历史发展来看，“饮马于河”确实只是他们的一个近期目标。与中原诸侯争夺天下，才是他们真正长远的战略目标。

三　缪公初霸

秦德公在位两年后去世，两传而至任好，这就是历史上有名的秦缪公。在秦国历史上，秦缪公享有崇高的地位，他的十四世孙秦孝公称赞他说：“昔我缪公自岐雍之间，修德行武，东平晋乱，以河为界，西霸戎狄，广地千里，天子致伯，诸侯毕贺,为后世开业,甚光美。”这个评价应当说是十分恰当的。追求霸业是秦缪公时期政治文化最显著的一个特点,《汉书·地理志》记载了这样一件故事:“浐水出蓝田谷,北至霸陵入霸水。霸水亦出蓝田谷,北入渭,古曰滋水,秦缪公更名以章霸功,视子孙。”由此可见缪公对霸权的追求,是多么迫切和刻心铭骨。秦缪公在位三十九年,由于三晋的强大,阻碍了秦缪公进入中原称霸理想的实现,秦缪公却以其高品位的政治素质、卓越的政治军事才能、与贤人共治天下的博大胸怀,取得了“益国十二,开地千里,遂霸西戎”的辉煌业绩,成为著名的春秋五霸之一。

秦缪公历史地位的形成与他的政治思维和政治作为是分不开的,因此分析上述因素,揭示秦缪公的政治文化观念的形成,才能真正了解其对历史的影响。

在秦缪公的政治思想中,隐含着强烈的忧患意识。忧患意识是传统政治文化的一个显著特点,体现在人们的政治思想和政治意识之中。所谓忧患意识“是对环境变化带来的不确定性,或其已经和将要造成的困苦,而采取的一种积极主动的应对和预防精神。之所以说它是一种积极主动的精神,是因为它不同于宗教意识。宗教意识来源于对环境之不确定性的恐怖,因此把自身寄托于神明,从而消解了自身的能动性。而忧患意识是要发挥主体自身的能动性去应对不确定性。从这个意义上说,忧患意识乃是一种人文精神”①。秦缪公即位时,秦国已拥有关陇地区西部大部分地方,向东到达华山脚下,但在秦人的周边还分布着众多的戎族部落,《史记·匈奴列传》记述说:“故自陇以西有绵诸、绲戎、翟、獂之戎,岐、梁山、泾、漆之北有义渠、大荔、乌氏、朐衍之戎。”这些戎族部落中亦有十分强大者,成为秦人的肘腋之患,新即位的秦缪公不得不为此而忧虑。所以我们看到,秦缪公元年,他亲自率领秦军讨伐茅津戎,取得全胜。接着又将境内的陆浑戎赶走,减轻了秦国的部分压力。

但最令秦人头疼的是东方的晋国。晋为周初的主要封国之一,秦缪公时正是晋国最强盛之际。秦缪公元年(前659)东进伐茅津之戎,已引起了晋人的警觉,第二年晋人即假虞伐虢,以断绝秦人东进之路。秦缪公及时调整了自己的思路,采取与晋和亲的办法来缓和二者之间的关系。“四年,迎妇于晋,晋太子申

---

① 李定文、任远:《试论先秦儒家的忧患意识及其现代转化》,见汪荣海主编:《传统的拷问》,北京:北京大学出版社,2012年,第175—176页。

生姊也。”[1]和亲暂时缓和了两国的关系，但强大的晋国的存在，始终是秦缪公的心头之患。

秦缪公五年（前655），晋国发生了骊姬之乱。原来，晋献公娶贾国的女子为夫人，因没有生育，所以又娶其庶母齐姜为妻，生一子一女，子名申生，被立为太子，女儿嫁给秦缪公做夫人。后来晋献公又娶了戎族的两个女子为妻，他们分别生了重耳和夷吾。晋献公伐骊戎，又娶了骊戎的两个女子，姐姐生了儿子奚齐，妹妹生了儿子卓子。姐姐骊姬甚得晋献公的宠爱，想让献公立奚齐为太子，于是便设计让献公派太子及重耳、夷吾分别出守曲沃（今山西闻喜）、蒲（今山西隰县）、屈（今山西吉县），只留下奚齐和卓子住在京城。骊姬与中大夫成（即里克）相谋，准备加害于太子。“姬谓太子曰：‘君梦齐姜，必速祭之。’太子祭于曲沃，归胙于公。公田。姬置诸宫六日，公至，毒而献之。公祭之地，地坟。与犬，犬毙。与小臣，小臣亦毙。姬泣曰：‘贼由太子。’”[2]骊姬嫁祸于太子，太子得知消息后逃奔至新城，后被迫自杀。骊姬又诬告重耳和夷吾参与了此事，二公子相继出逃。

两公子出逃后，骊姬之子奚齐被立为太子。不久晋献公患重病而死，晋献公一死，晋国便发生了内乱。大夫里克欲立重耳为国君，便威逼辅政的大臣荀息交出政权，荀息不从，里克等人便杀了奚齐。荀息又立卓子为君，但不久里克又杀卓子、荀息。晋国于是处于无君的混乱之中。这对秦缪公来说，是一件求之不得的有利之事。为了实现对晋国的控制，秦缪公认为必须利用这次晋乱之机，遂采用神道设教的方式，来为自己的行为寻找合理理由，据《史记·封禅书》的记载：“秦缪公立，病卧五日不寤，乃言梦见上帝，上帝命缪公平晋乱。”采取这样一种政治文化形式，让上帝和自己直接对话，是要向各诸侯国和国内民众宣布他这种做法的神圣性、正确性和不可抗拒性。因为在军事上一时还难以打败晋国，这次秦缪公便欲乘晋乱来介入晋国政治，并培植亲秦势力，做长远打算之计。秦缪公与流亡在外的公子重耳和夷吾取得联系，夷吾请求入晋，并许诺复国后以河外五城之地予秦。秦缪公遂决定护送夷吾入晋。夷吾入晋做了国君，却背叛了当初的诺言，《左传·僖公十五年》说：“晋侯之入也，秦缪姬属贾君焉。且曰：‘尽纳

---

① 《史记》卷五《秦本纪》，北京：中华书局标点本，1959年，第185页。

② 杨伯峻编著：《春秋左传注》，北京：中华书局，1981年，第297页。

群公子。'晋侯烝于贾君,又不纳群公子,是以缪姬怨之。晋侯许赂中大夫,既而皆背之,赂秦伯以河外列城五,东尽虢略,南及华山,内及解梁城,既而不与。"秦晋之间,除上述矛盾之外,还有一个积怨,《左传·僖公十三年》记载,秦缪公十三年(前647),"冬,晋荐饥,使乞籴于秦。……秦伯曰:'其君是恶,其民何罪?'秦于是乎输粟于晋,自雍及绛相继。命之曰:'泛舟之役'。"而次年,《史记·秦本纪》记载:"秦饥,请粟于晋。晋君谋之群臣,虢射曰:'因其饥伐之,可有大功。'晋君从之"。晋君的以怨报德,导致了秦晋韩原之战的爆发。韩原之战秦缪公取得了全面胜利,不仅获得大片河西地,实现了秦国先君德公"子孙饮马于河"的政治抱负,而且生擒晋君,打出了霸气。出于长远考虑,秦缪公的政治态度非常现实,为谋求未来政治稳定和继续向东方发展,他在接受周天子和缪公夫人意见的基础上做出了新的决策:第一,当年(前645)十一月,归晋君夷吾。第二,接受晋公子圉为人质,以秦宗室女儿嫁予圉。第三,这一年晋国又发生饥荒,秦缪公"饩之粟,曰:'吾怨其君'而矜其民。且吾闻唐叔之封也,箕子曰:'其后必大。'晋其庸可冀乎?'姑树德焉,以待能者。'于是秦始征晋河东,置官司焉"①。

秦缪公的政治选择无疑是正确的。秦缪公俘获了晋君夷吾,原本是准备以其祠上帝的,但最后将其放归,这个做法为秦缪公赢得了极高的政治声誉,取得了周天子的信任和支持。同时,接受晋国人质,并妻之以宗女,为此后进一步插手晋国政务,培植亲秦势力打下了基础。而接济粮食给晋国,获得了晋国人民拥护和支持,提高了秦缪公在各国人民心中的威望。

秦缪公二十年(前640),秦灭梁、芮,将整个河西地连为一片。

秦缪公二十三年(前637),由于晋惠公去世,晋国诸公子争立,国内一片混乱。这对于秦缪公掌握晋国国政,进而东进称霸将带来很大的麻烦,所以他立即做出新的政治决策:把流亡在外的公子重耳迎回晋国立为国君。重耳在秦国受到了极高的礼遇,缪公不仅送秦女五人给重耳,而且以国君之礼设宴招待他。这一切运作无非是要在政治上实现对重耳的控制。但重耳本人是一位非常有为的政治家,他回国后,首先清除了政敌,使人杀了公子圉,然后进行了一系列改革,举善援能,轻关易道,通商宽农,发展经济,实行扩军,不仅稳定了政局,壮大了国力,而且通过勤王迅速地提高了他在周王和诸侯中的威望。重耳虽然在秦缪公

---

① 杨伯峻编著:《春秋左传注》,北京:中华书局,1981年,第367页。

的努力下被立为晋国的国君(晋文公),但他绝不会以秦国利益为重,阻止秦国东进和称霸,成为他终其一生的重要任务。

晋文公不仅稳定了国家政局,而且称霸于诸侯,这是秦缪公始料未及的。不久晋文公去世,秦缪公认为这是一个扭转局面的机会,恰好此时郑国的郑文公也去世,秦驻郑的大夫杞子向缪公报告,说他掌管郑国北门的钥匙,让秦派军队前来偷袭。秦缪公征询大臣蹇叔,蹇叔认为劳师远征,代价不小且难以成功,但缪公没有接受他的意见,而是派孟明视、西乞术、白乙丙三位将军率军出征。郑国国君在得到郑国商人弦高的报告后,马上做了准备,秦军在得知郑军有备之后,决定退回。在退师途中,顺便灭了晋之边邑滑。晋人在得知这一消息后,决定予以拦击。《史记·秦本纪》说:“当是时,晋文公丧尚未葬。太子襄公怒曰:‘秦侮我孤,因丧破我滑’遂墨衰绖,发兵遮秦兵于殽,击之,大破秦军,无一人得脱者。虏秦三将以归。”后来因文公夫人的关系,三将军被放归。三将军归来时,《史记·秦本纪》记载说:“三将至,缪公素服郊迎,向三人哭曰:‘孤以不用百里奚、蹇叔言以辱三子,三子何罪乎?子其悉心雪耻,无怠。’遂复三人官秩如故,愈益厚之。”秦缪公能主动承担败军之责,表现出勇于承担、敢于负责、用人不疑和知错能改的治政修养。

在整个缪公时代,晋国都是中原地区的强国,秦欲向东发展,就必须考虑如何处理好两国之间的关系。秦缪公作为一国之君,在复杂多变的政治形势下,他必须要有一个清醒的政治头脑,不仅要坚持,还要灵活应对。当秦的力量尚不足以与晋抗衡时,秦缪公就竭力地处好这种关系,以便取得晋国的支持,并通过晋国插手东方诸侯国事务。当晋国发生饥荒时,秦缪公则给予全面支持。在晋国发生内乱时,他就充分利用各种矛盾,或者采用联姻的方式来加强两国之间的政治联系,在历史上留下了“泛舟之役”和“秦晋之好”的美好典故和成语。晋文公更是靠秦缪公的支持,才登上了霸主的地位。秦缪公所做的这一切都是为了能达成东进称霸这一政治目标。

殽之战失败以后,秦晋之间还发生过彭衙之战,秦军仍然失利。缪公三十六年(前624),秦又伐晋报殽之役。“缪公复益厚孟明等,使将兵伐晋,渡河焚船,大败晋人,取王官及鄗,以报殽之役。晋人皆城守不敢出。于是缪公乃自茅津渡河,封崤中尸,为发丧,哭之三日。乃发誓于军曰:‘嗟士卒!听无哗,余誓告汝。古之人谋黄发番番,则无所过。’以申思不用蹇叔、百里奚之谋,故作此誓,令后世以记余过。君子闻之皆为垂涕,曰:‘嗟乎！秦缪公之与人周也,卒得孟明之庆。’”(《史记·秦本纪》)在此,太史公借众人之口对秦缪公博大的政治胸怀进行了肯定。秦缪公的反思具有深刻的政治意义,是对秦国各方面力量的重新反省和认识,即秦国目前还没有东进称霸的能力。正是基于这种认识,秦缪公决定重新调整政治思路和战略,把进军的矛头转向西方,《史记·秦本纪》记载,秦缪公三十七年(前623)“秦用由余谋伐戎王,益国十二,开地千里,遂霸西戎,天子使召公贺缪公以金鼓”。

秦缪公长存忧患意识,其政治文化实践在于修德行武。德,曾经是西周政治文化的核心,在春秋时代仍为政治斗争的旗帜,公元前606年,楚庄王曾观兵于周,问鼎之大小轻重,被周室重臣王孙满一句“在德不在鼎”顶了回去,说明德在当时仍是普世的价值观。《左传·僖公五年》说:“非德,民不和,神不享。”秦缪公修德的事实历历在目,并得到社会的肯定。当然,秦缪公所提倡的“德”与西周政治文化中的“德”还是有一定区别的,秦缪公提倡的“德”更具政治实际意义和追求实用价值。这从下面几件事情中看得很清楚:一件是由余到秦国和秦缪公就国家政治有一段对话,《史记·秦本纪》记载,缪公问由余:“中国以诗书礼乐法度为政,然尚时乱,今戎夷无此,何以为治不亦难乎?”由余回答:“此乃中国所以乱也。夫自上圣黄帝作为礼乐法度,身以先之,仅以小治。及其后世,日以骄淫。阻法度之威,以责督于下,下罢极则以仁义怨望于上,上下交争怨而相篡弑,至于灭宗,皆以此类也。夫戎狄不然。上含淳德以遇其下,下怀忠信以事其上,一国之政犹一身之治,不知所以治,此真圣人之治也。”这里由余提到的德,显然和西周以来礼乐之教所倡导的德在价值观和价值评价标准上都有明显的不同,带有十分明显的功利色彩和等价交换原则,其出发点是国君的个人利益和国家的实际利益。秦缪公十分欣赏这种治国的政治方略,将其全盘接受并应用于自己的政治实践。为了说明秦缪公这种德的正确性和所具有的政治引导意义,《史记·秦本纪》还例举了一个颇为神奇的故事,秦缪公十五年(前645),秦晋之间发生了韩原之战,秦缪公受伤被围,几不得脱,就在此危机之时,有三百人迎战晋军,不仅解救了秦缪公,而且生擒晋君,使秦军转败为胜。为什么会出现这个情况?《史记·秦本纪》解释说:起初,“缪公亡善马,岐下野人共得而食之者三百余人,吏逐得,欲法之。缪公曰:‘君子不以畜产害人。吾闻食善马肉不饮酒,伤人。’乃皆赐酒而赦之。三百人者闻秦击晋,皆求从,从而见缪公窘,亦皆推锋争死，以报食马之德”。显然德在这里已不仅具有通常的伦理意义，更是作为一种政治手段被运用。秦缪公的行武则捍卫了国家安全，拓展了国家领土，和睦了周边少数民族，这些都是值得肯定的。

人才意识是秦缪公时期政治文化的重要特点之一。春秋时期是中国历史上一个大变革时期，随着井田制的瓦解，建立在井田制基础上的政治制度，即封建等级制度也随之崩塌，新的阶级关系开始出现，往日“礼乐征伐自天子出”的政治文化格局，一变而成“礼乐征伐自诸侯出”或“自大夫出”。周王的政治地位日益衰落，诸侯间争夺土地和人民、争夺各种资源的斗争日益激烈，为了维护自己的利益和战胜他人，笼络和吸纳人才成为各个诸侯国的要务。正是在这种背景下，秦缪公也以自己独特的政治思维方式和政治手段为秦国罗致了大批有用之才。秦缪公的选贤任能除了时代背景之外，秦国本土的政治文化传统、秦国所处地理环境都是不可忽视的因素。秦国远离中原国家，贵族宗法体制相对较为薄弱，宗室大臣垄断权力的现象很难出现。秦人长期生活在戎狄之间，善于吸收和改造异质文化为我所用，在用人问题上视野开阔而极少偏见。

具体到秦缪公用人，还有以下一些特点值得关注：

任人尚贤尚能，不拘一格。贤能是指那些有德行、有才能的人。《左传·文公三年》对秦缪公用人有一段评论：“秦缪公之为君也，举人之周也，与人之壹也。孟明之臣也，其不懈也，能惧思也，子桑之忠也，其知人也，能举善也。《诗》曰：‘于以采蘩，于沼于沚。于以用之，公侯之事。’秦缪有焉。”举人之周，是说秦缪公举用人才，绝不会因一点不足而掩盖其人的全部长处，用人亦非常专一，没有二心。由此可知秦缪公善用人在当时已有很大的名声，得到了普遍的赞誉。秦缪公对百里奚的任用就颇能说明问题。百里奚原为虞国大夫，晋献公灭虞，百里奚被俘，后作为秦缪公夫人的陪嫁奴隶而入秦。“百里奚亡秦走宛，楚鄙人执之。缪公闻百里奚贤，欲重赎之，恐楚人不与，乃使人谓楚曰：‘吾媵臣百里奚在焉，请以五羖羊皮赎之。’楚人遂许与之。当是时，百里奚年已七十余。缪公释其囚，与语国事。谢曰：‘臣亡国之臣，何足问！’缪公曰：‘虞君不用子，故亡，非子罪也。’固问，语三日，缪公大说，授之国政，号曰五羖大夫。”[1]秦缪公对百里奚的破格任用，在当时及后世被广泛传颂，影响很大，甚至形成了各种不同的版本，

---

① 《史记》卷五《秦本纪》，北京：中华书局标点本，1959年，第186页。

但都在歌颂秦缪公和百里奚的君臣相得，赞扬百里奚对秦国的伟大贡献。如《史记·商君列传》借赵良之口说："夫五羖大夫，荆之鄙人也。闻秦缪公之贤而愿望见，行而无资，自粥于秦客，被褐食牛。期年，缪公知之，举之牛口之下，而加之百姓之上，秦国莫敢望焉。相秦六七年，而东伐郑，三置晋国之君，一救荆国之祸。发教封内，而巴人致贡，施德诸侯，而八戎来服。由余闻之，款关请见。五羖大夫之相秦也，劳不坐乘，暑不张盖，行于国中，不从车乘，不操干戈，功名藏于府库，德行施与后世。五羖大夫死，秦国男女流涕，童子不歌谣，舂者不相杵。此五羖大夫之德也。"百里奚任事后，又向秦缪公推荐了他的好友蹇叔，缪公使人厚币以迎蹇叔，任为上大夫。蹇叔在秦国的各项事务中发挥了很大的作用。

允许臣下充分发表意见，知过能改。秦缪公袭郑，是其一生中的一个大失误。秦缪公三十二年（前628），秦缪公得到消息称郑国可袭，于是决定发兵，在此前他征求蹇叔的意见，蹇叔忠告说："径数国千里而袭人，希有得利者。且人卖郑，庸知我国人不有以我情告郑者乎？不可。"[①]但缪公仍决意发兵，结果被晋军大败于殽，秦三大将被俘。此事对缪公打击很大，教育甚深，而他并没有委过于别人，而是专门写下了《秦誓》，深刻检查自己的过错，承认自己由于未听蹇叔意见而给秦国带来损失，他说："人情自古好自以为是，责备别人不难，但接受别人的批评能像顺着水流那样就很难了。往事如日月般逝去，后悔也来不及了。因此要相信那些头发斑白、体力已衰的老年人，不要用那些没有头脑的鲁莽武夫，更不要去理会那些长于谮毁的奸谗之徒。"《秦誓》在最后总结说："邦之杌陧，曰由一人，邦之荣怀，亦尚一人之庆。"伪孔传云："杌陧不安，言危也。一人所用，国之倾危，曰由所任不贤。国之光荣，为民所归，亦庶几其所任用贤之善也。缪公陈戒，背贤则危，用贤则荣，自誓改前过之意。"[②]此说可谓得之真谛。

拿来主义，实用为主。秦缪公用人，只要是人才，他总会千方百计地进行笼络，为我所用。由余起先为晋人，会晋语，后亡入戎，成为戎王亲近大臣，奉戎王之命来"观秦"。在进行一番交谈之后，直觉告诉秦缪公这是一位他理想中的贤人，缪公意欲留之，《史记·秦本纪》记载内史廖为他出计曰："戎王处辟匿，未闻中国之声。君试遗其女乐，以夺其志，为由余请，以疏其间，留而莫遣，以失其期。

---

① 《史记》卷五《秦本纪》，北京：中华书局标点本，1959年，第191页。

② 顾颉刚、刘起釪：《尚书校释译论》，北京：中华书局，2005年，第2185页。

戎王怪之,必疑由余。君臣有间,乃可虏也。且戎王好乐,必怠于政。”缪公觉得此计很好,“因与由余曲席而坐,传器而食,问其地形与其兵势尽詧,而后令内史廖以女乐二八遗戎王。戎王受而说之,终年不还。于是秦乃归由余。由余数谏不听,缪公又数使人间要由余,由余遂去降秦”。缪公用由余,遂霸西戎。

随着领土的扩大,国家事务的繁多,秦国政治体系中必须要吸纳各种各样的人才为其所用。秦缪公在用人上开放的政治态度,打破民族、地域、出身等限制的用人方针,在秦国政治文化中别开生面,为其增添了新鲜血液,成为秦国迅速崛起并不断强大的重要政治因素之一。

霸权意识。在秦缪公的政治思维中,隐藏着强烈的霸权意识。春秋时代政治文化的主流是霸权政治。司马迁在《史记·十二诸侯年表序》中记述当时的形势说:“是后或力政,强乘弱,兴师不请天子。然挟王室之义,以讨伐为会盟主,政由五伯,诸侯恣行,淫侈不轨,贼臣篡子滋起矣。”霸权的兴起是由周天子王权的衰落和诸侯国的强大引起的。秦国虽然偏处西北一隅,但时代潮流对秦缪公不可能没有冲击。秦缪公的霸权意识主要表现在以下几个方面:一是接受由余的治理国政意见,淡化礼乐法度在国家治理上的重要作用,向往“一国之政犹一身之治”的集权治国方式,重霸道而轻王道。二是尊王攘夷。春秋时代,尽管王权衰落,但周天子建立在分封制社会结构之上的天下共主的名义还在,所以霸主名义的取得,在形式上仍然要取得周天子的同意,才算名正言顺。秦缪公三十七年(前623)用由余谋,遂霸西戎,《史记·秦本纪》就记有“天子使召公过贺缪公以金鼓”。也就是说秦缪公尊王攘夷、称霸西戎是得到周天子肯定的,所以在秦的国史上要记下这一笔。三是正确的治国方略。秦缪公能够把握或及时调整自己的治国方略,这是他霸权意识中的重要方面,这在处理与晋国的关系上表现得尤为明确。治国方略是对国家长远发展方向的规划,秦缪公正确地把握时代发展的潮流,当东进政策由于晋国的强大而受挫后,秦缪公马上改变策略,采用拉拢手段,三易其主,企图控制晋国内政,为秦的东进铺平道路。但晋文公的称霸和晋国的强大再次打破了秦缪公的设想,迫使他不得不把注意力集中到西部,“遂霸西戎”。虽然秦缪公的霸业与春秋其他霸主难以比肩,但终究获得了周天子的认可。最重要的是,他的治国方略和实现其方略的具体政策对秦国政治文化的发展走向产生了深远的影响。

第五章　变革时代的秦政治文化

秦缪公在位三十九年去世，子罃代立，是为康公。从康公起，一直到秦献公即位，秦国的东进一直处于踯躅徘徊之中。形成这种局面的主要原因：首先是秦的综合国力特别是军事力量和东方各国相比差距还较大，尚处于弱势地位；其次是国内重臣擅权，国君的废立，常常出于权臣之手，《史记·秦本纪》所谓"秦以往者数易君，君臣乖乱"。国内政治局面动荡不安，不仅削弱了自己的力量，而且给了别人以可乘之机。这种局势一直持续到秦献公即位才开始发生变化。

一　变革之会

秦缪公之后，特别是当历史进入了春秋战国之际时，秦国虽然经历了不断的内乱，如《史记·秦本纪》所说"往者厉、躁、简公、出子之不宁，国家内忧"，但从整体上看，紧随时代潮流，其社会还是在不断进步的。这种进步首先得益于当时社会经济的发展。

春秋战国之际，就整个古代中国来看，社会生产力较前有了飞速发展，冶铁技术出现了新的突破，鼓风设备广泛使用，固体渗碳制钢技术出现，铁制农具得到广泛应用。铁器，诚如恩格斯在《家庭、私有制和国家的起源》中所说："是在历史上起过革命作用的各种原料中最后的和最重要的一种原料，铁使更大面积的农田耕作，开垦广阔的森林地区成为可能；它给手工业工人提供了一种其坚固和锐利非石头或当时所知道的其他金属所能抵挡的工具。"这个时期中原地区作物种植已普遍实行两熟制，牛耕已相当普遍，从根本上改变了我国古代的耕作方式，进入了农业的精耕细作阶段，加快了荒地和山林川泽的开发，增加了可耕地的面积，对于提高单位亩产量起到了积极的促进作用。水利的兴修十分普遍，水利是农业的命脉,发达的水利对农业发展的推动作用是不言而喻的。

值得我们特别关注的是,在这个时期的文献著作中,出现了大量的关于农业经验的总结,如《国语》《吕氏春秋》中都有这方面的记录。农业的进步直接带动和促进了手工业和商业的发展,而工商业的发展则直接带来了城市的繁荣,城市人口结构发生了明显的变化,士、农、工、商各个阶层人口比例骤然上升。

在此历史发展的大背景之下,秦国农业发展迅速,粮食的储备空前丰富。据秦简所记,当时国家的粮食储备十分可观,秦政府规定,粮食的储存一般以一万石为一积,而在栎阳则以两万石为一积,咸阳更是以十万石为一积,可见其规模之大。

农业生产的高度发展及生产方式的改变,使秦国的政治文化在这个时代发生了许多前所未有的变化:大量的生荒地被开垦,直接动摇和瓦解了从西周以来一直实行的井田制度;小农个体经营已成为当时社会各个生产领域的主要经营方式;在此之前以血缘为纽带的大家族开始解体,个体家庭、核心家庭作为一个独立的经济单位隶属于国家,国家通过授田给农民而农民缴纳田租的方式形成了对农民的控制和保护。在社会结构形式上,此前隶属于各级封建贵族的民众,现在国家通过户籍编制把他们的身份转变为国家的雇农。1975 年出土的睡虎地秦墓竹简为此做出了最好的注脚,睡虎地秦简《田律》规定:农民从政府手中获得的授田,不管耕种与否,都要"入顷刍稾,以其受田之数。无垦不垦,顷入刍三石,稾二石"。这说明在当时秦国,已实行了国家授田制度。由于土地资源掌握在国家手中,所以国家非常重视。国家设有"田啬夫""部佐"等田官,对土地进行规划管理。1979 年四川青川出土的《更修田律》木牍,记载了当时以秦王名义颁发给当地而此后成为秦律之一种的关于土地规划的具体文件,文中规定:"田广一步,袤八则为畛,亩二畛,一陌道,百亩为顷,一阡道,道广三步,封高四尺,大称其高。埒高尺,下厚二尺,以秋八月修封埒,正疆畔,及发阡陌之大草。九月大除道及除浍。十月为桥,修陂堤,利津梁,鲜草离,非除道之时,而有陷败不可行,辄为之。"这个文件显然也包括了对农民所受田地的保护。不仅如此,国家为了保证授田的田租收入,及时掌握农业生产动态,还要求地方官吏随时了解授田的风雨虫害灾情况,并要求地方官吏要及时将这些情况反映给上级主管部门,《田律》规定:"雨为澍,及秀粟,辄以书言澍稼,秀粟及垦田暘无稼者顷数。辄言其顷数,稼已生后而雨,亦辄言雨少多,所利顷数。旱及暴风雨、水潦、虫、群它物伤稼者,亦辄言其顷数。近县令轻足行其书,远县令邮行之。"这些都充分说明,以个体经营为单位的小农经济已日益成为国家经济收入的固定来源,成为其时国家赖以生存的经济基础。但小农经济和个体生产不论从哪个方面看,其能力毕竟有限,是脆弱而经不起大的打击的,不管是人为还是自然灾害,都会给它们造成致命的打击,所以它们不得不依赖国家政权的保护。

和中原各国一样,秦国工商业的经营权主要掌握在国家手中。官营工商业的生产对象主要包括两个方面:一是为上层统治者生产的生活用品;一是为战争服务的各种兵器。政府对官营手工业的管理十分严格,在中央一级有丞相或相邦,郡一级有郡守,在具体部门有丞、工师、工大人等监管。秦律中还专门设置了《工律》,对生产过程进行具体的监管督查。秦国在官营手工制造业中早已实现了标准化生产,《工律》规定:"为器同物者,其大小、短长、广亦必等。"政府对在一线工作的工人有许多规定,包括工作时间、工作定额、工作效率,学徒工作、学习期限等,如《工人程》规定:"隶臣、下吏、城旦与工从事者冬作,为矢程,赋之三日而当夏二日。""冗隶妾二人当工一人,更隶妾四人当工一人,小隶臣妾可使者五人当工一人。""新工初工事,一岁半工,其后岁赋工与故等。工师善教之,故工一岁而成,新工二岁而成。能先期成学者谒上,上且有以赏之。盈期不成学者籍书上内史。"

秦国的个体工商业,由于受资金及原料的限制,其行业主要集中在制陶、家庭纺织、漆木器制造及衣物制造方面。秦都咸阳近郊曾出土了大量的建筑砖瓦,其上多有私人姓名戳文,说明它们应属于私人个体手工业者。个体工商业的发展在经营上有相当的灵活性,资金周转方便,生产转型容易。个体工商业的发展,不仅冲破了官营手工业的各种限制和束缚,而且扩大了生产领域,加快了商品经济发展的步伐。工商业经济大发展,直接带动了城市的繁荣,大批的手工业者和商人涌入城市从事非农业劳动,促进了商品经济的繁荣,促进了城市规模的扩大,城市性质开始发生变化,如果说此前城市的主要功能在于政治或军事的话,这时城市的经济功能则十分突出了。位于陕西凤翔城南的雍城是春秋至战国时期秦国的都城,是当时秦国的政治中心,考古工作者在这里发现了我国最早的"市"的遗址。战国时期秦都城栎阳发现的 4 号遗址也是一座"市"所在之地,遗址内出土的拱形花纹砖上有“栎市”印文。[①] 除过都城之外，许多独立的工商业城市在秦国出现，出土的秦兵器中有“六年汉中守”戈。[②]《史记·秦本纪》载：“惠文王后十三年，又攻楚汉中，取地六百里，置汉中郡。”蜀郡治所在成都，早在春秋时就是著名的工商业城市，秦惠文王九年，秦将司马错灭蜀，置蜀郡，西安相家巷出土秦封泥有“蜀大府丞”“蜀西工丞”“蜀左织官”等。[③] 这些都显示了城市性质的变化。

经济基础变化对秦国产生的直接影响是政治文化的变化。一是西周以来以宗法血缘为纽带的宗法、宗族组织开始解体，个体家庭成为社会最基本的经济基础、核心细胞。国家采取户籍编制的政策实现了其对基层社会的控制。国家以授田的方式造就了两大对立阶级，一方面是以国君为首的新的地主统治阶级，一方面是以广大的自耕农民为主体的被统治阶级，此后社会的主要矛盾和斗争也围绕着这两大阶级展开。二是统一政治文化观念的形成。春秋时的大国争霸，形成了《史记·十二诸侯年表》所说的“晋阻三河，齐负东海，楚介江淮，秦因雍州之固，四海迭兴，更为伯主”的局面。此后大国争霸愈演愈烈，统一天下不仅成为秦国君主的愿望，而且是秦国广大老百姓安居乐业的迫切要求，形势促成了政治观念由称王称霸向称帝发展。三是尊君与民本思想构成了这个时代政治文化的主要内容。在时代要求统一的思想潮流推动下，尊君与民本思想为秦国社会各个阶层所看重，立君为民、民惟邦本是西周以来所形成的中国特有的政治文化特色，这种特色在春秋战国之际，在由动乱走向统一时，已逐渐成为秦国社会上下普遍的社会政治意识。

当秦国社会在悄然发生变化时，东方的魏国、齐国和南方的楚国已相继完成了分别由李悝、齐威王和吴起主持的变法，并取得了明显的成效。秦国在经济上的迅速发展和社会各阶层政治观念的变化亦是一个不争的事实，但在总体上秦和当时东方各国比较起来还较落后，诚如《中国经济发展史》一书所说：“春秋时期东方各国进行了改革，秦国则到战国时才开始进行。秦简公七年（前 408）实

---

① 中国社会科学院考古研究所编著：《中国考古学·两周卷》，北京：中国社会科学出版社，2004 年，第 258—259 页。

② 王辉：《秦出土文献编年》，台北：新文丰出版公司，2000 年，第 64 页。

③ 王辉、王伟编著：《秦出土文献编年订补》，西安：三秦出版社，2014 年，第 472 页。

行‘初租禾’,这是与鲁国‘初税亩’相似的改革,秦国开始对耕地收实物税(租),但在时间上却比鲁国‘初税亩’迟了180年。秦献公十年(前375)实行‘为户籍相伍’,也是在承认个体农民合法性的同时,按什伍组织把他们初步编制起来。这与子产在郑国改革时候使‘庐井有伍’是相似的,但在时间上比子产改革晚了160余年。”

改革已成为其时的社会潮流。改革势在必行,除了历史潮流的冲击之外,在秦国还有一些具体的因素:首先是地域偏僻,信息、物资、文化的交流相对滞后。早期秦国处在陇山以西的西汉水流域,身处深谷与大山包围之中,四周又环绕着众多的戎狄部落,处于相对封闭隔绝的状态,因此秦人不仅在政治文化上远离当时中国的文明中心,而且也很难与东方先进的生产方式、先进的生产技术进行交流,又由于与戎狄杂处,不能不浸染戎狄的落后习俗。这些都成为东方各国对秦人在思想和行动上排斥的重要原因。所谓秦人“其生民也狭隘”“始秦戎狄之教,父子无别,同室而居”,体现出东方各国对秦人的基本看法。但这种地理环境同时也培育了秦人坚忍不拔、独立自主、甚少束缚、敢于创新的品质,培育了他们强烈的历史责任感和牺牲精神。其次,秦国由于地域狭隘,经济发展相对滞后,由经济基础决定的上层建筑,特别是国家政治制度、政治观念、政治结构都相应简单。比如说秦国宗法制度比较薄弱,秦国没有实行像东方国家那样的分封制,所以他的官僚体制具有明显的开放性,对人才的运用以实用为主,不拘一格。秦在兼并战争中,新占领地区的长官一般都是由国君亲自任命,被任命者对国君直接负责,形成了一种自上而下的集权制。由国君任命的地方官吏,往往身兼数职,显示出文武不分、军政不分、职务不明确、职责缺乏细化的特点。在秦国的政治体制中,客卿是一个值得特别关注的对象。秦国没有世袭的公族,这就给客卿进入上层决策集团提供了很多机遇,他们以自己的才能或优秀的政治品质成为统治集团的成员。秦国之所以能够顺利地进行体制改革,并后来居上地成为统一之主,和客卿的作用是分不开的。

除上述背景之外,促使秦国实行改革的最直接的动因还有两个:一个是来自外部的压力,即生存压力。在大国争霸的时代,一个国家若没有强大的国力,随时都可能被那些强势国家吞并。一个是来自内心的压力,这就是从秦缪公以来所形成的强烈的争霸欲望,它还在持续发酵。《史记·秦本纪》记载秦孝公所说“昔我缪公自岐雍之间,修德行武,东平晋乱,以河为界,西霸戎狄,广地千里,天子致伯，诸侯毕贺，为后世开业，甚光美"，就是这种愿望的表达。况且时代已发生了变化，潮流亦不可逆转，不改革就不能生存。在战国初期，秦国的改革已加快了步伐。先是有秦简公的"初租禾""令吏初带剑"，接着有秦献公的"止从死""为户籍相伍""初行为市"等，但严格来讲，这些改革还未涉及真正的体制改革，属于一种形而下的动作，其效果自然有限。但这些改革毕竟为此后秦孝公的改革开了先路，其筚路蓝缕之功是不可抹杀的。

二　由霸权理想转向改革

公元前362年秦献公去世，子孝公立。新即位的秦孝公面临着十分严峻的国内外形势，《史记·秦本纪》描述当时的情况说："河山以东强国六，与齐威、楚宣、魏惠、燕悼、韩哀、赵成侯并。淮泗之间小国十余。楚、魏与秦接界，魏筑长城，自郑滨洛以北，有上郡。"秦国的出路何在，这是摆在新即位的秦孝公面前的极为严肃而且必须给出正确答案的问题。从历史记载来看，其时秦孝公的政治态度、政治意识十分明确，那就是"复缪公之旧地，修缪公之政令"，恢复缪公的霸业。他向往的是秦缪公为后世开业、天子贺以金鼓的成功霸业，这一点从他后来与商鞅的谈话里也可以看出。《史记·商君列传》记载："秦孝公既见商鞅，语事良久，孝公时时睡，弗听。罢而孝公怒景监曰：'子之客妄人耳，安足用邪！'景监以让卫鞅。卫鞅曰：'吾说公以帝道，其志不开悟矣。'后五日，复求见鞅。鞅复见孝公，益愈，然而未中旨。罢而孝公复让景监，景监亦让鞅。鞅曰：'吾说公以王道而未入也。请复见鞅。'鞅复见孝公，孝公善之而未用也。罢而去。孝公谓景监曰：'汝客善，可与语矣。'鞅曰：'吾说公以霸道，其意欲用之矣。诚复见我，我知之矣。'商鞅复见孝公。公与语，不自知膝之前于席也。语数日不厌。景监曰：'子何以中吾君？吾君之欢甚也。'鞅曰：'吾说君以帝王之道比三代，而君曰：久远吾不能待。且贤君者，各及其身显名天下，安能邑邑待数十百年以成帝王乎？'故吾以强国之术说君，君大说之耳。"

这段话，一方面说明商鞅对当时历史发展的趋势把握得十分准确。秦孝公即位时，战国历史虽已走过了一半的道路，但传统的"天下"观念仍然存在，周天子作为天下共主的意识在人们的心目中并未完全抹去。另一方面说明，统一的观念虽在逐步形成,但诸侯力政、争为霸主的格局还在继续。秦孝公对帝道、王道均不感兴趣,独钟情于霸道就是对此最好的说明。秦孝公下达求贤令,其目的就是要寻找"能出奇计强秦者",即让秦国能够称霸于诸侯者。商鞅恰好抓住了秦孝公的这一心理。这也许是一次历史的偶然,却注定了秦国将迅速走向改革之路。由意欲称霸到转向改革,这正如列宁当年在《资产阶级知识分子反对工人的办法》中所说:"历史喜欢捉弄人,喜欢同人们开玩笑。本来要到这个房间,结果却走进了另一个房间。"

秦孝公追求称霸的思想固然与秦缪公以来秦国统治者的政治追求、政治理想分不开,有其合理和无可非议的地方,但我们应当注意到,此时中原地区的政治文化已呈现出另一番景象,正是这种景象,使秦孝公从狭隘的称霸思想中走出来,成就了秦国甚至是中国历史上最伟大的一次改革,使偶然变成必然。

从战国初期开始,中原各国相继实行变法,以富国强兵为手段,以争雄称王、独霸天下为目的,展开了激烈的争夺战。在激烈的群雄逐鹿战争中,战国中期以后政治文化的走向发生了根本性的变化,这就是政治统一、国家统一观念的形成。

在列国中最早实行改革并取得成功的是魏国和楚国。

魏文侯以礼贤下士著称,在他执政时不仅任用了子夏、田子言、段干木这些当世著名的儒家人物,而且还任用了李悝、吴起等早期法家代表和先驱。魏文侯正是在法家李悝的帮助下主持进行了战国时代最早的变法。李悝在魏国变法的内容主要是:废除世卿世禄的传统制度,实行"食有劳而禄有功"的以功劳用人的制度;实施"尽地力之教"发展农业的措施,加强国家实力;制定《法经》,维护专制主义集权制度;建立新的"武卒"兵役制,加强了对外作战的能力,加强了国防力量。

魏国变法后不久,魏文侯去世,吴起因受到新即位的魏武侯的猜疑而投奔了楚国。楚悼王早已听闻吴起的大名,所以吴起一到楚国便受到了楚悼王的重用,被任命为宛(今河南南阳)守,一年之后升迁为令尹。吴起在楚国变法的重点是:针对楚国"大臣太重,封君太众"的积习,提出废除世卿世禄制,"不如使封君之子孙三世而收爵禄",同时废除公族,与王室关系疏远者,将他们迁往人口稀少的边远之地去垦荒。吴起在楚国变法的另一个措施就是整饬吏治,即《韩非子・和氏》讲的"绝减百吏之禄秩,损不急之枝官,以奉选练之士"。即通过精兵简政节省财用,将节省的钱财用到选练之士上,以达到富国强兵的目的。在变法中,吴起还注意整肃官场腐败,杜绝私门之请,整齐社会风俗,反对游说之士对官场风气的破坏。吴起在楚国的变法因楚悼王的去世而终止,吴起本人也被楚国的贵族残酷杀害,但吴起变法在当时还是起了很大作用,司马迁在《史记·孙子吴起列传》说:“于是南平百越,北并陈蔡,却三晋,西伐秦,诸侯患楚之强。”变法使楚国强大起来是不争的事实。

受魏、楚变法的影响,在中原其他国家如赵国、韩国、齐国等也有类似的政治改革相继发生。

从政治文化发生的角度看,这个时期各国出现的改革,究其根本原因,是政治秩序和社会秩序的混乱,是社会控制的失范造成的必然后果,也就是说,你不想变也得变,你不想改革也得改革。

这也是秦孝公由意欲称霸转向改革的重要原因之一。

三　法家的到来与变法改革

(一)改革的政治环境

商鞅,原本是卫国贵族的后代,名叫卫鞅,秦孝公后来封他商、於之地,号为商君,所以后来人就称他为“商鞅”。他“少好刑名之学”,曾为魏相公叔痤的中庶子,公孙痤对他的知识能力非常了解,曾有意将他推荐给魏惠王,司马迁在《史记·商君列传》中记载说:“公叔痤知其贤,未及进。会痤病,魏惠王亲往问病,曰:‘公孙病有如不可讳,将奈社稷何?’公叔曰:‘痤之中庶子公孙鞅,年虽少,有奇才,愿王举国而听之。’王嘿然。王且去,痤屏人言曰:‘王即不听用鞅,必杀之,无令出境。’王许诺而去。公叔痤召鞅谢曰:‘今者王问可以为相者,我言若,王色不许我。我方先君后臣,因谓王即弗用鞅,当杀之。王许我。汝可疾去矣,且见擒。’鞅曰:‘彼王不能用君之言任臣,又安能用君之言杀臣乎?’卒不去。惠王既去,而谓左右曰:‘公叔病甚,悲乎,欲令寡人以国听公孙鞅也,岂不悖哉。’”商鞅既不能见用于魏惠王,在听到秦孝公发出求贤令后,即来到秦国。他四见秦孝公,在霸道和强国之术上,两人竟“语数日不厌”。君臣际遇和政治理想的契合促使秦孝公下决心实行变法。

在秦国这样一个环境和信息相对闭塞、思想观念相对落后、知识和人才相对缺少的国家进行变法改革,其成功与失败的概率,几乎是对等的。在其中起决定作用的主要是君主的政治态度和政治自觉。具体来说,就是秦孝公本人的政治态度及其与当时政治的关联。

在关涉秦国前途命运的大是大非面前,秦孝公认定只有改革才会有出路,为了使变法更具说服力,为了取得朝廷内外在政治思想上的统一,他特意安排了一场廷议辩论。《史记・商君列传》记载:“孝公既用卫鞅,鞅欲变法,恐天下议己。卫鞅曰:‘疑行无名,疑事无功,且夫有高人之行者,固见非于世;有独知之虑者,必见敖于民。愚者暗于成事,知者见于未萌。民不可与虑始而可与乐成。论至德者不和于俗,成大功者不谋于众。是以圣人苟可以强国,不法其故;苟可以利民,不循其礼。’孝公曰:‘善。’甘龙曰:‘不然。圣人不易民而教,知者不变法而治。因民而教,不劳而成功,缘法而治者,吏习而民安之。’卫鞅曰:‘龙之所言,世俗之言也。常人安于故俗,学者溺于所闻。以此两者居官守法可也,非所与论于法之外也。三代不同礼而王,五伯不同法而霸。知者作法,愚者制焉,贤者更礼,不肖者拘焉。’杜挚曰:‘利不百,不变法;功不十,不易器。法古无过,循礼无邪。’卫鞅曰:‘治世不一道,便国不法古。故汤武不循古而王,夏殷不易礼而亡。反古者不可非,而循礼者不足多。’孝公曰:‘善。’以卫鞅为左庶长,卒定变法之令。”

这场辩论,秦孝公及商鞅取得了完全的胜利。此后的历史表明,没有秦孝公的支持,就不可能有商鞅的变法,同样,没有商鞅的变法,秦国也不可能在孝公时代走向富国强兵之路,历史的辩证法就是如此。

值得我们关注的是这场辩论中所体现出的政治文化特点,它对以后秦国乃至秦王朝政治文化的发展都起到了奠基的作用。

在为生存激烈斗争的战国时代,变法图强虽已成为历史发展的大趋势,在各个国家却有不同的走势和结局。秦国在变法之前,国势弱小,地域偏狭,文化相对落后,很少参与中原国家事务,甚至被人视为戎狄。后来秦国却后来居上,成为变法最为成功的国家,并实现了天下统一。

在诸多成功的因素中,秦孝公的政治立场、政治态度、政治品格及个人意志是最关键的因素之一。古今中外的历史告诉我们,在历史发展过程中,特别是在一些特殊或关键节点，领袖的个人意志往往会对历史的走向起到决定性的作用。

秦孝公坚定变法图强的政治立场源自他对当时整个战国局势和秦国国情的正确、深刻和清醒的认识。诚如前述，在秦孝公即位之际，东方各国和南方的楚国已进行了不同程度的变法改革，国家实力得到了加强，在此基础上由争霸战争逐渐地转向统一战争，旧贵族势力开始逐渐退出政治舞台，一个全新的中央集权制政治制度开始萌生，社会风俗及文化由于新的国家制度的产生也开始注入了新的内容。秦国如果不改革而继续落后下去，必然会处于被动挨打的局面，甚至为人吞并。

国家的政治历史传统是促使秦孝公变法改革的动力之一。根据有限的文献记载得知，秦国在缪公时代就已注意引进人才，对国内政治进行改革，至简公、献公时，改革的步伐在不断地扩大。孝公作太子时，应当目睹了其父的改革，并从中汲取了经验和教训，虽然由于文献的缺如，我们难以了解秦孝公到底从秦献公和前人的改革中汲取了哪些经验和教训，但从秦孝公改革的过程我们可以看出，他在做出任何一步决策时，都十分谨慎而不盲目，一方面注意上层集团的反应，如变法改革前的廷议，其目的就是观察统治集团成员们的思想动向，为改革扫除思想障碍；一方面关注下层民众的动态，据说在变法前“令既具，未布，恐民之不信，已乃立三丈之木于国都市南门，募民有能徙置北门者予十金。民怪之，莫敢徙。复曰：‘能徙者予五十金。’有一人徙之，辄予五十金，以明不欺”[①]，这就是著名的“徙木赏金”故事。林剑鸣先生认为：“它体现了先秦法家的两个很重要的思想：‘明法’和‘壹刑’。所谓‘明法’就是要把法令公之于众，并让人们相信：此法必定执行，这就是后来韩非总结的：‘宪令著于官府，刑法必于民心’（《韩非子·定法》）。所谓‘壹刑’，就是‘刑无等级’‘无贵贱’（《商君书·赏刑》）。”[②]林先生的分析无疑是正确且深刻的，但我们认为“徙木赏金”主要目的还是以此来观测民心的动向，也就是观测老百姓对政府信任与否，并以民心的动向来设计自己的决策。《史记·秦本纪》说：“卒用鞅法，百姓苦之，居三年，百姓便之。”老百姓前后态度的变化，证明秦孝公的这种做法是正确的。

优越的政治素质和博大的领袖胸怀对变法改革起到了巨大的支撑作用。君

---

① 《史记》卷六十八《商君列传》，北京：中华书局标点本，1959年，第2231页。

② 林剑鸣：《秦史稿》，上海：上海人民出版社，1981年，第180页。

主的政治素质和敏锐的政治眼光对国家政治文化的发展会产生重要的影响，秦孝公在变法前后对商鞅的信任和大胆任用就足以说明这一点。首先是信任，其次是大胆任用和坚决支持。商鞅来到秦国特别是与秦国旧臣甘龙、杜挚进行辩论之后，秦孝公抛开两位旧臣，坚定地站在商鞅一边，并“拜鞅为左庶长”。左庶长在秦爵中为第十级的高爵，秦以军功和事功授爵，商鞅初到秦国，尚未有任何军功和事功，便被授以如此高的爵位，可见秦孝公对他是多么信任。商鞅变法遭到了来自太子方面的阻挠，《史记·商君列传》记载：“于是太子犯法，卫鞅曰：‘法之不行，自上犯之。将法太子。太子，君嗣也，不可施刑，刑其傅公子虔，黥其师公孙贾。’”商鞅为了推行，变法敢于挑战权贵，挑战储君，实际上也是对秦孝公的挑战，但秦孝公并不姑息太子，而是坚决地站在商鞅一边支持变法。秦孝公政治立场之坚定由此可见。由于秦孝公对商鞅的坚决支持，变法得以顺利进行。十年之后，变法已取得了巨大的成效。《史记·商君列传》描述说：“秦民大说，道不拾遗，山无盗贼，家给人足。民勇于公战，怯于私斗，乡邑大治。”

《史记·商君列传》还记载了这样一件事：“秦民初言令不便者有来言令便者，卫鞅曰‘此皆乱化之民也’，尽迁之于边城。其后民莫敢议令。”此话虽从商鞅之口说出，但也应当为秦孝公所同意，迁民是国家行为，反映的是秦孝公与商鞅的政治思想，体现了秦孝公、商鞅处理国家、社会与个人之间关系的行为准则。这个准则在变法时代最重要的特点就是要把国家、社会、个人行为全部纳入法的轨道中去，不允许法外有法。在他们看来“民倍公法而趋有势则主弱”(《管子·明法解》)，而《韩非子·有度》讲的“当今之时能去私曲就公法者，民安而国治”才是最理想的境界，因而创新、推行新法必须要有铁腕。

牺牲精神既是变法取得成功的政治保证，又是付出沉重代价的必要手段。为取得变法的成功，使秦国迅速走向富国强兵之路，秦国上下包括秦孝公和商鞅本人都付出了沉重的代价。《史记》集解引刘向《新序》论曰：“秦孝公保崤函之固，以广雍州之地，东并河西，北收上郡，国富兵强，长雄诸侯，周室归籍，四方来贺，为战国霸君，秦遂以强，六世而并诸侯，亦皆商君之谋也。夫商君极身无二虑，尽公不顾私，使民内急耕织之业以富国，外重战伐之赏以劝戒士，法令必行，内不阿贵宠，外不偏疏远，是以令行而禁止，法出而奸息。……卫鞅始自以为知霸王之德，原其事不谕也。昔周、召施善政，及其死也，后世思之，‘蔽芾甘棠’之诗是也。尝舍于树下，后世思其德不忍伐其树，况害其身乎！管仲夺伯氏邑三百户,无怨言。今卫鞅内刻刀锯之刑,外深铁钺之诛,步过六尺者有罚,弃灰于道者被刑,一日临渭而论囚七百余人,渭水尽赤,号哭之声动于天地,畜怨积雠比于丘山,所逃莫之隐,所归莫之容,身死车裂,灭族无姓,其去霸王之佐亦远矣。"刘向的这段评论在肯定变法所取得成果的同时,又深刻地指出了变法所付出的血的代价。

变法虽为统治者的政策设计,但亦是底层人民群众意志的反映。从缪公、简公、献公直到孝公的改革,应当说都是顺应了民心的,是得到了人民支持的。秦缪公不拘一格任用各类人才,倡导礼乐法度治国,开拓疆土,为人民安居乐业创造了一个祥和安定的环境;简公时的赋税改革,献公的"止从死""初为市"都是非常得民心、聚人气的成功做法。人心的向背是变法是否能够成功的前提,可以说,没有这个前提,任何变法改革都不可能成功。当然我们还可以从另一个方面去观察,在商鞅主持变法的二十多年中,我们在文献记载中看到的,除了甘龙、杜挚及公子虔等个别因观点不同而反对变法改革的人物之外,似乎还没有其他公开反对者。即使那些所谓的乱化之民,他们最后所要表达的也是"初言令不便者有来言令便者",也就是通过改革的实践,尝到了改革的甜头,认为改革对老百姓是有好处的,是顺应民心的。可惜的是他们在不允许法外有法的政治环境中做了不该做的事,结果被作为乱化之民而迁往边地。

秦孝公的政治品质和政治态度,使他和商鞅完成了中国古代历史上最成功的一场政治改革,为其后的政治统一、国家统一奠定了坚实的基础。

(二)改革的政治文化模式

上文已经提到,在秦孝公变法之前,秦国已经追随时代潮流进行了初步改革,并取得了一定的成效。秦献公的"止从死"在一定程度上缓和了阶级和社会矛盾;新的户籍制度,不仅加强了国家对基层社会的控制,而且方便了国家赋税的征收和兵员的征集;在经济上初行为市,便利了商业资本的流通。秦献公晚年对三晋的斗争不断取得胜利,献公十九年(前366)大败韩、魏之军于洛阴。献公二十一年(前364)秦军在石门(今山西运城西南)进攻魏军,斩首六万,周天子贺以黼黻,意味着秦献公已可以参与诸侯称霸了。献公二十三年(前362),与魏战少梁,虏其将公孙痤取庞城。这些都说明,只有改革才是秦国强大的真正动力,也是其唯一的出路。

秦孝公即位后，下达求贤令，商鞅闻此令而来到秦国。秦孝公三年（前359），在秦孝公的支持下，商鞅开始了变法。商鞅变法使秦国的政治体制、社会结构、价值观念都发生了根本的改变，秦国政治文化进入了一个与此前迥然不同的新时代。在这个时代，秦国政治文化的主要特点，从此前的“礼乐法度为政”变成了法家的以法为治、一断于法。

商鞅的变法改革以法家思想为主导，采取了法家的政治文化模式，使秦国走向了富国强兵之路，秦始皇的专制主义集权统治就是在此基础上发展而来的，因此，研究商鞅变法的政治指导思想具有十分重要的意义。

法家是先秦诸子中一个重要的学术流派，其名称来自汉代司马谈《论六家之要旨》一文。关于这个学派的政治文化特点，司马谈这样总结道：“法家不别亲疏，不殊贵贱，一断于法，则亲亲尊尊之恩决矣。可以行一时之计，而不可长用也，故曰‘严而少恩’。若尊主卑臣，明分职不得相逾越，虽百家弗能改也。”其后班固在《汉书·艺文志》中讲到法家时说：“法家者流，盖出于理官，信赏必罚，以辅礼制。《易》曰：‘先王以明罚饬法’，此其所长也。及刻者为之，则无教化，去仁爱，专任刑法而欲以致治，至于残害至亲，伤恩薄厚。”班固不仅指出了法家的源流，而且也总结了法家的特点。两相对比可以看出，班固与司马谈的论述有很大的不同，司马谈认为法家的“一断于法”是对西周“尊尊亲亲”宗法礼制的破坏，是一种权宜之计，是不可长用之策。班固则认为法家的“信赏必罚，以辅礼制”是符合先王“明罚敕法”原则而值得肯定的，但同时也指出法家还有“无教化，去仁爱，专任刑法”“残害至亲，伤恩薄厚”等应当予以否定的地方。之所以产生这两种不同的看法，应当说与司马谈和班固所处的政治环境有很大的关系。司马谈生活在一个“霸王道而杂之”“外儒内法”的时代，法家的政治影响还十分强大，因此对法家本质的认识应当是非常深刻的。班固所在时代儒学兴盛，东汉光武帝就曾明确说过：“吾理天下，亦欲以柔道行之。”（《后汉书·光武帝纪》）什么是柔道？刘秀自己讲：“柔者，德也。”（《后汉书·臧宫传》）倡导以德治国是此时代的重要特色，由此，班固对法家的看法自然就好理解了。我们认为司马谈的看法应当最贴近于实际，更准确地把握住了法家的本质特点。

司马谈和班固关于法家及其特点的看法，对后世影响很大，并引起了关于法家的定义、起源、形成及特点的持续性争论。

先秦时并没有法家这个名称，将其作为一个派别是由司马谈提出来的。

“先秦法家虽然没有一个明确的共同的派别概念，但表明党派的概念还是有的，他们常把自己的一派称为‘法术之士’（《管子·明法解》）‘法士’（《韩非子·五蠹》）以及‘耕战之士’等。在各自的著作中也经常引用和称赞同派人物的观点和行为。因此司马谈把法家作为一个派别是很有道理的。”[①]后来刘劭在《人物志·流业》中说：“建法立制，强国富人是谓法家，管仲、商鞅是也。”从这点来看，所谓法家，简单来讲就是指那些提倡以法制为核心思想，在治国理念上提倡富国强兵、依法治国的学派。

对于法家的起源，自古至今有许多不同的说法，最早提出法家起源于理官即司法之官的是《汉书·艺文志》，已如上述。章太炎的《检论·原法》则认为“著书定律为法家”。将法家的起源定义为“著书定律”未免过于牵强和疏阔，“著书定律”只是法家职业的一部分，况且著书定律比法家的出现要早得多，《左传》就说：“夏有乱政，而作《禹刑》；商有乱政，而作《汤刑》；周有乱政，而作《九刑》。”可见著书定律并不能作为法家起源的依据。

作为一个学派，法家的产生是有一定的经济和政治基础的。春秋战国时期蓬勃发展的生产力引起了社会结构和社会政治的剧烈变化，时代要求不仅要给这种变化以合理的解释，还要在打乱旧的社会秩序的同时，通过变革建立新秩序，法家正是在这种历史条件下脱颖而出，成为引导社会潮流的先锋。法家引导社会潮流，在政治文化上最突出的表现有三个方面：一是提倡耕战、富国强兵。战国时代是由兼并战争走向统一的时代，兼并和统一，说到底是国家综合实力的竞争，而国家综合实力则取决于国家内部政治与经济文化的发展。战国时代各个国家的共同特点是旧的生产力衰落，新的经济点在成长；旧贵族即将退出政治舞台，新的地主阶级逐步取代旧贵族成为主人，但这一切都是要通过流血或不流血的斗争才能实现的。法家正是敏锐地感觉到了这一点，他们把变法作为突破点，把提高国家综合国力作为手段，把兼并统一作为目的来推动社会政治和经济的发展。二是在政治倾向上，法家一方面主张君主的专制和独裁，另一方面主张对君权的适当规范。他们主张君主权力的独断，即君主掌握最高和最终的决断权，但也主张在君权行使时要有一定的限制，主张君主“缘法而治”（《商君书·

---

① 刘泽华：《中国政治思想通史·先秦卷》，北京：中国人民大学出版社，2014 年，第 251 页。

君臣》),而立法则要符合人性,符合人情,“凡治天下,必因人情”(《韩非子·八经》)。三是建立一套为专制集权制度服务的社会控制理论和实际措施。法家的社会控制以政刑为主,以统一为原则,但也不完全排斥礼仪教化。

(三)变革内容与政治文化的发展

在秦孝公的大力支持下,商鞅在秦孝公三年(前359)、十二年(前350)进行了两次变法,主要内容有:

1. 实行严格的社会控制

商鞅实行社会控制的出发点是富国强兵。农战是富国强兵的主要手段,所以必须把人民固定和束缚在土地上,用严密组织编制基层社会。变法规定:“令民为什伍,而相牧司连坐。不告奸者腰斩,告奸者与斩敌首同赏,匿奸者与降敌同罚。”早在秦献公时,秦国就实行了“户籍相伍”制度,即把全国的老百姓不分等级地编制起来,以期达到有效控制的目的。在这一编制中,家家、人人都有相互连带责任,这种什伍连坐之法,使得人们处在相互监督之中,人人皆有自危之感而不敢为非作歹,从而达到使整个社会稳定的目的。徐复观说:“在刑罚中,尤以相牧司连坐,及以战时在敌前所用的刑法,普遍使用到人民寻常过失之上,最为突出,最为残酷。军法中的相司连坐,在商鞅是用以禁奸的,而当时的所谓奸,最重要的莫如逃亡。所以这里面含有秦民不得轻离乡土,而必定住于一地的重大意义在里面……商鞅则将臣民的整个生活,都控制于连坐及战时军法之下。这是商鞅政治的基本动力,及秦国政权的基本保障,这也是形成专制政治的最基本内容。”①

用军功爵制作为手段来统一人们的言论、思想和价值观,以达到对整个社会的控制。变法规定:“有军功者,各以率受上爵,为私斗者,各以轻重被刑大小。”“宗室非有军功论,不得为属籍。明尊卑爵秩等级,各以差次名田宅,臣妾衣服以家次。有功者显荣,无功者虽富贵无所芬华。”②商鞅在秦国原有的军功爵制基础上,将其完善为二十等爵制,用来奖励军功。《汉书·百官公卿表》云:“爵:一级曰公士,二上造,三簪袅,四不更,五大夫,六官大夫,七公大夫,八公乘,九五

---

① 徐复观:《两汉思想史》,上海:华东师范大学出版社,2001年,第73页。

② 《史记》卷六十八《商君列传》,北京:中华书局标点本,1959年,第2230页。

大夫,十左庶长,十一右庶长,十二左更,十三中更,十四右更,十五少上造,十六大上造,十七驷车庶长,十八大庶长,十九关内侯,二十彻侯。皆秦制,以赏功劳。”“以赏功劳”就是以二十等爵制为手段来鼓励、奖励那些为国立功的人。在秦国,个人的爵位和本人及家庭的政治地位、经济地位有非常密切的关系,《汉旧仪》云:“秦制爵等,生以为禄位,死以为号谥。”“其有爵者乞无爵者以为庶子,级乞一人,其无役事也,其庶子役其大夫月六日。”(《商君书·境内》)这是说有爵位的人可以讨要无爵位的人为他的庶子,国家没有徭役或兵役,庶子每月要为他的大夫服六天的役事。爵至五大夫(九级爵)就可以获得三百家的税收,大庶长(十八级爵)、三更(即左更、中更、右更,爵分别为十二、十三、十四级)、大良造除赏赐三百户的封邑之外,还赐税三百家(《商君书·境内》)。商鞅变法还规定,有爵者若犯罪,可以用爵来抵罪,《商君书·境内》有云:“爵自二级以上,有刑罪则贬。爵自一级以下,有刑罪则已。”有爵还可以赎免家人的奴隶身份。睡虎地秦简《军爵律》规定:“欲归爵二级以免亲父母为隶臣妾者一人,及隶臣斩首为公士,谒归公士而免故妻隶妾一人者,许之,免以为庶人。”政府官员的饮食也以爵位为标准,睡虎地秦简《传食律》规定:“其有爵者,自官士大夫以上,爵食之。”军功爵调动了人们打仗立功的积极性,民乐于打仗,凡战,就会出现如《商君书·画策》所说的“父遗其子,兄遗其弟,妻遗其夫,皆曰:‘不得无返’”的景象。爵的授予也十分严格,《军爵律》规定:“从军当以劳论及赐,未拜而死,有罪法耐迁其后;及法耐迁者,皆不得受其爵及赐。其已拜,赐未受而死及法耐迁者,鼠(予)赐。”根据这条规定,受爵者在拜爵前已去世,他本人或继承者有罪,都不得受其爵及赐,如已拜,则依然予赐。

西周实行五等爵制,爵位可以世袭,由此产生了世卿世禄制度,被赐爵者从周天子那里既获得了土地又获得了人民,俨然成为一个个独立的小王国的国君。随着时间的推移,他们和周天子的离心力会越来越大,往往形成尾大不掉的分裂势力。秦国的宗法势力相对薄弱,秦没有西周那样的封建诸侯制度,但有武功封爵之法。关于武功爵,马非百曾有论述说:“大抵武功爵之精神,与旧有之公侯伯子男五等爵制,已迥然不同,最足摧毁诸侯割据之封建领主政治,而建立中央集权制君主专制政治。以前得封五等爵者,或为功勋,或为宗室,或为先王后裔,或为强有力者,不必均为有功于国家。而武功爵则只限于有功之人。"①军功爵制的实行,使新的等级制度得以建立,一个人政治地位的高低、身份的尊卑,全由军功的大小来决定,宗室无军功要取消属籍。使"有功者显荣,无功者虽富无所芬华"的规定,对于新的政治观念和新的价值观的形成起到了巨大的促进作用。

推行县制是实现对地方控制的重要手段之一。秦武公时代随着国家领土的不断扩大,秦国早在东方各国之前就开始设县,加强了对地方的控制。商鞅在秦国进行第二次改革时,大力推广县制,据《史记·商君列传》的记载,当时"集小乡邑聚为县,置令、丞,凡三十一县"。

秦武公时代设的县主要在边境地区,军事性质特别明显,而商鞅这次设的县与其不同,它是在中央集权制度下建立的由国君直接任命,非世袭的一级官僚机构,它不仅承担了国君赋予的军事任务,而且负责地方行政,诸如徭役、兵役、赋税的征发,民风乡俗的改造等,直接对国君负责。

秦孝公十八年(前344),秦政府又下令统一度量衡。所谓统一度量衡,一是制定标准的度量衡器,推广到全国,二是实行统一的量化标准。这也是社会控制的重要手段。

2. 倡导农战,富国强兵

重视农战的观点是商鞅对当代政治关系、历史发展趋势深刻认识的重要体现。商鞅认为,国家的综合实力来自农战,《商君书·农战》说,"国之所以兴者,农战也","国待农而安,主待农战而尊",认为农战是国家政治命运、政治前途、政治地位的决定力量。为加强农战,变法提出:"民有二男以上不分异者,倍其赋。"《史记正义》说:"民有二男不别为活者,一人出两课。""戮力本业耕织致粟帛多者复其身。事末利及怠而贫者举以为收孥。"《史记索隐》说:"末谓工商也。盖农桑为本,故上云'本业耕织也'。怠者,懈也。《周礼》谓之'疲民'。以言懈怠不事事之人而贫者,则纠举而收录其妻子,没为官奴婢。"(《史记·商君列传》)。父子无别、同室而居是商鞅变法前秦国的普遍现象的习俗。为了最大限度地挖掘劳动力,使其全部投入农业生产,增加国家的收入,变法令规定,家有两男以上者必须分居,这对于调动农民的生产积极性大有好处。

---

① 马非百:《秦集史》,北京:中华书局,1982年,第877页。

为促进农业的发展,商鞅变法时还在秦国推行"为田开阡陌封疆"①的新的土地制度。何谓"为田开阡陌"？古今众说纷纭。在这里我们仅举几个有代表性的观点来说明。杨宽认为:"'开'就是开拓的意思。蔡泽说:商君'决裂阡陌,教民耕战'(《战国策·秦策三》)。'决裂'的目的是废除井田制,董仲舒就曾指出:商君'改帝王之制,除井田,民得买卖'(《汉书·食货志》)。'阡陌是指每一亩田的小田界,'封疆'是指每一顷亩(一百亩田)的大田界合起来可以总称为'封'。具体地讲,'开阡陌封疆',就是废除井田制,把原来'百步为亩'的'阡陌'和每一顷亩的'封疆'统统破除,开拓为二百四十步为一亩,重新设置'阡陌'和'封疆'。"②杨宽认为,"为田开阡陌封疆"就是废除井田制,把原来"百步为亩"改为"二百四十步为亩",用来分授无田耕种的农民,确认自耕农的土地所有制,促进小农经济的发展。

林剑鸣认为:"继公元前408年,秦简公时代'初租禾'承认封建土地私有之后,商鞅又于公元前350年宣布'开阡陌封疆'(《史记·商君列传》),即把标志着国有土地的阡陌封疆去掉,所以也称为'决裂阡陌'(《史记·蔡泽列传》)。这就彻底废除了奴隶社会的土地国有制。""商鞅取消了标志着国有土地的'阡陌封疆',又承认私有土地爰田,这就使封建的土地所有制顺利地发展起来。这一措施对封建制的确立和发展,具有很重大的意义。"③

郑良树在比较了以上两说后,在其所著《商鞅评传》中提出:"《通典》一七四载《雍州风俗》说'周制,步百为亩,亩百给一夫,商鞅佐秦,以一夫力余,地利不尽,于是改制二百四十步为亩,百亩给一夫矣',根据这段文字,可知周制以百步为一亩,一夫得田百亩,耕地实在太少。商鞅佐秦,看到一夫耕此百亩地,往往'力'有'余',无法尽掘民力,所以,'开阡陌、封疆'重订耕地的面积,改为每亩二百四十步,比周制大一倍有余,庶几乎'尽人力之教',也'尽地力之教'。""另一方面,商鞅第一次改革已提出,按军功授爵赐田,很明显,田地的所有权掌握在国家手中;在第二次改革时,他借重整耕地的机会,把贵族及大户们'闲散'的耕地彻底收回,使政府完全掌握全国的土地。因此所谓'开阡陌、封疆',即重新整治

① 《史记》卷五《秦本纪》,北京:中华书局标点本,1959年,第2232页。

② 杨宽:《战国史》,上海:上海人民出版社,2003年,第204—205页。

③ 林剑鸣:《秦史稿》,上海:上海人民出版社,1981年,第187—188页。

耕地，令民力尽其用，又藉机将田地彻底收归国有，使军功授爵赐田发挥更大的作用。”①

张金光说：“所谓‘决裂阡陌’与‘开阡陌’大抵就是：(1)打开采邑主和贵族们所独占的封疆，夺取他们对土地的垄断权，把土地所有权高度集中于国家手中，重新按照新的‘家次’‘名’占田宅。这是土地国有化的一次大跃进，从他以家次名田宅，遭到那么多国戚贵人们的反对而终至于首领不保，就可见他的‘决裂阡陌’‘开阡陌封疆’的手段是多么的辣，辣到使大小采邑主们难以下咽的程度。(2)改变村社土地所有制，打开村社与村社之间、村社内部公共附属物如公共耕地与公共牧场的界限：由国家疆理土田，统筹‘制土分民’‘任地待役’，以确立官社经济体制，原来村社间土地多寡，开发利用情况极不平衡，内部也是村社头人贵族们假集体之名去慢经界，而今则着意将慢了的经界决裂之。原来采邑主间、村社间、村社内贵族富家与一般成员间，争疆侵畔者多，霸而不耕以致地力不尽者多，子弟为浮游，争付托以致人力不尽者亦多。商鞅田制改革就是要对暴君(封君采邑主)污吏(村社头人贵族、政府官员等)慢了的经界，用新的原则来正其经界。即集地权于国家，或由国家直接经营，或在政府主持下按既尽地力，又尽人力以辟土殖谷和以功劳行田宅的两大原则，授占田宅。要之，皆须为之重开阡陌封疆。这实是在土地国有化原则下的重新疆理土田。这就是《史记·商君列传》所说的‘为田开阡陌封疆’的真实内容和意义。”②

上面我们列举了目前史学界最具代表性的几种看法，它们都涉及商鞅改革中集权政治的倾向，及这种倾向对经济基础的反作用，这对我们认识商鞅变法的政治目的、政治设计，特别是商鞅的田制改革有很大的帮助。但我们还应关注商鞅改革之前秦国的实际情况，这就是：第一，秦国所在的关中地区是历史上的周人故地，此前周人所实行的井田制，经过春秋战国时代社会经济的飞速发展和变革已经不复存在，要不然秦简公时期实行的“初租禾”就无法理解，所以，说商鞅的土地改革就是废除井田制，显然没有依据。第二，说商鞅把标志国有制的阡陌封疆去掉，彻底废除了奴隶社会的土地国有制，承认私有土地，允许土地买卖，也面临着一个无法说清的问题，即“土地既允许私有及买卖，则政府如何扩大自己

---

① 郑良树：《商鞅评传》，南京：南京大学出版社，1998年，第135页。

② 张金光：《秦制研究》，上海：上海古籍出版社，2004年，第89页。

的土地,以充实授田制度下的农耕地呢?而且,土地既然开放为私有,允许私人发展起来,那不是跟商鞅裁抑工商的政策冲突吗?显然的,这两者颇难妥协。"①第三,说商鞅打开封邑主和贵族们所独占的封疆,夺取他们对土地的垄断权,既不见于史书明文,亦不见于出土文献,所以很难解释。

我们认为,在关注商鞅"为田开阡陌封疆"的同时,更应当关注紧随在这句话后面的"而赋税平"几个字,它与"为田开阡陌封疆"是一个整体,是同一个政策的完整表述。

秦国在商鞅变法时,实行了国家授田制度。这一点已得到了考古资料的证实。云梦秦简《田律》规定:"入顷刍稿,以其受田之数,无垦不垦,顷入刍三石,稿二石。"这句话表明了以下两点意思:一是秦国确实实行了国家授田制度;二是老百姓必须依照国家授田的顷亩数,不管耕种与否,都要缴纳一定数量的刍稿。这种刍稿税对每一个受田者来说是公平的,从这个意义上来看,它达到了"赋税平"的目的。问题是,国家的顷亩标准是什么?这就与商鞅变法实行的"开阡陌封疆"有很大的关系。这个标准,我们认为就是商鞅的新亩制,即240步为一亩。周制,百步为亩,现在商鞅将其改为240步为亩,为了达到公平的目的,就要按照240步为一亩的标准,重新对土地进行丈量规划。"开阡陌封疆",并不是要废除阡陌封疆,"开"是"启"的意思,这句话是指重新开启一个新田制(将此前的百步为亩变成240步为亩),在政府的监督下,重新规划阡陌,划定疆界。亩制的统一是"赋税平"前提,理解了这一点,就理解了"开阡陌封疆"的真正含义。

商鞅的这条法令,在秦国得到了认真的执行,并随着国家统一步伐的前进,占领区的扩大,而被推行到全国各地。1980年在四川青川县郝家坪50号秦墓中发现了秦武王二年(前309)的一件木牍,木牍上记载,秦武王"二年十一月已酉朔二日,王命丞相戊(茂)、内史匽、民愿更修为田律:田广一步,袤八则为畛,亩二畛,一百(陌)道,百亩为顷,一千(仟)道,道广三步。封高四尺,大称其高。捋(埒)高尺,下厚二尺。以秋八月修封捋(埒),正彊(疆)畔,及发千(阡)百(陌)之大草。九月大除道及除浍。十月为桥,修波(陂)隄,利津梁,鲜草离,非

① 郑良树:《商鞅评传》,南京:南京大学出版社,1998年,第137页。

除道之时，而有陷败不可行，辄为之”[①]。青川《更修田律》内容非常详细，这里提到的阡、陌、封、埒的尺寸高低，修封埒、正疆畔、除草、除浍、修桥梁、建陂隄的时间，都有严格的规范和规定，它表明在秦国，土地的所有权掌握在国家手中，国家以授田的方式将土地的占有、使用权授予老百姓，老百姓要按照受田数量向国家交纳赋税。国家在授田的同时，对田地进行规划，这就是“开阡陌封疆”。封、埒即各户田地之间的界限。一旦划定，是不允许私自移动的，私自移动就要受到严厉的处罚：“‘盗徙封，赎耐’，何如为封？封即田阡陌，顷畔也。且非是？而盗徙之，赎耐，何重也？是，不重。”[②]法律规定，对私自徙封者要处以耐刑。

抑商被作为倡导农战的一个辅助手段，在商鞅变法中也得到了贯彻。法令禁止商人对粮食进行投机倒卖，提出重关市之赋，对商人征重税，迫使商人投入农业生产。这些措施对发展农业生产虽有一定的作用，对于整个国家经济的发展却未必有利，但如果我们从法家极端的现实主义和功利主义的政治文化出发去看，它还是有一定的合理性的。

秦孝公十四年（前348），秦国“初为赋”，这是商鞅变法中又一条重要法令。它和此前变法法令中规定的“民有二男以上不分异者，倍其赋”中的“赋”含义不同，这里的赋是指军赋，《史记索隐》引谯周云“初为军赋也”。这是商鞅变法重农抑商政策的一项内容，在《商君书·垦令》中曾提到：“禄厚而税多，食口重者，败农者也，则以其食口之数，赋而重使之，则淫辟游惰之民无所于食。无所于食则必农。”商鞅改革，按照人口征税，使那些淫辟游惰之民无所于食，同时对那些从事工商业者也给予一定的限制和压力，以促进农业的发展。

四 《商君书》的政治文化特点

《商君书》是早期法家学派的重要著作之一。由《韩非子·五蠹》所说“今境内之民皆言治，藏商管之法者家有之”这句话，以及司马迁在《史记·商君列传》中自称“尝读商君开塞耕战书”来看，《商君书》在战国末期已开始广泛流传，西

---

① 王辉：《秦出土文献编年》，台北：新文丰出版公司，2000年，第61页。

② 王辉：《秦出土文献编年》，台北：新文丰出版公司，2000年，第168页。

汉时民间也有传本。据历代学者的研究,《商君书》中各篇的写成时间有先后,且并非全出自一人之手,所以《四库全书总目提要》中说:“殆法家流,掇鞅余论,以成是编。”现在一般认为,《商君书》应是商鞅及其后学或商鞅学派的著作汇编。《商君书》现存26篇,其中两篇有目无书。

《商君书》的内容所反映的政治文化特点与前述商鞅变法大致相符,所以它是研究秦孝公时代至秦始皇即位前(前246)秦国政治文化发展及其特点的基本材料。

《商君书》是我们研究商鞅变法、改革最重要的文献之一。我们认为,研究商鞅变法,不仅要看商鞅提出了哪些改革内容,建立了什么制度,取得了哪些成果,更重要的是通过这些内容、制度、成果来了解商鞅变法改革的政治理论基础、政治文化取向和政治文化影响。

(一)世事变而行道异

《商君书》改革变法的政治理论基础是历史发展论。历史发展论的核心是认为历史是动态而持续发展的,是有规律可循的,历史的发展总是后来者居上。《商君书·开塞》说:“天地设而民生之。当此之时也,民知其母而不知其父,其道亲亲而爱私。亲亲则别,爱私则险。民众,而以别险为务,则民乱。当此时也,民务胜而力征。务胜则争,力征则讼,讼而无正,则莫得其性也。故贤者立中正,设无私,而民说仁。当此时也,亲亲废,上贤立矣。凡仁者以爱利为务,而贤者以相出为道。民众而无制,久而相出为道,则有乱。故圣人承之,作为土地、货财、男女之分。分定而无制,不可,故立禁;禁立而莫之司,不可,故立官;官设而莫之一,不可,故立君。既立君,则上贤废而贵贵立矣。然则上世亲亲而爱私,中世上贤而说仁,下世贵贵而尊官。”

这段话是说自从有了天地也就有了人类,人类最初经历的是母系社会,只知有母不知有父,人和人之间的关系是只爱自己的亲人,只有私利。因私利而产生纠纷,所以贤者确立了公正的标准,人们私亲的观念逐渐被废除而崇德的思想确立。但随着人口增多而没有制度限制,于是社会秩序又乱了,由此圣人出现,为之立禁、立官、立君。历史的发展经历了三个阶段,即上、中、下三世。三世的特点如上所说,上世亲亲而爱私,中世上贤而说仁,下世贵贵而尊官。

《商君书》中关于历史阶段划分的三世说,虽然不是那么科学,但其提出的人类社会母系说、人类社会私有说、人类社会由上贤到尊官、社会管理组织的出现,不仅有事实的依据,而且体现出一定的规律,尤其是三世递进、由低级阶段向高级阶段发展的认识,不能不说是一种真知灼见。

在《商君书》的作者看来,人类社会的发展,是其内部矛盾发展的结果。三世说的每一世,都是在对前一世否定的基础上建立起来的。《商君书》中所说的"上世",由于亲亲而产生了"别",由于"爱私"而产生了"险","当此时也,民务胜而力征。务胜则争,力征则讼,讼而无正,则莫得其性也"。在这种情况下,"故贤者立中正,设无私,而民说仁。当此时也,亲亲废,上贤立矣"。但是长期把推举贤人作为治理社会的原则,人口众多而没制度,同样引起混乱,"故圣人承之,作为土地、货财、男女之分。分定而无制,不可,故立禁;禁立而莫之司,不可,故立官;官设而莫之一,不可,故立君。既立君,则上贤废而贵贵立矣"。因为世事发生变化,所以治政之策也要随之变化。

《商君书》"作者这种分析与科学的历史观还有遥远的距离,然而我们应该承认,在这种认识中包含着科学历史观的萌芽,是人类走向科学历史观漫长道路的起点"①。

《商君书》的历史发展观还体现为与时俱进的政治观念,认为历史发展了,时代前进了,人的思想观念要与时俱进,而不能抱残守缺,要积极主动跟随历史步伐,而不能成为历史发展的障碍。《商君书·更法》记载了商鞅与杜挚之间一段著名的对话。杜挚曰:"臣闻之:'利不百,不变法;功不十,不易器。'臣闻:'法古无过,循礼无邪。'君其图之!"商鞅回答说:"前世不同教,何古之法?帝王不相复,何礼之循?伏羲、神农教而不诛,黄帝、尧、舜诛而不怒,及至文、武,各当时而立法,因事而制礼。礼、法以时而定,制、令各顺其宜,兵甲器备各便其用。臣故曰:治世不一道,便国不法古。汤、武之王也,不循古而兴;殷、夏之灭也,不易礼而亡。然则反古者未必可非,循礼者未足多是也。"

在这段话中,商鞅对杜挚"法古无过,循礼无邪"的守旧观点进行了深刻的批驳。他从历史发展的角度指出,从古到今没有一成不变的统治模式,因为经济在发展,社会环境在变迁,政治生态在发生变化,各个朝代、各位帝王都要根据已

---

① 刘泽华:《中国政治思想通史·先秦卷》,北京:中国人民大学出版社,2014年,第276页。

经发生的变化来调整自己的统治方法，要“当时而立法，因事而制礼”。立法和制礼受时代的限制是一个规律。礼、法不仅要因时而制，更重要的是还要“各顺其宜”，即合乎时代潮流，顺应民心。因此他总结说：“治世不一道，便国不法古。”这才是正道。他举历史上商汤和周文王不循古而勃兴，殷朝和夏朝不易礼而灭亡的事实，说明“反古者未必可非”的道理。《商君书》的历史发展理论不仅为变法扫除了思想障碍，还为变法改革提供了政治理论依据，说明改革和制度的建立必须符合社会现实的规律。

（二）治国之要，先务耕战

《商君书》提出，治国之要，先务耕战，是其重要的政治文化特色之一。

《商君书》认为，在战国时代的政治斗争和兼并战争中，国力的强弱是决定性的力量。《慎法》篇说：“千乘能以守者，自存也；万乘能以战者，自完也。虽桀为主，不肯诎半辞以下其敌。外不能战，内不能守，虽尧为主，不能以不臣谐所谓不若之国。自此观之，国之所以重，主之所以尊者，力也。”这段文字是说，有千辆兵车的国家，可以自存。有万辆兵车可以作战的国家，可以使江山保全。这样的国家即使有像夏桀那样的君主，也不会屈服于敌人。对外不能征战，对内不能防守，即使有尧那样贤明的君主，也不能不向不如自己的国家屈服。由此可见，国家能否被人重视，国君能否被人尊重，完全取决于自己国家力量的强大与否。那么强大的国力从何而来呢？由此《商君书·慎法》进一步指出：“彼民不归其力于耕，即食屈于内；不归其节于战，则兵弱于外。人而食屈于内，出而兵弱于外，虽有地万里，带甲百万，与独立平原一贯也。”言外之意是说，只有先务于耕战，才能使国力增强，才能实现称王称霸。

先务于耕战，诚如上述，是商鞅变法改革最重要的内容之一。《商君书·农战》认为，“国之所以兴者，农战也”，“国待农战而安，主待农战而尊”。耕战政策为秦国的强大夯实了强大的物质基础。

首先是对人民进行教育。《商君书·农战》指出：“圣人知治国之要，故令民归心于农。归心于农，则民朴而可正也，纯纯则易使也，信可以守战也。”圣贤的君主都知道治国的根本是教育老百姓要把心思放在农业上，老百姓专心务农就纯朴好管理，诚实好役使，相信是可以用来守城打仗的。在《商君书·慎法》中，以先王为例，说明古代的帝王之所以能让他的臣民蹈白刃、冒矢石，并不是老百姓真心愿意这样做,而是他们害怕陷于刑罚。因此《商君书》的作者制定了这样的教令:“民之欲利者,非耕不得;避害者,非战不免。境内之民莫不先务耕战,而后得其所乐。”(《商君书·慎法》)这条教令制定的理论基础是人性“好利恶害”,所谓“凡人之情,见利莫能勿就,见害莫能勿避,其商人通贾,倍道兼行,夜以续日,千里而不远者,利在前也。渔人之入海,海深万仞,就彼逆流,乘危百里,宿夜不出者,利在水也。故利之所在,虽千仞之山无所不上,深渊之下无所不入焉。故善者势利之在,而民自美安,不推而往,不引而来,不烦不扰,而民自富”(《管子·禁藏》)。利用人心好利恶害的特点,教育引导老百姓将全部心思投入到农战上来,使其不得不耕、不得不战。

其次是利用奖励的办法,让老百姓去耕战。《商君书》称其为“驱以赏”,即把耕战和爵赏挂起钩来。商鞅变法期间,设立了一系列的军功赏爵政策,已见前述。在《商君书》中还提出了“粟爵粟任”的政策,即以粮食种植收获量的多少作为爵赏。用粮食换取官爵也是当时奖赏激励措施之一,《商君书·靳令》提出:“民有余粮,使民以粟出官爵,官爵必以其力,则农不怠。”让老百姓用粮食换取官爵,老百姓知道官爵来之不易,是以自己的辛苦和力气换来的,那他们就不会懈怠,而会更加努力地去从事农耕。在此中获利的自然是国家。

再就是充分发挥国家行政、经济管理职能,促进耕战成效。《商君书》强调要强化国家的管理职能。在《商君书·垦令》中提出了二十条关于加强发展农业的措施,这些措施中有相当数量是属于国家行政管理的,如不允许官吏拖延政务,不允许国之大臣博闻、辨慧、周游居住,不允许以外部权力来任爵与官。实行愚民政策,不允许农民学习《诗》《书》,观看音乐技艺,不允许老百姓擅自迁徙。为了限制人们从事工商业活动,加重工商税的征收,“不农之征必多,市利之租必重”(《商君书·外内》)。在《商君书》的作者看来,只有这样做,才能使“民之力尽在于地利矣”(《商君书·外内》)。

《商君书》所倡导的耕战方针在秦的出土文献中也得到了反映:

一是关于国家土地和税收管理的规定。秦代国家实行授田制度,因此规定:“入顷刍稿,以其受田之数,无垦不垦,顷入刍三石,稿二石。”(睡虎地秦墓竹简《秦律十八种·田律》)这实际是强迫老百姓必须垦荒,因为政府的田租是按照所授顷亩数来征收的,你不开垦就没有收入,就无法完税,而政府的租税则必须承担。这条田令和《商君书·算地》所说“夫地大而不垦者,与无地同。民众而不用者,与无民同。故为国之数,务在垦草”的精神完全一致。

收成的好坏,是政府最为关心的事项,所以对庄稼的田间管理也特别细微,睡虎地秦墓竹简《秦律十八种·田律》的“雨为澍,及秀粟”条就规定,庄稼的播种和生长情况都要及时向政府报告,庄稼长出后有雨、旱及暴风雨、水潦、虫害等凡是对庄稼造成伤害的,也都要及时报告,以便于政府掌握具体情况。

二是对粮食安全、粮食管理的重视。秦代国家粮食管理实行严格的廥籍制度,睡虎地秦墓竹简《秦律十八种·仓律》规定:“入禾稼、刍稿,辄为廥籍,上内史。”粮食入仓,以“万石一积而比黎之为户”,并且由县啬夫或县丞、仓啬夫及乡主管共同封以印信。对粮食及刍稿的出仓也有同样的规定,即出、入都必须“如律令”,建立廥籍,实行集体管理,这样就彻底杜绝了个别官员的营私舞弊,保证了国家的粮食安全。

三是对公(国家)器物、公马牛实行严格的管理和考课制度。睡虎地秦简《秦律十八种·金布律》规定:“百姓叚(假)公器及有责(债)未赏(偿),其日足,以收责之,而弗收责,其人死亡;及隶臣妾有亡公器、畜生者,以其日减其衣食,毋过三分取一,其所亡众,计之,终岁衣食不足,以稍赏(偿),令居之,其弗令居之,其人亡,令其官啬夫及吏主者代赏(偿)之。”在里耶秦简中,也有一条与此相似的简文,《里耶秦简牍校释》(第一卷)8－644 背:“敬问之:吏令徒守器而亡之,徒当独负。日足以责,吏弗责,负者死亡,吏代付偿。徒守者往戍可(何)?敬讯而负之,可不可?其律令云何?”这是对老百姓借公家器物或债务不能按时偿还,或当事者死亡,或隶臣妾丢失公家器物、畜生的处理办法。对于各级政府所拥有的公器物也有一套严格的管理办法,睡虎地秦简《秦律十八种·金布律》规定:“县都官以七月粪公器不可缮者,有久(记)识者靡(磨)蚩(徹)之。其金及铁器入以为铜。都官输大内,内受买(卖)之。尽七月而觱(毕)。”这是对公用器物“不可缮者”的处理办法。而对于诸如传车、大车轮、韦革等,坏了要及时修补,实在不可修补者,方可毁弃。在这里我们看到,秦代国家对国家器物的保管和使用有一套非常严格的个人负责制和个人责任追究制。这些看似平常的管理制度,对整个国家机器的运转的意义却非同小可。秦代国家对于兵器的管理尤为严格,《秦律十八种·工律》规定:“公甲兵各以其官名刻久(记)之,其不可刻久者,以丹若漆书之。其叚(假)百姓甲兵,必书其久(记),受之以久(记)。入叚(假)而毋(无)久(记)及非其官之久(记)也,皆没入公。”秦代国家所造兵器,见于考古资料者,皆有各级官吏主持者及工师、工匠的姓名,与此相合。这条法律还规定要对制作的假兵器及没有官方刻名的兵器予以没收。

在以农业经济为主的秦国,牲畜在社会生活中具有举足轻重的作用,牛马不仅用于耕种,还要在军队中服役,因此牲畜的饲养就十分重要。秦国在国都及全国各地设立了众多的厩苑,政府有每年在规定时间对牲畜进行考课、对管理者进行奖惩的制度。睡虎地秦简《秦律十八种·厩苑律》规定:"以四月、七月、十月、正月肤(胪)田牛。卒岁,以正月大课之,最,赐田啬夫壶酒(酉),束脯,为旱(皂)除一更,赐牛长日三旬;殿者,谇田啬夫,罚冗皂者二月。其以牛田,牛减絜,治(笞)主者寸十。有(又)里课之,最者,赐田典日旬;殿,治(笞)卅。"每年有四次的考课,评选出优秀者(最)、落后者(殿),并有相应的措施进行奖惩。

农业不仅是国家的经济命脉,而且是兼并战争的力量源泉,《管子》就认为:"民事农则田垦,田垦则粟多,粟多则国富,国富者兵强,兵强者战胜,战胜者地广。"在《商君书》的作者看来,在兼并战争中能否取胜,完全取决于国家农业发展的情况,所以《商君书·农战》说:"百人农一人居者,王;十人农一人居者,强;半农半居者危。故治国者欲民者之农也。国不农,则与诸侯争权不能自持也,则众力不足也。"商鞅在此处强调,农业是国家强盛、国家生存之根本,如果不能抓好农业,就会在争霸舞台上无立足之地。

耕、战是《商君书》的两大政治主题。在强调"耕"的同时,"战"也被视为秦人政治生活中的头等大事。为鼓励人民参加到兼并战争中去,秦国全面推行军功爵制,关于这点已见前述商鞅变法的内容。这里需要指出的是,在秦简里面这个规定也有反映:睡虎地秦简《秦律十八种·军爵律》规定:"从军当以劳论及赐,未拜而死,有罪法耐迁其后;及法耐迁者,皆不得受其爵及赐。其已拜,赐未受而死及法耐迁者鼠(予)赐。"爵位是以从军创建的功劳赐予,但他本人或继承人有罪,则都不能得到赏赐和爵位。如果在事前已拜赐,则仍然可赐予。另一条简文说:"欲归爵二级以免亲父母为隶臣妾者一人,及隶臣斩首为公士,谒归公士而免故妻隶妾一人者,许之,免以为庶人。"根据这条规定,建立军功者可以归爵两级免去亲父母为隶臣妾者一人,获取公士者,可以谒归公士爵位而免故妻为隶妾一人,免为庶人。秦简中这些制度性的规定,对于调动老百姓主动去参战,积极去战场上立功,具有极大的煽动作用。所以我们在《商君书》中看到,每当战争到来,秦人参军打仗的热情都非常高,送亲人参军,父遗其子,兄遗其弟,妻遗其夫，而且一再叮咛“不得，无返”。场面是如此之热烈，情绪是如此之高涨，秦人参军之众，从令如流、死不旋踵的精神，至今犹令人热血沸腾不已。

耕战政策的实行，使秦国的国力迅速提升，国家的粮食贮存相当丰富，睡虎地秦简《秦律十八种·仓律》记载，在当时的栎阳，粮食的贮存以两万石为单位作为一积，而咸阳则以十万石为一积，规模之大，实在令人惊叹。正是由于国力的强大，这个时期秦国对外战争也不断地取得胜利。秦孝公八年（前354），秦乘魏、赵邯郸之战之机，出兵攻魏，与魏战于元里（今陕西澄城南），斩首七千，并夺取少梁（今陕西韩城南）。少梁是北通上郡、东进河东的枢纽要地，夺取少梁对秦国来说具有十分重大的战略意义。秦孝公十年（前352）商鞅为大良造，举兵围魏国都安邑（今山西夏县），迫使其投降。秦孝公二十年（前342），齐、魏之间发生了马陵之战，魏国惨败，太子申被俘，将军庞涓自杀，魏国势力日衰，据《史记·商君列传》记载，这时商鞅建议秦孝公说：“秦之与魏譬若人之有腹心疾，非魏并秦，秦即并魏。何者？魏居领阨之西，都安邑，与秦界河而独擅山东之利。利则西侵秦，病则东收地。今以君之贤圣，国赖以盛。而魏往年大破于齐，诸侯叛之，可因此时伐魏。魏不支秦，必东徙。东徙，秦据河山之固，东乡以制诸侯，此帝王之业也。”秦孝公接受了商鞅的建议，出兵伐魏，商鞅伏兵袭虏魏公子卬，魏军大败。魏国在接连不断的打击下，国势日下，不得不派使臣献河西地于秦以求和，并将国都迁往大梁。对此，汉人贾谊在《新书·过秦论》中评论说：“秦孝公据崤函之固，拥雍州之地，君臣固守，以窥周室，有席卷天下，包举宇内，囊括四海之意，并吞八荒之心。当是时也，商君佐之，内立法度，务耕织，修守战之具；外连衡而斗诸侯。于是秦人拱手而取西河之外。”这个评价应当是符合实际的。

（三）秉权而立，垂法而治

君主专制的本质，就是君主一人的最高、最终独断权，但这是中央集权君主专制高度发达时代的情况，先秦诸子关于君主的论述，更多的只是从不同的角度论述了天下只能有一个君主的道理。《慎子·逸文》说：“两贵不相事，两贱不相使。”“多贤不可以多君，无贤不可以无君。”《管子·霸言》亦云：“使天下两天子，天下不可理也。”作为儒家的孟子在其著作《孟子·万章上》中也提出：“天无二日，民无二王。”这一点大家几无异议。而关于君主的专制、独裁，在先秦诸子中并无更深刻的论述。

《商君书》在论述这种君主权力的政治文化倾向时提出了新的看法:“国之所以治者三:一曰法,二曰信,三曰权。法者,君臣之所共操也;信者,君臣之所共立也;权者君之所独制也。……权制独断于君则威。”(《商君书·修权》)这里是说,治理国家有三个维度,即法、信、权。其中唯有权是君主一人独掌的,权力的实现则要靠法和信,所谓“民信其赏,则事功成;信其刑,则奸无端”(《商君书·修权》)。老百姓相信君主的赏赐,那么事情就容易成功;相信君主的惩罚,那么违法的事就不会无端发生。《商君书·壹言》也说:“夫民之不治者,君道卑也;法之不明者,君长乱也。故明君不道卑、不长乱也。秉权而立,垂法而治,以得奸于上,而官无不;赏罚断,而器用有度。若此,则国制明而民力竭,上爵尊而伦徒举。”民众没有治理好,是因为君主治理手段卑下,明君当秉权而立,依法而治,国君的权力才会被尊重。当然,这只是一个方面,秉权而立,在封建制全面崩溃的形势下,君主要实现其对整个社会的控制和支配,更多的则是要依赖至上而下建立的官僚体制。这是集权最得力的形式。

战国时代是中央集权君主专制逐步产生、发展并日益成熟的时代。商鞅变法改革最大的成就是促成了这一过程的完成。

西周时期的国家政治体制是典型的封建制,西周时,周天子号称天下的共主,《诗·小雅·北山》有“普天之下,莫非王土;率土之滨,莫非王臣”的说法,但到春秋时期情况发生了很大的变化:一方面,由于血缘关系的日渐松弛,诸侯与王室的离心力越来越大,僭礼越制,导致礼崩乐坏,周天子的崇高地位一落千丈,天下分崩离析,周天子再也无力控制国家的政治局面;另一方面,为了争夺资源、人口和土地,各诸侯之间开始了长期无休止的战争,如果说最初的战争仅仅是为了争当霸主的话,到后来则进一步地演变为实现统一的兼并战争。寻求建立新的天下统治秩序,已成为当时一些强大诸侯国的愿望。

在新的欲望的驱使下,一些强大的诸侯国不断侵略、兼并那些弱小国家,据《左传》记载,春秋初尚有 140 多个国家,但到战国就只剩下齐、楚、燕、韩、赵、魏、秦七个大的国家了。这些国家之间的兼并战争规模愈来愈大,战争的消耗愈来愈高,战争要求各国必须大力增加国家的赋税收入、兵员投入,要求高规格、高智慧的军事人才进入领导岗位,要求建立高效率、高智能、高速运转的行政管理系统。而这一切,只有把国家的行政权力集中起来才可能办到,前述先秦诸子对国君权力的集中专制要求就说明了这一点。

如何实现中央权力集中、实现君主专制，在理论上儒、法两家讨论最多，上文我们简单举例已有说明，而真正推动中央集权君主专制在政治实践中发展并走向成熟的是战国时代各国的改革变法。在这些改革变法中，秦国尤为彻底，所以结果最为成功。

商鞅变法改革，废井田，以军功授田，宗室子弟无军功不得列入属籍，从根本上打破了封建贵族对国家政权的垄断，使土地所有权高度集中在国家也就是国君手中。新占领地区因封建制的根除，土地不再分封给个人，国君通过新的地方行政制度——郡县制对地方进行控制和管理，郡县长官直接对国君负责，一个从中央到地方的垂直官僚系统开始建立。在这一系统中，国君是最高领导和权力核心，国君之下秦国在商鞅时代设有大庶长、大良造，他们直接对国君负责。惠文王时，秦国在广泛吸收东方各国文化的基础上，于国君之下设相。"公元前328年（秦惠文王十年）任张仪为相（《史记·秦本纪》），这是秦国第一个相。至秦武王时，又分设左、右相，以樗里疾为左丞相，甘茂为右丞相。不过在这以后秦相有时也不分左右，至秦昭襄王时代，穰侯魏冉又称相国。从此君下置相乃成秦国定制。"[①]秦设置丞相在考古资料中也多有反映，秦武王二年（前309）更修田律木牍有丞相（戊）茂[②]，2010年秦昭襄王墓盗掘出土的八年相邦薛君漆豆上有"八年丞相殳"铭文[③]。丞相上承天子，助理万机。秦在统一前即设有主持全国军事的最高长官国尉[④]，《史记正义》："言太尉。"国尉见于《商君书·境内》，秦出土文献有"太尉之印""太尉府襄"印。[⑤]商鞅变法，秦国在中央设有御史，《商君书·境内》有"将军为木台，与国正监、与王御史参望之"。同书《定分》言："天子置三法官：殿中置一法官，御史置一法官及吏，丞相置一法官。""御史"也屡见于秦出土文献，天水放马滩秦简《墓主记》有"邸丞赤敢谒御史"，睡虎地秦简中约秦昭襄王五十一年（前256）至秦始皇三十年（前217）间的《秦律十八种·传食律》有"御史卒人使者"传食的各项规定。

在传世文献和出土文献中，我们看到，战国时代的秦国在中央还设置有以下

---

① 林剑鸣：《秦史稿》，上海：上海人民出版社，1981年，第217页。

② 王辉：《秦出土文献编年》，台北：新文丰出版公司，2000年，第61页。

③ 王辉、尹夏清、王宏：《八年相邦薛君、丞相殳漆豆考》，《考古与文物》2011年第2期。

④ 《史记》卷七十三《白起王翦列传》，北京：中华书局标点本，1959年，第2331页。

⑤ 王伟：《秦玺印封泥职官地理研究》，北京：中国社会科学出版社，2014年，第90页。

官职：

奉常,《汉书·百官公卿表》:“奉常,秦官,掌宗庙礼仪,有丞。”秦出土封泥有“奉常丞印”(《秦封泥集》110 页)。

郎中令,《汉书·百官公卿表》:“郎中令,秦官,掌宫殿掖门户,有丞。”出土秦封泥有“郎中丞印”(《西安相家巷遗址秦封泥的发掘》T2:68)。

内史,《汉书·百官公卿表》:“治粟内史,秦官,掌谷货,有两丞。”秦出土文献未见“治粟内史”,“内史”却多见。睡虎地秦墓竹简有《内史杂》,是关于内史职务的各种规定。《秦律十八种·效》有“至计而上廥籍内史”,《秦律十八种·仓律》有“入禾稼、刍稿,辄为廥籍,上内史”。

少府,《汉书·百官公卿表》:“少府,秦官,掌山海池泽之税,以给供养,有六丞。”秦出土文献有“少府”“少府丞”等印(《新出陶文封泥选编》)。

卫尉,《汉书·百官公卿表》:“卫尉,秦官,掌宫门屯卫兵,有丞。”秦出土文献有“卫尉之印”(《秦封泥集》116 页)。

廷尉,《汉书·百官公卿表》:“廷尉,秦官,掌刑辟,有正、左右监,秩皆千石。”秦出土文献有“廷尉之印”(《秦封泥汇考》47 页、《新出封泥汇编》0881－0884 号、《秦封泥集》121 页)。

宗正,《汉书·百官公卿表》:“宗正,秦官,掌亲属,有丞。”秦出土文献有“宗正”印(《秦封泥集》123 页、《秦封泥汇考》57 页、《新出陶文封泥选编》25 页)。

以上情况表明,在商鞅变法改革到秦始皇统一前,秦王朝所设立的三公九卿官僚机构大部分已经建立或逐步建立,有些机构虽然名称不同,但其相关职能是相同的。如秦出土文献中没有“治粟内史”,却有“内史”,从睡虎地秦墓竹简《秦律十八种·内史杂》来看,两者在职能上多有重复之处,说明两者职务相同而前后使用了不同的名称。秦传统文献不见“典客”一职,但在秦出土文献中有与其职务相同的“大行”或“泰行”出现。秦出土文献中不见“太仆”一职,但有众多的由中央或地方政府所管理的应属太仆的“厩”,其所辖关系亦不是十分明确。可见在权力的具体行使上,战国时代秦国中央政权的各个机构有时还有界限不明或权力交叉之处,这些情况表明,在商鞅变法改革之后至秦始皇统一之前,秦国的中央集权官僚制度尚在形成中,还没有完全发育成熟,但已经为此后的中央集权官僚制度奠定了基础。这是一种新型的官僚制度。这种制度不仅为统一后的秦王朝所沿袭,而且成为此后两千年中国传统政治文化之模式。

从全局观念来看，这种新的官僚制度的产生是由以下条件促成的：首先是自西周春秋以来，由于封建制度的解体，知识下移，士阶层崛起，他们开始以自己的知识干预政治、影响政权，来顺应兼并战争走向集权政治的发展趋势，从而使西周春秋以来的政治文化发展发生了新的走向，即朝着中央集权君主专制方向发展。其次是各个国家为了实现富国强兵，广泛地吸纳各类人才为自己服务，在这个历史时期，“求贤”“任能”、不拘一格用人成为最时髦的社会潮流，从而使人才的流动成为这个时代最重要的一大特点。三是变法改革为官僚制度的建立提供了体制上的保证。这些都给予世卿世禄制以釜底抽薪式的毁灭性打击，促使这种新的集权式的官僚制度得以产生。

这种新型官僚制度与此前的封建制相比较，有显著不同的特点：一是官吏的任免权掌握在国君手中。如商鞅四说秦孝公得到信任，秦孝公“以卫鞅为左庶长，卒定变法之令”（《史记·商君列传》）。《史记·张仪列传》记秦惠文王“终相张仪”，《史记·樗里子甘茂列传》记“秦惠王卒，太子武王立，逐张仪、魏章，而以樗里子、甘茂为左右丞相”。张仪及魏章的被逐，樗里子及甘茂的被任命，都由国君来决定，正说明了这一点。二是文武分职、官吏分层的出现。在国君之下有负责一国行政的丞相和负责一国军事的国尉（太尉）。在秦国，最初文、武是不分职的，如商鞅、张仪、樗里疾、甘茂在为相期间都曾多次带兵打仗，出将入相非常平常。秦国的官吏分层在出土文献中反映得比较清楚，见于秦封泥的如郎中令，其属官有郎中丞、大夫、郎、谒者；宗正，其属官有内官、内官丞等。[①] 将、相分离和官吏分层是君主集权的重要手段，它防止了重臣左右和危害政权。三是建立对官吏的考核制度，官吏的升迁任免由考核的结果来决定。秦国在商鞅变法改革时即逐步建立起对官吏的培养和考核制度，《商君书·定分》提出“置主法之吏，以为天下师”，秦代国家设有专门培养官吏的“学室”，培养为吏的各种能力，睡虎地秦墓竹简《秦律十八种·内史杂》有“非史子殹，毋敢学学室”，可见秦代国家对官吏的培养是十分重视的。官吏的专业技能及为政情况每年都要进行考核，后世以每年的“上计”对各级官吏进行考核，在秦代已经出现。《商君书·禁使》有“夫吏专制决事于千里之外，十二月而计书以定，事以一岁别计，而

---

① 王伟：《秦玺印封泥职官地理研究》，北京：中国社会科学出版社，2014 年，第 121、141 页。

主以一听”，睡虎地秦墓竹简《秦律十八种·仓律》云“县上食者籍及它费大(太)仓，与计偕”“稻后禾孰(熟)，计稻后年”，《秦律十八种·司空》云“官作居赀赎责(债)而远其计所官，尽八月各以其作日及衣数告其计所官，毋过九月而觱(毕)到其官；官相紤(近)者，尽九月而告其计气密 ，计之其作年”，说的都是上计之事。秦代国家对上计非常重视，地方官吏要将辖区内每年土地开垦、人户增减、钱粮出入、治安情况写成计簿，年终时上报朝廷，朝廷以此为据决定对官吏的升降黜陟。秦国对官吏考核的上计的具体内容我们现在虽难以全面了解，但汉承秦制，尹湾汉墓出土的汉代简牍为我们提供了汉代上计的文本及内容①，足以作为参考。上计制度为秦国政府对官员的考核提供了一定的依据，但并不是考核的全部内容，其中还应有对官员个人贤能等的考核。四是实行新的俸禄制以取代食邑的世袭制。各级官吏根据不同的级别，从政府手中领取不同等差的俸禄，秦代国家以石、斗为单位给官员发放俸禄。俸禄制的实行，在君主和各级官僚之间形成了如《韩非子·外储说右下》所说的“主卖官爵，臣卖智力”的交换关系，从而把对官吏选择、任用的主动权牢牢地掌握在君主手中。

商鞅变法，在秦国建立起系统的官僚制度，使君主的权力触角可以深入到任何一个地方，实现其对整个社会的控制。对这种官僚制的意义，阎步克先生曾论述说：“官僚式的控制可以直达社会基层，并使巨大人力物力的调动及其滥用成为可能，事变紧迫性的压力、决策应时性的要求，也因社会分化而大大增加了。在这种情况下，君主个人意志固然仍要承受‘局势’的制约，但其自由行使已经获得了更大的制度化空间，《汉书·文帝纪》‘天下治乱，在予一人’，《新书·保傅》‘天下之命，县于天子’都反映了古人对君主个人意志关乎‘天下治乱’的深切感受。”②

上述事实揭示了中央集权君主专制形成的轨迹，这些在《商君书》及秦出土文献中都有集中的体现。秦国官僚机构从建立之日起，就实行了严格的制度管理，《商君书·垦令》：“无宿治，则邪官不及为私利于民，而百官之情不相稽。”即不允许官吏拖延政务，因此也就防止了官员谋取私利、相互之间拖延政务的可

① 高恒：《汉代上计制度考论——兼评尹湾汉墓木牍〈集簿〉》，连云港市博物馆、中国文物研究所编：《尹湾汉墓简牍综论》，北京：科学出版社，1999年，第128页。

② 阎步克：《士大夫政治演生史稿》，北京：北京大学出版社，1996年，第242页。

能。“上壹则信,信则官不敢为邪。”君上(国家)有统一的政策,官吏就不敢谋求私利、胡作非为了。《商君书·垦令》还说:“百县之治一形,则徙迁者不饰,代者不敢更其制,过而废者不能匿其举。过举不匿,则官无邪人,迁者不饰,代者不更,则官属少而民不劳。”是说各县的政令、施政方针必须一致,那么卸职离任的官员就无从美化自己的政绩,替任的官吏不敢更改已有的制度,有过错被罢免的官吏也就不能掩盖自己的错误。错误不隐藏,迁官者不粉饰自己,替代者不随便更改原有制度,做到这些,那么官府的属员就会减少,老百姓的负担就不会太重。《商君书·修权》说:“权者,君之所独制也。”“权制独断于君则威。”强调君主对权力的独自控制,只有独自控制权力才会有威信。对官吏实行严格的制度管理,实际上就是要保证所有的权力集中于君主一身。

在秦简中,也有许多法律条文与《商君书》中上述观点契合 。睡虎地秦简《秦律十八种·行书》:“行命书及书署急者,辄行之;不急者,日觱(毕),勿敢留,留者以律论之。” 这与上述“无宿治”的精神完全一致。在秦国因犯法而被废掉的官吏是不允许重新任用的,《商君书》称这类官吏为“过而废者”,睡虎地秦简《秦律杂抄》有“任法(废)官者为吏,赀二甲”的规定,正是对《商君书》此条规定的最好注解。

在秦从商鞅变法到秦始皇统一时期的出土文献中,我们可以看到大量有关秦代国家中央集权、君主专制官僚制度建设的法律规定,大到对官吏爵位的授予与迁免、君命和政府文书的传递、在各种行政事务中对官吏的考核,小到官吏出差的传食、版书材料的选择,都有十分严格细致的规定。这些规定保证了君主对整个国家和社会的专制控制和自由支配,同时也体现出商鞅作为中央集权君主专制制度创设者的角色。

垂法而治,是《商君书》重要的政治文化特色。法是什么,垂法而治的具体内容如何,其时代又有什么特点,这些都是研究秦政治文化应当特别关注的。

法指法规、法制。“法制是规范国家活动的各种法律、法规的总称。法律、法规则是依照立法程序制定和公布,并由国家用强制力保证其执行的行为规范。”[①]在中国古代,法建立的政治原则主要就是维护以等级制为特征的君主制。

---

① 刘泽华主编:《中国政治思想通史·综论卷》,北京:中国人民大学出版社,2014 年,第 379 页。

由此原则出发,中国古代的思想家认为,立法是君主独有的、不容许任何人染指的权力。《商君书·开塞》讲,圣人即君主"立禁"(即立法),臣、民守法、从法,这样"土地、货财、男女"既有分,也有制,社会秩序井然而不乱。立法、司法的权力归于君主,这就必然导致君主的权力凌驾于国家的法律之上。

具体到秦国的立法,汉代刘安曾在《淮南子·要略》中讲到:"秦国之俗,贪狼强力,寡义而趋利;可威以刑,而不可化以善;可劝以赏,而不可厉以名。被险而带河,四塞以为固;地利形便,蓄积殷富。孝公欲以虎狼之势,而吞诸侯,故商鞅之法生焉。"刘安大概看到秦法的严峻酷烈,故将秦国商鞅的立法归之于秦国的习俗和山河形势,这种看法显然有失偏颇。

关于立法 ,《商君书》认为,一,立法的目的是为了保证国家社会秩序稳定。《商君书·修权》说:"世之为治者,多释法而任私议,此国之所以乱也。先王悬权衡,立尺寸,而至今法之,其分明也。夫释权衡而断轻重,废尺寸而意长短,虽察,商贾不用,为其不必也。故法者,国之权衡也,夫倍法度而任私议,皆不知类者也。"这里虽然是批评那些信从私议而抛弃法度的人,但它更多的是强调立法的目的和重要性,是说法体现了一种公信力,是维护社会公平正义、维护国家安全、君主权威的根本。所以《商君书·修权》又说:"君臣释法任私,必乱;故立法明分,而不以私害法,则治。"这里再次强调国家如果没有法,就必定会陷天下于大乱,只有立法分明,社会秩序才能稳定,国家才会大治。

二是,立法当与时共进。也就是说,立法应当遵从时代发展的需要。时代是随着社会经济、政治和文化的发展而变化的,因此也就没有一成不变之法。《商君书·壹言》指出:"故圣人之为国也,不法古,不修今,因世而为之治,度俗而为之法。故法不察民之情而立之,则不成;治宜于时而行之,则不干。故圣王之治也,慎法、察务,归心于壹而已矣。"《商君书·开塞》中说:"古之民朴以厚,今之民巧以伪。"作为治世之道的法,是历史变迁的产物,是历史发展到一定阶段的必然结果,应时变法、以时定制,是合乎历史发展规律的。《商君书》以发展的眼光来看待立法的变迁,是与时俱进的,是有积极进步意义的。

三是法、礼兼容的原则。在先秦时代,礼作为一种普遍的社会规范,可以说是无所不包,礼与法既有区别又联系紧密,甚至是你中有我、我中有你,所以礼、法常常连称,二者都是维护政治统治的工具。商鞅变法改革的试验区是在秦地,这里是周礼文化影响最为深远的地方,商鞅变法改革虽以法家思想为主导,但并不排斥礼的作用。礼之作用在于维护尊卑等级,所以特重名分。《左传·宣公十二年》记晋国士会有一段话说:"其君之举也,内姓选于亲,外姓选于旧,举不失德,赏不失劳,老有加惠,旅有施舍,君子小人,物有服章,贵有常尊,贱有等威,礼不逆矣。"此处是说礼的核心就在于"分",这是礼的主导思想。《商君书》对"分"也十分强调,《商君书·定分》列举了早期法家代表人物慎到曾经讲过的一个故事来对"分"做说明:"一兔走,百人逐之,非以兔为可分以为百,由名分之未定也。夫卖兔者满市,而盗不敢取,由名分已定也。故名分未定,尧、舜、禹、汤且皆如鹜而逐之;名分已定,贪盗不取。"可见"分"很重要。因为"分"之重要,所以《商君书·修权》认为:"故立法明分,而不以私害法,则治。"把立法明分看作国家达到大治的根本。

四是立法要合乎人情,顺应人心。因人情而立法,这是商鞅等法家人物立法的一个重要原则,《慎子·逸文》就曾经讲到:"法非从天下,非从地出,发乎人间合乎人情而已。"而法家所认为的人情只是一个"利"字,《商君书·算地》说:"民之生(性),度而取长,称而取重,权而索利。"《商君书·赏刑》说:"民之欲富贵也,共阖棺而后止。"都是说人性好利。法因民情而立,将立法的基础建筑在人情(性)上自然没错,法不顺应民心则失去了立法的社会基础,但把人情(性)仅仅理解为好利显然也是片面的。而且商鞅立法的最终目的是为了实现君主的集权专制,把立法与民情的好利联系起来,正是为了利用民性好利的特点,而为君主所用。

五是强调立法的公正性。《商君书》中一再强调立法的公正性,《商君书·赏刑》竭力宣扬:"所谓壹刑者,刑无等级,自卿相、将军以至大夫、庶人,有不从王令、犯国禁、乱上制者,罪死不赦。有功于前,有败于后,不为损刑。有善于前,有过于后,不为亏法。"《史记·商君列传》裴骃《集解》引刘向《新序》亦说:商鞅治秦"法令必行,内不私贵宠,外不偏疏远。是以令行而禁止,法出而奸息"。这些貌似公正的说法,实际上都是围绕着"王"的利益而展开的,是以从不从"王令"为界限的。立法既以王之利益为中心,王权往往就会凌驾于法律之上,王的意志往往便成了法律,这哪里有公正性可言?所以所谓的公平、公正,只是局限在一定的范围内而言的。

六是规范君臣、缘法而治。《商君书》对于君、臣、民三者在立法、司法中所处的地位,有明确的规定,即"有生法、有守法、有法于法"(《管子·任法》)者,生法者是君主，守法者是臣子，老百姓则是被法统治者。《商君书·修权》在讲到立法时，明确强调"法者，君臣之所共操也"，即认为立法是君臣共同掌握的。在这里君、臣关系似乎是平等的，其实不然，在这里臣只不过是君主手中的工具而已，因为在同篇中他还强调立法之权"君之所独制也"，即最终的决定权还是由君主掌握的。《商君书·赏刑》主张立法的统一："圣人之为国也，壹赏、壹刑、壹教。壹赏，则兵无敌，壹刑，则令行，壹教，则下听上。"立法统一了，军队就会无敌于天下，君主的命令就会畅通无阻，老百姓就会服从管教。在《商君书·算地》中，他要求君主"审权以操柄，审数以使民"，同时要注意统一政策，使上下均衡。他指出："故君子操权一正以立术，立官贵爵以称之，论劳举功以任之。则是上下之称平。上下之称平，则臣得尽其力，而主得专其柄。"如果有法不依或执法不严，就会造成不良后果，所以君主应采取赏禁、刑劝的手段来规范民众。"今有主而无法，其害与无主同；有法不胜其乱，与无法同。天下不安无君，而乐胜其法，则举世以为惑也。夫利天下之民者莫大于治，而治莫康于立君。立君之道莫广于胜法，胜法之务莫急于去奸，去奸之本莫深于严刑。"（《商君书·开塞》）任法必须去私，这是《商君书》倡导的一条重要原则，《商君书·修权》指出："凡人臣之事君也，多以主所好事君。君好法，则臣以法事君；君好言，则臣以言事君。君好法，则端直之士在前；君好言，则毁誉之臣在侧。公私之分明，则小人不疾贤，而不肖者不妒功。故尧、舜之位天下也，非私天下之利也，为天下位天下也。"大凡臣子奉事君主，多投其所好，这一点君主一定要有所警觉，公私分明，小人就不会嫉妒贤才，不肖者也不会妨害功臣。正因为如此，君主必须要带头守法，要慎重守法，要任德而不单纯任力。"凡明君之治也，任其德不任其力，是以不忧不劳，而功可立也。度数已立而法可修，故人君者不可不慎己也。"（《商君书·错法》）立法的尺度建立起来，法令才可以执行，所以君主一定要谨慎行事。对于君主来说，立法为公、赏罚不以一己之喜怒而行是最为重要的，《商君书·君臣》说："明王之治天下也，缘法而治，按功而赏。凡民之所疾战不避死者，以求爵禄也。明君之治国也，士有斩首、捕虏之功，必其爵足荣也，禄足食也。农不离廛者，足以养二亲，治军事。故军士死节，而农民不偷也。今世君不然，释法而以知，背功而以誉。故军士不战而农民流徙。臣闻：道民之门在上所先。故民，可令农战，可令游宦，可令学问，在上所与。"这里强调的是君主治理天下必须依法行事，按功而赏，绝不能弃法背功，任意而为。引导老百姓走正道，关键在于君主的倡导,可以让他们务农耕战,可以让他们游宦求官,可以让他们做学问,关键在君主给予他们什么作为奖赏。这是对君主个人行为的规范。商鞅深知在集权制度下,君主个人意志常常在关键时候起决定作用,所以要求君主当慎重守法,莫以个人的好恶取代法的地位。

七是赏刑与轻罪重罚。《商君书》把赏刑作为一种统治手段,并主张治理国家要统一赏刑。这里的赏刑完全是出于战争的需要,是为战争服务的。《商君书·赏刑》说:“所谓壹赏者,利禄官爵抟出于兵,无有异施也。……所谓壹刑者,刑无等级。”是说利禄官爵作为奖赏,只能通过战争中的功绩获得,而不会有其他途径。所谓统一刑罚,是指刑罚没有等级差别。刑罚的公平是不可能的,此点如上述。《商君书》又主张以刑去刑,有针对性地使用赏刑,《商君书·说民》谓:“民勇,则赏之以其所欲;民怯,则杀之以其所恶。故怯民使之以刑,则勇;勇民使之以赏,则死。怯民勇,勇民死,国无敌者,必王。”正确地使用刑赏,就可以使胆小的民众变得勇敢,使勇敢的民众能拼死为国家尽力,国家就一定能称霸称王。《商君书·赏刑》借助古代圣王的事迹,描绘出刑赏实行的最高境界。“昔汤封于赞茅,文王封于岐周,方百里。汤与桀战于鸣条之野,武王与纣战于牧野之中,大破九军,卒裂土封诸侯。士卒坐陈者,里有书社。车休息不乘,从马华山之阳,从牛于农泽,从之老而不收。此汤、武之赏也。故曰:赞茅、岐周之粟,以赏天下之人,不人得一升;以其钱赏天下之人,不人得一钱。故曰:百里之君而封侯其臣,大其旧;自士卒坐陈者,里有书社。赏之所加,宽于牛马者,何也? 善因天下之货,以赏天下之人。故曰:明赏不费。”在同篇中还论述了关于用刑的典范:“晋文公将欲明刑以亲百姓,于是合诸卿大夫于侍千宫,颠颉后至,吏请其罪,君曰:‘用事焉。’吏遂断颠颉之脊以殉。晋国之士,稽焉皆惧,曰:‘颠颉之有宠也,断以殉,况于我乎!’举兵伐曹、五鹿,又反郑之埤,东卫之亩,胜荆人于城濮。三军之士,止之如斩足,行之如流水。三军之士,无敢犯禁者。故一假道重轻于颠颉之脊,而晋国治。”以上两则故事从不同的角度论述了正确使用刑赏就会获得最好的结果。当然,必须是在遵循统一法令的前提下,统一刑赏才能做到。

《商君书》主张轻罪重罚。《商君书·画策》说:“国之乱也,非其法乱也,非法不用也。国皆有法,而无使法必行之法。国皆有禁奸邪刑盗贼之法,而无使奸邪盗贼必得之法。为奸邪盗贼者死刑,而奸邪盗贼不止者,不必得也。必得,而尚有奸邪盗贼者,刑轻也。刑轻者,不得诛也。必得者,刑者众也。故善治者,刑不善,而不赏善,故不刑而民善。不刑而民善,刑重也。刑重者,民不敢犯,故无刑也。而民莫敢为非,是一国皆善也。"国家治理混乱,不是因为法的混乱或对法弃而不用,而主要是因为对犯罪者处罚太轻。所以善于治理国家的人,只处罚不善者,而不用奖赏那些守法的人,这样不用刑罚老百姓也从善,因为刑罚重,刑罚重,老百姓就不敢触犯刑法。《商君书》还认为,轻罪重罚就可以使人不敢轻易犯罪,《商君书·说民》谓:"故行刑重其轻者,轻者不生,则重者无从至矣,此谓治之于其治也。"对老百姓犯轻罪而处以重的刑罚,这样轻微的犯罪就不会发生,重的犯罪就更不会出现。对于犯罪,《商君书》主张要防患于未然,所谓"刑加于罪所终,则奸不去;赏施与民所义,则过不止。刑不能去奸而赏不能止过者,必乱。故王者刑用于将过,则大邪不生;赏施与告奸,则细过不失,则国治"(《商君书·开塞》)。对犯罪,只要有苗头出现,就要使用刑罚,这样大的邪恶就不会发生,小的犯罪也不会放过,国家就得到治理了。轻罪重罚,刑用于将过,其目的都在于压制人民,使其不敢犯罪,不敢反抗统治,既然不敢犯罪,当然也就用不上刑法了,《商君书·靳令》称之为"以刑去刑"。《商君书·画策》认为这样做就能达到"不刑而民善,刑重也。刑重者,民不敢犯,故无刑也,而民莫敢为非,是一国皆善也"的目的,《商君书》的这个想法似乎不错,但在现实中是完全行不通的。法是建立在阶级对立的基础之上的,只要有阶级,就会有阶级斗争,就会有被压迫者的反抗,无论哪个阶级专政,它都需要一套刑法来镇压反抗者、维护自己的统治。只要阶级不消灭,刑法就必然会存在。因此,"以刑去刑"只能是一种空想。

八是实行弱民之道。《商君书》有《弱民》篇,专讲弱民之道。作者认为,民弱则国强,民强则国弱,所以治理国家就要致力于使民变弱。《弱民》开篇即讲:"民弱国强,民强国弱。故有国之道务在弱民。"至于如何弱民,《商君书·弱民》认为"政作民之所恶,民弱",即政策推行人民所厌恶的东西,人民就弱,例如"民贫则力富,力富则淫,淫则有虱。故民富而不用,则使民以食出官爵,官爵必以其力,则农不偷。农不偷,六虱无萌。故国富而贫治,重强"。老百姓贫穷了,就会努力去致富,但富裕了又会放纵,会产生祸害,因而老百姓富了,就让他们用粮食换取官爵,爵位的取得需要实力,那样他们就不敢懈怠。即始终让他们在贫富之间循环往复,老百姓就弱,这样国家才能富强。弱民的另一措施就是实行愚民政策,"使民无得擅徙,则诛愚","无以外权任爵与官,则民不贵学问,又不贱农。

民不贵学则愚，愚则无外交，无外交，则国安而不殆”，“农民无所闻变方，则知农无从离其故事，而愚农不知，不好学问，愚农不知，不好学问，则务疾农”（《商君书·垦令》）。《商君书》的作者认为，农民不迁徙、不贵学问、不广闻多见就会变得愚昧迟钝，就会一心去务农了，愚民的最终目的就是要把农民的精力全部集中到耕战上去。

九是鼓吹建立新的道德礼义观念。在《商君书》中，商鞅引用曾经辅佐晋文公变法的郭偃的话“论至德者不和于俗，成大功者不谋于众”，为变法鸣锣开道，鲜明地提出自己的观点：“是以圣人苟可以强国，不法其故；苟可以利民，不循其礼。”不法其故、不循其礼是对旧世界的破坏，是对西周以来的社会道德的否定。那么商鞅要建立的新道德又是什么？商鞅否定旧的传统是因为旧传统已不适应新的社会变化，成为新生产力发展的障碍，特别是儒家所提倡的仁义道德和战国时代的价值观、道德观、历史观已发生了激烈的冲突，变法首先要突破的就是旧观念的束缚。儒家的创始者孔子生活在一个礼崩乐坏的时代，在今天的我们看来，这是一个剧烈的社会转型的时期。社会失范引起众多思想家思考，《盐铁论·论儒》描述：“天下不平，庶国不宁，明王之忧也。上无天子，下无方伯，天下烦乱，贤圣之忧也。是以尧忧洪水，伊尹忧民，管仲束缚，孔子周流，忧百姓之祸而欲安其危也。”如何使社会安定、人民安居乐业，孔子提出以“仁”为核心的价值准则和以“礼”为核心的秩序规范，欲恢复西周时代那个理想的社会秩序。孔子的“仁”，其核心价值是追求人的内在修养的最高境界；孔子的“礼”，追求的是最为和谐的社会秩序。但当社会发展到商鞅时代，孔子追求的仁和礼，已与当下的社会实际相去甚远，国与国之间激烈的兼并战争、各国国内政治秩序的维护，已成为摆在政治家、思想家面前必须予以回答的重大问题。

《商君书》认为新道德建立的基点是农战，所以凡是对农战造成危害的思想和观念都在反对之列，例如儒家的礼乐仁义等就被视为危害国家的“六虱”。《商君书·靳令》说：“六虱：曰礼乐，曰《诗》《书》，曰修善，曰孝悌，曰诚信，曰贞廉，曰仁义，曰非兵，曰羞战。国有十二者，上无使农战，必贫至削。”国家有这六种虱害，东西民众就无法从事耕战，国家就会贫穷乃至被削弱。这体现出《商君书》对儒家传统道德的极端蔑视。与儒家认为道德来自内心的修养不同，《商君书》认为道德源自力，即个人或国家的实力，换句话说，有力就有德。《商君书·靳令》说：“圣君知物之要，故其治民有至要，故执赏罚以辅壹教。仁者，心之续也。圣君之治人也,必得其心,故能用其力。力生强,强生威,威生德,德生于力。圣君独有之,故能述仁义于天下。”认为得人心才能得其力,而德产生于实力。只有圣君明白这个道理,所以能施仁义于天下。德产生于实力,是战国社会现实在政治文化上的反映,自有一定的道理。正因为德产生于实力,或者说道德就是实力,“故凡明君之治也,任其力不任其德,是以不忧不劳,而功可立也”(《商君书·错法》)。圣明的君主治理国家,对老百姓的任用主要是以其力,而不是私人恩德。将道德看作是力,这种思想认识已与传统对道德的定义相去甚远。

《商君书》的仁、义道德观与儒家迥然有别。《商君书·开塞》说:“吾所谓刑者,义之本也;而世所谓义者,暴之道也。”即认为刑是道义的根本,而世人所说的“义”实是暴乱的根源。《商君书·画策》指出:“故曰:仁者能仁于人,而不能使人仁;义者能爱于人,而不能使人爱。是以知仁义之不足以治天下也。圣人有必信之性,又有使天下不得不信之法。所谓义者为人臣忠,为人子孝,少长有礼,男女有别。非其义也,饿不苟死,死不苟生。此乃有法之常也。圣王者,不贵义而贵法。”是说仁爱之人能够对人仁爱,而不能使人仁爱;有道义的人能够爱别人,而不能使别人相爱。由此可以知道,靠仁义不能治理好天下。圣人具有让天下人信任的品德,又有让天下人不得不信任的办法。通常所说的“义”,是说做臣子的要对君主尽忠,做子女的要对父母孝顺,长幼之间要有礼节,男女之间要有区别。假若不合乎仁义,即使饥饿也不苟且吃饭,宁可死也不苟且偷生,这些都是有法的情况下的正常现象,因此,圣王不重视义而重视法。

《商君书·画策》的这段话说明,儒家的仁义并不能用于治理天下,治理天下的仁义必须在符合法的前提下才有用。

《商君书》虽然也讲道德、讲仁、讲礼义,却赋予道德仁义与儒家完全不同的内涵,这种新的道德是为法所规范并服务于法的。

用新的道德观念治理国家,《商君书》甚至认为治理社会应当使用“奸民”。《商君书·去强》说:“国以善民治奸民者,必乱至削;国以奸民治善民者,必治至强。”国家用善民来治理,就会发生动乱乃至被削弱;如果用奸民来治理,就一定会治理好而且变强大。这是什么原因?《商君书·说民》认为,原因在于“用善,则民亲其亲;任奸,则民亲其制。合而复者,善也;别而规者,奸也。章善则过匿,任奸则罪诛。过匿,则民胜法;罪诛,则法胜民。民胜法,国乱;法胜民,兵强。故曰:以良民治,必乱至削;以奸民治;必治至强”。按照《商君书》的说法,用善民,善民就只爱自己的亲人；用奸民，老百姓就会遵守国家的法制。用善民，老百姓就会合力相互掩盖过失；用奸民，老百姓就会疏远而相互监督。表彰好的，过失就会被掩盖；任用奸民，民众有罪过便会被惩罚。罪过被隐匿，老百姓就会凌驾于法律之上；罪过被惩罚，那么老百姓就会慑服于国家的法律。老百姓凌驾于法律之上，国家就会混乱；国家法律强大，老百姓慑服，国家的兵力就会强大。所以说，用善民治理国家，国家肯定混乱且被削弱；而以奸民来治，国家一定会治理好并变得强大。

《商君书》的这种观点，乍看起来似乎不合逻辑，亦与传统道德格格不入，但如果我们将其置于当时的具体历史环境去看，就会对这种在新的政治文化背景下形成的新的道德观念产生全新的认识：在《商君书》作者眼中，传统的、建立在血缘基础上的旧道德已失去了或正在失去对新时代、新的社会秩序的规范作用，为建立在小农经济基础上的人与人之间、国家与个人、国家与社会的新的关系所取代。

由经济基础变化所带来的社会结构变化，由此而产生的各类矛盾已非传统的道德规范所能解决。传统道德所依赖解决各类矛盾的社会规范已日渐失去其作用，汉代刘向曾在《战国策·叙录》中描述当时的情况说："周室自文武始兴，崇道德，隆礼义，设辟雍泮宫庠序之教，陈礼乐弦歌移风之化，叙人伦，正夫妇，天下莫不晓然，论孝悌之义，惇笃之行，故仁义之道满乎天下，卒致之刑错四十年。远方慕义，莫不宾服，雅颂歌咏，以思其德。……及春秋之后，道德大废，上下失序。至秦孝公捐礼让而贵战争，弃仁义而用诈谲，苟以取强而已矣。夫篡盗之人，列为侯王，诈谲之国，兴兵为强，是以转相放效，后生师之，遂相吞灭，并大兼小，暴师经岁，流血满野，父子不相亲，兄弟不相安，夫妇离散，莫保其命，湣然道德绝矣。"春秋与战国时代迥然不同的时代特点如此鲜明。其后顾炎武在《日知录》中进一步概括说："春秋时，犹尊礼重信，而七国则绝不言礼与信矣。春秋时，犹宗周王，而七国则绝不言王矣。春秋时，犹言祭祀，重聘享，而七国绝无其事矣。春秋时，犹沦宗姓氏族，而七国则无一言及之矣。春秋时，犹宴会赋诗，而七国则不闻矣。春秋时，犹有赴告策书，而七国则无有矣。邦无定交，士无定主；此皆变于一百三十三年之间，史之阙文，而后人可以推者也，不待始皇一并天下，而文武之道尽矣。"不管是刘向还是顾炎武，他们所看到的只是春秋和战国两个时代所发生变化的表面现象，并没有深究发生这种变化的更深层次原因及其对新道德产生的意义。其实正是这种变化,催生了新的道德伦理观念。

《商君书》所说的“善民”与“奸民”,并非传统意义上的“好官、好人”与“坏官、坏人”。很显然,“善民”与“奸民”是新旧道德的代表,代表了两种不同形式的统治思想。“善民”是基于血缘亲情的传统道德,而“奸民”则是基于法律规范的新道德。《商君书》认为,如果按照儒家传统的亲亲相隐原则,就不会有人向政府告奸,即“用善则民亲其亲”“章善则过匿”,其结果如《商君书·弱民》所说:“上舍法,任民之善,故奸多。”没有法的规范,让人们为所欲为,奸邪就多了。在《商君书》作者看来,以法为准则的道德才是合乎要求的新道德。《商君书》中大量地运用了仁义、道德之类的词汇,表面上与传统没有区别,但在本质上已完全不同,它所体现的正是《商君书》所倡导的新道德。这点正如有的专家所说的:“在总体倾向上,礼仪孝悌之类对于秦政,只能说是一层淡淡的粉饰而已;君权和法制,才是其政治赖以运作的主轴。并非凡是讲‘仁义’,就能与儒家所说的‘仁义’等量齐观。”①

十是任法去私,利出于一孔。《商君书》有极端分明的公私观念:所谓的“公”,主要指国家和君主。在法律观念上,《商君书》还认为,凡是法所规定的也都属于“公”的范畴。所谓的“私”,主要指私利、私义、私德、私赏、私议、私道、私勇等。在法律观念上,《商君书》认为,凡是与法相对立的都属于“私”的范畴。

任法去私,首要的是定名分。《商君书·定分》引慎到所讲百人逐兔故事说:“故名分未定,尧、舜、禹、汤且皆如鹜焉而逐之;名分已定,贪盗不取。”又说:“名分定,势治之道也;名分不定,势乱之道也。”名分既如此之重要,必然有一定之原则,那就是《商君书·修权》所说的“故立法名分,而不以私害法,则治”。把公和法放在首位是一个根本的原则,在《商君书·修权》中作者指出:“今乱世之君臣,区区然皆擅一国之利而管一官之重,以便其私,此国之所以危也。故公私之交,存亡之本也。”《商君书》的作者指出,当代那些乱世君臣,得意于自己能够独占一国之利和掌管官吏的大权,一味满足私欲,这是使国家陷于危机的原因,所以公私分明才是国家存亡的根本。

任法去私就是要依法治国,《商君书·去强》说:“以治法者强,以治政者削。”治法即法治,指不管君主、国家、社会还是个人,一切行为都必须以法来规

---

① 阎步克:《士大夫政治演生史稿》,北京:北京大学出版社,1996年,第253页。

范，一切都必须服从于法。“治政”在《商君书》中的用法等同于慎到的“身治”，亦即人治。法治与人治是两种截然不同的治国理念。法治，意在强调在法律面前的平等性，而人治则不然，因为人的地位、思想、立场、品质各有不同，所以对待事物，处理问题会有很大的随意性，会造成各种不公，这就是“私”。以私来治国，就会使国家变弱。因而《商君书·慎法》提出：“有明主忠臣产于今世，而能领其国者，不可以须臾忘于法。”说如果有明主、忠臣想要治理好他们的国家，不可片刻忘掉法治。任法去私是保证国家稳定的强大武器，《商君书·修权》认为：“夫废法度而好私议，则奸臣鬻权以约禄，职官之吏隐下而渔民。谚曰：‘蠹众而木析；隙大而墙坏。’故大臣争于私而不顾其民，则下离上。下离上者，国之隙也。职官之吏隐下以渔百姓，此民之蠹也。故有隙、蠹而不亡者，天下鲜矣。是故明王任法去私，而国无隙蠹矣。”即废除法度而好私议，那么奸臣就会卖官牟利，普通官吏就会隐瞒下情而鱼肉百姓。谚语说：“蛀虫多了大树就会折断，缝隙大了墙壁就会坍塌。”有蛀虫和缝隙而不灭亡的国家很少见。所以贤明的君主能执法而屏除私利，国家就不会有缝隙和蛀虫。正因为如此，《商君书》的作者提出，法一定要公布于众，要让每一个老百姓都了解国法，“使天下之吏民无不知法者”（《商君书·定分》）。因为人人知法，所以“吏不敢以非法遇民，民不敢犯法以干法官也”（《商君书·定分》）。因为人人懂法，所以不管是官吏还是百姓，他们都不敢以私来干法。

《商君书》提出任法去私的目的，是要把每一个人都罗致到国家的法网中，一断于法，同时也是为了打击和取消旧的封建贵族的法外特权，这在当时的历史条件下有一定的进步意义。但由于君主地位的特殊性，最终还是使君主专制得到了加强。

在《商君书》中，任法去私是耕战政策能得以顺利实施的保证，为此作者还提出了“利出一空（孔）”的概念。所谓“利出一孔”，就是用法律的手段堵绝人民一切谋利的途径，而只留出一条取利之道，那就是耕战。《商君书·靳令》说：“利出一空（孔）者其国无敌，利出二空（孔）者其国半利，利出十孔者其国不守。”《商君书·弱民》亦认为：“利出一孔，则国多物；出十孔，则国少物。守一者治，守十者乱。”强调耕战是为了富国强兵，但把致利的途径锁定为耕战一孔，难免会失之偏颇。为了打击一切不利于耕战的思想和民众，《商君书》的作者还采取了极端的手段，如禁绝礼、乐、诗、书的传布，限制商业、游说之士、技艺人才从业，将他们划归为所谓的“六虱”“八害”“十害”“十二害”等予以打击。这无疑不利于社会的发展。

（四）“归之于壹”的政治控制

《商君书》中有一套关于秦政治文化中的治国理念、治国实践和制度设计的话语系统。尽管有些东西尚处于认识的层面，但为以后的治国实践奠定了理论基础。“归之于壹”的社会控制理论便是其中之一。

商鞅变法的最终目的是富国强兵，农战是其最重要的手段，要实现这个目的，应用这个手段，如何使整个社会和全体人民参与其中，并对其进行有效的控制，《商君书》认为，只有把人民的思想和全部事务归之于壹，即归之于农战，才是最有效的。《商君书·壹言》说：“治法明，则官无邪；国务壹，则民应用；事本抟，则民喜农而乐战。”《商君书·农战》说：“善为国者，其教民也，皆作壹而得官爵。是故不作壹，不官无爵。国去言则民朴，民朴则不淫，民见上利之从一空出也，则作壹。作壹则民不偷营。民不偷营，则多力。多力，则国强。”《商君书》所说的“壹”，实际上就是对上层建筑、经济基础、国家政策所涵盖的各种内容进行统一。如在上层建筑意识形态领域，强调对言论、思想、法令的统一。《商君书·去强》强调：“国有礼、有乐、有《诗》、有善、有修、有孝、有弟、有廉、有辩。国有十者，上无使战，必削至亡；国无十者，上有使战，必兴至王。”这些儒家所提倡的东西，在《商君书》的作者看来都是会引起混乱且危害农战的东西，必欲除之而后快。

由此出发，《商君书》还提出了“壹赏”“壹刑”“壹教”等政治控制手段。

《商君书·赏刑》说：“圣人之为国也，壹赏，壹刑，壹教。壹赏，则兵无敌；壹刑，则令行；壹教，则下听上。夫明赏不费，明刑不戮，明教不变，而民知于民务，国无异俗。明赏之尤至于无赏也，明刑之尤至于无刑也，明教之尤至于无教也。”是说圣人治理国家，只要做到奖赏、刑罚、教化的统一，军队就会无敌于天下，君主的命令就会被执行，民众就会服从上级的政令。高明的治理不浪费财物，不滥用刑罚，不任意改变习俗，在赏、刑、教化方面就可以达到不用而胜用的境界。

什么是“壹赏”？《商君书·赏刑》说：“所谓壹赏者，利禄官爵抟出于兵，无有异施也。夫固知愚、贵贱、勇怯、贤不肖，皆尽其胸臆之知，竭其股肱之力，出死而为上用也。”所谓的统一奖赏，是指利禄官爵全都出自战争的功劳，没有任何别的途径。这样,不管什么人,都会用自己的智慧、竭尽全力为君主去效命。

所谓“壹刑”,《商君书·刑赏》谓:“壹刑者,刑无等级,自卿相、将军以至大夫、庶人,有不从王令、犯国禁、乱上制者,罪死不赦。有功于前,有败于后,不为损刑。有善于前,有过于后,不为亏法。忠臣孝子有过,必以其数断。守法守职之吏有不行王法者,罪死不赦,刑及三族。同官之人,知而讦其上者,自免于罪,无贵贱,尸袭其官长之官爵田禄。故曰:重刑,连其罪,则民不敢试。民不敢试,故无刑也。”壹刑是指统一刑罚,是说刑罚没有等级的区别,从卿相到庶人,不管是谁,只要不从君命、触犯国家禁令、破坏国家制度,都要处以死刑,绝不赦免。以前立过功、做过好事,但后来又失败犯错,也不会因前面的功劳而减轻刑罚。即使忠臣孝子犯罪,也要根据所犯罪行轻重来定罪之大小。各级官僚有不执行君王法令者,罪死不赦,而且株连其三族。能够向君主揭发同僚犯罪的,不仅免去揭发者的罪过,而且不论他地位高低,都可以承袭被揭发者的官爵、土地和俸禄。所以说,用重刑、连坐法,老百姓就不敢以身试法,老百姓不敢以身试法,也就等于没有刑罚了。

关于“壹教”,《商君书·刑赏》谓:“所谓壹教者,博闻、辩慧、信廉、礼乐、修行、群党、任誉、清浊,不可以富贵,不可以辟刑,不可独立私议以陈其上。”壹教指统一教化,虽然见闻广博、聪慧有辩才等,但不能因为这些而富贵,也不能因为这些而逃避刑罚,任何人都不能以独立的思想和议论而凌驾于国家法令之上。

《商君书》重视建立良好的社会风俗,将其作为政治控制的重要手段之一。秦人崛起于戎狄之中,其风俗沾染了浓厚的戎狄习气,这也是秦人长期为人卑视的原因。商鞅变法改革,其中一项重要的内容,就是从制度层面对秦人的风俗习惯进行改革。《史记·商君列传》曾提到:“始秦戎狄之教,父子无别,同室而居,今我更制其教,而为其男女有别。”即“令民父子兄弟同室内息者为禁”。在《商君书》中,对于秦人旧俗的改革,还包括对所谓“五民”及其恶习的禁绝。《商君书·垦令》提出:“重刑而连其罪,则褊急之民不讼,很刚之民不斗,怠惰之民不游,费资之民不作,巧谀恶心之民无变也。五民者不生于境内,则草必垦矣。”《商君书》的作者认为,对以上五种人及其行为应当实施重刑并连坐,这样他们就不敢争讼、私斗、游荡、挥霍,不敢在社会上行骗欺诈、胡作非为,荒地就可以得到开发了。这些和商鞅变法的精神是完全一致的。

从以上所述观点来看,《商君书》作者所提出的“归之于壹”的政治控制手段，其实质就是要建设一个强制性的社会秩序，在这个秩序架构中，人们的一切思想、言论、行动，都必须服从于农战这个前提，这也和前面所说的“利出一孔”完全一致，即把社会秩序完全纳入法治秩序之中。

前节我们论述了商鞅变法所提出的社会控制理论和社会实践，在《商君书》中，我们同样看到了告奸、连坐、刑及三族这些社会控制的手段，二者是完全一致的。

（五）整合与统一

发展生产、富国强兵、实现天下统一，是商鞅变法的最终目标，要实现这一宏大目标，就必须依靠全社会的努力，把全社会各阶层的思想行动整合在一起，这也成为秦政治文化的一个显著特点。

在社会经济的整合上，倡导以农战为中心，反对崇尚和从事其他职业。君主制定政策、设立制度，就是要让民众能“壹民务”，即从事农战。《商君书·壹言》说：“夫圣人之立法化俗，而使民朝夕从事于农也，不可不知也。夫民之从事死制也，以上之设荣名，置赏罚之明也，不用辩说私门而功立矣。”《商君书》提出这个观点，是因为在中国古代，农业是全部经济的命脉，是主干，是基础，国力的较量，实际上就是农业的较量。因此发展农业就成为重中之重，各国统治者无不如此。《商君书·农战》强调“治国作壹”，主张：“圣人知治国之要，故令民归心于农。归心于农，则民朴而可正也，纯纯则易使也，信可以守战也。壹，则少诈而重居；壹，则可以赏罚进也；壹，则可以外用也。夫民之亲上死制也，以其旦暮从事于农。”人心归农，则民纯朴正直，容易掌控，可以守战。而作壹，则民重居，可用赏罚鼓励其上进，可以用他们对外作战。老百姓亲附君主并能为其卖命，就是因为他们一天到晚都在从事农耕。

为了让老百姓全心全意地投入农业生产，《商君书》的作者认为，必须排除一切干扰老百姓从事农战的因素。所谓的王道，没有别的，就是专心从事耕战而已。《农战》篇说：“上作壹，故民不偷营，则国力抟。国力抟者强，国好言谈者削。故曰：农战之民千人，而有《诗》《书》辩慧者一人焉，千人者皆怠于农战矣。农战之民百人，而有技艺者一人焉，百人者皆怠于农战矣。国待农战而安，主待农战而尊。夫民之不农战也，上好言而官失常也。常官，则国治；壹务，则国富。国富而治，王之道也。故曰：王道非外，身作壹而已矣。”

为了整合经济,《商君书》的作者提出,凡是游谈不经、不务正业、有害于农战者,都要坚决予以屏除。“今世主皆忧其国之危而兵之弱也,而强听说者。说者成伍,烦言饰词而无实用。主好其辩,不求其实。说者得意,道路曲辩,辈辈成群。民见其可以取王公大人也,而皆学之。夫人聚党与,说议于国,纷纷焉。小民乐之,大人说之。故其民农者寡而游食者众。众则农者殆;农者殆,则土地荒。学者成俗,则民舍农从事于谈说,高言伪议。舍农游食而以言相高也,故民离上而不臣者成群。此贫国弱兵之教也。夫国庸民以言,则民不畜于农。故惟明君知好言之不可以强兵辟土也,惟圣人之治国作壹,抟之于农而已矣。”(《商君书·农战》)作者的观点非常明确,即除农战之外,一切皆非正业,都必须整合到农战上来,这才叫“治国作壹”,才能使国家强大。

对意识形态的整合,也必须围绕农战这一个中心。在《商君书》中,一方面禁止国家作用的官吏有博闻、辩慧、游居之事,因为这些事容易诱导农民离开本业而去追求其他利益。另一方面,又强调实行愚民政策,让农民变得无知、不好学问。《垦令》篇说:“国之大臣诸大夫,博闻、辩慧、游居之事,皆无得为;无得游居于百县,则农民无所闻变见方,农民无所闻变见方,则知农无从离其故事,而愚农不知,不好学问。愚农不知,不好学问,则务疾农。”农民不接触那些广博的见闻和知识,农民无知,不喜欢学问,那就只能积极去务农了。《商君书·开塞》说:“王道有绳。夫王道一端,而臣道亦一端,所道则异,而所绳则一也。故曰:民愚,则知可以王;世知,则力可以王。民愚,则力有余而智不足;世智,则巧有余而力不足。”君王统治天下是有准绳的,君道和臣道虽然不同,但这个准绳是君主和臣下都必须奉行的,这个准绳就是力和智,所以为了便于统治,就要削弱老百姓的智慧,让他们变得愚昧而无知。

《商君书》在总结了众多的治国经验后,得出结论:“治国者贵民壹,民一则朴,朴则农,农则易勤,勤则富。”(《商君书·说民》)治理国家,贵在能让老百姓一心一意去耕战,老百姓一心耕战,就朴实了,朴实就容易勤快,勤快就会变富。“国作壹一岁,十岁强;作壹十岁,百岁强;作壹百岁,千岁强,千岁强者,王。”(《商君书·去强》)国家专心从事农战一年,就能强大十年,以此类推,如能专心从事农战百年,就能强大一千年,能强大一千年的国家,就可以称王于天下。总之一句话,治国的根本在于“壹”,整合的目的就在于实现“壹”,亦即统一,也就是达到称王于天下的目的。

第六章　统一的政治文化的发展

一　成功与付出

商鞅在秦国的变法取得了巨大的成功，对秦国历史的发展产生了深远的影响，对中国古代历史的进程起到了不可估量的作用。他的同时代人蔡泽评价说："商君为孝公平权衡，正度量，调轻重，决裂阡陌，教民耕战，是以兵动而地广，兵休而国富。"①之后的韩非对商鞅更是推崇备至，在《韩非子·和氏》中，他历数商鞅之功，说："商君教秦孝公以连什伍，设告坐之过，燔诗书而明法令，塞私门之请而遂公家之劳，禁游宦之民而显耕战之士。孝公行之，主以尊安，国以富强。"不管是蔡泽还是韩非，他们的评价基本上都是客观公正的，因为他们目睹了秦国在商鞅变法后国富兵强的事实。直至汉代，对商鞅变法的高度评价还常常见于时人的著作，《史记·商君列传》集解引刘向《新序》说："秦孝公保崤函之固，以广雍州之地，东并河西，北收上郡，国富兵强，长雄诸侯，周室归籍，四方来贺，为战国霸君，秦遂以强，六世而并诸侯，亦皆商君之谋也。夫商君极身无二虑，尽公不顾私，使民内急耕织之业以富国，外重战伐之赏以劝戒士，法令必行，内不阿权贵，外不偏疏远，是以令行而禁止，法出而奸息。故虽《书》云'无偏无党'，《诗》云'周道如砥，其直如矢'，《司马法》之励戎士，周后稷之劝农业，无以易此。"商鞅为秦国所做之谋虑、商鞅品德之高尚，竟与《诗》《书》所崇尚者不相上下，可与后稷相媲美，这是多么高的评价！

商鞅变法成功的事实，在文献中亦有确切的记载：

---

① 诸祖耿撰：《战国策集注汇考》，南京：江苏古籍出版社，1985 年，第 335 页。

商鞅变法的第二年(前355),秦孝公即与魏惠王相会于杜平(今陕西澄城)。次年(前354),秦、魏相战于元里(今陕西澄城南),秦军大获全胜,斩首七千,夺取了少梁(今陕西韩城)。少梁是北通上郡、东入三晋的锁钥之地,对秦国来讲具有相当重要的战略意义。

秦孝公十年(前352),商鞅为大良造,将兵围魏安邑,迫使其投降。

秦孝公二十一年(前341),齐败魏于马陵,形势对秦国十分有利,于是商鞅建议秦孝公出兵伐魏,《史记·商君列传》记载此事说:"秦之与魏,譬若人之有腹心疾,非魏并秦,秦即并魏。何者?魏居领阨之西,都安邑,与秦界河而独擅山东之利。利则西侵秦,病则东收地。今以君之圣贤,国赖以盛。而魏往年大破与齐,诸侯畔之,可因此时伐魏。魏不支秦,必东徙。东徙,秦据河山之固,东乡以制诸侯,此帝王之业也。"秦孝公听从商鞅的意见,任商鞅为将军,出兵伐魏。《史记·商君列传》记载了这场战斗的经过:"魏使公子卬将而击之。军既相距,卫鞅遗魏将公子卬书曰:'吾始于公子驩,今俱为两国将,不忍相攻,可与公子面相见,盟,乐饮而罢兵,以安秦魏。'魏公子卬以为然,会盟已,饮,而卫鞅伏甲士而袭虏魏公子卬,因攻其军,尽破之以归秦。"迫使魏国遂去安邑,徙都大梁。从此段引文中,我们可以看出,商鞅是采取了阴谋的手段赢得了这场战争的胜利。商鞅的做法虽为后人所诟病,但在战国时代有其合理性,他为秦国的统一和统一政治文化的发展铺平了道路。

具体来讲,商鞅在秦国进行变法改革而取得的政治文化成就主要表现在:

第一,变法改革为秦国中央集权君主专制奠定了基础。台湾学者徐复观在《两汉思想史》中认为:"秦的统一,虽然得力于张仪的连横,范雎的远交近攻,及白起、王翦们的战胜攻取;但国家的力量及政治的性格,当然是由商鞅变法所奠定的基础。"这里所说的国家政治性格,就是我们所说的中央集权君主专制,这是由商鞅变法奠定的。概括言之,商鞅变法的基本内容都在促进这一制度的实现。比如官僚制,从封建制转向中央集权君主专制,必须要建立一支完全由王权支配,且经过专业化训练、有严格的法律和规章制度管理的官僚队伍,秦国在这一方面所做尤为突出。为提高官吏队伍的行政素质,秦国建立了学吏制度①,倡导以吏为师,《商君书·定分》篇说:"置主法之吏,以为天下师。"国家对官吏队

① 张金光:《秦制研究》,上海:上海古籍出版社,2004年,第709页。

伍的管理有一套严格的法律和行政管理制度,《商君书・慎法》谈到这点时说:"故有明主忠臣产于今世,而欲领其国者,不可以须臾忘于法。破胜党任,节去言谈,任法而治矣。使吏非法无以守,则虽巧不得为奸。"如果有明主忠臣想要治理好自己的国家,就不能片刻忘记法度,要破除结党和妄言,必须依法而治,让官吏除了法度之外,再没有其他可依赖的东西,即使奸巧也做不了坏事。秦国的行政运作制度极为严密,它以文书形式的技术手段,保证了各级政权的层层负责制。这正如张金光先生在《秦制研究》中所说的:"以文书指挥行政运作。这是为了保证其行政的严肃性、正当性、准确性、可信性,同时也是为了增强其权威性和责任感,并表示出明确的责任与权限范围。"

再如二十等爵制和郡县制的实行,使国家对国民的人身控制和社会控制都达到了前所未有的高度。这一切对中央集权君主专制制度的建立的奠基作用是显而易见的。

第二,法制与礼制成为治国之两翼。商鞅变法改革,在秦国竭力推行法制建设,这是他治国的主题,但为了维护统治秩序,秦国的礼制建设也没有被忽视。礼与法相互兼容、相互补充,或称礼法兼用,成为中国传统的政治文化模式。这在前述秦国礼制时已有论述。从秦国历史看,这些礼制规范在商鞅变法及其以后不仅没有被取消,而且被继承使用,如宗庙祭祀、墓祭、山川祭祀、君主冠礼、盟会等,特别是维护等级秩序的礼制得到了进一步的加强。《史记・商君列传》记载,变法规定:"明尊卑爵秩等级,各以差次名田宅,臣妾衣服以家次。有功者显荣,无功者虽富无所芬华。"重新规定等级礼制标准,这是时代的要求,体现了"当时而立法,因事而制礼。礼、法以时而定,制、令各顺其宜"(《商君书・更法》)的特点。当然,商鞅在秦国的变法改革,最显著的特点是倡导"以法治国",就是用法律的手段来推行政治,维护社会秩序。其主要特点是:国家为立法的主体;立法要任法去私,不允许有法外之法;立法要合乎自然、顺应人情;法律要公开化,以罪定刑,轻罪重刑;在法律面前一视同仁。这些都体现出商鞅法治学说的政治理性和政治价值,但礼制也没有完全被忽视,这应是统一历史进程中最符合历史规律的政治设计。

第三,利用社会组织,进行社会控制。针对春秋战国以来由于生产力发展而引起的礼崩乐坏、社会失范的情况,商鞅的变法改革,先是对秦人固有的家庭结构进行了改造,变法规定"民有二男以上不分异者倍其赋"(《史记・商君列传》),即强迫性地分户析居,这样做的目的在于驱使人人都从事农耕,增加国家的赋税收入。同时也是对传统的宗法制度的否定,防止了宗法势力的复兴。变法在秦献公“为户籍相伍”制度的基础上,再次编造户籍,把基层老百姓按照军事组织的形式编制起来,“令民为什伍”,即五家为一伍,十家为一什,并“相牧司连坐”,即要求五家之间相互监督,发现有奸人,就要向政府告发,告发者可以得到和在前线斩获敌人首级一样的奖赏。若隐瞒不报,不仅本人要受到处罚,而且什伍之中的人都要受到连坐,这就是什伍连坐法。通过什伍连坐法,把全国人民都编制到一个巨大的社会法制网络之中,达到了牵一发而动全身的控制效果。

第四,塑造新的社会价值观。秦国地处西周王朝旧地,如前所述,受西周礼乐文化的影响还是比较深的。商鞅变法则以一种全新的社会价值观对其进行改造。商鞅变法规定,以军功爵来决定一个人社会地位的高下,“有功者显荣,无功者虽富贵无所芬华”。这样一来,建立军功和事功成为秦人改变自己和家庭地位的唯一途径;崇拜权威和实力,追求功利,成为秦人唯一的奋斗目标。不断进取,永无止境地追求功利,促使秦人在潜移默化中逐渐形成了如《淮南子·要略》所说的“贪狠强力,寡义而趋利”的社会价值观。在这种新的价值观的驱动下,秦人不仅消灭了六国,完成了统一,而且拓展了国家疆域,为现代国家领土奠定了基础。秦人修建了无数个大型国家工程,不仅造福于后代,留下了纪念碑式的遗存,而且留下了丰富的精神文化,给后人以启示。秦国老百姓的政治信念、生活态度、理想追求也体现出变法所塑造的这种社会价值观对其深刻的渗透。秦简《日书》大量的占卜资料向我们展示了秦人的精神世界,从占卜的内容看,《日书》所反映的秦文化的特质突出表现为重实效、重结果、重现实的功利主义。从中可以看出,秦人所关心的问题,不是仁义的施废、礼乐的兴衰,而是攻城夺地、为官为吏、婚丧嫁娶、生老病死、饮食娱乐、牛羊马犬、耕耘稼穑、房屋仓廪等与人们切身利益直接相关的日常生活和社会生产之事。底层人民的政治信仰、政治态度,突出地反映了秦国这个时代的政治文化特点。

第五,统一观念的出现。国家统一、文化统一、疆域统一虽说是在秦始皇时代才实现的,但统一观念在商鞅变法时就已出现了。从此之后,统一观念深入人心,正如孙中山在《孙逸仙宣言》中所说:“中国是一个统一的国家,这一点已牢牢地印在我国的历史意识之中,正是这种意识,才使我们能作为一个国家而被保存下来,尽管他遇到了许多破坏的力量。"[①]春秋战国时代是中国历史上的一个转型时代,由宗法制度所形成的封建制日渐瓦解,中央集权的君主专制制度开始建立,这种体制所体现的政治文化特点就是"统一"。这在商鞅变法的内容中、在《商君书》中表现都极为突出,大到国家的政治、经济、军事、思想文化各方面,小到爵位、郡县各级社会组织,甚至度量衡都要求完全统一。这种统一观念的形成和固化对秦国乃至秦朝的历史发展影响极为深刻,我们看到,在秦末发生的反秦斗争中,除了六国上层贵族表现出强烈的反抗和复国意识外,几乎看不到底层人民的自觉反抗,尤其是在秦王朝统治的关中这个核心地区,当关东地区的战争已如火如荼时,整个关中地区却平定如一池静水,我们认为,这种反常情况,正反映了国家统一、政治文化统一的深入人心。此后,尽管中国历史上还多次出现分裂的局面,但统一始终是中国历史发展的主流,这是谁也改变不了的。

秦孝公二十四年(前338),秦孝公去世,商鞅所处形势骤然变化,有人对新即位的秦惠文王说:"大臣太重者,国危;左右太亲者,身危。今秦妇人婴儿,皆言商君之法,莫言大王之法,是商君反为主,大王更为臣也。且夫商君固大王仇雠也,愿大王图之。"(《战国策·秦策一》)秦惠文王下令逮捕商鞅,商鞅出逃,被杀于郑之渑池(今河南渑池)。"秦惠王车裂商君以徇,曰:'莫如商君反者!'遂灭商君之家。"(《史记·商君列传》)商鞅以生命的代价赢得了变法的成功,其功业永远彪炳于史册,其人虽不存,但"秦法未败也"(《韩非子·定法》)。

关于商鞅的被害,似乎早有定局。司马迁在《史记·商君列传》中特意安排了一段赵良与商鞅的对话来予以说明。

赵良见商鞅,首先送了一段先哲的话给他,"非其位而居之曰贪位,非其名而有之曰贪名",来暗示商鞅的贪位、贪名,以警示他,意在劝他急流勇退。商鞅表示不理解,认为赵良是不满意他对秦国的治理:"子不说吾治秦舆?"赵良没有正面回答他,只是委婉地说:"反听之谓聪,内视之谓明,自胜之为强。虞舜有言曰:'自卑也尚矣。'君不若道虞舜之道,无为问仆矣。"意思让他去自省。商鞅摆出自己治秦之功绩,赵良并不以为然。他回答商鞅说:"千羊之皮,不如一狐之腋,千人之诺诺,不如一士之谔谔。武王谔谔以昌,殷纣墨墨以亡。"接下来他又

---

① 转引自林甘泉:《中国古代政治文化论稿》,合肥:安徽教育出版社,2004年,第337页。

讲了五羖大夫的故事,“夫五羖大夫,荆之鄙人也,闻秦缪公之贤而愿望见,行而无资,自粥于秦客,被褐食牛。期年,缪公知之,举之牛口之下,而加之百姓之上,秦国莫敢望焉。相秦六七年,而东伐郑,三置晋国之君,一救荆国之祸。发教封内,而巴人致贡,施德诸侯,而八戎来服。由余闻之,款关相见。五羖大夫之相秦也,劳不坐乘,暑不张盖,行于国中,不从车乘,不操干戈,功名藏于府库,德行施与后世。五羖大夫死,秦国男女流涕,童子不歌谣,舂者不相杵。此五羖大夫之德也”(《史记商君列传》),让商鞅思考。

紧接着赵良对商鞅相秦也做了一番意味深长的评价,他说:“今君之见秦王也,因嬖人景监以为主,非所以为名也。相秦不以百姓为事,而大筑冀阙,非所以为功也。刑黥太子之师傅,残伤民以骏刑,是积怨畜祸也。教之化民也深于命,民之效上也捷于令。今君又左建外易,非所以为教也。君又南面而称寡人,日绳秦之贵公子。《诗》曰:‘相鼠有体,人而无礼,人而无礼,胡不遄死。’以《诗》观之,非所以为寿也。公子虔杜门不出已八年矣,君又杀祝懽而黥公孙贾。《诗》曰:‘得人者兴,失人者崩。’次数事者,非所以得人也。君之出也,后车十数,从车载甲,多力而骈胁者为骖乘,持矛而操闟戟者旁车而趋。此一物不具,君固不出。《诗》曰:‘恃德者昌,恃力者亡。’君之危若朝露,尚将于延年益寿乎?则何不归十五郡,灌园于鄙,劝秦王显严穴之士,养老存孤,敬父兄,序有功,尊有德,可以少安。君尚将贪商於之富,宠秦国之教,畜百姓之怨,秦王一旦捐宾客而不立朝,秦国之所以收君者,岂其微哉?亡可翘足而待。”话已说得十分直白。在此,赵良把五羖大夫和商鞅相比较,认为商鞅有以下重大缺失:“一,依托嬖人景监见秦孝公,败坏自己的‘名’;二,掌权之后,大兴土木营筑咸阳,败坏自己的‘功’;三,惩罚太子的师傅,以酷刑残伤老百姓,为自己种下祸怨;四,使百姓重视政令甚过于君命,政府的法律取代国君的命令,败坏传统的‘教’;五,自己受封于商,却又绳墨秦之贵公子,拆损自己的‘寿’;六,既惩罚公子虔,现又惩罚祝懽及公孙贾,败坏‘人’心。”[①]除了这六大缺失之外,赵良还指出商鞅其他一些不妥当的做法,那就是,出入之际,都有载甲卫队和雄健有力者跟随,否则就坚决不出门。赵良认为商鞅出行车队威风凛凛之盛况、咄咄逼人之气势,正是无“德”的表现,难怪他要说“君之危若朝露”了,因此他劝告商鞅“则何不归十五郡,灌

① 郑良树:《商鞅评传》,南京:南京大学出版社,1998 年,第 161 页。

园于鄙"(《史记·商君列传》)云云。

赵良与商鞅的上述对话,旨在否定商鞅变法改革的成果。首先,他用五羖大夫与商鞅做对比,其本身就无可比性。两者所处时代、所面临的政治形势、所取得的政治成果,本就不可同日而语。商鞅处在一个历史的转折点上,社会的转型是不可逆转的,适应者生存,逆潮流而动者势必会被淹死。商鞅站在改革的前列,站在风口浪尖上,通过改革,使秦国一跃而成为六国之翘首,为此后秦始皇统一全国打下了坚实的基础,其功劳可谓前无古人后无来者,换句话说,没有商鞅变法,就没有秦的统一。商鞅之功劳远在五羖大夫之上。

其次,赵良对商鞅的指责,是完全站在守旧贵族的立场上,是站在既得利益阶层的立场上说话。任何时代的改革,都不可能不触犯既得利益集团,因为既得利益集团既是政治权力的垄断者,是精神文化的垄断者,同时也是社会经济的垄断者。他们依靠旧制度长期稳定地占有各种社会资源,在资源的利益分配上,他们和其他阶级、阶层的冲突就在所难免。当社会发生转折时,这种冲突尤为突出,其表现形式有平和的改革,也有流血的斗争。商鞅的改革正是这种冲突的表现。对于既得利益集团来说,他们要维护既得利益,就必然会顽固地维护旧制度、旧的生活方式,反对任何形式的改革。赵良正是站在既得利益者一边,替他们说话。

赵良的立场既然明确了,那么司马迁在《史记·商君列传》中插入这段对话的意义就非常清楚了,应当说,这段对话,隐晦、曲折地表达了司马迁本人对这场改革的认识和对商鞅的评价。

司马迁评价说:"商鞅是一个天资刻薄的人,他用帝王之道游说秦孝公,但不讲心里话。再说,他是通过嬖人才见到秦孝公的,名声难听。他被任用之后,处罚公子虔、欺骗魏将公子卬,我读过他的《开塞》《耕战》等著作,内容和他本人行事一样。他最终在秦国获得了恶名,这是有原因的。"

试问,司马迁和赵良的看法有何区别?

问题并不仅仅在此,最重要的是我们要了解这场对话背后的政治文化背景到底是什么。

司马迁生活的时代,正是汉王朝经历"更化"的时期,此前汉朝历代皇帝皆奉行"无为而治"的统治政策,这套统治政策在恢复经济、稳定社会秩序、发展生产方面起到了积极的作用,但也产生了不少负面的影响:如诸侯王势力的坐大,无人君之礼,在国家有难时袖手旁观;土地兼并盛行,大量的个体农民失去土地成为流民,给社会稳定造成极大的威胁;汉王朝妥协的边疆政策,给了匈奴以可乘之机,边疆危机不断加深。这一切都不利于中央集权的加强。

汉王朝急需改变这种现状,急需重新调整思路,制定新的指导思想和统治政策。汉武帝即位后,诏丞相、御史等举贤良方正直言极谏之士,丞相卫绾上奏要求罢除治申不害、商鞅、韩非、苏秦、张仪之言以及乱国政者,得到了汉武帝的赞同。汉武帝元光元年(前134)五月,武帝诏贤良受策察问,董仲舒以“天人三策”应对,董仲舒在对策中推崇孔氏,抑黜百家,得到汉武帝的肯定,从而使“独尊儒术”成了汉朝统治者治国策略的最终选择。

董仲舒的“天人三策”为汉王朝的统治提供了理论基础。这个理论来自《春秋公羊传》。《春秋》本是春秋时鲁国的国史,战国时出现了对其进行解释的称之为传的著作,有《春秋左氏传》《春秋穀梁传》《春秋公羊传》。除《左传》外,其他两传在汉朝建立后,先后被立于学官,成为官学的教材。董仲舒本人就是治《公羊传》的。

在董仲舒看来,治国当以《春秋》(主要指《公羊春秋》)作为理政的指导思想,其原因是《春秋》“上明三王之道,下辩人事之经纪,别嫌疑,明是非,定犹豫,善善恶恶,贤贤贱不肖,存亡国,继绝世,补敝起废,王道之大者也”①。董仲舒认为《春秋》的核心是“奉天而法古”,所谓奉天,就是尊奉天道,“天道之大者在阴阳。阳为德,阴为刑;刑主杀而德主生……以此见天之任德不任刑也”②。法古,就是要以尧、舜、禹等为榜样。董仲舒认为,历代君王都是上承天意来治理自己的国家,所以应当任德教而不当任刑,为政而任刑,不顺于天。他指出:现在不任用讲求德教的官吏,而专用执法之吏来治民,这完全是任刑之意。他抨击秦“师申商之法,行韩非之说,憎帝王之道,以贪狼为俗,非有文德以教训於下也。诛名而不察实,为善者不必免,而犯恶者未必刑也。是以百官皆饰虚辞而不顾实,外有事君之礼,内有背上之心,造伪饰诈,趋利无耻,又好用憯酷之吏,赋敛亡度,竭民财,百姓散亡,不得从耕织之业,群盗并起,是以刑者甚众,死者相望,而奸不

---

① 《汉书》卷六十二《司马迁传》,北京:中华书局标点本,1962年,第2717页。

② 《汉书》卷五十六《董仲舒传》,北京:中华书局标点本,1962年,第2502页。

息,俗化使然也"[1]的巨大政治失误。他认为要实现王道就要总结历史经验、就要进行更化改革。他说:"今汉继秦之后,如朽木粪墙矣,虽欲善治之,亡可奈何。法出而奸生,令下而诈起,如以汤止沸,抱薪救火,愈甚亡益也。窃譬之琴瑟不调,甚者必解而更张之,乃可鼓也。为政而不行,甚者必变而更化之,乃可理也。当更张而不更张,虽有良工不能善调也,当更化而不更化,虽有大贤不能善治也。"[2]

如何进行更化改革?董仲舒提出了一整套的理论思路:一是要效法先王,这里的先王主要是指尧、舜、禹。二是要重视礼乐教化的作用。《汉书·董仲舒传》说:"道者所繇适于治之路也,仁义礼乐皆其具也。"他认为秦王朝"重禁文学,不得挟书,捐弃礼谊而恶闻之,其心欲尽灭先王之道,而颛为自恣苟简之治,故立为天子十四岁而国破亡矣。自古以来未尝有以乱济乱,大败天下之民如秦者也"(《汉书·董仲舒传》),是最沉痛、最直接的教训,因此要以天下为忧,以贤圣为辅。三是要以爵禄养其德,以刑罚威其恶,以德治国;要强化中央集权,要独尊儒术。四是强调维护上下尊卑关系。五要规范君主的行为。君主的德来自于天,天人合一,所以君主也要遵从天道。为了实现更化,董仲舒进一步提出要实现思想的统一,他说:"《春秋》大一统者,天地之常经,古今之通义也,今师异道,人异论,百家殊方,指意不同,是以上亡以持一统,法制数变,下不知所守。臣愚以为诸不在六艺之科孔子之术者,皆绝其道,勿使并进。邪辟之说灭息,然后统纪可一而法度可用,民知所从矣。"(《汉书·董仲舒传》)这就是我们通常所说的"罢黜百家,独尊儒术"。这是对商鞅纯任法术的彻底否定。

明白了以上司马迁所处的历史背景,再加上司马迁曾问学于董仲舒,我们就不难了解司马迁何以对商鞅本人及其变法会有如此强烈的反感。不论是董仲舒还是司马迁,他们都是站在新儒家的角度上来看待商鞅这场历史上最为彻底的变法改革的,他们的观点实在是太过于偏激,他们既没有看到变法给秦国带来的巨大利益,更体验不到变法给秦国历史及整个中国历史进程所造成的影响。

由赵良和商鞅的对话,我们可以体会到,任何时代的改革,都是在社会经济发展到一定程度,旧的生产力和旧的生产关系对历史发展起到了阻碍作用,必须

---

① 《汉书》卷五十六《董仲舒传》,北京:中华书局标点本,1962 年,第 2510、2511 页。

② 《汉书》卷五十六《董仲舒传》,北京:中华书局标点本,1962 年,第 2504、2505 页。

以新的生产方式取代旧的生产方式时，才会发生；改革是治国方略之一。

商鞅是在七国争雄兼并统一、鹿死谁手尚未有定的历史条件下，给当代统治者提供了变法改革的理论和指导思想，这个思想的核心就是“治世不一道，便国不必法古”，即以农战促成富国强兵，从而达到国家统一。改革是社会精英的设计，是自上而下的运动，能否成功，上层统治者的政治态度尤为重要，商鞅变法改革取得了秦孝公的全力支持，这是变法能够取得成功的重要原因之一。

改革是对旧制度的否定，它必然会触动那些依赖旧制度生存的既得利益者，从而引起他们的强烈反抗，形成新旧势力之间的激烈斗争。不管斗争如何残酷无情，商鞅改革所取得的巨大成是谁也否定不了的，“孝公用商鞅之法，移风易俗，民以殷盛，国以富强，百姓乐用，诸侯亲服，获楚、魏之师，举地千里，至今治强”①，这是一个永远抹杀不了的事实。

二　惠文、昭襄时代政治文化的发展

从惠文王至昭襄王时代，是秦国逐步走向统一的时代，是秦国政治、经济、军事、文化走向全面发展的时期，虽然这个时期秦国政治文化的法家色彩依然浓厚，但在其政治实践中，却出现了许多前所未有的变化，使我们不得不重新对其进行审视。

（一）“合纵连横”，纵横之士的政治文化创造

经过秦孝公和商鞅二十多年的改革，秦的国力大为增强，不断对东方各国进行蚕食，形成了咄咄逼人的态势。秦惠文王、昭襄王时期，在秦国的压迫下，东方各国产生了联合起来结成统一战线，一致抗秦的愿望，于是有了“合纵”战略的出现。所谓“合纵”，用当时人的话来说，就是“合众弱以攻一强”②，即将东方的弱国联合起来，共同对付一个强国，阻止其对弱国的兼并。为对付东方合纵国

---

① 《史记》卷八十七《李斯列传》，北京：中华书局标点本，1959 年，第 2542 页。

② 《韩非子》校注组编写，周勋初修订：《韩非子校注》，南京：凤凰出版社，2009 年，第 560 页。

家,后来张仪也为秦国提出了与之对抗的“连横”策略,用《韩非子》的话来讲,“连横”就是“事一强以攻众弱”,即秦国同东方某国联合起来攻打其他国家,拆散其联盟,将其逐个消灭。

在秦惠王、昭襄王时代,“合纵连横”的斗争成为此时期政治领域内最为活跃、内容最为丰富多彩的一项特色。当时的知识精英人才充分发挥自己机敏善变的才能,在风云诡谲、时势多变的时代潮流中,演绎出了光彩夺目、生动活泼的政治文化。

苏秦是当时“合纵连横”斗争中极为活跃的人物。他曾师从鬼谷先生学习纵横术。为了加强“合纵”势力,他频繁地奔走在各国之间进行游说,但都不受欢迎。后来他来到燕国,在这儿待了一年多,才受到燕文侯的接见,他先是极力夸大燕国的山川形势和国家富有,说:“燕东有朝鲜、辽东,北有林胡、楼繁,西有云中、九原,南有滹沱、易水,地方二千余里,带甲数十万,车六百乘,骑六千匹,粟支数年。南有碣石、雁门之饶,北有枣栗之利,民虽不佃作而足於枣栗矣。此所谓天府者也。”接着他话锋一转,说:“夫安乐无事,不见覆军杀将,无过燕者。大王知其所以然乎?夫燕之所以不犯寇被甲兵者,以赵之为蔽其南也。秦赵五战,秦再胜而赵三胜。秦赵相毙,而王以全燕制其后,此燕之所以不犯寇也。且夫秦之攻燕也,踰云中、九原,过代、上谷,弥地数千里,虽得燕城,秦计固不能守也。秦之不能害燕亦明矣。今赵之攻燕也,发号出令,不至十日而数十万之军军于东垣矣。渡滹沱,涉易水,不至四五日而距国都矣。故曰秦之攻燕也,战于千里之外,赵之攻燕也,战于百里之内。夫不忧百里之患而重千里之外,计无过于此者。是故愿大王与赵从亲,天下为一,则燕国必无患矣。”①指出燕国只有和赵国“合纵”,才能确保其安宁。苏秦以燕国的切身利益为出发点,进行游说,使燕文侯为之心动,不仅答应“子必欲合从以安燕,寡人请以国从”,而且资助苏秦车马金帛,让他到赵国去游说。

苏秦到了赵国,先是对赵肃侯恭维一番,接着就直入主题,《史记·苏秦列传》记载,他这样分析赵国所面临的形势:“当今之时,山东之建国莫强于赵。赵地方二千余里,带甲数十万,车千乘,骑万匹,粟支数年。西有常山,南有河漳,东有清河,北有燕国。燕固弱国,不足畏也。秦之所害于天下者莫如赵,然而秦不

① 《史记》卷六十九《苏秦列传》,北京:中华书局标点本,1959年,第2243、2244页。

敢举兵伐赵者,何也?畏韩、魏之议其后也。然则韩、魏,赵之南蔽也。秦之攻韩、魏也,无有名山大川之限,稍蚕食之,傅国都而止。韩、魏不能支秦,必入臣于秦。秦无韩、魏之规,则祸必中于赵矣。此臣之所为君患也。"他说:"固窃为大王计,莫如一韩、魏、齐、楚、燕、赵以从亲,以畔秦。令天下之将相会于洹水之上,通质,刳白马而盟。要约曰:'秦攻楚,齐、魏各出锐师以佐之,韩绝其粮道,赵涉河漳,燕守常山之北。秦攻韩魏,则楚绝其后,齐出锐师而佐之,赵涉河漳,燕守云中。秦攻齐,则楚绝其后,韩守城皋,魏塞其道,赵涉河漳、博关,燕出锐师以佐之。秦攻燕,则赵守常山,楚军武关,魏军河外,齐涉清河,燕出锐师以佐之。诸侯有不如约者,以五国之兵共伐之。'六国从亲以宾秦,则秦甲必不敢出于函谷以害山东矣。如此,则霸王之业成矣。"苏秦对赵国国情、军事、地理形势的分析,对赵国所面临的国际形势的看法,可谓析理透彻,句句切中要害。赵肃侯被彻底打动,又资助苏秦去说服韩宣王和魏襄王。六国合纵,由于各国利益不同,所以只是建立了一个松散的联盟。他们之间的利益链极易被破坏,极易为秦各个击破。

面对东方六国的合纵,站在秦国利益一方的精英们也不妥协,他们针锋相对地掀起了一场"连横"的斗争。这场斗争的核心人物就是与苏秦齐名且与其同学的魏国人张仪。苏秦曾自以为学不及张仪。按照史书的说法,张仪是因为受了苏秦的激怒才去秦国的。《史记·张仪列传》记载,张仪完成学业之后,首先来到楚国,在与楚相饮酒时,被人诬告盗璧而受到殴打凌辱,拖着遍体鳞伤的身子回家,张仪见到妻子的第一句话就是:"看我的舌头还在不在?"当妻子说还在时,张仪兴奋地回答说:"这就够了。"

其时,苏秦已经说服诸侯"合纵",但又担心"合纵"被秦破坏,前功尽弃,想着有没有可以出使秦国并能影响秦国外交的人,这时他想到了张仪,于是"使人微感张仪曰:'子始与苏秦善,今秦已当路,子何不往游,以求通子之愿?'张仪于是之赵,上谒求见苏秦。苏秦乃戒门下人不为通,又使不得去者数日。已而见之,坐之堂下,赐仆妾之食。因而数让之曰:'以子之材能,乃自令困辱至此。吾宁不能言而富贵子,子不足收也。'谢去之。张仪之来也,自以为故人,求益,反见辱,怒,念诸侯莫可事,独秦能苦赵,乃遂入秦"①。

---

① 《史记》卷七十《张仪列传》,北京:中华书局标点本,1959年,第2280页。

其实,苏秦并非要为难张仪,从后来的史实看,苏秦的用心也可谓良苦:一是他认为以能力看,张仪确实是唯一可以操纵秦国外交政策的人;二是他又怕张仪贪图小利而无所作为,所以苏秦告诉他的舍人说:“张仪,天下贤士,吾怠弗如也。今吾幸先用,而能用秦柄者,独张仪可耳。然贫,无因以进。吾恐其乐小利而不遂,故招辱之,以激其意。子为我阴奉之。”(《史记·张仪列传》)此人言之赵王,为张仪准备了金币车马,张仪到秦国,被惠王任为客卿。

张仪为秦连横的第一件事,就是迫使魏国服事于秦,并“令魏先事秦而诸侯效之”(《史记·张仪列传》)。在秦惠王十年之后,魏国虽然多次败于秦,但东方的合纵势力相对来说还比较团结强大,在这种情况下,张仪决定采取从内部瓦解合纵集团的政治策略,使合纵集团中势力最强大的魏国先服事于秦,然后令其他诸侯仿效之。《史记·张仪列传》记载,张仪对新即位的魏哀王说:“魏地方不至千里,卒不过三十万。地四平,诸侯四通辐凑,无名山大川之限,从郑至梁二百余里,车驰人走,不待力而至。梁南与楚境,西与韩境,北与赵境,东与齐境,卒戍四方,守亭障者不下十万。梁之地势,固战场也。梁南与楚而不与齐,则齐攻其东,东与齐而不与赵,则赵攻其北,不合于韩,则韩攻其西,不亲于楚,则楚攻其南,此所谓四分五裂之道也。”张仪在指出了魏国的不利形势和四面受敌的艰难处境之后,向魏王提出:“大王不事秦,秦下兵攻河外,据卷、衍、酸枣,劫卫取阳晋,则赵不南,赵不南而梁不北,梁不北则纵道绝,纵道绝则大王之国欲毋危不可得也。秦折韩而攻梁,韩怯于秦,秦韩为一,梁之亡可立而须也。”他认为,为魏国着想,“莫如事秦,事秦则楚、韩必不敢动;无楚、韩之患,则大王高枕而卧,国必无忧矣”。在听了张仪这一番话后,魏哀王“于是乃倍从约而因仪请成于秦”。[①]

当时最强大的国家除秦国之外,就数齐国和楚国了。而齐、楚是合纵结盟国家,其联盟对秦国来说是最大的威胁。秦国的国君和当时的知识精英对此都有清醒的认识,他们的政治态度非常明确,即秦不论要兼并齐、楚还是东方任何一国,其首要任务都必须先拆散齐、楚之间的联盟,而拆散齐楚联盟,六国的合纵必然会解散。因而拆散齐楚联盟成为摆在秦国君臣面前最大的政治任务。

秦国君臣的政治决策已定,遂派张仪出使楚国。张仪怀抱着重大的政治任务来到楚国,完成他对秦国的第二个贡献,拆散齐楚联盟。楚怀王热情地招待这

---

① 《史记》卷七十《张仪列传》,北京:中华书局标点本,1959 年,第 2287 页。

位来自秦国的贵客,并向他请教相关问题。这位一向好贪占小便宜的楚王,并不能预知他视之为贵宾的这位秦国使者会让楚国蒙受巨大的损失。

张仪游说楚王道:“大王诚能听臣,闭关绝约于齐,臣请献商於之地六百里,使秦女得为大王箕帚之妾,秦楚娶妇嫁女,长为兄弟之国。此北弱齐而西益秦也,计无便此者。楚王大说而许之。”[①]楚王不仅厚赏张仪,而且让他挂上了楚国的相印。对楚王的做法,楚国群臣皆贺,唯有陈轸坚决反对。他公开揭露了张仪的阴谋,并明确地告诉楚王,如果按照张仪说的去做,楚王不仅得不到商於六百里地,还会因为与齐绝交而生患于秦,到时秦、齐联合起来,楚国就没有出路了,但楚王听不进陈轸的进谏,下令与齐绝交,并愚蠢地派人追随张仪去秦国接受那所谓的商於六百里地。

张仪同楚王的使臣刚回到秦国,就佯装堕车,三月不朝,割地给楚王的事再也无人提起。糊涂的楚王还以为是张仪认为他绝齐不力,于是派人到宋国,借宋之符骂齐王。齐王大怒,立即与楚绝交,与秦结盟。这时张仪才出面接见楚王的使者,对他说:“我有奉邑六里地,愿把它献给楚王。”楚王的使臣大吃一惊,并立即将此事汇报给楚王。楚王闻讯大怒,下令发兵攻秦,结果为秦齐联兵打败,《史记·张仪列传》记载说:“秦齐共攻楚,斩首八万,杀屈匄,遂取丹阳、汉中之地。”紧接着秦又向楚国提出,要以武关以外也就是商於之地来换取楚国黔中地的要求。楚王在给秦王的回答中说:“不愿意换地,只要得到张仪就行。”这明显是要报上次被张仪欺骗之仇,秦王欲让张仪去,但又怕他遭遇不测,张仪看出了这一点,毫不胆怯退缩,坚决要求出使楚国。张仪在楚国得到了靳尚和楚王夫人郑袖的支持。楚王亦赦免张仪,并厚礼与之。张仪看到时机成熟,就向楚王献上他的整个连横策略:

> 秦地半天下,兵敌四国,被险带河,四塞以为固,虎贲之士百余万,车千乘,骑万匹,积粟如丘山。法令既明,士卒安难乐死,主明以严,将智以武,虽无出甲,席卷常山之险,必折天下之脊,天下有后服者先亡。且夫为从者,无以异于驱群羊而攻猛虎,虎之与羊不格明矣。今王不與猛虎而與群羊,臣窃以为大王之计过也。
>
> 凡天下强国,非秦而楚,非楚而秦,两国交争,其势不两立。大王不

---

① 《史记》卷七十《张仪列传》,北京,中华书局标点本,1959年,第2287页。

舆秦,秦下甲据宜阳,韩之上地不通。下河东,取成皋,韩必入臣,梁则从风而动,秦攻楚之西,韩、梁攻其北,社稷安得毋危?

且夫从者聚群弱而攻至强,不料敌而轻战,国贫而数举兵,危亡之术也。臣闻之,兵不如者勿与挑战,粟不如者勿与持久。服从人饰辩虚辞,高主之节,言其利不言其害,卒有秦害,无及为已。是故愿大王之孰计之。

秦西有巴蜀,大船积粟,起于汶山,浮江已下,至楚三千余里。舫船载卒,一舫载五十人与三月之食,下水而浮,一日行三百余里,里数虽多,然而不费牛马之力,不至十日而距扞关。扞关惊则从境以东尽城守矣,黔中、巫郡非王之有。秦举甲出武关,南面而伐,则北地绝。秦兵之攻楚也,危难在三月之内,而楚待诸侯之救,在半岁之外,此其势不相及也。夫恃弱国之救,忘强秦之祸,此臣所以为大王患也。

大王尝与吴人战,五战而三胜,阵卒尽矣;偏守新城,存民苦矣。臣闻功大者易危,而民敝者怨上。夫守易危之功而逆强秦之心,臣窃为大王危之。

且夫秦之所以不出兵函谷十五年以攻齐、赵者,阴谋有合天下之心。楚尝与秦构难,战于汉中,楚人不胜,列侯执珪死者七十余人,遂亡汉中。楚王大怒,兴兵袭秦,战于蓝田。此所谓两虎相搏者也。夫秦楚相敝而韩魏以全制其后,计无危于此者矣。愿大王孰计之。

秦下甲攻卫阳晋,必大关天下之胸,大王悉起兵以攻宋,不至数月而宋可举,举宋而东指,则泗上十二诸侯尽王之有也。凡天下而以信约从亲相坚者苏秦,封武安君,相燕,即阴与燕王谋伐破齐而分其地;乃详有罪出走入齐,齐王因受而相之,居二年而觉,齐王大怒,车裂苏秦于市。夫以一诈伪之苏秦,而欲经营天下,混一诸侯,其不可成亦明矣。

今秦与楚接境壤界,固形亲之国也。大王诚能听臣,臣请使秦太子入质于楚,楚太子入质于秦,请以秦女为大王箕帚之妾,效万室之都以为汤沐之邑,长为昆弟之国,终身无相攻伐。臣以为计无便于此者。①

张仪的游说是经过精心设计、充分准备的,他努力发挥了自己的政治才能,

① 《史记》卷七十《张仪列传》,北京:中华书局标点本,1959 年,第 2289—2292 页。

表达了自己的政治诉求,达到了他的政治目的。具体来说,首先,他深入地掌握了楚王的内心世界。楚国在楚威王在世时,势力就已经达到了全盛,但秦国的存在,始终是楚人的心头之患。《战国策·楚策一》记载,楚王曾对苏秦说:“寡人之国,西与秦接境,秦有举巴蜀,并汉中之心,秦,虎狼之国,不可亲也,而韩、魏迫于秦患,不可与深谋,恐反人以入于秦,故谋未发而国已危矣。寡人自料,以楚当秦,未见胜焉;内与群臣谋,不足恃也,寡人卧不安席,食不甘味,心摇摇然如悬旌,而无所终薄,今主君欲一天下,安诸侯,存危国,寡人谨奉社稷以从。”这种危机四伏的处境,到楚怀王时由于张仪对齐楚联盟的破坏而变得更为严重。楚国的出路在哪里,这是楚国国君最为之焦虑的。其二,从长远来看,楚国与秦国结盟不仅可以使楚国长治久安,而且借助于秦国强大的势力,楚国可以轻易取得对东方诸国的话语权。其三,楚国在合纵利益集团中是实力较大的国家,楚国如果脱离了合纵利益集团,那么合纵势力就会被大大削弱,这对秦来说自然十分有利。其四,通过对苏秦的贬毁,说明合纵之策是低能产物,根本不值得信任,也难以成功。其五,综合以上情况,给楚国指出其唯一的出路,就是投入秦人的怀抱。张仪拆散齐楚联盟,最终是有利于秦的统一的。

在张仪的说服下,楚怀王很快就掉入了张仪设置的陷阱。

张仪在楚国取得成功之后,随即去了韩国,用同样的方法使韩王听从了他的计策。张仪回到秦国,被封武信君,食五邑之地。

接着张仪带着秦王的命令去游说齐湣王。《史记·张仪列传》记载,他对齐湣王说:“今秦楚嫁女娶妇,为昆弟之国。韩献宜阳,梁效河外;赵人朝渑池,割河间以事秦。大王不事秦,秦驱韩梁攻齐之南地,悉赵兵渡清河,指博关,临淄、即墨非王之有也。国一日见攻,虽欲事秦,不可得也。是故愿大王孰计之也。”张仪连说带吓,但他对齐国当时处境的分析确实称得上鞭辟入里、无懈可击,让齐王自认为“齐僻陋,隐居东海之上,未尝闻社稷之长计”[①],所以决定听从张仪的安排,服事秦国。

张仪离开了齐国,直接西说赵王、北说燕王,使他们都听从了张仪的安排,站在连横的一边。

在合纵连横中,合纵势力表面看起来国多势众,但诚如上述,这仅仅是一个

---

① 《史记》卷七十《张仪列传》,北京:中华书局标点本,1959年,第2295页。

松散的联盟,加盟的诸国各怀有不同的心思。这从楚怀王十一年(前318)公孙衍约纵山东五国攻秦就可以看出,当时大家公推楚怀王为纵长领导伐秦,《史记·楚世家》有“十一年,苏秦约纵山东六国攻秦,楚怀王为纵长”的记载。这里误公孙衍为苏秦。楚怀王做了名义上的纵长,但合纵不久就因为魏国欲与秦和而使“六国皆引而归”,合纵没有成功。人心不齐,自是导致失败的一个原因,但合纵失败的最主要原因还在于逆潮流而动。战国晚期由秦来实现全国统一的趋势已经形成,顺者昌,逆者亡,谁也改变不了,因此合纵者失败就成为必然的事情了。

与苏秦、张仪同时的著名纵横家还有犀首、陈轸等人。

犀首,名公孙衍,“犀首”有说是号,有说是魏国官称。公孙衍也是魏国人,著名的纵横家。虽同是魏国人,但他和张仪一直不睦。在张仪之前,他就来到了秦国,秦惠文君五年(前333),他担任秦国的大良造,其年破魏军于雕阴(今陕西甘泉南),擒魏将龙贾,迫使魏国献出河西地。但从惠文君九年(前329)张仪入秦为客卿之后,犀首受到了张仪的排挤,遂回到魏国。出于对张仪的报复心理,他在魏国期间先是促成了“五国相王”的合纵之事,即组织了以魏国为首的魏、韩、赵、燕、中山五国结盟,来对付秦、齐、楚几个大国。但是五国联盟很快便被张仪从中作梗给破坏了。张仪用拉拢魏国以与秦相和的旗号,不仅说服了魏王,而且跃居魏国国相之位,公孙衍再度被排斥。

闲置在家的公孙衍,遇到了为秦出使齐国的陈轸,《战国策·魏策一》记载,陈轸为公孙衍设计了“移天下之事于公”的计策。当时“魏王使李从以车百乘使于楚”,陈轸出主意,让公孙衍乘此时告知魏王:“臣与燕、赵有故交,他们多次派人联系我,要我去他们国家叙旧,现在我正好无事,请大王允许我走一趟。”魏王答应了他,公孙衍准备了车马,放言要出使燕、赵。各诸侯的客使听说之后,都急忙回国向君主汇报:魏国日前派李从以车百乘出使楚国,现在又派公孙衍以车三十乘出使燕、赵。诸侯都以为公孙衍要重新为魏国组织合纵,于是,“齐王闻之,恐后天下得魏,以事属犀首,犀首受齐事。魏王止其行使,燕、赵闻之,亦以事属犀首。楚王闻之,曰:‘李从约寡人,今燕齐赵皆以事因犀首,犀首必欲寡人,寡人欲之。’乃倍李从而以事因犀首。魏王曰:‘所以不使犀首者,以为不可,今四国属以事,寡人亦以事因焉。’犀首遂主天下之事,复相魏”(《战国策·魏策一》)。

公孙衍不仅掌握了众多诸侯国的事务，而且重新获得了魏王的信任，被任命为魏相。在掌握了魏国的相权之后，公孙衍立即组织了五国的合纵攻秦活动。这次合纵攻秦终因各国利益不同，且实际出兵的只有韩、赵、魏三家，而未成功，但也使秦国蒙受了巨大的损失，这和公孙衍有脱不掉的干系。此前义渠君曾到魏国造访，公孙衍得知张仪再度被秦国任命为丞相之后，下决心要给张仪一个下马威。“犀首闻张仪复相秦，害之。犀首乃谓义渠君曰：‘道远不得复过，请谒事情。’曰：‘中国无事，秦得烧掇焚杅君之国，有事，秦将轻使重币事君之国。’其后五国伐秦。会陈轸谓秦王曰：‘义渠君者，蛮夷之贤君也，不如赂之以抚其志。’秦王曰：‘善。’乃以文绣千纯，妇女百人遗义渠君。义渠君致群臣而谋曰：‘此公孙衍所谓邪？’乃起兵袭秦，大败秦人李伯之下。”[①]公孙衍翻手为云，覆手为雨，纵横之士的政治活动以功利为目的，表现殊为明显。

陈轸的事迹附载于《史记·张仪列传》。《史记》说他是“游说之士，与张仪俱事秦惠王，皆贵重”。因为相互争宠而与张仪发生矛盾，张仪不断在秦王面前讲他的坏话，再加上张仪被任为丞相，陈轸不得不离秦而奔楚。

陈轸在楚国虽未获得显赫的地位，但他依然以纵横为事，表现出了相当的智慧和力量。前述为公孙衍设计的“遂主天下之事”的成功即是一例。《史记·张仪列传》还记载了他为秦惠王出计收取“双虎之功”之事；记载韩、魏之间，常年攻伐不已，秦惠王欲救之而无方，陈轸恰好来到秦国，惠王将自己的苦恼告诉陈轸，希望他能为自己出主意。陈轸对曰：“亦尝有以夫卞庄子刺虎闻于王者乎？庄子欲刺虎，馆竖子止之曰：‘两虎方且食牛，食甘必争，争则必斗，斗则大者伤，小者死，从伤而刺之，一举必有双虎之名。’卞庄子以为然，立须之。有顷，两虎果斗，大者伤，小者死。庄子从伤者而刺之，一举果有双虎之功。今韩魏相攻，期年不解，是必大国伤，小国亡，从伤而伐之，一举必有两实。此犹庄子刺虎之类也。臣主与王何异也。”惠王认为他说得很对，“卒弗救。大国果伤，小国亡，秦兴兵而伐，大剋之。此陈轸之计也”。[②] 陈轸利用一则寓言，将两国之间的“相援”关系转变为以“双虎之功”收场，战国策士极端的功利性和现实主义在此表现得淋漓尽致。

---

① 《史记》卷七十《张仪列传》，北京：中华书局标点本，1959年，第2303页。

② 《史记》卷七十《张仪列传》，北京：中华书局标点本，1959年，第2302页。

陈轸在为所在国进行外交谋划方面也表现出对国际形势和各国动态的深刻认识和准确把握。当张仪为秦国的连横去楚国游说时，楚怀王听从张仪的意见，决定与齐国绝交，此时陈轸马上予以阻止，他对楚怀王说，齐楚绝交必将使楚国被孤立，而且商於之地不可得，张仪返秦之后肯定会食言。但他的劝阻未能成功。尽管如此，当后来张仪的阴谋败露，楚怀王欲发兵攻秦时，陈轸又再次站出来予以反对，《史记·张仪列传》记此事说："轸可发口言乎？攻之不如割地反以赂秦，与之并兵而攻齐，是我出地于秦，取偿于齐也，王国尚可存。"楚王同样不听，其结果是"卒发兵而使将军屈匄击秦。秦齐共攻楚，斩首八万，杀屈匄，遂取丹阳、汉中之地。楚又复益发兵而袭秦，至蓝田，大战，楚大败，於是楚割两城以与秦平"①。

陈轸的两次进谏，从后来的结局看，都是有先见之明的，是在对形势进行正确估计的基础上做出的正确判断，是客观可行的。而他所拥有的各方面的知识和政治远见则是这种判断的基础。

纵横家，或称策士，是战国中晚期出现的一个以"术"和游说为手段的重要学派。他们主要活动于各诸侯国之间，追求功利、追求现实利益的最大化是他们最主要的思维方式。纵横家的渊源可以追溯到鬼谷子，《史记》的苏秦和张仪列传说他们俱事鬼谷先生，而《史记集解》引《风俗通义》则明白地讲到"鬼谷先生，六国时从(纵)横家"，从现有文献看，最早的纵横家就只能追溯到鬼谷先生。

纵横家讲求"术"。"术"是什么？"'术'这个字的繁体是'術'，《说文解字·彳部》的解释是：'術，邑中道也。'后来逐步引申为技艺和方术等。在先秦诸子中，法家重视术的作用与意义。《商君书·算地》说：'故万乘失数而不危，臣主失术而不乱者，未之有也。'这里'术'与'数'相对，'术者，臣主之术，而国之要也；主操名利之柄，而能致功名者，数也'。因此，可以说商鞅所说的'术'，就是君主控制臣下而治国的方法。商鞅又说：'故君子操权一正以立术，立官贵爵以称之，论劳举功以任之。则是上下之称平。上下之称平，则臣得尽其力，而主得专其柄。'(《商君书·算地》)而申不害等人则明确地以刑名家思想内容加入到这一治国方法中，形成了一套所谓'所以治治民之人者也'的权术。《韩非子·定法》曰：'术者，因任而授官，循名而责实；操生杀之柄，课群臣之能者也。'

---

① 《史记》卷七十《张仪列传》，北京：中华书局标点本，1959年，第2288页。

应该说纵横家的‘术’,与法家的‘术’既有联系,又有区别。其相同点在于他们都是处理政治事务的方法,可以说都是政治权术;只不过,法家的‘法术’多用于处理朝廷或国家内部事务,而纵横家的‘术’则多用于处理诸侯国之间的外交事务而已。”[①]所以纵横家的“术”不具备学术意义,在本质上只是一种政治手段而已。

纵横家以“术”和游说作为手段进行有目的的政治活动,其手法花样繁多,主要有:

极力夸大事实。夸张的目的在于使听者对被夸张对象深信不疑,从而在思想上认为这是唯一的选择取向,进而接受纵横家的游说,并坚定其信念。《史记·苏秦列传》记苏秦为合纵说楚王,为使楚王接受自己的思想,他竭力夸大楚国的军事地理环境之优越、楚王之贤和楚国实力之强,曰:“楚,天下之强国也,王,天下之贤王也。西有黔中、巫郡,东有夏州、海阳,南有洞庭、苍梧,北有陉塞、郇阳,地方五千余里,带甲百万,车千乘,骑万匹,粟支十年。此霸王之资也。夫以楚之强与王之贤,天下莫能当也。”[②]当楚王被夸赞得飘飘然时,他话锋一转,用“今乃欲西面而事秦,则诸侯莫不西面而朝于章台之下矣”这样的结论刺激楚王,使他不得不接受合纵的主张。又《战国策·韩策》记苏秦为楚合纵而说韩王,他用同样的手段极力夸大韩国的实力,来鼓舞和坚定韩王合纵的信心,他说:“韩北有巩、洛、成皋之固,西有宜阳、常阪之塞,东有宛、穰、洧水,南有陉山,地方千里,带甲数十万。天下之强弓劲弩,皆自韩出。溪子、少府时力、距来,皆射六百步之外。韩卒超足而射,百发不暇止,远者达胸,近者掩心。韩卒之剑戟,皆出于冥山、棠溪、墨阳、合伯。邓师、宛冯、龙渊、太阿,皆陆断马牛,水击鹄雁,当敌即斩,坚甲、盾鞮、鍪、铁幕、革抉、㕹芮,无不毕具。以韩卒之勇,被坚甲,跖劲弩,带利剑,一人当百,不足言也。夫以韩之劲,与大王之贤,乃欲西面事秦,称东藩,筑帝宫,受冠带,祠春秋,交臂而服焉。夫羞社稷而为天下笑,无过此者矣。”[③]苏秦用同样的夸大事实的手法,竟使韩王觉得自己的国家确实具有这样的优势,用一个虚拟的空间和虚构的现实力量使韩王丧失了对自己国家的真实判断,从而进入了苏秦事先已设计好的圈套。

---

① 高华平:《先秦诸子与楚国诸子学》,北京:北京师范大学出版社,2016年,第262页。

② 《史记》卷六十九《苏秦列传》,北京:中华书局标点本,1959年,第2259页。

③ 诸祖联:《战国策集注汇考》,南京:江苏古籍出版社,1985年,第1354页。

恐吓。恐吓是纵横家为了让对方接受或服从自己的主张而惯用的一种手法。《战国策·楚策》记张仪为秦破纵连横而游说楚王曰:“秦地半天下,兵敌四国,被山带河,四塞以为固,虎贲之士百余万,车千乘,骑万匹,粟如积山,法令既明,士卒安难乐死,主严以明,将知以武,虽无出兵甲,席卷常山之险,折天下之脊,天下后服者先亡!且夫为从者无以异于驱群羊而攻猛虎也!夫虎之于羊,不格明矣!今大王不与猛虎,而与群羊,窃以为大王之计过矣!凡天下强国,非秦而楚,非楚而秦,两国敌侔交争,其势不两立,而大王不与秦,秦下甲兵,据宜阳,韩之上地不通;下河东,取成皋,韩必入臣于秦;韩入臣,魏则从风而动;秦攻楚之西,韩、魏攻其北,社稷其得无危哉?且夫约从者聚群弱而攻至强也,夫以弱攻强,不料敌而轻战,国贫而骤举兵,此危亡之术也!臣闻之:‘兵不如者,勿与挑战,粟不如者,勿与持久。’夫从人者,饰辩曼辞,高主之节行,言其利而不言其害,卒有秦祸,无及为已!是故,愿大王之孰计之也!秦西有巴、蜀,方船积粟,起于汶山,循江而下,至郢三千余里,舫船载卒,一舫载五十人与三月之粮,下水而浮,一日行三百里,里数虽多,不费汗马之劳,不至十日,而距扞关,扞关惊,则从竟陵已东尽城守矣!黔中巫郡,非王之有已。秦举甲出之武关,南面而攻,则北地绝。秦兵之攻楚也,危难在三月之内,而楚恃诸侯之救,在半岁之外,此其势不相及也。夫恃弱国之救,而忘强秦之祸,此臣之所以为大王之患也!且大王尝与吴人五战三胜而亡之,陈卒尽矣,有偏守新城,而居民苦矣!臣闻之,‘攻大者易危,而民敝者怨于上’,夫守易危之功,而逆强秦之心,臣窃为大王危之。且夫秦之所以不出甲於函谷关十五年以攻诸侯者,阴谋有吞天下之心也。楚尝与秦构难,战于汉中,楚人不胜,通侯执珪死者七十余人,遂亡汉中,楚王大怒,兴师袭秦,战于蓝田,又却。此所谓两虎相据者也。夫秦、楚相敝,而韩、魏以全制其后,计无危于此者矣!是故愿大王熟计之也!”[①]在这里,张仪先是极力夸大秦国山川之险、主明将智、军力强大,然后分析了楚国若不与秦,秦则下甲兵,使楚防不胜防。而且他还有意揭开了楚人最为伤心的汉中和蓝田败于秦的惨痛伤疤,给楚王以痛击,让楚王认识到自己根本不是秦人的对手,即使与东方那些弱国合纵,也难以与秦抗衡。最后只好俯首听从张仪之命,“敬以国从”。

张仪又以同样的方法说服了韩、赵、燕、魏等国君主,让他们脱离合纵集团,

① 诸祖耿:《战国策集注汇考》,南京:江苏古籍出版社,1985年,第754页。

服服帖帖听命于秦国。

诈谲。刘向在《战国策·序录》中谈到纵横家的活动时说道，他们常用的手段有“弃仁义而用诈谲”，所谓诈谲，也就是欺骗。张仪为了说服楚怀王放弃与齐的合纵而与秦连横，就采用了这种手段，他先是答应予楚怀王商於之地六百里，返秦之后又佯装堕车，等到楚国与齐绝交，而楚国派人来秦国索地时，他又完全予以否认。张仪是因为有秦国强大的军事力量做靠山，才敢于这样做。同样，陈轸也是采用欺骗的手段使韩国蒙受了巨大损失，《战国策·韩策》记载，秦、韩战于浊泽，韩国因力量弱小难以取胜，于是准备借助张仪用赂城于秦的办法来联合伐楚。楚王得知消息后，极为震恐，急召陈轸商议。陈轸说：“秦之欲伐我久矣，今又得韩之名都一而具甲，秦、韩并兵南向，此秦所以庙祠而求也！今已得之矣，楚国必伐矣。王听臣，为之儆四境之内，选师言救韩，令战车满道路，发信臣，多其车，重其币，使信王之救己也，纵韩为不能听我，韩必德王也，必不为雁行以来。是秦、韩不和，兵虽至，楚国不大病矣。为能听我，绝和于秦，秦必大怒，以厚怨于韩。韩得楚救，必轻秦，轻秦，其应秦必不敬。是我困秦、韩之兵而免楚国之患也。”而后，“楚王大说，乃儆四境之内，选师言救韩，发信臣，多其车，重其币。谓韩王曰：‘敝邑虽小，已悉起之矣。愿大国遂肆意于秦，敝邑将以楚殉韩！’韩王大说，乃止公仲。公仲曰：‘不可！夫以实告我者秦也，以虚名救我者楚也。恃楚之虚名，轻绝强秦之敌，必为天下笑矣！且楚、韩非兄弟之国也，又非素约而谋伐秦矣！秦欲伐楚，楚因以起师言救韩，此必陈轸之谋也。且王以使人报于秦矣。今弗行，是欺秦也。夫轻强秦之祸，而信楚之谋臣，王必悔之矣！’韩王弗听，遂绝和于秦。秦果大怒，兴师与韩氏战于岸门，楚救不至，韩氏大败。韩氏之兵，非削弱也，民非蒙愚也，兵为秦禽，智为听于陈轸，失计于韩明也”[①]。作者最后用寥寥数笔，不无讽刺地指出，过听于陈轸，即为陈轸所欺骗，是导致韩国最终败于秦国的根本原因。

采用寓言或民间故事 。寓言和民间故事作为一种文学形式，生动而富有经验性，能直接给人以启示，具有较强的说服力和实践性、功利性的特征，所以常为纵横家用以表达自己的思想或说服别人。《战国策·齐策》记载：“孟尝君将入秦，止者千数而弗听，苏秦欲止之，孟尝君曰：‘人事者，吾已尽知之矣；吾所未闻

---

① 诸祖耿：《战国策集注汇考》，南京：江苏古籍出版社，1985 年，第 1385 页。

者,独鬼事耳!'苏秦曰:'臣之来也,固不敢言人事也,固且以鬼事见君矣!'孟尝君见之。谓孟尝君曰:'今者臣来,过于淄上,有土偶人与桃梗相与语,桃梗谓土偶人曰:'子,西岸之土也,埏子以为人,至岁八月,降雨下,淄水至,则子残矣!'土偶人曰:'不然!吾,西岸之土也,吾残,则复西岸耳!今子,东国之桃梗也,刻削以为人,降雨下,淄水至,流子而去,则子漂漂然将何所至也?今秦,四塞之国也,譬若虎口,而君入之,则臣不知君所出矣!'孟尝君乃止。"[①]为了劝止孟尝君入秦,用直接阻止的办法,可能会和其他人一样遭到拒绝,所以苏秦采用讲故事的方式,委婉曲折地表达自己的意见,诱导孟尝君在听故事的过程中接受这个故事所隐含的道理:入秦即入虎口,有进而无出。从而改变他的意志,转移他的立场,让他在潜移默化中同自己站在同一个立场上。

《战国策·齐策》还记载了陈轸用画蛇添足的寓言故事阻止了一场战争的爆发。昭阳为楚相,率军攻魏,破军杀将,连得八城,他欲乘胜而移兵攻齐,这时陈轸奉齐王之命来见昭阳,欲行阻止。"陈轸起而问:'楚之法,复军杀将,其官爵何也?'昭阳曰:'官为上柱国,爵为上执珪。'陈轸曰:'异贵于此者!何也?'曰:'惟令尹耳。'陈轸曰:'令尹贵矣!王非置两令尹也!臣且为公譬,可乎?楚有祠者,赐其舍人一卮酒,舍人相谓曰:"数人饮不足,一人饮有余,请各画地为蛇,先成者饮酒。"一人蛇先成,引酒且饮,乃左手持卮,右手画蛇,曰:"吾能为之足。"足未成,一人之蛇成,夺其卮,曰:"蛇固无足,子安得为之足?"遂饮其酒,为蛇足者终亡其酒。'"在讲完了这个寓言故事后,陈轸随即对昭阳讲:"今君相楚而攻魏,破军杀将,得八城,又移兵欲攻齐,齐畏公甚,公以是为名,足矣!官之上非可重也!战无不胜而不知止者,身且死,爵且偃,犹为蛇足也!"[②]由寓言而现实,相似的情节,相似的经验,使听者不得不对现实进行思考,并能得出与寓言相同的答案,从而放弃之前的想法。

战国纵横家的活动,为战国时代特别是秦国的政治文化注入了新鲜血液。纵横家的行为受到了历代政治家和正统史学家的众多非议,但我们要认识到这个政治学派存在的合理性。首先,他们的行动受到当代历史和政治发展的制约,不论是连横还是合纵,他们的目标只有一个,那就是统一。合纵与连横实际上是

① 诸祖耿:《战国策集注汇考》,南京:江苏古籍出版社,1985年,第564页。
② 诸祖耿:《战国策集注汇考》,南京:江苏古籍出版社,1985年,第545页。

东方各国与秦国的对抗,国家统一的趋势在战国末年已逐步形成,但由谁来统一,还是一个未知数,确如当时人所说"故纵合则楚王,横成则秦帝"。正是在这种情况下,纵横之士的活动,从外因的角度刺激和推动了统一的进程,加快了统一的速度。其次,纵横家在判断政治形势、实施政治谋划时,多重视现实利益,看重功利,这和春秋时社会、个人多重视伦理道德的价值观念有明显的不同。《战国策·燕策》记载,苏秦明确地表示过:"且夫孝如曾参,义不离亲一夕宿于外,足下安得使之之齐?廉如伯夷,不取素飡,污武王之义而不臣,焉辞孤竹之君,饿而死于首阳之山。廉如此者,何肯步行数千里而事弱燕之危主乎?信如尾生,期而不来,抱梁柱而死,信至如此,何肯杨燕、秦之威于齐,而取大功乎哉?且夫信行者,所以自为也,非所以为人也。皆自复之术,非进取之道也,且夫三王代兴,五霸迭胜,皆不自复也。君以取自复为可乎?则齐不益于营丘,足下不逾楚境,不窥于边城之外。且臣有老母于周,离老母而事足下,去自复之术而谋进取之道,臣之趣固不与足下合者。足下皆自复之君也!仆者进取之臣也,所谓以忠信得罪于君者也。"在苏秦看来,所谓的信、廉、忠、仁,这些传统的伦理道德是没有任何价值的,追求现实利益才是"进取之道",而以道德操守取名不过是一种"自复之术"。这里体现出一种强烈的功利思想。这种思想和价值取向固然与传统的道德观念背道而驰,但正是这种追求功利的贪欲思想为新时代的到来提供了发展动力。如果单从个人利益的角度看纵横家及其活动,他们无一不是追求私利和现实利益之人,也确实一直在围绕着"金玉锦绣"和"卿相之尊"打转转,但这正如马克思主义经典作家所说的:"卑劣的贪欲是文明时代从它存在的第一日起直至今日的动力。"[①]这也正是纵横家及其所创造的政治文化最值得关注的地方。再次,纵横家的价值取向与秦国自商鞅变法以来的政治文化实际完全契合。秦人尚首功、重功利、重现实、轻伦理、贱信义,这在纵横家身上及其政治活动中表现得极为突出。张仪骗楚绝齐、犀首说义渠君以害张仪、陈轸为秦惠王设计以收"双虎之功"无不如是。与秦国政治的相辅相成,主要是在"富国强兵""兼并统一"这两点上,二者完全一致,而秦的客卿制度也为纵横家大显身手提供了活动的舞台。

---

① 《马克思恩格斯选集》第四卷,北京:人民出版社,1972年,第173页。

(二)范雎、蔡泽与秦政治文化

在战国后期,纵横家活跃于政治舞台,给秦国的政治文化注入了新鲜血液,带来了新气象。他们的政治文化创造,从客观上促进了国家统一,加快了历史前进的步伐。

公孙衍、苏秦、张仪、陈轸等所创造的政治文化及其与秦国的政治演进之关系已见前述,在他们之后,对秦国政治文化发展产生重大影响的还有范雎和蔡泽等。

范雎是魏国人,秦昭王三十六年(前271),他来到秦国首都咸阳。当时的秦昭王颇厌恶游说之士,对他们无所信用。范雎的到来同样受到蔑视,《史记·范雎列传》说,对范雎"秦王弗信,使舍食草具,待命岁余"。昭王的态度冷淡是有原因的,我们猜测在当时的秦国,昭王的权力可能受到了一些牵制,据《史记·范雎列传》载:"穰侯,华阳君,昭王母宣太后之弟也;而泾阳君、高陵君皆昭王同母弟也。穰侯相,三人者更将,有封邑,以太后故,私家富重于王室。"而穰侯以权谋私,"欲越韩、魏而伐齐之纲寿"来扩大他的封邑,也无人敢阻拦。私家重于王室,王权受制,对秦国的兼并统一显然不利。

面对这样的局面,范雎主张,首先要在政治上坚决加强王权。但当时秦昭王的身旁到处都是宣太后和宗室封君的人,对昭王进行监视窃听,所以范雎不敢轻易谈论宗室内部的事。他用先谈外事的方式来观察昭王的动向。

范雎首先向昭王分析了其时秦国的山川形势、国力民情,然后指出其不能兼并东方各国的原因,他说:"大王之国,四塞以为固,北有甘泉、谷口,南带泾、渭,右陇、蜀,左关、阪,奋击百万,战车千乘,利则出攻,不利则入守,此王者之地也。民怯于私斗而勇于公战,此王者之民也。王并此二者而有之。夫以秦卒之勇,车骑之众,以治诸侯。譬若施韩庐而搏蹇兔也,霸王之业可致也,而群臣莫当其位。至今闭关十五年,不敢窥兵于山东者,是穰侯为秦谋不中,而大王之计有所失也。"[①]昭王表示愿意听听他的意见,《史记·范雎列传》记载了他的主张:"王不如远交而近攻,得寸则王之寸也,得尺则王之尺也。今释此而远攻,不亦谬乎!且昔者中山之国地方五百里,赵独吞之,功成名立而利附焉,天下莫之能害也。

① 《史记》卷七十九《范雎蔡泽列传》,北京:中华书局标点本,1959年,第2408页。

今夫韩、魏，中国之处而天下之枢也，王其欲霸，必亲中国以为天下枢，以威楚、赵。楚强则附赵，赵强则附楚，楚赵皆附，齐必惧矣。齐惧，必卑辞重币以事秦。齐附而韩、魏因可虏也。”范雎是秦国历史上第一个明确提出“远交近攻”战略之人。远交近攻首先有利于秦国稳定外围国家，在兼并战争中不至于多方应对而分散精力。其次，毗邻国家多与秦在地理上犬牙交错，特别是韩、魏两国，是秦真正的“心腹之患”，只有消除心腹之患，才可能扫除障碍，取得兼并战争的主动权。

秦实行远交近攻的第一战就取得很大的胜利。秦昭襄王三十九年（前268），范雎出计，秦昭王派五大夫绾伐魏取怀（今河南武陟西南），后二年再取魏之邢丘（今河南温县东），“邢丘拔而魏请附”。接着，范雎又为秦昭襄王出计伐韩，《史记·范雎列传》记他对昭襄王说：“秦韩之地形，相错如绣。秦之有韩也，譬如木之有蠹也，人之有心腹之病也。天下无变则已，天下有变，其为秦患者孰大于韩乎？王不如收韩。”针对昭王的担心，他提出：“王下兵而攻荥阳，则巩、成皋之道不同；北断太行之道，则上党之师不下。王一兴兵而攻荥阳，则其国断而为三。夫韩见必亡，安得不听乎？若韩听，而霸事因可虑矣。”这是非常厉害的一手，按照范雎这个安排，在昭襄王四十三年（前264）开始了对韩的进攻，这一年，秦将白起攻韩陉城（今山西曲沃北），拔五城，斩首五万，《史记·范雎列传》则云：“秦攻韩汾陉，拔之，因城河上广武。”昭襄王四十四年（前263），白起攻南阳太行道，绝之。昭襄王四十五年（前262），五大夫贲攻韩，取十城；白起攻韩之野王（今河南沁阳），野王向秦投降，切断了韩之上党郡和韩国本土的联系。昭襄王四十六年（前261），秦攻取了韩缑氏（今河南偃师南）、蔺（偃师附近）。在对韩实施兼并战争过程中，范雎还向秦昭襄王提出了“毋独攻其地而攻其人”的策略。《战国策·秦策》记载，范雎对秦昭襄王说：“有攻人者，有攻地者。穰侯十攻魏而不得伤者，非秦弱而魏强也，其所攻者地也。地者，人主所甚爱也；人主者，人臣之所乐为死也；攻人主之所爱，与乐死者斗，故十攻而弗能胜也。今王将攻韩围陉，臣愿王之毋独攻其地而攻其人也。”即在夺取敌国土地的同时，消灭其有生力量，达到一箭双雕的目的。秦昭襄王四十七年（前260）秦、赵长平之战就实施了这一方针。

长平之战后，韩、赵被迫割地以和。范雎的远交近攻，作为秦兼并统一战争的策略，在秦的统一过程中发挥了巨大的作用。

范雎的政治地位逐渐巩固，与秦昭襄王的关系也日益亲近，于是他认为说服秦昭襄王加强王权的机会到了。《史记·范雎列传》记载，他对秦昭王说："臣居山东时，闻齐之有田文，不闻其有王也，闻秦之有太后、穰侯、华阳、高陵、泾阳，不闻其有王也。夫擅国之谓王，能专利害之谓王，制生杀之威之谓王。今太后擅行不顾，穰侯出使不报，华阳泾阳等击断无讳，高陵进退不请。四贵备而国不危者，未之有也。为此四贵者下，乃所谓无王也。然则权安得不倾，令安得从王出乎？"他直接揭露了秦国"四贵"擅权、王权旁落、国将不国的现状。接着他说："臣闻善治国者，乃内固其威而外重其权。穰侯使者操王之重，决制于诸侯，剖符于天下，政适伐国，莫敢不听。战胜攻取则利归于陶，国獘御于诸侯；战败则结怨于百姓，而祸归于社稷。"他认为善于治国者，在内必须要有高度的权威，对外则必须要把权力牢牢掌握在自己手中，而现在恰恰相反，穰侯掌握了国家大权，战胜攻取是穰侯的功劳，战败失利则结怨于百姓，让国家承受祸害。他引《诗》作譬说："木实繁者披其枝，披其枝者伤其心，大其都者危其国，尊其臣者卑其主。"果实太多了会压坏枝条，而折断枝条又会伤害树心。诸侯坐大会伤害君主，尊崇臣子就会使君主变得卑微，这是很浅显的道理；他又举"崔杼、淖齿管齐，射王股擢王筋，县之于庙梁，宿昔而死。李兑管赵，囚主父于沙丘，百日而饿死"的事例，向昭王阐明臣尊主卑的危险下场，当昭王被他的说辞一步一步所打动时，范雎就将秦国目前的臣尊主卑、大权旁落的严重事实全盘托出："今臣闻秦太后、穰侯用事，高陵、华阳、泾阳佐之，卒无秦王，此亦淖齿、李兑之类也。且夫三代所以亡国者，君专授政，纵酒驰骋弋猎，不听政事。其所授者，妒贤嫉能，御下蔽上，以成其私，不为主计，而主不觉悟，今自有秩以上至诸大吏，下及王左右，无非相国之人者。见王独立于朝，臣窃为王恐，万世之后，有秦国者非王子孙也。"这一番话，让昭王听了大为吃惊，马上"废太后，逐穰侯、高陵、华阳、泾阳君于关外。秦王乃拜范雎为相，收穰侯之印，使归陶"①。

经过这一番洗牌，母后、外戚和宗室干政这颗毒瘤被彻底铲除，国家政权全部集中于国君，秦昭王的君主专制地位得到巩固，君主专权制度在秦国得到进一步发展。范雎顺应历史潮流，以远交近攻和加强君主集权的政治策略，以及高瞻远瞩的政治决策，对秦的专制主义中央集权的形成，产生了深远的影响，其意义

---

① 《史记》卷七九《范雎列传》，北京：中华书局标点本，1959 年，第 2411、2412 页。

绝不可低估。

对秦国的国家制度建设，范雎有明确的看法和政治主张。《史记·范雎列传》记载，他给秦昭王上书就提出，国家任官“有功者不得不赏，有能者不得不官，劳大者厚其禄，功多者其爵尊，能治众者其官大，故无能者不敢当职焉，有能者亦不得蔽隐”。范雎在这里提出君主必须掌握的一条重要的政治原则，就是有功劳的人不应当不给奖赏，有才能的人不应当不给官职，要求君主依照个人的能力进行授官，没有能力就不能担任相应的职务，有能力者就要提拔任用，而不应当把人才埋没。他同时引用古语“庸主赏所爱而罚所恶，明主则不然，赏必加于有功，而刑必断于有罪”[1]来说明庸主与明主的区别。为了更清楚地表达自己的意见，他还举例说：“且臣闻周有砥砨，宋有结绿，梁有县黎，楚有和朴，此四宝者，土之所生，良工之所失也，而为天下名器。然则圣王之所弃者，独不足以厚国家乎？”[2]以前流传的四宝，都是曾经被工匠抛弃的，可都是天下的名贵宝物，所以被圣人抛弃的人，不一定对国家无用。范雎曲折地说明自己的目的，就是要除去那些对国家无用的宗室贵族，而任用真正的人才来治理国家。范雎提出的用人原则，虽则是在要清除太后、穰侯和宗室贵族基础之上的，但其倡导的用人原则比单纯以血亲、军功、事功用人要进步多了。

蔡泽是燕国人，他曾想以自己的学问来干预诸侯们的政治，虽然见过的大大小小的诸侯不计其数，但没有一个人接受他。昭襄王晚年，蔡泽来到秦国。这个时候恰逢范雎所推荐的王稽、郑安平有罪于秦，按照秦国的法律，向朝廷举荐的人如果不称职或犯有罪过，举荐者要承担同样的处罚，尽管昭王对范雎免于处罚，但范雎自己一直感到不安。范雎遂将蔡泽推荐给昭王，自己则以有病为由交出了相印。蔡泽遂被昭王拜为丞相。但蔡泽任相仅仅几个月，就因受人诋毁而辞去相职，昭王封他为纲成君。他居留秦国十余年，先后奉事过昭襄王、孝文王、庄襄王、秦始皇。在秦始皇时，他还为秦出使过燕国，使燕太子丹入质于秦。

蔡泽居秦十余年，奉事秦国四代君主，确属不易。那么他是以怎样的政治立场、政治态度、政治思想来为秦国的政治服务，而使自己立于不败之地的呢？这确实是一个值得思考的问题。

---

① 《史记》卷七九《范雎列传》，北京：中华书局标点本，1959 年，第 2404 页。

② 《史记》卷七九《范雎列传》，北京：中华书局标点本，1959 年，第 2405 页。

首先,蔡泽认为,天地和人事都有自己运行的规律,主张人应顺应自然和社会规律。他说:"四时之序,成功者去。"(《史记·蔡泽列传》)自然界四时循环往复,在完成了各自的任务(春生、夏长、秋熟、冬藏),也就是成功之后,就自然隐退了。人也是一样,每个人都希望"人生百体坚强,手足便利,耳目聪明而心圣智",希望"质仁秉义,行道施德,得志于天下,天下怀乐敬爱而尊慕之,皆愿以为君王,岂不辩者之期与?"(《史记·蔡泽列传》)以仁为本,秉持正义,按原则办事,普遍地施行恩惠,得以实施自己的志愿,天下所有人都热爱、敬重、拥戴,都希望他做君王,难道不是才辩之士的希望吗?蔡泽于是指出:"富贵显荣,成理万物,使各得其所;性命寿长,终其天年而不夭伤;天下继其统,守其业,传之无穷;名实纯粹,泽流千里,世世称之而无绝,与天地始终;岂道德之符而圣人所谓吉祥善事者与?"(《史记·蔡泽列传》)富贵显荣,调理所有事物,让他们各得其所;寿命长久,享尽天年而不夭折;天下能够继承其传统,坚守其事业,无穷无尽地传递下去;名声和实际一致,恩泽广布,流传千里,世世代代称颂他,不绝于耳,和天地一样永存,这难道不是行道施德的结果,不是圣人所说的吉祥善事吗?

蔡泽在这里所讲的规律(即四时之序)、质仁秉义、行道施德、成理万物、使各得其所,以及性命寿长、得其天年、名实纯粹、与天地始终,有属于儒家、道家哲学范畴的东西,也有属于儒家伦理道德范畴的东西,不论其所属,仅从表面上看,它已和此前秦国的官方意识形态相去甚远,呈现出一种"杂家"的味道,是一种兼容并蓄的政治文化形态。

其次,在关于忠和义、名和身、生与死的问题上,蔡泽的看法不仅不同于此前的法家人物,而且也不同于他同时代的纵横家。在《史记·范雎蔡泽列传》中,蔡泽曾向范雎发问:"若夫秦之商君,楚之吴起,越之大夫种,其卒然亦可愿与?"范雎诡辩说:"何为不可?夫公孙鞅之事孝公也,极身无二虑,尽公而不顾私,设刀锯以禁奸邪,信赏罚以致治,披腹心,示情素,蒙怨咎,欺旧友,夺魏公子卬,安秦社稷,利百姓,卒为秦禽将破敌,攘地千里。吴起之事悼王也,使私不得害公,谗不得蔽忠,言不取苟合,行不取苟容,不为危易行,行义不避难,然为霸主强国,不辞祸凶。大夫种之事越王也,主虽困辱,悉忠而不解,主虽绝亡,尽能而弗离,成功而弗矜,贵富而不骄怠。若此三子者,固义之至也,忠之节也。是故君子以义死难,视死如归;生而辱不如死而荣。士固有杀身以成名,唯义之所在,虽死无所恨。何为不可哉?”[1]蔡泽并不同意范睢的看法,他认为,“主圣臣贤,天下之盛福也,君明臣直,国之福也,父慈子孝,夫信妻贞,家之福也。故比干忠而不能存殷,子胥智而不能完吴,申生孝而晋国乱。是皆有忠臣孝子,而国家灭乱者,何也?无明君贤父以听之,故天下以其君父为僇辱而怜其臣子。今商君、吴起、大夫种之为人臣,是也;其君,非也。故世称三子致功而不见德,岂慕不遇世死乎?夫待死而后可以立忠成名,是微子不足仁,孔子不足圣,管仲不足大也。夫人之立功,岂不期于成全邪?身与名俱全者,上也。名可法而身死者,其次也。名在僇辱而身全者,下也。”[2]

范睢认为,商鞅、吴起、大夫种的不幸结局是值得同情和赞赏的,是忠、义的榜样,这三子尽公不顾私、行义不避难、悉忠而不解,确实尽到了做臣子的最大责任,是无可厚非的。而蔡泽认为,商鞅、吴起和大夫种的行为只是“致功而不见德”。所谓“致功”,是指建立功业而言,“德”则是指普遍性的恩泽。建立功业只是为了少数人的利益,所以不值得去仿效,只有立德才是值得肯定的。在此基础上,蔡泽进一步提出,理想的政治是“主圣臣贤”“君明臣直”“父慈子孝”“夫信妻贞”。这些基本上属于儒家政治伦理道德范畴的东西,蔡泽则给予完全的肯定。

再次,在人生观方面,蔡泽更多地接受了道家“功遂身退”“功成而弗居”的观点。这和秦国自商鞅变法以来所倡导的法家的功利观也全然不同。《史记·范睢蔡泽列传》记载,为了进一步阐明自己的人生政治观点,蔡泽与范睢展开论辩。“蔡泽少得闲,因曰:‘夫商君、吴起、大夫种,其为人臣尽忠致功则可愿矣,闳夭事文王,周公傅成王也,岂不亦忠圣乎?以君臣论之,商君、吴起、大夫种其可愿孰与闳夭周公哉?’应侯曰:‘商君、吴起、大夫种弗若也。’蔡泽曰:‘然则君之主慈仁任忠,惇厚旧故,其贤智与有道之士为胶漆,义不倍功臣,孰与秦孝公、楚悼王、越王乎?’应侯曰:‘未知何如也。’蔡泽曰:‘今主亲忠臣,不过秦孝公、楚悼王、越王,君之设智能为主安危修政,治乱强兵,批患折难,广地殖谷,富国足家,彊主,尊社稷,显宗庙,天下莫敢欺犯其主,主之威盖震海内,功彰万里之外,声名光辉传于千世,君孰与商君、吴起、大夫种?’应侯曰:‘不若。’蔡泽曰:‘今主

---

① 《史记》卷七九《蔡泽列传》,北京:中华书局标点本,1959 年,第 2420 页。

② 《史记》卷七九《蔡泽列传》,北京:中华书局标点本,1959 年,第 2421 页。

之亲忠臣不忘旧故不若孝公、悼王、勾践，而君之功绩爱信亲幸又不若商君、吴起、大夫种，然而君之禄位贵盛，私家之富过于三子，而身不退者，恐患之甚于三子，且为君危之。语曰：'日中则移，月满则亏。'物盛则衰，天地之常数也。进退盈缩，与时变化，圣人之常道也。故'国有道则仕，国无道则隐'。圣人曰'飞龙在天，利见大人''不义而富且贵，于我如浮云'。"[①]他还以动物作譬喻，说明人不能贪欲；以齐桓公作譬喻，说明人不能自满。当功名达到顶点时，就要反躬自省，看自己所作所为是否为人处世的要求。商君、白起、吴起、大夫种这四个人，在功业已成时，能伸不能屈，能进不能退，结果落了个受害身亡的下场。而范蠡就不是这样，他功成身退，脱离世俗，自号陶朱公，享尽天年。蔡泽又说："我听说'鉴于水者见面之容，鉴于人者，知吉与凶'，《尚书》也讲'成功之下，不可久处'，所以你迁延而不离开秦国的朝廷，犹豫而不能决断，必然会有他们四人那样的下场。"范雎听从了蔡泽的话，因谢病而归相印。蔡泽这样的人生观，在秦国当时社会普遍追求建功立业、长保富贵的意识氛围下确属罕见。他和法家那种无止境地追求功利和不断进取的意识完全背道而驰，这是一个很值得玩味的事情。

蔡泽在秦国任相的时间非常短暂，只有数个月，却"居秦十余年"。他虽不在相位，却居然能"事昭王、孝文王、庄襄王，卒事始皇帝"，而且"为秦使于燕，三年而使太子丹入质于秦"（《史记·范雎蔡泽列传》），这在秦国历史上亦属罕见之事。这说明从秦昭王到孝文王直至秦始皇都能接受蔡泽的政治文化追求和治国理念。从上述蔡泽所论政治思想、治国指导思想、施政方针以及人生观来看，他已完全摆脱了秦自商鞅变法以来所形成的法是治国的不二法门这种极端主义思想窠臼，而广泛吸收了儒、道、墨等各种有利于国家发展的治国理念。他的思想理念也同时为秦国的统治者所接受，这不仅是他们君臣相得的重要原因，而且揭示了一种新的政治文化倾向的出现，这就是大一统政治文化。

（三）统一的政治文化的发展

统一政治文化的出现和发展，与战国后期国家统一的趋势及秦国的具体国情是分不开的。

战国后期，随着兼并战争的进行，秦国的领土面积不断扩大，而随之纳入的

---

① 《史记》卷七九《蔡泽列传》，北京：中华书局标点本，1959年，第2421、2422页。

异国、异族文化也越来越多，各种不同流派的思想文化在此激烈地碰撞交流并走向统一；法家垄断意识形态领域的局面已被打破；面对各种新变化，统治者不可能不调整自己的统治思想以适应新形势，他们需要从不同的思想流派中吸取有利于自己统治的营养，来巩固统治，来处理各种阶级和社会矛盾，以求得社会的稳定。

就秦国的具体情况而言，以往即使在法家独尊的情况下，战国诸子在秦国也没有被取缔，在秦国特别是在秦始皇焚书坑儒之前，在秦国的诸子依然活跃。比较著名的如儒家学派，他们的活动从春秋末一直持续到秦的灭亡，秦缪公时就以“诗书礼乐法度为政”，延至秦始皇时犹有博士七十余人，其中自然不乏儒者。他们不仅用儒家的伦理道德施行教化，而且促使法律中的礼治因素不断加强，如在秦之上郡这么偏远的地方，还出了像牛缺那样的大儒（《吕氏春秋·必已》）。墨家是和儒家并称的显学，在秦国地位也特别显赫。墨家的钜子（墨家对道行最高者的称呼）腹䵍长期居住在咸阳，是著名的“忍所私以行大义”之人。惠文王时有“秦之墨者唐姑果”。《吕氏春秋》一书中，多有关于墨家思想的记载，特别是其关于加强中央集权的思想，受到秦国统治者的青睐。道家学说在战国时的秦国也广泛流传，后来吕不韦集门客作《吕氏春秋》，道家的无为无不为、以柔克刚、以弱胜强、重生轻利、避祸全生思想在此中得到了全面反映，道家的“体道行德”更是影响了秦国的统治者。秦始皇在巡游各地的刻石中自称“秦圣”“大圣”“圣人”“真人”，而“圣法”“圣治”这些纯属于道家的东西，竟被秦最高统治者所接受，足见其影响之深。除以上各家之外，兵家、农家、阴阳家、术数家在秦地亦十分活跃，其影响不可忽视。

以上情况表明，战国中后期，在秦国占主流意识形态的自然是法家，但在惠文王之后这种情况已开始发生变化，特别是昭襄王时代，具体来说应当是在范雎和蔡泽相继执政时期，变化特别大。虽然秦国历史上没有明确说明惠文、昭襄王时代统治思想有什么具体改变，但我们仍然可以从各种文献中寻找出这种变化的蛛丝马迹。《荀子·儒效》记载，秦昭王与荀子有一段对话：“秦昭王问孙卿子曰：‘儒无益于人之国？’孙卿子曰：‘儒者，法先王，隆礼义，谨乎臣子，而致贵其上者也。人主用之，则势在本朝而宜；不用，则退编百姓而悫，必为顺下矣。虽穷困冻馁，必不以邪道为贪；无置锥之地，而明于持社稷之大义；呜呼而莫之能应，然而通乎财万物、养百姓之经纪。势在人上，则王公之材也，在人下则社稷之臣、国君之宝也。虽隐于穷阎漏屋，人莫不贵之，道诚存也……儒者在本朝则美政，在下位则美俗，儒之为人下如是矣。’王曰：‘然则其为人上何如？’孙卿曰：‘其为人上也，广大矣；志意定乎内，礼节修乎朝，法则度量正乎官，忠信爱利形乎下，行一不义，杀一无罪而得天下，不为也。此君义信乎人矣，通于四海，则天下应之如讙。是何也？则贵名白而天下治也。故近者歌讴而乐之，远者竭蹶而趋之，四海之内若一家，通达之属莫不从服，夫是之谓人师。《诗》曰："自西自东，自南自北，无思不服。"此之谓也。夫其为人下也如彼，其为人上也如此，何谓其无益于人之国也。’昭王曰：‘善。’"[①]荀子对昭王讲，儒者在朝会使政治美好，在野会使百姓风俗淳朴；在上能用礼节整治朝廷，使法律和规章制度在各级官吏中得以公正实施，使君主的道义取信于民，而四海之内就像一家人。《史记》在此对昭王的政治态度只用了一个"善"字来概括，说明秦昭王是完全赞同荀子的观点的。

作为一国之主，昭襄王在废太后、驱四贵、用范雎为相之后，手中的权力更为集中，他的政治态度和观念对国家意识形态、对国家权力运作、对政治文化的整合与创新都具有重要影响。

《荀子·强国》记载，荀子到秦国之后，应侯范雎曾问他："入秦何见？"荀子回答说："其固塞险，形势便，山林川谷美，天材之利多，是形胜也。入境，观其风俗，其百姓朴，其声乐不流污，其服不挑，甚畏有司而顺，古之民也。及都邑官府，其百吏肃然，莫不恭俭、敦敬、忠信而不楛，古之吏也。入其国，观其士大夫出于其门，入于公门，出于公门，归于其家，无有私事也，不比周，不朋党，倜然莫不明通而公也，古之士大夫也。观其朝廷，期间听决，百事不留，恬然如无治者，古之朝也。故四世有胜，非幸也，数也。是所见也。故曰：佚而治，约而详，不烦而功，治之至也。秦类之矣。"[②]荀子从地理、风俗、官府百吏、士大夫、朝廷等几个方面对秦国进行了全面考察，得出了"治之至也，秦类之矣"的结论。从荀子描述的状况看，秦国国家的这种政治局面，即使是在现代国家也是极为罕见的。

在这里，单纯用法家"以法治国""一切一断于法"的政治观点来解释惠文、昭襄时代秦国这种清明、和谐的政治局面的形成，显然是不够的。因此探讨这个时代秦国统治者是如何运用各种思想和学说，如何通过制度建设强化国家职能

① 王天海：《荀子校释》，上海：上海古籍出版社，2005年，第266页。

② 王天海：《荀子校释》，上海：上海古籍出版社，2005年，第664页。

和管理，从而加速国家统一、政治统一，就很有意义。

惠文、昭襄时代，政治文化到底发生了什么变化，传统文献的记载可以说是微乎其微，但也不是完全没有记载。《吕氏春秋》记载："墨家钜子腹䵍其子杀人，惠王令吏弗诛、有东方之墨者谢子欲西见秦惠王，秦之墨者唐姑果毁之。"可见墨家在惠文王时地位就很高。《战国策·秦策》记载，惠文王与苏秦谈话时亦提出"道德不厚者，不可以使民"的观点，可见墨家的思想对惠文王有一定影响。《史记·秦本纪》记载，惠文王十二年"初腊"，《正义》曰："秦惠文王始效中国为之，故云初腊。猎禽兽以岁终祭先祖。"腊祭本为周礼，惠文王仿效为之，说明他对周礼的欣赏。秦武王曾谓甘茂："寡人欲容车通三川，窥周室，死不恨矣。"这虽然表现了他欲并吞天下的决心，但也能看出他对周文化的向往。而秦昭襄王对儒家的态度，前文已述。这一切都表明，惠文、昭襄时代政治文化的发展，与秦孝公时代相比已经发生了重大的变化。对这种政治文化的变化，以往学者多用"儒法融合""儒法整合""内儒外法""儒家因素"等来解释，显然涵盖不了此时政治文化的内容。其实这正体现了在统一政治文化形成过程中，秦国由单纯的"以法为治"走向"礼法兼容"的政治特点。

对于这种变化，更具说服力的证据是20世纪发现的云梦睡虎地秦墓竹简。

1975年12月，湖北云梦县睡虎地11号墓出土了一千多支秦代竹简。11号墓的墓主名叫喜，他生于秦昭王四十五年(前262)，死于秦始皇三十年(前217)。喜的一生曾担任过御史、令史这两个主管法律事务和法律文书的职务，在他的墓葬中有随葬文书《语书》一篇，这是秦王政二十年(前227)南郡守腾下达给地方县道的文告。南郡本为楚国之地，秦昭王二十八年(前279)为秦将白起攻取，后设立为郡。

《语书》对我们了解这一时段秦国政治文化的发展很有意义，现将其主要内容摘录如下：

> 今法令已具矣，而吏民莫用，乡俗淫失(泆)之民不止，是即法(废)主之明法殹(也)，而长邪避(僻)淫失(泆)之民，甚害于邦，不便于民。
>
> 故腾为是而修法律令、田令及为间(奸)私方而下之，令吏明布，令吏民皆明智(知)之，毋巨(歫)於辠(罪)。
>
> 今法律令已布，闻吏民犯法为间私者不止，私好、乡俗之心不变。自从令、丞以下智(知)而弗举论，是即明避主之明法殹(也)，而养匿邪

避(僻)之民。

以上几段文字清楚地说明,在秦攻取南郡之后,南郡地方并没有全面接受秦法,尤其是在"乡俗"和对"淫泆之民"的管理上甚为糟糕。乡俗是数百千年形成的地域文化的积累,是一种相对稳定的生活方式、习惯和风气。《汉书·地理志》解释"风俗"说:"凡民函五常之性,而其刚柔缓急,音声不同,系水土之风气,故谓之风;好恶取舍,动静亡常,随君上之情欲,故谓之俗。"春秋以至战国,由于封建割据,各诸侯国经济发展不平衡,形成了不同文化背景下的不同地域风俗。对于秦国的统治者来说,兼并也许是容易的,但要对地方风俗,特别是所谓的"恶俗"进行彻底改造,使之统一,可能很不容易。南郡的情况对秦国统治者来说并不是特殊现象,在统一过程中似乎更带普遍性。

战国中期以后,兼并战争愈演愈烈,鹿死谁手尚未有答案,从后来历史发展的情况看,法家主张富国强兵,主张通过兼并战争实现国家统一,是当时政治家最明智的选择,而且是唯一正确的选择。秦国统治者顺应了这个历史潮流,选择了法家思想作为统治思想,扛起了统一的大旗。但统一并非易事,尤其是在夺取新的政权、占领新的领地后,秦国统治者面临着巩固政权的巨大困难。来自各方面的反抗和压力,使秦国统治者深深感到"兼并易能也,唯坚凝之难焉"(《荀子·议兵》)。单纯依赖法家思想进行统治显然也是不行的,只有广泛吸收各家有利于开创统一、巩固统一的思想,才能做到"凝士以礼,凝民以政,礼修而士服,政平而民安"(《荀子·议兵》)。正是在这种背景下,秦国的统治者需要对自己的统治方针、政治策略、具体政策、相关制度进行必要的调整和创新。

秦出土文献不仅向我们展现了以法律统治闻名于世的秦国各类法律的面貌,而且让我们看到了秦国统一政治文化的另一面,那就是充满礼治色彩的法律条文和制度。这在睡虎地秦简《为吏之道》和出土的其他秦律中表现得尤为显著。

中央集权君主专制制度的建立,首先体现在建立一支忠实于君主的高素质的管理队伍,这是保证国家机器正常运转的关键。正如阎步克《士大夫政治演生史稿》中所论:"秦代政治体制业已奠定了中华帝国的坚实基础。前无古人的统一事业,显示了秦国的军事官僚体制的巨大效能。秦始皇'振长策而御宇内''履至尊而制六合',庞大政府中的各级训练有素的吏员,有效地担负起了兵刑钱谷、考课铨选等等事务，管理着数以千万计的小农。”[①]这里虽然说的是秦始皇时代的情况，但这种中央集权的官僚体制在商鞅时代就已开始逐步形成。

专制君主想有效地控制这支队伍，发挥他们的作用，就必须要有一套行之有效的制度。

一是对官吏整体素质的要求。秦国在用人上确实是不拘一格、唯才是用，但在具体实施上，却有许多细致的规定，而且颇具礼治色彩。秦简《为吏之道》开篇即提出：“凡为吏之道，必精絜（洁）正直，慎谨坚固，审悉毋（无）私，微密韱（纤）察，安静无苛，审当赏罚，严刚毋暴，廉而无刖，毋复期胜，毋以忿怒夬（决）。宽俗（容）忠信，和平毋怨，悔过勿重。兹（慈）下勿陵，敬上勿犯，听间（谏）毋塞。审智（知）民能，善度民力，劳以率之，正以橋（矫）之。”[②]正直、谨慎、无私、无苛、无暴、廉洁、宽容、和平、慈下、敬上、听谏等，都是礼治的核心问题。中国传统政治重视“礼”，这个“礼”的核心是君臣等级、道德教化、礼仪制度和以民为本等。《为吏之道》从政治伦理高度和实际操作层面对各级官吏提出的上述具体要求，其实质就是强调一个“礼治”的治国理念。这个理念所说的正直、谨慎、无私、无苛等，在实际操作上就是要使官吏的行为规范化，也就是《荀子·礼论》所说“礼者，断长续短，损有余，益不足，达爱敬之文，而滋成行义之美者也”的境界。所说的“慈下”，其实也就是要爱护老百姓，就是实行仁政，不仅孔子认为“仁者爱人”，战国诸子的礼治思想似乎也都曾提到，如《韩非子·解老》就曾说：“仁者，谓其中心欣然爱人也。”爱人不仅包括了给每个人以生存和创造幸福的权利，还包含了以人为本的思想。这里强调的“敬上勿犯”，实际上是对官吏角色合乎礼治的规范。敬上勿犯，即不仅要对君主忠诚，要能忠实地执行君主所制定的方针政策，而且反对对君主地位或者生命的谋害。在日常工作中，各级官吏要宽容和平，反对仗势欺人，凌辱老百姓，要根据老百姓的承受能力来使用劳动力。

二是对各级官吏的具体要求：

《为吏之道》倡导“五善”，反对“五失”。什么是为吏的“五善”？《为吏之道》说：“吏有五善：一曰中（忠）信敬上，二曰精（清）廉毋谤，三曰举事审当，四曰喜为善行，五曰龚（恭）敬多让。”“五善”是为吏的最高境界，即对国家忠诚守信，

---

① 阎步克：《士大夫政治演生史稿》，北京：北京大学出版社，1996年，第239页。

② 王辉：《秦出土文献编年》，台北：新文丰出版公司，2000年，第185、186页。

敬用君主之言，能按照君主的意志办事，廉洁公正，办任何事情，都要慎重而恰当，对老百姓有利，为人则要恭敬礼让。“五失”是讲为吏的五种忌讳，其中比较重要的有：犯上不知害、贱士而贵货贝、居官善取、不察所亲、兴事不当、善言惰行等。前者从政治统治的角度看，是符合礼治的，首先它体现了一种仁政，要求各级官吏忠信敬上，就是能认真贯彻执行国家政策，按制度办事。中国传统政治讲求核心与秩序，不仅讲求君主与臣下的和谐相处，还要求“君道无为、臣道有为”，做到了这一点，也就达到了《荀子·君子》所说的“圣王在上，分义行乎下，则士大夫无流淫之行，百吏官人无怠慢之事，众庶百姓无奸怪之事，无盗贼之罪，莫敢犯大上之禁，天下晓然皆知夫盗窃之人不可以富也，皆知夫贼害之人不可以为寿也，皆知夫犯上之禁不可以为安也”①的礼治效果。要清正廉洁，居官位不能将其作为敛财之手段，更不能以之求利；举事一定要谨慎合理，要考虑各方面的承受能力；多做善事，反对额外加重人民的赋税和徭役负担；温良恭俭、凡事礼让则有利于社会的稳定和谐。

为政之本，存乎怀、忠、慈、孝。《为吏之道》指出，施政的根本在于“为人君则鬼（怀），为人臣则忠；为人父则兹（慈），为人子则孝”，并指出“能审行此，无官不治，无志不彻，为人上则明，为人下则聖（圣）。君鬼（怀）臣忠，父兹（慈）子孝”②。“为人君则怀”，“怀”字的本义是指怀柔、思念。这里是说作为国君当怀柔百姓，把他们放在心里。做臣子的要忠于其君，忠君也就是忠于国家。作为父亲，要慈爱子女，而子女孝敬父母也是必须的义务。《大学》中有“为人君，止于仁；为人臣，止于敬；为人子，止于孝；为人父，止于慈；与国人交，止于信”。我们将其与《为吏之道》两相对比，就不难看出两者之间的渊源关系。《为吏之道》认为这是治理天下的根本，所谓“能审行此，无官不治，无志不彻。为人上则明，为人下则聖（听）。君鬼（怀）臣忠，父兹（慈）子孝，政之本殹（也）；志彻官治，上明下听，治之纪殹（也）”。为政之本着眼于人最基本的社会关系，即君、臣、父、子，将儒家的忠、孝、慈、悌等政治伦理渗透到中央集权的官僚行政中去，以保障国家和社会稳定和谐，这也正是“礼治”所体现出的基本特点。

《为吏之道》所论及的这些观点不仅和儒家的社会伦理观念相通，与墨家亦

① 王天海：《荀子校释》，上海：上海古籍出版社，2005年，第965页。

② 王辉：《秦出土文献编年》，台北：新文丰出版公司，第187页。

有共同之处在《墨子·兼爱下》中就有“为人君必惠，为人臣必忠，为人父必慈，为人子必孝，为人兄必友，为人弟必悌。故君子莫若欲为惠君、忠臣、慈父、孝子、友兄、悌弟，当若兼之不可不行也，此圣王之道而万民之大利也”[①]这样相似的话。说明秦政治文化不是简单的儒法融合或整合，它融汇各家、为我所用的统一性是十分明显的。

为政当顺应民心。对人民群众的看法和态度，是关乎如何处理统治与被统治者关系的大问题。自古以来便有“得民心者得天下，失民心者失天下”的说法。民心的向背，决定了政权的存亡和国家的安危。《左传·哀公元年》记载陈逢滑对陈君说：“臣闻，国之兴也，视民如伤，是其福也；其亡也，以民为土芥，是其祸也。”所以为政者做任何事，都应当首先考虑民心所向。在《为吏之道》中，民心、民之利益被多处强调：“除害兴利，兹（慈）爱万姓，毋罪毋（无）罪，[毋（无）罪]可赦，孤寡穷困，老弱独传，均繇赏罚。”[②]这是一组有错简的文书，尽管错乱，但我们仍然可以从中看出它要表达的意思，为吏就要为老百姓兴利除害，要慈爱百姓、要尽力去照顾那些鳏寡孤独者，在徭役征发、实施赏罚上一定要公平合理。

《为吏之道》反对加重人民的赋税和徭役负担，在几处都提到：“与民有期，安（按）驺而步，毋使民惧，疾而无諰，简而无鄙，当务而治，不有可茝（改），劳有成既，事有几时。”[③]政府征发徭役，给人民设定了完工的时间，不要催逼而使人民感到恐惧。民众为国家服役应有一定的期限，不要额外加重人民的负担。在此基础上，《为吏之道》认为：政府“将发令，索其政（正），毋发可异史（使）烦请，令数囚（究）环，百姓摇（榣）贰乃难请”。[④] 即政府的政令一定要明确，反对朝令夕改，使民无所适从。

《为吏之道》还提出：“地修城固，民心乃宁。百事既成，民心既宁。既毋后忧，从政之经。”即为政当为人民多做有益的事，使人民能安居、安宁，有一个良好的生活、生存环境，使民心得以安宁。

---

① 孙诒让撰、孙启治点校：《墨子间诂》，中华书局，第126页。

② 王辉：《秦出土文献编年》，台北：新文丰出版公司，2000年，第187页。

③ 王辉：《秦出土文献编年》，台北：新文丰出版公司，2000年，第188页。

④ 王辉：《秦出土文献编年》，台北：新文丰出版公司，2000年，第189页。

《为吏之道》认为，要顺应民心，那么兴发各种事项一定要审慎而得当。《为吏之道》列举了一系列的兴事名目，如“城郭官府，门户关龠(钥)，除陛甬道，命书时会，事不且须，贳责(债)在外，千(阡)百(陌)津桥；囷屋蘠(墙)垣，溝渠水道”等。这些项目都是国家政府强加给人民的负担，也是国家必须进行管理的项目，涉及国家生活的各个方面，如何将其安排合理而又有限度，不至于激起人民的反对，那么各级官吏就一定要“审知民能，善度民力”，缘人情而治。

为吏当正行修身，为民表率。这是落实国家政策、保证社会稳定的重要措施。以礼治国，表率的作用关乎一国的政治和风气，老百姓关注的是国君和各级官吏的言传身教，《礼记·大学》云：“一家仁，一国兴仁；一家让，一国兴让。一人贪戾，一国作乱。其机如此。此谓一言偾事，一人定国。尧舜率天下以仁，而民从之；桀纣率天下以暴，而民从之。”儒家的这种政治理念在《为吏之道》中表述为“凡戾人，表以身，民将望表以戾真。表若不正，民心将移乃难亲”。[①] 戾，在此表示“帅”的意思。《国语·晋语》：“夫以果戾顺行，民不犯也。”韦昭注：“戾，帅也。以果敢率顺道而行之，故民不犯。”这是说各级官吏只要能够以身作则，为民做表率，起带头作用，老百姓就会以他们为榜样；如果做官吏的自身不正，就会失掉老百姓的信任，失去人心。如何才能起到表率作用？《为吏之道》认为，作为官吏个人必须要“劳以率之，正以矫之。反赦其身，止欲去愿”，即通过自身的道德修养和对自我的约束、控制个人欲望来实现。

提倡公正、清廉、忠信的政风。所谓公正，是指各级官吏在处理各种公私事务时，能够从国家或团体的利益、制度、规范出发，以客观标准来办事。反对在行政过程中营私舞弊，以个人感情用事，甚至在办事过程中借机谋求私利。《为吏之道》中，对官吏行政的“五失”行为提出了警告，就包括了“受命不偻”“居官善取”“安家忘官府”“以权衡求利”“兴事不当”“善言惰行”这些不端行为。从这些对官吏的要求我们可以看出，它与法家严格遵守法律办事、一决于法已有了明显的不同，《为吏之道》似乎更重视对官吏个人道德品质的修养和教化，更重视对其官德的培养和规范。例如在用人上，《为吏之道》提出：“审民能，以赁(任)吏，非以官禄夬助治。不赁(任)其人，及官之暋岂可悔。申之义，以毄畸，欲令

① 王辉：《秦出土文献编年》，台北：新文丰出版公司，2000年，第189页。

之具下勿议。彼邦之倾，下恒行巧而威故移。”[1]在此，作为《为吏之道》用人标准的“能”“义”（即才能和道德），和儒家提倡的用人标准没有任何区别。《为吏之道》反对用人“废置以私”，即以个人感情用事，以个人恩怨随便设置或废除官吏。为了保证公正，《为吏之道》对各级官吏提出，要善于听取来自各方面的意见。“听谏毋塞，听有方，辩短长”，不能禁止不同的声音，听取意见要有正确的方法，能分辨、采纳这些意见的优长和不足。在执法上，《为吏之道》一方面提出要严格依法办事，“操邦柄，慎度量，来者有稽莫敢忘”“审悉毋（无）私”，避免出现执法不公的情况，另一方面又提出要对老百姓宽容，不可施暴。《为吏之道》说：“宽俗（容）忠信，和平毋（无）怨，悔过勿重。”教育各级官吏在处理政务或办理案件的过程中，一定要“审悉毋（无）私，微密韱（纤）察，安静毋（无）苛，审当赏罚。严刚毋（无）暴”，这些极富儒家政治伦理色彩的东西，出现在以严刑峻法著称的秦国，似乎有很大的矛盾，其实这正昭示了秦代政治文化正在逐步走向统一。

在倡导行政公正的同时，《为吏之道》还提出了清廉的概念。在为吏的“五善”中，其中一条就是“精（清）廉毋谤”，是说做官应当风清廉洁，这样老百姓就没有怨言。关于清廉，具体而言就是要求各级官吏“临材（财）见利，不取句（苟）富”，这完全等同于《礼记・曲礼上》中“临财毋苟得”的政治观念。《为吏之道》之所以提出这个观念，乃是因为各级官员手中都掌握着国家所赋予的一部分公共权力，掌握着一定范围和数量的各种社会资源，一旦他们把这些视为己有，腐败就不可避免。正因为如此，《为吏之道》才反复强调、不断提醒国家各级官吏要“戒之戒之，材（财）不可归。慎之（慎之），货不可归”，国家的财富在任何时候都决不能随便归己所有。

忠信是《为吏之道》倡导的为官“五善”之一，即“宽俗（容）忠信”。忠的本义是尽心竭力，《说文解字・心部》：“忠，敬也，尽心曰忠。”《广韵・东韵》：“忠，无私也。”《左传・僖公九年》：“公家之利，知无不为，忠也。”在《为吏之道》中，忠具有两方面的意义，一种是指对事业竭力用心，即“以忠为干”，忠是为国家事业服务的前提，是一种对待事业的态度，即专一和无逆；忠的另一含义是对君主的忠诚，是臣下对君主应尽的义务。在法家看来，对君主的忠是没有任何条件的，《为吏之道》却提出了与儒家的君臣伦理观极为近似的观点，即“为人君则鬼

---

[1] 王辉：《秦出土文献编年》，台北：新文丰出版公司，2000年，第189页。

(怀),为人臣则忠”“君鬼(怀)臣忠”,把法家单纯的忠的义务,变成怀、忠的双向义务,也就是说,要求臣下忠于君主,则君主首先要心中有臣下,臣下在君主心中有一定的地位,君臣一体,才会有事业的成功。

以民为本是《为吏之道》中一个重要的政治文化内容。“在中国古代,‘以民为本’是占据主流地位的政治文化,‘立君为民’是全社会普遍的政治意识。民本思想的核心理念和基本思路不仅是大众化的政治常识,而且是官方的意识形态。”①《为吏之道》关于以民为本的思想主要表现在以下几个方面:一是要“兹(慈)爱万姓,毋罪毋(无)罪,毋(无)罪可赦,孤寡穷困,老弱独传,均繇(徭)赏罚,傲悍戮暴,根(垦)田人(仞)邑,赋敛毋(无)度”②。这段话虽然多有扞格难通之处,但大致还是可以看出它要表达的意思,要爱护老百姓,不要强加罪名给老百姓,能赦则赦,要宽宥孤寡老弱,徭役和赏罚要公平,切勿赋敛无度。二是要“审智(知)民能,善度民力”。即根据老百姓的承受能力,来安排他们为国家承担的赋税徭役,不要过于劳民。三是“兴事”要适当,即国家有征发之事,应当有适当的时间安排,不要耽误农时等。劳役应当有明确的期限,“与民有期”,不要让老百姓因此而感到恐惧。老百姓能安心地从事生活和生产,这才是从政的根本。

以民为本,就是重视民众在国家政治生活中举足轻重的地位。《管子》认为:“夫霸王之所始也,以人为本,本理则国固,本乱则国危。”在这种认识的基础上,主张慈民、富民、使民以时,反对劳民,主张均徭役、平赏罚,就成了《为吏之道》这个时代的共识,成为秦国政府各级官员共同遵守的规范。

荀子在《荀子·强国》篇中对秦国的社会和政治曾有过这样的描述:“入境观其风俗,其百姓朴,其声乐不流污,其服不佻,甚畏有司而顺,古之民也。及都邑官府,其百吏肃然,莫不恭俭、敦敬、忠信而不楛,古之吏也。入其国,观其士大夫出于其门,入于公门,归于其家,无有私事也,不比周,不朋党,倜然莫不明通而公也,古之士大夫也。观其朝廷,其间听决,百事不留,恬然如无治者,古之朝也。故四世有胜,非幸也,数也。”③结合《为吏之道》的内容,应当说这种描述是基本符合秦国当时现实而毫无夸张之处的。

---

① 张分田:《民本思想与中国古代统治思想》,南京:南开大学出版社,2009 年,第 1 页。

② 王辉:《秦出土文献编年》,台北:新文丰出版公司,2000 年,第 187 页。

③ 王天海:《荀子校释》,上海:上海古籍出版社,2005 年,第 664 页。

第七章 《吕氏春秋》——帝制时代的政治文化先声

一 吕不韦与《吕氏春秋》

《吕氏春秋》是秦相吕不韦组织他的门客编写,而由吕不韦主持并最终审定的先秦时的一部重要典籍。

该书在政治、哲学、自然科学等方面都有杰出的贡献和很高的研究价值,对我们研究战国末期,特别是这个时期秦国政治文化的发展状况有极为重要的意义。

吕不韦原籍卫国濮阳,“往来贩贱卖贵,家累千金”(《史记·吕不韦列传》),后来成为阳翟有名的富商。他曾在赵国首都邯郸经商,此时,秦国的庶子异人正在邯郸做人质。异人出身低微,处境十分狼狈,吕不韦却认定他“奇货可居”,大有文章可做。吕不韦的这种认识来自他对秦国当时政治形势的了解和正确分析。这时秦国当政的是已步入晚年的昭襄王,昭襄王四十年(前267)悼太子死于魏,四十二年(前265)安国君被立为太子,而安国君最宠幸的华阳夫人却没有子嗣。吕不韦抓住了这一点,立即游说异人,声称可以帮助他回国进登王位。异人十分感激地说:“必如君策,请得分秦国与君共之。”(《史记·吕不韦列传》)吕不韦一方面给异人五百金让他广交各方面的人才,另一方面又携带重金入秦,通过各方面的关系买通了华阳夫人的姐姐(一说弟弟)游说华阳夫人,使异人成为安国君的太子。因华阳夫人为楚国人,异人遂被改名为子楚。昭襄王五十六年(前251)去世,安国君继立为王,子楚为太子。安国君即位不到一年便去世,太子子楚顺利地登上王位,是为庄襄王。庄襄王即位后,吕不韦被任为丞相,封文信侯,食邑河南洛阳十万户。庄襄王在位仅三年去世,其十三岁的太子嬴政继位，吕不韦被嬴政尊为“仲父”。由于秦王年少，吕不韦又与太后私交密切，所以朝廷的大权基本上掌握在吕不韦和太后的手中。

当时由秦来统一天下的趋势已经形成，争取各类人才，集中其智慧，为未来的统一国家服务是一件迫在眉睫的大事。受当时盛行的养士之风影响，吕不韦认为“魏有信陵君，楚有春申君，赵有平原君，齐有孟尝君，皆下士喜宾客以相倾”（《史记·吕不韦列传》），而秦国作为当时最强大的国家却无此举，不能不让人感到遗憾。于是他“亦招致士厚遇之，至食客三千人。是时诸侯多辩士，如荀卿之徒，著书遍天下。吕不韦乃使其客人人著所闻，集论以为八览、六论、十二纪，二十余万言。以为备天地万物古今之事，号曰《吕氏春秋》。布咸阳市门，悬千金其上，延诸侯游士宾客有能增损一字者予千金”[①]。悬千金于咸阳市门，表现出吕不韦对此书的极端自信，也是对未来国家的建构和政治文化的自信。

《吕氏春秋》的写作意图在《序意》中有明确的表达：“维秦八年，岁在涒滩，秋甲子朔。朔之日，良人请问十二纪。文信侯曰：尝得学黄帝之所以诲颛顼矣，‘爰有大圜在上，大矩在下，汝能法之，为民父母。’盖闻古之清世，是法天地。凡十二纪者，所以纪治乱存亡也，所以知寿夭吉凶也。上揆之天，下验之地，中审之人，若此则是非可不可无所遁矣。”这里以良人与文信侯问答的形式，说出了《吕氏春秋》的写作目的：备天地万物古今之事是要“纪治乱存亡也，知寿夭吉凶也”。而这一切的理论和实践基础就是“法天地”，以符合“天、地、人”之道。

为了理解《吕氏春秋》作者的这个意图，在此以其《孟春纪·孟春》为例，予以说明：

一曰：

孟春之月，日在营室，昏参中，旦尾中。其日甲乙，其帝太皞，其神句芒，其虫鳞，其音角，律中太簇，其数八，其味酸，其臭膻，其祀户，祭先脾。东风解冻，蛰虫始振，鱼上冰，獭祭鱼，候燕北。天子居青阳左个，乘鸾辂，驾苍龙，载青旂，衣青衣，服青玉，食麦与羊，其器疏以达。是月也，以立春。先立春三日，太史谒之天子，曰：“某日立春，盛德在木。”天子乃斋。立春之日，天子亲率三公、九卿、诸侯、大夫，以迎春于东郊；还，乃赏公卿、诸侯、大夫于朝。命相布德和令，行庆施惠，下及兆民。

---

① 《史记》卷八十五《吕不韦列传》，北京：中华书局标点本，1959年，第2510页。

庆赐遂行,无有不当。乃命太史,守典奉法,司天日月星辰之行,宿离不忒,无失经纪,以初为常。

是月也,天子乃以元日祈谷于上帝。乃择元辰,天子亲载耒耜,措之参于保介之御间,率三公、九卿、诸侯、大夫,躬耕帝籍田。天子三推,三公五推,卿、诸侯、大夫九推。反,执爵于太寝,三公、九卿、诸侯、大夫皆御,命曰"劳酒"。

是月也,天气下降,地气上腾,天地和同,草木繁动。王布农事,命田舍东郊,皆修封疆,审端径术。善相丘陵阪险原隰,土地所宜,五谷所殖,以教道民,必躬亲之,田事既饬,先定准直,农乃不惑。

是月也,命乐正入学习舞。乃修祭典,命祀山林川泽,牺牲无用牝,禁止伐木;无复巢,无杀孩虫、胎夭、飞鸟,无麛无卵;无聚大众,无置城郭,掩骼霾髊。

是月也,不可以称兵,称兵必有天殃。兵戎不起,不可以从我始。无变天之道,无绝地之理,无乱人之纪。

孟春行夏令,则风雨不时,草木早槁,国乃有恐;行秋令,则民大疫,疾风暴雨数至,藜莠蓬蒿并兴;行冬令,则水潦为败,霜雪大挚首种不入。①

其他各季的安排基本遵此而行。

在这里我们看到,《吕氏春秋·十二纪》对四季各月的安排都很周详仔细,先说当月的天象,再是与之相应的帝神,然后是与之对应的动物、音律、数字、气味、祭祀对象等,再说与之对应的人事、政事,最后则是告诫此月不可作为的事情,如果违背以上告诫,或不遵从规律而行月令,上天就会降下灾祸。

由《孟春纪·孟春》中我们可以看到,《吕氏春秋》的十二纪是在"法天地"的思想指导下,将阴阳二气与四时、五行配合起来并附之以政事的新的"月令"系统,他和此前的《夏小正》《礼记·月令》相比较已有明显的不同。"《吕氏春秋·十二纪》,正吸收了《夏小正》及《周书》的《周月》《时训》,加以整理;而另发展了邹衍的思想,以此为经;再综合了许多因素,及政治行为,以组织成'同气'的政

---

① 陈奇猷:《吕氏春秋校释》,上海:学林出版社,1984年,第1、2页。

治理想的系统。”①人在这个系统中有了重要的、主动的地位,体现了“天人相感”“天人合一”的政治文化内涵。

由于《吕氏春秋》出于众家之手,汇集了众多思想家的思想资源,向来被人视为杂家。这个调子最初是由《汉书·艺文志》定下的,“《吕氏春秋》二十六篇”下注“秦相吕不韦辑智略士作”,将其列入杂家类。关于杂家,班固《汉书·艺文志》的定义是:“杂家者流,盖出于议官。兼儒、墨,合名、法,知国体之有此,见王治之无不贯,此其所长也。及荡者为之,则漫羡而无所归心。”颜师古注认为“治国之体亦当有此杂家之说”,对杂家治国之作用予以相当肯定。

关于《吕氏春秋》的性质,后世人有从班固之说者,如许维遹《吕氏春秋集释·自序》谓此书为“杂家之关键也”。冯友兰的《中国哲学史新编》说:“《吕氏春秋》的方法不是对各家在更高的水平上加以综合,而用一种拼凑式的方法加以综合,这是《吕氏春秋》的杂家思想的要点。”侯外庐的《中国通史》(第一卷),一方面认为吕不韦在主观上是“比较是有意畸重于道家”,同时又认为《汉书·艺文志》“把《吕氏春秋》著录于杂家,一点也没有冤枉了它”。又有学者认为,《吕氏春秋》有宗一家或几家之说者,清代所编《四库全书总目提要》认为:“是书较诸子之言独为纯正,大抵以儒为主。而参以道家、墨家。”清代学者卢文弨在《书〈吕氏春秋〉后》中说:“《吕氏春秋》一书,大约宗墨氏之学,而缘饰以儒术。”郭沫若《十批判书·吕不韦与秦王政的批判》认为:“它并不杂,它是有一定的权衡,有严正的去取。在大体上它是折中着道家与儒家的宇宙观和人生观,尊重理性。”张岱年的《中国哲学史史料学·吕氏春秋》认为:“《吕氏春秋》是‘杂而不杂’,是一个综合学派。”牟钟鉴的《〈吕氏春秋〉与〈淮南子〉思想研究》认为:“从思想渊源看,对《吕氏春秋》影响较大者首推老子,若干基本思想直接来源于老子。”洪家义在《吕不韦评传》一书中提出:“意见之如此分歧,正好说明了《吕氏春秋》不宜归属于任何一家或数家,同时也说明了人们对《吕氏春秋》这部书的性质理解很不一致。我认为应该跳出《汉书·艺文志》所设定的框框,不必拘泥于某家某派的格局,用现代分类法,根据全书内容,实事求是地重新给他立定一个名号,以标志该书的性质。我以为应该把《吕氏春秋》定为政治理论著作,确切点说,是关于未来政权意识形态的政治理论著作。这一点可以从编著的主旨,

① 徐复观:《两汉思想史》,第二卷,上海:华东师范大学出版社,2001年,第9页。

后人的评论,特别是本书的内容得到证实。”

我们认为洪家义先生的判断是基本正确的,但应当补充的一点是,《吕氏春秋》是一部博采众家、严格取舍且非常具有系统性的关于统一政治文化的理论著作,是一部对君主帝王进行政治文化教育的教科书。这才是吕不韦真正用心之处。《吕氏春秋·序意》云:“良人请问《十二纪》,文信侯曰:‘尝得学黄帝之所以诲颛顼矣,爰有大圜在上,大矩在下,汝能法之,为民父母。’”在这里吕不韦清楚地表明了自己的思想,他就是要像黄帝教诲颛顼那样来教育嬴政,让他能法天地、循规律,做好民之父母。

二 帝制时代的政治文化先声

《吕氏春秋》以“十二纪”为根本大纲,辅之以“八览”“六论”,以阴阳四时、法天则地、五行之气来结合政治生活,形成天与人的贯通合一。《吕氏春秋》所体现的政治文化构想,完全可以看作是为秦的统一和秦国家政治建设、制度建设、意识形态建设及帝王教导所做的思想舆论准备。其政治文化品格,我们认为可以从以下几个方面来理解:

(一)法天地

《吕氏春秋·序意》讲到:“爰有大圜在上,大矩在下,汝能法之,为民父母。”又说:“盖闻古之清世,是法天地。”这里讲的实际上是战国以来诸子经常探讨的一个重大问题,即天人关系、政治与自然的关系问题。在《吕氏春秋》看来,只有法天地、遵循客观规律才有资格做老百姓的君主,古代所谓的清世(指太平盛世)都是法天地的结果。

法天地,即按客观规律行事。《吕氏春秋·大乐》认为,支配自然和人类社会的规律是一个名曰“太一”的东西,认为“太一出两仪,两仪出阴阳。阴阳变化,一上一下,合而成章。浑浑沌沌,离则复合,合则复离,是谓天常。天地车轮,终则复始,极则复反,莫不咸当。日月星辰,或疾或徐,日月不同,以尽其行。四时代兴,或署或寒,或短或长,或柔或刚。万物所出,造于太一,化于阴阳”[①]。这是说世界的本源是“太一”,“太一”化于阴阳,阴阳之相互作用,产生万物,包括人类在内。阴阳的变化有一定的规律,形成所谓的“天常”即规律,这个规律具有“终则复始,极则复反”的特点。

这里有几个问题值得我们关注:第一,什么是“太一”?《吕氏春秋·大乐》解释说:“道也者,至精也,不可为形,不可为名,强为之,谓之太一。”谓道就是太一。在《圜道》一节中又说:“一也者至贵,莫知其原,莫知其端,莫知其始,莫知其终,而万物以为宗。”“太一”“道”和“一”在《吕氏春秋》的作者看来,是同一个东西,是一个实实在在的存在,它是世界宇宙的本源,万物皆起源于它。第二,《吕氏春秋》的“道”和老子的“道”在本质上是不同的。《老子》论“道”说:“有物混成,先天地生。寂兮寥兮!独立而不改,周行而不殆,可以为天地母。吾不知其名,字之曰道,强为之名曰大。”又说:“道生一,一生二,二生三,三生万物。”老子亦认为道是万物的本源,道是独立的,道永远都在运动之中,但在老子那里,“道”又是一个混沌未分、无象无物、以无生有的宇宙本源。显然和《吕氏春秋》充满朴素唯物主义因素的宇宙起源观是有区别的。

《吕氏春秋》认为,人类是自然世界的一个组成部分,所以人类的所有活动都要与自然规律相应,“十二纪”在阐明十二月的天文、历象、物候等自然现象的同时,对天子居、住、行,祭祀、礼乐、农事等活动做了与时令相契合的安排,这些安排是不可随意更改的,这就是“无变天之道,无绝地之理,无乱人之纪”(《吕氏春秋·孟春》)。如果违背了这个规律,“孟春行夏令,则风雨不时,草木早槁,国乃有恐;行秋令,则民大疫,疾风暴雨数至,藜莠蓬蒿并兴;行冬令,则水潦为败,霜雪大挚,首种不入”(《孟春》)。人的所有行动都必须遵循自然规律和社会发展规律,《序意》说:“天曰顺,顺维生;地曰固,固维宁;人曰信,信维听。三者咸当,无为而行。行也者,行其理也。”[②]天顺行才能生万物,地牢固才能使万物得以安宁,人有诚信才能被听用,天地人三者都得当,那么就可以无为而行了。这里也是说人要遵循天地的规律。所谓“无为而行”,并不是指毫无作为,在《吕氏春秋》中无为的前提是指天地人三者“咸当”,即按照客观规律行事才叫无为。

---

① 陈奇猷:《吕氏春秋校释》,上海:学林出版社,1984 年,第 255 页。

② 陈奇猷:《吕氏春秋校释》,上海:学林出版社,1984 年,第 648 页。

强调自然与社会规律的客观性，就是提醒人们所有的行动要遵从这两条规律。

“是法天地”就是要正确认识、准确把握、合理利用自然和社会的发展规律。《吕氏春秋·贵因》中说：“三代所宝莫如因，因则无敌。禹通三江五湖，决伊阙，沟回陆，注之东海，因水之力也。舜一徙成邑，再徙成都，三徙成国，而尧授之禅位，因人之心也。汤、武以千乘制夏、商，因民之欲也。如秦者立而至，有车也；适越者坐而至，有舟也。秦、越，远途也，竫立安坐而至者因其械也。”这里所说的“因”，实际就是指规律。夏禹因水之力而成就治水之功，舜因人心之力而得到尧之禅位，汤、武因民之欲而取代夏、商，这里所强调的都是要善于遵循规律，顺应和利用规律。在《贵因》篇中，作者还列举了周武王伐纣、墨子见楚王、孔子道（通过）弥子瑕见釐夫人等故事来说明“故因则功，专则拙”的道理，给人以深刻的启迪。也是说要重视“因”，要发挥人的主观能动性，既尊重客观规律，又能利用外物，如《执一》篇所说“变化应求而皆有章，因性任物而莫不宜当”，从而以成事功。

变化应求，体现了《吕氏春秋》进步的历史进化论的政治取向。历史是发展的，没有一成不变的统治思想和统治制度，《吕氏春秋·察今》明确指出：“上胡不法先王之法？非不贤也，为其不可得而法。先王之法，经乎上世而来者也，人或益之，人或损之，胡可得而法？虽人弗损益，犹若不可得而法。”而更重要的是，“凡先王之法，有要于时也。时不与法俱至，法虽今而至，犹若不可法。故择先王之成法，而法其所以为法”。[①] 当今的君王为什么不去效法先王的法则？这是因为时变的缘故，作者以刻舟求剑的故事批评那些政治保守主义者，说明“以故法为其国，与此同。时已徙矣，而法不徙，以此为治，岂不难哉？”所以作者提出要因时变法，指出“故治国无法则乱，守法弗变则悖，悖乱不可以持国。世易时移，变法宜矣”。[②]

“是法天地”肯定自然和社会发展有一定的规律，是合乎科学的，这是《吕氏春秋》值得肯定的地方。但在另一方面，它有时又把天人关系神秘化，如《应同》篇提出“类固相召，气同则合，声比相应”的观点，认为物类相同就互相招引，气味相同则相互投合，相同的声音就会互相响应。这些观点有其合理的地方，如认

① 陈奇猷：《吕氏春秋校释》，上海：学林出版社，1984 年，第 935 页。

② 陈奇猷：《吕氏春秋校释》，上海：学林出版社，1984 年，第 935、936 页。

为一切都应遵从规律，若不遵从其道，就会走向另一个极端。而“天人感应”则就充满了神秘和迷信的色彩，上举《应同》篇说：“凡帝王者之将兴也，天必先见祥乎下民。黄帝之时，天先见大螾大蝼。黄帝曰：‘土气胜。’土气胜，故其色尚黄，其事则土。及禹之时，天先见草木秋冬不杀。禹曰：‘木气胜。’木气胜，故其色尚青，其事则木。及汤之时，天先见金刃生于水。汤曰：‘金气胜。’金气胜，故其色上白，其事则金。及文王之时，天先见火，赤乌衔丹书集于周社。文王曰：‘火气胜。’火气胜，故其色尚赤，其事则火。代火者必将水，天且先见水气胜。水气胜，故其色尚黑，其事则水。水气至而不知数备，将徙于土。”[①]《吕氏春秋》这段话，把帝王之兴和自然现象联系起来，它体现出四个方面的意义：一是宣扬君权神授；二是用五德终始说、历史循环论来说明王朝的更替；三是预示了秦王朝将以水德取代周朝的火德（此后秦始皇正是这样做的），但又同时说明，若“水气至而不知数备”，那么气数就会发生转移，也就是说一定要能抓住机遇，前面我们已经提到，《吕氏春秋》成书时，秦的统一大势已基本形成，在这里《吕氏春秋》作者提示秦统治者若抓不住机遇，也许会功亏一篑；四是强调天人感应，用天降祥瑞来暗示天命的所在。

天能带来祥瑞，也同样能带来灾害。这些灾害在自然界表现为多种多样的怪异现象，如日食、月食、妖星、妖孽等。《吕氏春秋》的作者认为：“国有此物，其主不知惊惶亟革，上帝降祸，凶灾必亟，其残亡死丧，殄绝无类，流散循饥无日矣。”[②]这些自然现象的出现是灾害的前兆，君主若不知惊惶，不及时进行改革，就会有更大的祸害降临。我们注意到了《吕氏春秋》作者的用心：即虽然有天人感应，但妖异的兴亡、人事的祸福，其决定因素全在于人，强调了人对客观世界改造的主动权，这是作者最具慧眼的地方。为了论证这个观点，作者列举了成汤、周文王和宋景公的三则故事来做说明：

一则故事说：成汤时“天大旱，五年不收，汤乃以身祷于桑林，曰：‘余一人有罪，无及万夫，万夫有罪，在余一人。无以一人之不敏，使上帝鬼神伤民之命。’于是剪其发，故历其手，以身为牺牲，用祈福于上帝。民乃甚说，雨乃大至。则汤

---

① 陈奇猷：《吕氏春秋校释》，上海：学林出版社，1984 年，第 677 页。

② 陈奇猷：《吕氏春秋校释》，上海：学林出版社，1984 年，第 359 页。

达乎鬼神之化、人事之传也”。[1]

另一则故事讲:“周文王立国八年,岁六月,文王寝疾五日而地动,东西南北不出国郊。百吏皆请曰:‘臣闻地之动,为人主也。今王寝疾五日而地动,四面不出周郊,群臣皆恐,曰请移之。’文王曰:‘若何其移之也?’对曰:‘兴事动众以增国城,其可移之乎!’文王曰:‘不可,夫天之见妖也,以罚有罪也。我必有罪,故天以此罚我也。今故兴事动众以增国城,是重吾罪也。不可。’文王曰:‘昌也请改行重善以移之,其可以免乎!’于是谨其礼秩、皮革,以交诸侯;饬其辞令、币帛,以礼豪士;颁其爵列、等级、田畴,以赏群臣。无几何,疾乃止。文王即位八年而地动,已动之后四十三年。凡文王立国五十一年而终。此文王之所以止殃翦妖也。”[2]

第三个故事讲,宋景公时,“荧惑在心,公惧,召子韦而问焉,曰:‘荧惑在心,何也?’子韦曰:‘荧惑者,天罚也;心者,宋之分野也。祸当于君。虽然,可移于宰相。’公曰:‘宰相,所与治国家也,而移死焉,不详。’子韦曰:‘可移于民。’公曰:‘公曰:‘民死,寡人将谁为君乎? 宁独死!’子韦曰:‘可移于岁。’公曰:‘岁害则民饥,民饥必死。为人君而杀其民以自活也,其谁以我为君乎? 是寡人之命固尽已,子无复言矣。’子韦还走,北面载拜曰:‘臣敢贺君。天之处高而听卑。君有至德之言三,天必三赏君。今夕荧惑其徙三舍,君延年二十一岁。’公曰:‘子何以知之?’对曰:‘有三善言,必有三赏,荧惑必三徙舍。舍行七星,星一徙当一年,三七二十一,臣故曰君延年二十一年矣。臣请伏于陛下以伺候之。荧惑不徙,臣请死。’公曰:‘可。’是夕荧惑果徙三舍”。[3]

这三则故事分别讲了成汤时天大旱,成汤认为此非百姓之罪,罪在自己,以己身为牺牲向上天祈福,感动了上天,雨乃大至;周文王时,其身有病,加上四境之内发生地震,文王改行善政,不久病愈,地震停止;宋景公时“荧惑在心”,按照子韦的说法将有“祸当于君”,但宋景公不忍心移祸于大臣和百姓,而自愿当之,结果“是夕荧惑果徙三舍”。故事的内容各不相同,但说明了同一个道理,那就是社会的治乱兴衰和人事之生死祸福,都可以通过人本身的主观努力来转化,可

---

① 陈奇猷:《吕氏春秋校释》,上海:学林出版社,1984 年,第 479 页。

② 陈奇猷:《吕氏春秋校释》,上海:学林出版社,1984 年,第 347 页。

③ 陈奇猷:《吕氏春秋校释》,上海:学林出版社,1984 年,第 348 页。

以转祸为福、转危为安。这里虽然也有天人相感、天人相应的影子,但更重视的是人的主观能动性,也就是说统治者只要顺天顺民,遵循社会自然规律,就会化险为夷。虽然都讲“天人合一”,但这种政治文化特点和后来董仲舒的“以类合之,天人一也”(《春秋繁露·阴阳义》)的“祥瑞论”“天谴论”还是有明显的不同。

(二)纪治乱存亡

《吕氏春秋》是为未来统一国家所做的顶层设计,它以“纪治乱存亡”(《吕氏春秋·序意》)的方式阐明了未来政治文化发展的方向和意愿。

《吕氏春秋》探讨了历史上各朝代治乱兴衰的现象,总结出发生这些现象的原因和规律,力图为统一国家提供历史和现实的经验与借鉴。其政治文化内涵十分丰富,主要有以下内容:

一是强调维护国家政治的统一。吕不韦是在国家即将走向统一的背景下编纂《吕氏春秋》一书的,其目的就是要用统一的政治思想、统一的政治理论来建构统一的上层建筑,为大一统政治服务,所以强调国家政治统一就显得尤为重要。《吕氏春秋·不二》说:“听群众人议以治国,国危无日矣。何以知其然也?老聃贵柔,孔子贵仁,墨翟贵廉,关尹贵清,子列子贵虚,陈骈贵齐,阳生贵己,孙膑贵势,王廖贵先,兒良贵后。此十人者,皆天下之豪士也。有金鼓,所以一耳也;同法令,所以一心也;智者不得巧,愚者不得拙,所以一众也;勇者不得先,惧者不得后,所以一力也。故一则治,异则乱;一则安,异则危。夫能齐万不同,智者工拙皆尽力竭能,如出乎一穴者,其唯圣人矣乎。”吕不韦在此对各家的政治理论特点给予简明而确切的概括,说明统一国家意识形态的建立不能不加选择,如果不加选择而茫然取之,就会给国家带来危害。对即将统一的国家来说,只有“齐万不同”“出乎一穴”,才能实现“一则治”“一则安”的统治效果。正因为如此,吕不韦对秦朝未来统一的政治文化发展提出了自己鲜明的观点,一方面他肯定了法家政治文化对秦国历史的贡献以及在秦国取得的巨大成就,同时也提出应顺应时势,适时变法,否定了“法先王”的观点。《吕氏春秋·察今》中指出:“故治国无法则乱,守法而弗变则悖,悖乱不可以持国,世易时移,变法宜矣。”值得注意的是,吕不韦在这里提出的“变法”并不是对商鞅变法的延续,而是要根据时代的发展,在吸收、整合、融汇各家思想的基础上,对此前秦国主要以法家思想为主体进行思想统治和国家管理的政策方针进行修正和重塑。

从整体来看，吕不韦所倡导的新的统一的政治文化，在指导思想上更多地吸收了儒家的基本观念和理论。《吕氏春秋》肯定儒家的忠孝、仁义为治国之本，《吕氏春秋·孝行》说："凡为天下，治国家，必务本而后末。所谓本者，非耕耘种殖之谓，务其人也。务其人，非贫而富之，寡而众之，务其本也。务本莫贵于孝，人主孝，则名章荣，下服听，天下誉；人臣孝，则事君忠，处官廉，临难死；士民孝，则耕耘疾，守战固，不罢北。夫孝，三皇五帝之本务，而万事之纪也。"和法家君权至上以及愚民、弱民思想不同，《吕氏春秋》明确提出当以忠、廉、孝和民为本，《务本》讲"主之本在于宗庙，宗庙之本在于民"。君主以国家为本，国家则以民为本，《顺民》篇讲："先王先顺民心，故功名成……失民心而立功名者未之曾有也。"

《吕氏春秋》将儒家的忠、廉、孝这些基本的伦理道德纳入政治文化体系中，认为这些都是治国之根本，而在此中"孝"尤为重要，不管是君主爱民还是臣下忠君，不论是与人交往还是国家治理，总之一句话，都是以孝道为根本，故《孝行》总结说："民之本教曰孝，其行孝曰养。养可能也，敬为难；敬可能也，安为难；安可能也，卒为难。父母既没，敬行其身；无遗父母恶名，可谓能终矣。仁者仁此者也；礼者履此者也；义者宜此者也；信者信此者也；强者强此者也。乐自顺此生也，刑自逆此作也。"

《吕氏春秋》强调，国家政治的统一，不能单一地施用法家思想，而应以儒家思想作为主导，这不仅是历史发展的需要和必然，同时也对此后中国两千年礼法并重的国家统治模式产生了深刻影响。

二是倡导"公天下"的政治文化。"公"是在人类历史发展过程中所形成的有关国家、社会、团体、个人之间的价值取向和行为准则，它的对立面是"私"。公、私的具体表现在不同时代有不同的政治内涵和要求标准。

在《吕氏春秋》时代，政治的统一是向着统一的君主集权制的方向发展。"'公'的价值意义中最主要和最核心的是把国家、君主、社会与个人贯通为一体，并形成一种普遍的国家和社会公共理性。'公'发展为国家和社会的公共理性其标志有三：一是成为国家与社会的准则；二是成为人们的道德与行为的准则;三是成为人们的思维前提和认识准则。”[①]“公”作为国家这个公共政治理念,是在战国时代开始形成的。如果说,春秋时代社会政治的发展特点主要是“强乘弱,兴师不请天子。然挟王室之义,以讨伐为盟主,政由五伯,诸侯恣行”“四海迭兴,更为伯主”(《史记·十二诸侯年表》)的话,到战国末期情况已发生了根本性的变化,历史开始发生巨大的转折,伴随着社会结构的变化,人们的社会意识也发生了根本性的转变,疆域、国家的概念愈来愈突出,特别是随着宗法封建制的崩溃,以及新型郡县制、官僚制、中央集权制度的建立,统一的政治观念日益深入人心,“公”的价值得到普遍认同。

与对“公”的维护不同,“私”受到了猛烈的批评,“立公灭私”成为当时社会普遍的看法。《韩非子·有度》说:“能去私曲就公法者,民安而国治;能去私行行公法者,则兵强而敌弱。”《吕氏春秋·举难》引白圭回答孟尝君的话说:“以私胜公,衰国之政也。”《贵公》篇说:“昔先圣王之治天下也,必先公。公则天下平矣,平得于公。”又云:“有得天下者众矣,其得之以公。”从这一点出发,《吕氏春秋》的作者提出了君主治国“必先公”的观点,在《贵公》篇中他还进一步提出“天下,非一人之天下也,天下之天下也”的观点。当然,这里的“公”并不是要与老百姓“公”天下,而是要维护新兴地主利益的“公”。为了维护地主阶级的整体利益,《吕氏春秋》的作者认为,必须对君主的权力有所限制,反对君主对权力的垄断。《骄恣》篇指出:“亡国之主,必自骄,必自智,必轻物。自骄则简士,自智则专独,轻物则无备。无备召祸,专独位危,简士壅塞。欲毋壅塞必礼士;于位无危必得众;欲毋召祸必完备。三者,人君之大经也。”[②]这是对“公”这一政治理念更进一步的阐释,也是对当时政治的委婉批评。

三是强调为君之道。强调对国君的规范、为君之道,是《吕氏春秋》最重要、最核心的政治文化命题。

《吕氏春秋》作为一部对帝王进行政治文化教育的教科书,其关于为君之道的论述不仅在全书所占比例最大,而且论述最为详细。

君主的产生是出于自然和人类社会的需要。《吕氏春秋·恃君》认为:在人类的远古时代是没有君主的,后来由于要抵御自然灾害和处理群居的各种矛盾,

---

① 刘泽华:《中国政治思想通史》,北京:中国人民大学出版社,2014年,第440页。

② 陈奇猷:《吕氏春秋校释》,上海:学林出版社,1984年,第1404页。

才需要有一个领袖人物,“凡人之性,爪牙不足以自卫守,肌肤不足以扞寒暑,筋骨不足以从利辟害。勇敢不足以却猛禁悍。然且犹裁万物,服狡虫,寒暑燥湿弗能害,不唯先有其备,而以群聚邪!群之可聚也,相与利之也。利之出于群也,君道立也”。如果没有君主,人类在生产生活中就会遇到数不清的麻烦,而且祸患无穷,“其民聚生群处,知母不知父,无亲戚兄弟夫妻男女之别,无上下长幼之道,无进退揖让之礼,无衣服、履带、宫室、蓄积之便,无器械、舟车、城郭、险阻之备”。所以,“为天下长虑,莫如置天子也;为一国长虑,莫如置君也”。

在此,《吕氏春秋》的作者并非仅仅是为了说明君主产生的原因,下面一句话才是点睛之笔:“置君非以阿君也,置天子非以阿天子也,置官长非以阿官长也。”(《恃君》)立君不是为了让国君谋取私利,立天子也不是为了让天子谋取私利,立官长也不是让他们谋取私利,那么立君、立天子、立官长的目的何在?答案是“利而物利章”[①]。对于这句话,陈奇猷在《吕氏春秋校释》中引《庄子·天道》说:“‘君道何如?利而勿利’,言君人之道宜何如乎?务在利民而勿以自利而已。”就是说要把为天下老百姓谋利益而不是为自己谋利益作为立君、立天子、立官长的准则。换句话说,君主、天子、官长既以利民为准则,那他们就非一家一姓之代表,他们行政的出发点和落脚点就要代表“公”,他们的去就也必须从“公”来考虑。基于这一点,《吕氏春秋》主张实行君(天子)位的让贤制,它说:“尧、舜,贤主也,皆以贤者为后,不肯与其子孙,犹若立官必使之方。今世之人主,皆欲世勿失矣,而与其子孙,立官不能使其方,以私欲乱之也,何哉?其所欲者之远,而所知者之近也。”(《吕氏春秋·圜道》)高诱注谓:“自传子孙,冀世世不失,是其所欲者之远也。子孙不肖,骄淫暴虐,必见改置,不得长久,是其所知者之近也。”这里是说尧、舜是贤明的君主,他们的贤明就在于选择接班人是选贤明者,而不是把君位传给自己的子孙,这样就保证了国家政权的稳定和社会的长治久安。而现在这些在位的君主,都想着父子相传而世代不失君位,而只把君位传给自己的子孙,立官不能使其发挥作用,用私欲将君道、臣道都破坏了。认为君道之不行主要是立非其人,《恃君》篇说:“自上世以来,天下亡国多矣,而君道不废者,天之利也。故废其非君而立其行君道者。”认为君道不废是天下之大利,主张立能行君道者而废除不能行君道者。

---

① 陈奇猷:《吕氏春秋校释》,上海:学林出版社,1984 年,第 1322 页。

在提倡让贤的同时,《吕氏春秋》的作者认为,要坚决反对君主的专权与独裁。《骄恣》篇指出:"亡国之主,必自骄,必自智,必轻物。自骄则简士,自智则独专。"独断和专制必然会使听闻壅塞,拒绝不同意见的发表,而使君主变成孤家寡人,严重者还会招致祸患,威胁统治。《吕氏春秋》主张君主治理天下,要先加强自身的政治和品格修养。"凡事之本,必先治身","昔者,先圣王成其身而天下成,治其身而天下治","《诗》曰:'淑人君子,其仪不忒。正是四国。'言正诸身也。故反其道而身善矣,行义则人善矣,乐备君道,而百官已治矣"(《先己》)。做事的根本,要先端正自身。古代的圣王都是先端正了自身,才能成功治理天下。《吕氏春秋》还引用孔子和鲁哀公的一段对话,以说明"得之于身者得之人,失之于身者失之人。不出于门户而天下治者,其唯知反于己身者乎!"[①]这个深刻的道理。

围绕为君之道《吕氏春秋》提出了一系列具体而极具远见卓识的观点:

1. 为君之道,当以民为本

以民为本是中国古代优秀的政治文化传统,早在三代时期这种思想就已深入人心,伪《古文尚书》的《五子之歌》中就有"民维邦本,本固邦宁"的说法,齐国著名的政治家晏子在《晏子春秋》中第一次明确提出"以民为本"[②]。此后,民本思想不断地得到充实和加强。《吕氏春秋》认为,国家存亡的根本在于民,"安危荣辱之本在于主,主之本在于宗庙,宗庙之本在于民,民之治乱在于有司。《易》曰:'复自道,何其咎,吉。'以言本无异,则动卒有喜"(《务本》)。明确指出国家的根本在于人民,并引《易经》的话作为理论支撑,说明只要根本不发生动摇,一切都会吉利有喜。

《吕氏春秋》对以民为本有着内容上的规定:

以民为本,就是要爱民,以人民的利益为重。"人主有能以民为务者,则天下归之矣。王也者,非必坚甲利兵选卒练士也,非必隳人之城郭、杀人之士民也。上世之王者众矣,而事皆不同,其当世之急、忧民之利、除民之害同。"(《爱类》)君主执民之命,不可随心所欲而为,因为"人主之行与布衣异。势不便,时不利,事雠以求存。执民之命。执民之命,重任也,不得以快志为故"(《行论》)。

---

① 陈奇猷:《吕氏春秋校释》,上海:学林出版社,1984年,第145页。

② 张分田:《民本思想与中国古代统治思想》,南京:南开大学出版社,2009年,第89页。

以民为本,就是要顺应民心,为民兴利。“先王先顺民心,故功名成。夫以德得民心以立立大功名者,上世多有之矣。失民心而立功名者,未之曾有也。”(《顺民》)“圣人南面而立,以爱利民为心,号令未出而天下皆延颈举踵矣,则精通乎民也。”(《精通》)君主若能与民精气相通,“以爱利民为心”,即使号令尚未发出老百姓就已延颈举踵而相应,天下大治。顺应民心,就是要做到正确地役使人民,“太上以义,其次以赏罚”(《用民》)。最上等的是用义,其次才是靠赏罚。役使人民要有纪有纲,“用民有纪有纲。壹引其纪,万目皆起;壹引其纲,万目皆张。为民纪纲者何也?欲也恶也。何欲何恶?欲荣利,恶辱害。辱害所以为罚充也,荣利所以为赏实也。赏罚皆有充实,则民无不用矣”(《用民》)。欲荣利、恶辱害是人的本性,顺应民心而立法规,使人民有规可循,这才是正确的用民方法,只有这样,民才可无所不用。

以民为本,就是不要扰民、劳民,做事一定要得民心。《吕氏春秋》提出了一系列的爱民、利民措施,其中重要者就是不要干扰和加重人民的负担,不妨碍农事。《吕氏春秋·十二纪》有关农事活动安排中,多处都有这样的规定:

> “是月也,耕者少舍,乃修阖扇。寝庙必备,无作大事,以妨农功。”(《仲春纪》)
>
> “是月也,继长增高,无有坏隳。无起土功,无发大众,无伐大树。”(《孟夏纪》)
>
> “是月也,树木方盛,乃命虞人入山行木,无或斩伐;不可以兴土功,不可以合诸侯,不可以起兵动众,无举大事,以摇荡于气。无发令而干时,以妨神农之事。水潦盛昌,命神农,将巡功,举大事则有天殃。”(《季夏纪》)
>
> “是月也,乃命水虞鱼师收水泉池泽之赋,无或敢侵削众庶兆民,以为天子取怨于下,其有若此者,行罪无赦。”(《孟冬纪》)

这些规定保证了在农事季节农民能有足够的时间和劳动力投入到生产中去,杜绝了官吏对老百姓的盘剥,保证了国家的收入和社会的稳定。

君主做事一定要得民心,“先顺民心,故功名成”(《顺民》)。《吕氏春秋》作者举例说:“文王处岐事纣,冤侮雅逊,朝夕必时,上贡必适,祭祀必敬。纣喜,命文王称西伯,赐以千里之地。文王载拜稽首而辞曰:‘愿为民请炮烙之刑。’文王非恶千里之地,以为民请炮烙之刑,必欲得民心也。得民心则贤于千里之地,故曰文王智矣。”(《顺民》)文王并不是不喜爱千里之土地,他知道去炮烙之刑才是得民心之举,这要远远胜过得到那千里之地,这正是文王的明智之处。

以民为本,君主就要善于体察民情,为百姓谋福祉。“大寒既至,民暖是利;大热在上,民清是走。是故民无常处,见利之聚,无之去。欲为天子,民之所走,不可不察。”(《功名》)天寒则追求温暖,天热则追求清凉,老百姓总是要聚集到有利的地方去。想做天子,对老百姓的动静就不能不详细观察和了解。“故当今之世,有仁人在焉,不可而不此务;有贤主不可而不此事。”(《功名》)所以在当今之世,如果要做仁人和君主的话,就不可不致力于这些事。观察并了解老百姓的动静,就会知道正确地役使老百姓的方法。所谓正确的方法,就是要“仁义以治之,爱利以安之,忠信以导之,务除其灾,思致其福”,“此五帝三王之所以无敌也”(《适威》)。用仁义治理百姓,用爱心和利益安定百姓,用忠信教导百姓,务必除掉灾害,努力思考如何为百姓创造幸福,“人主有能以民为务者,则天下归之矣”(《爱类》)。真正能以民为务,天下才会归心,《吕氏春秋》的作者认为这才是正确的为君之道,是五帝三王无敌于天下的真正原因。

以民为本,其最终目的当然是调和统治阶级和被统治者之间的关系,最大限度地调动广大农民的生产积极性,以增加封建国家收入,巩固统治。但以民为本政策的实施毕竟对保证农民的生产生活有好处,对促进生产力和历史的发展有积极作用。

2. 为君之道,当以德治天下

秦自商鞅变法之后,法家及其法治思想成为其统治思想。但伴随着经济、文化和社会的发展,特别是兼并战争带来的领土的日益扩大,各种思想和学说交流碰撞,各种社会矛盾日益复杂,对其思想理论提出了严峻的挑战,许多问题单纯地依靠法家或法家思想难以回答难以解决。在社会转型之际,人们从历史中去寻找答案,于是“为君之道,当以德治天下”的思想又被重新提起。

《吕氏春秋》认为,治理国家,德治是第一位的,“为天下及国,莫如以德,莫如行义。以德以义,不赏而民劝,不罚而邪止”(《上德》)。治理国家,莫过于行德、义。行德和义,即使不赏不罚,老百姓也会学好,邪恶也会被阻止。《吕氏春秋》同时指出,“严刑厚赏,此衰世之政也”(《上德》),君主“行德爱人,则民亲其上,民亲其上,则皆乐为其君死矣”(《爱士》),“夫以德得民心以立大功名者,上世多有之矣;失民心而立功名者未之曾有也”。因此,“古之君民者,仁义以治之,爱利以安之,忠信以导之,务除其灾,思致其福”(《适威》)。

施行德政,往往就会有意想不到的化险为夷的事情发生,如前述天大旱,成汤以身祷桑林,为民祈福,致雨大至;周文王寝疾、地动,因施行德政而疾止;宋景公因为不愿转移灾祸于宰相、人民和岁,结果使荧惑徙三舍,为君延年二十一岁。这些事按现在的科学道理来讲确实不可相信,但其旨在说明德治的重要性,却有一定的道理,说明实行德政不仅对统治者本人有好处,更重要的是他能给国家和人民都带来福祉。

正如不能单纯地依靠法治一样,《吕氏春秋》的作者认为,德治只是治国理政的一个方面,治国理政还应刑罚相辅,“故当功以受赏,当罪以受罚。赏不当,虽与之必辞;罚诚当,虽赦之不外”(《高义》)。与法家坚决排斥德政、仁义不同,《吕氏春秋》的作者主张依道义而行赏赐,“赏罚之柄,此上之所以使也。其所以加者义,则忠信亲爱之道彰”(《义赏》),赏罚合乎道义,才能彰显忠信亲爱之德。

3. 为君之道,当尊贤纳谏

贤者主要是指贤明而有才德之士。《吕氏春秋》产生的时代,正是秦代国家统一的前夜,百废待兴,百业待举,国家急需大量的各方面的人才来操持繁忙的国家事务,国家政权需要大量的人才为未来前途进行设计,君主需要各方面的贤才为自己建立功名,“立功名亦然,要在得贤”(《察贤》)。“身定、国安、天下治,必贤人。古之有天下也者,七十一圣,观于《春秋》,自鲁隐公以至哀公十有二世,其所以得之,所以失之,其术一也:得贤人,国无不安,名无不荣;失贤人,国无不危,名无不辱。”(《求人》)从鲁国十二世历史的得失之中,作者悟出了一个道理:治理国家和天下,就要得贤人。

什么是《吕氏春秋》作者心目中的贤人?所谓贤人,即“士不偏不党。柔而坚,虚而实。其状朗然不儇,若失其一。傲小物而志属于大,似无勇而未可恐狼,执固横敢而不可辱害。临患涉难而处义不越,南面称寡而不以侈大。今日君民而欲服海外,节物甚高而细利弗赖。耳目遗俗而可与定世,富贵弗就而贫贱弗朅。德行尊礼而羞用巧卫,宽俗不訾而中心甚厉,难动以物而必不妄折。此国士之容也”(《士容》)。从仪容风范到内心世界,从节操才智到执固横敢,一位士人的高大形象展现在人们面前,任用他们来参与国家政治是最理想不过了。《吕氏春秋》又说:“士之为人,当理不避其难,临患忘利,遗生行义,视死如归。有如此者,国君不得而友,天子不得而臣。大者定天下,其次定一国,必由如此人者也。故人主之欲大立功名者,不可不务求此人也。"(《士节》)贤者之节操是如此之高尚,治国理事不避其难,忘利行义,甚或视死如归。欲立大功名的国君和天子,就应当致力寻求这样的人。所以《赞能》篇认为:"得十良马,不若得一伯乐;得十良剑,不若得一欧冶;得地千里,不若得一圣人。"

对于贤者,君主要屈尊下士,不避辛劳,求之若渴。"先王之索贤人,无不以也。极卑极贱,极远极劳。"(《求人》)为了唯才是举,君主要能放下架子,要不辞劳远。尧传天下于舜,把自己身份降到极低的地位;伊尹、傅说原先是奴隶和刑徒,但后来都做了天子之相;禹为了寻求贤人,四处奔走,风餐露宿,饱受艰辛,终于得到了皋陶、伯益等五位贤人,其功绩被铭刻于金石之上。作者举这个例子,来说明君主劳于求贤的政治态度。

当然君主能得到贤者,最重要的还是自身要有德行。《期贤》篇举例说,君主笼络贤人就像爚蝉振树一样:"今夫爚蝉者,务在乎明其火、振其树而已。火不明,虽振其树,何益? 明火不独在乎火,在于暗。当今之时世暗甚矣,人主有能明其德者,天下之士,其归之也,若蝉之走明火也。凡国不徒安,名不徒显,必得贤士。"

求得贤者,只是一个方面,更重要的是君主应当重视他们,充分发挥他们治国理政的才能。贤者之作用在于他们能"直言而决郁塞"。《达郁》篇说:"国亦有郁。主德不通,民欲不达,此国之郁也。国郁处久,则百恶并起,而万灾丛至矣。上下之相忍也,由此出矣。故圣王之贵豪士与忠臣也,为其敢直言而决郁塞也。"国家也有闭塞的时候,国家闭塞,就会产生邪恶和灾难,圣王尊重和任用贤者,就是因为他们敢于直言而能排除郁塞,使得政通人和。贤者的另一重要作用是排除对国家大事有影响的那些不利因素,这也是贤者与不肖者的重要区别,《博志》篇说:"夫去害务与不能去害务,此贤不肖之所以分也。"贤者对君主和国家的作用犹如良医,"今有良医于此,治十人而起九人,所以求之万也。故贤者之致功名也,比乎良医,而君人者不知疾求,岂不过哉!"(《察贤》)贤人能为君主求致功名,就像良医能为人治病一样,所以君主应努力罗致贤人。

虚心纳谏是一个开明的君主必备的重要品质。纳谏本身就是广开言路、集思广益,在《吕氏春秋》的作者看来,"天下无粹白之狐,而有粹白之裘,取之众白也。夫取于众,此三皇五帝之所以大立功名也"。(《用众》)天下没有纯白的狐狸,但有纯白的狐裘,这是集中了众多狐狸的白毛制成的。善于集中众人的智慧,这是三皇五帝建立大功名的原因。因此君主要善于纳谏,善于听取众人的意见。君主能否虚心纳谏不仅关乎功名的成败,更关乎国家的存亡。贤主看重贤人,目的就是想听到直言,“贤主所贵莫如士。所以贵士,为其直言也。直言则枉者见矣。人主之患,欲闻枉而恶直言。是障其源而欲其水也,水奚自至?”(《贵直》)君主看重士,是因为其能直言,人主最大的缺点在于“欲闻枉而恶直言”,这就好比阻塞了水源还想得到水,水从哪里来呢?贤者的直谏,是国家生存的根本,因为“无贤则不闻极言”,而“不闻极言,则奸人比周,百邪悉起。若此则无以存矣”(《直谏》)。

君主听言、纳谏应明辨是非。“听言不可不察,不察则善不善不分。善不善不分,乱莫大焉。”(《听言》)听言不可不察,不察就不能分辨好坏,不能分辨好坏就会造成大的祸乱。

4. 为君之道,当无为而治

“无为”一词最初是由老子提出的,在《老子》一书中“无为”一词出现频率较高,如“爱民治国,能无为乎?”(《老子》十章),“圣人处无为之事,行不言之教”(《老子》二章),“无为无不为”(《老子》三十七章)。老子提倡无为,主张在政治上要“绝圣弃智”“不尚贤”,还说:“是以圣人之治,虚其心,实其腹,弱其志,强其骨,常使民无知无欲。使夫智者不敢为也。”(《老子》三章)在《老子》八十章中,他甚至还提出一种极端消极的想法:“小国寡民。使有什伯人之器而不用;使民重死而不远徙;虽有舟舆,无所乘之;虽有甲兵,无所陈之;使民复结绳而用之。甘其食,美其服,安其居,乐其俗。邻国相望,鸡犬之声相闻,民至老死,不相往来。”从这里我们可以看出,老子的无为更多的是在讲消极遁世,讲如何消除人的欲望和智慧,使之无所作为。

《吕氏春秋》也讲无为,汉代高诱在《吕氏春秋·序》中就讲:“然此书所尚,以道德为标的,以无为为纲纪,以忠义为品式,以公方为检格。”“以无为为纲纪”,可见“无为”在此书中具有多么重要的地位。但《吕氏春秋》的无为和老子所讲的无为尚有一定的区别,主要表现为:《吕氏春秋》所讲的无为是指顺应自然,即不要违背自然规律,在政治上就是要因民之情,因势利导;无为作为君道之一,就是主张“大圣无事,而千官尽能”(《君守》);就是要节欲节用,不要劳苦百姓。

君主要实现无为而治,必须善于用人,要能调动臣下的积极性和创造性。

“善为君者,劳于论人而佚于官事,得其经也。”(《当染》)善于做君主的人要把精力放在选贤任能上,而不是放在烦琐的公务上,这才叫得到了做君主的真谛。在《吕氏春秋·分职》中又进一步论述说:“夫君也者,处虚素服而无智,故能使众智也。智反无能,故能使众能也。能执无为,故能使众为也。无智、无能、无为,此君之所执也。”做君主的要处虚、守朴、无智,这样才能发挥众人的智慧和才能,使众人有所作为。《知度》篇说:“明君者,非遍见万物也,明于人主之所执也。有术之主者,非一自行之也,知百官之要也,故事省而国治也。”明君不是要对万事万物都知道,不是要一切都亲自去做,而是要懂得百官的职能和治理百官的根本,从而取得事省而国治的效果。所以,“有道之主,因而不为,责而不诏,去想去意,静虚以待,不伐之言,不夺之事,督名责实,官使自司,以不知为道,以奈何为实”(《知度》)。懂得为君之道的君主,要依靠群臣去干事,而不是亲自动手,自己不轻易发布指示,去掉臆想,静虚等待,不夺取臣下讲话、做事的机会,只认真地审查其名分和工作实际,至于官府的事情,要放开手让官员自己去做。因为君主的能力和精力毕竟是有限的,“圣王不能二十官之事,然而使二十官尽其巧,毕其能,圣王在上故也。圣王之所不能也,所以能之也;所不知也,所以知之也。养其神,修其德而化矣,岂必劳形愁弊耳目哉?”(《勿躬》)这里是讲君主不必躬亲人臣之事,只有有所不能,才会有所能;只有有所不知,才会有所知,懂得这种辩证法,君主只要修养好自己的精神和道德,就可以化育万物了。

君主无为,就不能去做那些具体事务,只有这样才能充分发挥臣下的才能和智慧,反之不仅不能取得好的效果,而且会招致亡国之祸。“人主好以己为,则守职者舍职而阿主之为矣。阿主之为,有过则主无以责之,则人主日侵,而人臣日得。是宜动者静,宜静者动也。尊之为卑,卑之为尊,从此生矣。此国之所以衰,而敌之所以攻之者也。”(《君守》)君主喜好一切都由自己来做,臣下就会放弃职责而不作为了,即使有了过错,君主也无法责备。这样君主日日受到伤害,人臣便日益得志,尊卑地位发生颠倒,这就是国家衰败、敌国敢于进攻的原因。

君主无为,臣下有为,这是《吕氏春秋》无为而治的一个原则,但怎样才能做到这一点?作者提出,治国要正名和审分。《审分》举春秋时晋国善于驾马者王良的例子来说明:“王良之所以使马者,约审之以控其辔,而四马莫敢不尽力。有道之主,其所以使群臣者亦有辔。其辔何如?正名审分,是治之辔已。故按其实而审其名,以求其情;听其言而察其类,无使放悖。”(《审分》)在此理论的指导下,《吕氏春秋》的作者又进一步提出具体衡量和识别人的所谓“八观六验”之法:“通则观其所礼,贵则观其所进,富则观其所养,听则观其所行,止则观其所好,习则观其所言,穷则观其所不受,贱则观其所不为。喜之以验其守,乐之以验其僻,怒之以验其节,惧之以验其特,哀之以验其人,苦之以验其志。”这样一来,“人之情伪、贪鄙、美恶无所失矣”(《论人》)。八观六验是为政的历史经验总结,即使在今天的政治生活中也有一定的现实意义。

君主的无为,还体现在节欲、节用上。针对战国时代各级贵族的奢侈生活和无休无止的豪华建设,《吕氏春秋》的作者指出,应当顺应自然,顺应天性,不要逆生而动,要有节制。“故圣人必先适欲。室大则多阴,台高则多阳;多阴则蹷,多阳则痿。此阴阳不适之患也。是故先王不处大室,不为高台,味不众珍,衣不燀热。”(《重己》)这是对生人而言的。

《吕氏春秋》还针对当时王室贵族的厚葬风气,提出了节丧、节葬的观点。认为人和其他自然物一样是受自然规律支配的,“凡生于天地之间,其必有死,所不免也”(《节丧》),因此在丧葬问题上也应遵循自然规律。人死而无知,送死是活人出于对死者情感的需要,是无可厚非的,但厚葬一旦变成攀比地位、炫耀财富、夸大门庭的手段时,就成了恶劣的社会风气。《节丧》指出:“今世俗大乱,之(人)主愈侈,其葬则心非为乎死者虑也,生者以相矜尚也。侈靡者以为荣,俭节者以为陋,不以便死为故,而徒以生者之诽誉为务,此非慈亲孝子之心也。”厚葬不是为了死者,而纯粹变成生者以相矜尚的行为。

《吕氏春秋》的作者从历史发展和社会现实的角度出发,进一步指出:“自古及今,未有不亡之国也;是无不扣之墓也。”(《安死》)自古至今没有不亡的国家,也没有不被挖掘的坟墓。作者以古代圣王为例,提出了自己的节葬观:“故先王之葬,必俭、必合、必同。何谓合?何谓同?葬于山林则合乎山林,葬于阪隰则同乎阪隰。此之谓爱人。”(《安死》)

从总体上看,《吕氏春秋》的节葬观已超脱了当时的世俗观念,虽然其丧葬观与墨家的薄葬观念还有很多不同的地方,但其对厚葬的曲折批评,批判性还是十分强烈和现实的,如说“国弥大,家弥富,葬弥厚”(《节丧》),但其最终的结果还是“其势固不安矣”。国家再大,家庭再富,陪葬再丰厚,随着时间的推移,最终也不会安全。又指出:“世俗之行丧,载之以大輴,羽旄旌旗,如云偻翣以督之,珠玉以佩之,黼黻文章以饬之,引绋者左右万人以行之,以军制立之然后可。

以此观世，则美矣侈矣；以此为死，则不可也。苟便于死，则虽贫国劳民，若慈亲孝子者之所不辞为也。”（《节丧》）世俗之人举行葬礼，规模是如此之宏大，它对逝者有何意义呢？作者用一个“苟”字，表达了对这种行为的深刻讽刺和彻底否定。《吕氏春秋》的作者对现实生活中厚葬奢靡之风气的批判，将其作为君道无为的重要内容而提出，具有深刻的现实意义，同时也体现出作者积极向上的精神风貌和达观的科学精神。

5. 为君之道，当以“义兵”来统一天下

什么是义兵？所谓义兵，就是指“以诛暴君而振苦民”（《荡兵》）为宗旨的军队。这是一句旗帜鲜明的政治口号。战国是一个战争频仍的时代，诚如《孟子·离娄上》所说“争地以战，杀人盈野；争城以战，杀人盈城”。连年战争给人民带来了巨大的痛苦，社会上反对战争、要求“偃兵”的舆论十分强烈，但“偃兵”仅是一厢情愿，统一仅靠道德说教是解决不了问题的，最终还是战争说了算。这显然是一个矛盾，《吕氏春秋》的作者认为，解决这个矛盾的办法就是用“义兵”，也就是用正义的战争铲诛暴君，铲除旧的、妨碍历史车轮前进的旧制度，为广大劳动人民创造一个能够安居乐业的和平环境。这种政治主张在当时的历史条件下是最得人心、符合人民群众愿望且有利于历史发展的唯一选择。

《吕氏春秋》的作者认为，只要有阶级，有阶级社会存在，战争就是不可避免的，“争斗之所自来者久矣，不可禁，不可止”（《荡兵》）。正如不能因噎废食一样，不能笼统地反对或阻止战争的发生，战争有正义和非正义之分，它能带来幸福，也能带来祸害，关键看用在什么地方。“夫有以噎死者，欲禁天下之食，悖。有以乘舟死者，欲禁天下之船，悖。有以用兵丧其国者，欲偃天下之兵，悖。夫兵不可偃也。譬之若水火然，善用之则为福，不能用之则为祸；若用药者然，得良药则活人，得恶药则杀人。义兵之为天下良药也亦大矣。”（《荡兵》）又举例说：“家无怒笞，则竖子婴儿之有过也立见；国无刑罚，则百姓之悟相侵也立见；天下无诛伐，则诸侯之相暴也立见。故怒笞不可偃于家，刑罚不可偃于国，诛伐不可偃于天下，有巧有拙而已矣。故古之圣王有义兵而无有偃兵。”（《荡兵》）因此，战争只是一种手段，用兵就是为了救民于倒悬，为了伸张正义，“兵诚义，以诛暴君而振苦民”（《荡兵》）。“今兵之来也，将以诛不当为君者也，以除民之仇而顺天之道也。”（《荡兵》）义兵的到来就是为了诛暴君，为民除仇，顺应上天的旨意。这是《吕氏春秋》作者对秦国以兼并战争的手段实现国家统一的肯定。

《吕氏春秋》对义兵提出了严格细致的要求:"故兵入于敌之境,则民知所庇矣,黔首知不死矣。至于国邑之郊,不虐五谷,不掘坟墓,不伐树木,不烧积聚,不焚室屋,不取六畜。得民虏奉而题归之,以彰好恶;信与民期,以夺敌资。若此而犹有忧恨、冒疾、遂过、不听者,虽行武焉亦可矣。"(《怀宠》)义兵进入敌国国境,不烧杀抢掠,要彰显自己的爱憎,取信于民,这才是真正的义兵。同时,在用兵之前就要把自己用兵的目的明确告知天下:"先发声出号曰:'兵之来也,以救民之死。子之在上无道,据傲荒怠,贪戾虐众,恣睢自用也,辟远圣制,謷丑先王,排訾旧典,上不顺天,下不惠民,征敛无期,求索无厌,罪杀不辜,庆赏不当。若此者,天之所诛也,人之所仇也,不当为君。今兵之来也,将以诛不当为君者也,以除民之仇而顺天之道也。民有逆天之道,卫人之仇者,身死家戮不赦。有能以家听者,禄之以家;以里听者,禄之以里;以乡听者,禄之以乡;以邑听者,禄之以邑;以国听者,禄之以国。'"(《怀宠》)

在攻克敌国之后,义兵应当"攻克其国,不及其民,独诛所诛而已矣。举其秀士而封侯之,选其贤能而尊显之,求其孤寡而振恤之,见其长老而敬礼之。皆益其禄,加其级,论其罪人而救出之;分府库之金,散仓廪之粟,以镇抚其众,不私其财;问其丛社、大祠,民之所不欲废者,而复兴之,曲加其祀礼。是以贤者荣其名,而长老说其礼,民怀其德"(《怀宠》)。《吕氏春秋》主张,兵入敌境,当以独诛所诛、举秀士、选贤能、振孤寡、礼长老、重民祠、加礼社庙为务。这些关于义兵的要求或谓之政策规定,即使在今天看来也是非常得人心的,这和孟子对战国杀人盈城、盈野的描述简直不可同日而语。

当然,我们更看重的是这种政策的实践意义,即其在秦统一兼并战争过程中所起到的重要的政治作用。由于秦改变了兼并战争的策略,"反对在战争中杀伤无罪的人民,更反对杀死战俘,认为'杀无罪之民',就是'兴无道与无义',如果这样做,'虽欲幸而胜,祸且始长'(《禁塞》),这和黄老学派代表作《经法》认为'大杀服民,僇(戮)降人,祸皆反自及也',见解是相同的。看来他们已经认识到像长平之战那样杀降会造成'祸皆自反及也'的后果。《吕氏春秋》不但反对杀死战俘,更主张对归降的敌国官吏和贤士,按照他们归降时所做贡献分别用爵禄来赏赐。……吕不韦在对外战争中能够轻快地取得许多重大胜利,在一定程度上就是采用了他们所主张的‘义兵’的政策和战略”①。这应是秦能够取得统一的重要原因之一。

6. 为君之道，当以发展农业为要务

中国自古以来就是一个农业大国，农业是国民经济的命脉已成为国人的常识。历朝历代的统治者和政治家、思想家莫有不重视农业者，《吕氏春秋》的作者亦不例外。

发展农业是国家重要的政治文化内容之一。《上农》一篇集中阐述了这一点：“古先圣王之所以导其民者，先务于农。民农非徒为地利也，贵其志也。民农则朴，朴则易用，易用则边境安，主位尊。民农则重，重则少私义，少私义则公法立，力专一。民农则其产复，其产复则重徙，重徙则死其处而无二虑。民舍本而事末则不令，不令则不可以守，不可以战。民舍本而事末则其产约，其产约则轻迁徙，轻迁徙则国家有患，皆有远志，无有居心。民舍本而事末则好智，好智则多诈，多诈则巧法令，以是为非，以非为是。”

在这里，《吕氏春秋》的作者把引导农民致力于农业看作治国理政的根本，而不仅仅是为了获得地利。认为使民专志于农，就可以养成其朴实诚恳的性格，百姓淳朴了就容易役使，边境就会安全，君主的地位也会得到巩固。百姓重视农业，私义就少了，私义少了，公法就易于建立；百姓重视农业，他们的家产就会丰厚，丰厚的家产就会使他们安土重迁。老百姓若舍本求末而从事工商业，就会不听从政令，不听政令就不能依靠他们防守攻战；老百姓从事工商业，家产就会变得简单而容易迁徙，这样当国家有患难时，他们就会远走高飞；百姓从事工商业，就会玩弄智谋，在法令上钻空子，颠倒是非。《吕氏春秋》的作者采取层层递进的说理方法，目的在于说明，引导老百姓专心致志地从事农业生产，是促使国家力量强大、社会稳定的基础。

为了保证农业的稳定发展，《吕氏春秋》还向君主提出了许多相应可行的具体措施：

一是君主和后妃籍田和亲桑。这是为万民树立榜样，劝勉他们致力于农耕的措施。《孟春纪》记载：“是月也，天子乃以元日祈谷于上帝。乃择元辰，天子亲载耒耜，措之参于保介之御间，率三公、九卿、诸侯、大夫，躬耕帝籍田。”同样，

---

① 杨宽：《杨宽古史论文选集》，上海：上海人民出版社，2003 年，第 781、782 页。

在季春之月,“后妃斋戒,亲东乡躬桑。禁妇女无观,省妇使,劝蚕事。蚕事既登,分茧称丝效功,以供郊庙之服,无有敢堕”(《季春纪》)。天子和后妃在种植季节和蚕月开始时都要籍田和向东方采桑,以鼓励老百姓进行耕作,这是一种古老的礼仪,夏代没有文字记载不好说,商代甲骨文已有商王籍田的明确记载。[①]殷商此礼为西周以后历代王朝所继承。《吕氏春秋》将之作为为君之道的一项重要内容,不仅是对华夏传统文化的发扬光大,更重要的是将这种政治文化精神渗透到秦人的社会生产和社会生活中去。秦人对农业生产的重视及其先进的农业生产技术在传世文献和出土秦简中都有集中的反映。《吕氏春秋》还主张国家政权对农业的直接领导和管理,规定了每位农民应配置的土地数量和应完成的效益指标,“上田夫食九人,下田夫食五人,可以益,不可以损。一人治之,十人食之,六畜皆在其中矣。此大任地之道也”(《上农》),规定了上等、下等土地供养人口、畜养六畜的标准,这是充分利用土地的措施。

二是建立严格的制度,以保证农业生产活动的顺利进行。绝对不允许妨害农时。“故当时之务,不兴土功,不作师徒,庶人不冠冕。娶妻、嫁女、享祀,不酒醴聚众;农不上闻,不敢私籍于庸;为害于时也。然后制野禁,苟非同姓,农不出御,女不外嫁,以安农也。”(《上农》)这些都是在农忙时不允许做的事情。此外又有规定的五条乡野禁令:“地未辟易,不操麻,不出粪;齿年未长,不敢为园囿;量力不足,不敢渠地而耕;农不敢行贾;不敢为异事;为害于时也。”(《上农》)在乡野禁令之外又有四季的禁令:“山不敢伐材下木,泽人不敢灰僇,缳网罝罦不敢出于门,罛罟不敢入于渊,泽非舟虞不敢缘名;为害于时也。”(《上农》)在《吕氏春秋》的作者看来,如果不这样做,“国家难治,三疑乃极,是违背本反则,失毁其国”(《上农》)。三疑,陈奇猷《吕氏春秋校释》引许维遹曰:“‘疑’读为拟,谓相比拟也,僭也(说见《慎势篇》)。下注‘三官,农、工、贾也’。此云‘三疑’或指三官相僭而言。”三官相僭,国家难以治理就会达到极点,这就叫背离根本,失去原则,它会直接导致国家的毁亡。

三是以农为主,全面发展经济。这是《吕氏春秋》以农为要务的重要内容,也是其在政治制度设计上不同于商鞅的地方。作者认为,人类社会生产有分工是必然也是必须的,《上农》说:“凡民自七尺以上,属诸三官:农攻粟,工攻器,贾

---

① 陈戍国:《中国礼治史·先秦卷》,长沙:湖南教育出版社,1991年,第169页。

功货。时事不共，是为大凶。"因此，在《十二纪》中，我们看到不仅农业，还有商业、手工业和畜牧业，都得到了合理的安排，如《季春纪》命"百工咸理，监工日号，无悖于时，无或作为淫巧，以荡上心"，《孟冬纪》有"是月也，工师效功，陈祭器，按程度，无或作为淫巧，以荡上心，必功致为上。物勒其名，以考其诚；工有不当，必行其罪，以穷其情"。《吕氏春秋》主张发展商业以通有无，方便老百姓的日常生活，为国积累财富。《仲秋纪》提出："是月也，易关市，来商旅，入货贿，以便民事。四方来杂，远乡皆至，则财物不匮，上无乏用，百事乃遂。"关于畜牧业，《季春纪》中要求："是月也，乃合纍牛、腾马、游牝于牧，牺牲驹犊，举书其数。"

《吕氏春秋》这种主张全面发展经济的规划已经摆脱了单纯以"耕战"为主的战时经济思维模式和政策，这种规划也只有在政治统一的格局下才能得以实现。

7. 为君之道，当居安思危，防患于未然

在对列国的兼并战争不断取得胜利，全国统一即将到来之际，《吕氏春秋》的作者告诫秦的统治者，不要被胜利冲昏头脑，要保持冷静，居安思危。《慎大》篇说："贤主愈大愈惧，愈强愈恐……，故贤主于安思危，于达思穷，于得思丧。"贤明的君主应当在强大之中看到有败亡的危险潜伏存在，所以必须在安、达、得时就想到会有危、穷、丧随时到来，慎重行事，做到像《周书》说的那样"若临深渊，若履薄冰"，才不会在事业上有所失误。《吕氏春秋》的作者从商汤胜桀、武王胜殷、赵襄子攻翟的事例中，总结出"胜非其难也，持之其难者也"（《慎大》）的道理，这对即将取得统一的秦国统治者来说，既是历史经验的总结，又是为现实敲响的警钟。

居安思危，就是要注意察微知著，防患于未然。《察微》篇说："使治乱存亡若高山之与深溪，若白垩之与黑漆，则无所用智，虽愚犹可矣。且治乱存亡则不然。如可知，如不可知；如可见，如不可见。故智士贤者相与积心愁虑以求之，犹尚有管叔蔡叔之事与东夷八国不听之谋。故治乱存亡，其始若秋毫。察其秋毫，则大物不过矣。"治和乱、存和亡的征兆不是像高山和深溪、白土和黑漆那样显著，所以贤明智慧之人，都在用心探求治乱存亡的征兆，这种征兆犹如秋毫一样，如果能够明察秋毫，那就不会有大的过失，就可以防患于未然。为能做到防患于未然，君主必须知化，"凡智之贵也，贵知化也。人主之惑者则不然。化未至则不知；化已至，虽知之与勿知一贯也"（《知化》）。所谓知化，是指能预见到事物发展变化的未来趋势，这样才好做到应对有方，不致失误。事情有可以失误的，有不可失误的，比如对那些会导致君主身死国亡的大事就绝不可失误。“事有可以过者，有不可以过者。而身死国亡，则胡可以过？此贤主之所重，惑主之所轻也。所轻，国恶得不危？身恶得不困？危困之道，身死国亡，在于不先知化也。”(《知化》)所以贤主必须对有关国家兴盛衰亡的大事有高度的重视。

居安思危，还要求君主慎重持国，不要轻启祸端。一是要远离祸门，即《诗经》中所说的“无过乱门”；二是在考虑问题时尽量“虑福未及，虑祸之，所以皃(完)之也”(《原乱》)，即对福祉宁可少考虑一些，对灾祸则尽量多估计一些，才能保全自身和国家的安全。

在《原乱》中作者还提出了一个发人深省的重要观点，即“以武得之，以文持之”，这当视为居安思危的重要内容之一。秦人从最初的偏居西北一隅，到与东方六国争雄，再到即将实现对全国的统一，基本上都是通过战争的手段一步一步实现的。现在一个统一的，汇聚了各个不同地域、不同民族及其文化的中央集权国家即将建立，对这样一个新的国家采取什么政策、运用什么制度进行管理，是摆在秦朝统治者面前的一个极为严肃的政治课题，稍有不慎，就可能前功尽弃。《吕氏春秋》的作者指出，历史的经验告诉人们，“武王以武得之，以文守之，倒戈弛弓，示天下不用兵，所以守之也”(《原乱》)。周武王以武力取天下，以文德治天下，这是西周王朝保有天下的根本，也是最鲜活、最值得学习的经验。《吕氏春秋》的作者在这个时候提出这个问题，可以说是最具政治眼光和政治文化意识的远见。在此不由得使人联想到汉初在汉朝统治上层发生的那场“马上得之，能否马上治之”的激烈争论，不得不佩服《吕氏春秋》作者所具有的居安思危和高瞻远瞩的政治意识。

《吕氏春秋》在讲为君之道的同时，对臣道也提出了许多规范性的要求。

《吕氏春秋》认为：“先王之教，莫荣于孝，莫显于忠，忠孝，人君人亲之所甚欲也；显荣，人子人臣之所甚愿也。”(《劝学》)对臣下和子女来说，做到“忠孝”是一件非常显荣的事，也是君主和父母的希望，《吕氏春秋》认为这是符合人之常情的。如果说“孝”主要针对子女对父母等长辈的话，那么“忠”针对的范围相对要宽泛得多，从人君人亲、人子人臣的涵盖面来看，它不仅包括了臣下，即有公职的国家官吏，而且包括了全体百姓，也就是说，在《吕氏春秋》中，“忠”已被视为规范全社会人民伦理生活和政治生活的基本道德准则。

保证道德准则实现的前提,是君臣之间的尊卑和分工关系。《季春纪·圜道》说:“天道圜,地道方。圣王法之,所以立上下。”古代圣王效法天地,建立君臣上下关系,在这个体系中,“主执圜,臣处方,方圜不易”(《圜道》),君道和臣道即君臣关系是不可颠倒的。“臣处方”就是要求臣下必须各安其职,“先王之立高官也,必使之方,方则分定,分定则下不想隐”(《圜道》)。贤明的君主就是从这一点出发,使“百官各处其职、治其事以待主”。作者认为做到了这一点,则“主无不安矣;以此治国,国无不利矣;以此备患,患无由至矣”(《圜道》)。

《吕氏春秋》对于为臣之道的要求还有:为臣者应致力于根本,“安危荣辱之本在于主,主之本在于宗庙,宗庙之本在于民,民之治乱在于有司”(《务本》)。为臣的责任非常重大,国家的治乱兴衰决定于臣下能否致力于根本,故臣子应抛弃私心,“苟便于主利于国,无敢辞违,杀身出生以殉之”。只要有利于君主和国家,臣子不应推辞,要杀身舍生去做。臣子的操守要以理义为先,“虽贵不苟为,虽听不自阿,必中理然后动,必当义然后举。此忠臣之行也”,“定分官,此古人之所以为法也”(《不苟》)。所以臣子要谨遵分职,不得渎职、越职行事。对于各级官吏来说,个人的荣辱富贵取决于国家的安危,因而人臣当以国家利益为重,《吕氏春秋》引孔子关于燕雀争善处于一屋之下而不知祸之将及的例子来说明,如果只贪图眼前的安乐,就会“欲荣而逾辱”“欲安而逾危”(《务大》)。

《吕氏春秋》对臣道的规范和睡虎地秦墓出土的《为吏之道》有许多相通之处,说明两者有着相同的政治文化背景,而与商鞅“以苛察为忠”的政治规范则相去甚远。

(三)天、地、人,各得其所

《吕氏春秋·序意》认为“天曰顺,顺维生;地曰固,固维宁;人曰信,信维听。三者咸当,无为而行”,又说“上揆之天,下验之地,中审之人,若此则是非可不可无所遁矣”,是说世界万物之事,若能使天、地、人各得其所,就可以无为而行了。

吕不韦召集门人编写《吕氏春秋》的政治目的非常明确,就是“以为备天地万物古今之事”(《史记·吕不韦列传》),为即将到来的统一国家建设提供政治理论,为中央集权君主专制制度寻找治乱兴衰的历史依据,提供相应的教训和借鉴。《吕氏春秋》的理论基础来自作者对政治与自然、政治与人、政治与时间和空间关系的深刻认识。

如前所述,《吕氏春秋》在关于宇宙和人类起源这个重大问题上,提出了朴素的唯物主义天道观。《大乐》中说:“太一出两仪,两仪出阴阳。阴阳变化,一上一下,合而成章……万物所出,造于太一,化于阴阳。”《圜道》中又说:“精气一上一下,圜道复杂,无所稽留。”由此我们可以知道,《吕氏春秋》所说的阴阳和精气是指同一事物,认为宇宙的本源是由物质构成的,太一是宇宙的本源,人和自然界都出自太一,是一个统一体,而且是有共同规律的,体现为道、为一,“一也齐至贵,莫知其原,莫知其端,莫知其始,莫知其终,而万物以为宗”(《圜道》)。这是《吕氏春秋》一书处理自然界与人类关系、处理人与人之间关系的一个根本原则。《十二纪》每篇的末尾都提出不可违背时令而行事,也正是这个用意。

太一即道,体现的是宇宙万物运动的总规律,所以人不仅要遵循它,还要掌握它,“凡彼万形,得一后成,故知一,则应物变化,阔大渊深,不可测也;德行昭美,比于日月,不可息也;豪士时之,远方来宾,不可塞也;意气宣通,无所束缚,不可收也,故知知一……则若天地然,则何事之不胜? 何物之不应?”(《论人》)人只有在掌握了这个规律之后,才能无往而不胜。

天地万物的运动具有不以个人意志为转移的客观性,“性者,万物之本也,不可长,不可短,因其固然而然之,此天地之数也”(《贵当》),所以人在掌握和利用客观规律的同时,决不可违背客观规律。

《吕氏春秋》在多处地方指出,人类的活动和自然界的活动是相应的,《知分》说:“凡人物者,阴阳之化也。阴阳者,造乎天而成者也。天固有衰嗛废伏,有盛盈坌息;人亦有困穷屈匮,有充实达遂。此皆天之容,物理也,而不得不然之数也。”正因为人与自然有相应的规律,所以人要自觉适应自然,按照自然规律办事,否则就会招致不良的后果。“物也者,所以养性也,非所以性养也。今世之人,惑者多以性养物,则不知轻重也。不知轻重,则重者为轻,轻者为重矣。若此,则每动无不败,以此为君,悖;以此为臣,乱;以此为子,狂。三者国有一焉,无幸必亡。”(《本生》)物质本来是供养性命的,而不是拿性命去供养物质,但现在世上却有糊涂之人消耗生命去追求物质享受,这是不知轻重的做法,这样做没有不失败的。作君悖、作臣乱、作人子则狂,这三者,只要有其中一种,就不可避免要灭亡。

《吕氏春秋》的上述观点,是基于对天的自然属性的认识而提出的。三代以来,天作为至上神为人类所崇拜和信仰。春秋以降,知识、科学和技术的发展使人们获得了对天、地、人的新认识，在这个时期，尽管这种认识尚未完全科学化，或者说对天的认识仍然存在着神秘主义，但天作为客观自然存在，人是天地自然的产物，人类生存的条件就是靠天地自然提供的，已逐渐为人们所认识和接受，如孔子《论语・阳货》就讲："天何言哉？四时行焉，百物生焉。天何言哉？"《荀子・礼论》也说："天地者，生之本也。"天是自然存在，人是自然产物，自然与人事两者是统一的，并无神秘之处。

这种唯物主义的自然观在《吕氏春秋》中被明确提出："民无道知天，民以四时寒暑日月星辰之行知天。四时寒暑日月星辰之行当，则诸生有血气之类皆为得其处而安其产。"(《当赏》)老百姓根据四季变化和寒暑日月星辰的运行来了解上天，如果四时寒暑运行得当，那么各种有生命的物类就能各得其所了。

这种出于唯物主义角度对天的认识，可以说是《吕氏春秋》的一大贡献。

基于这种观点，《吕氏春秋》把天人之间的关系完全贯通起来，将天地间发生的自然现象与人道视为一体，也就是认为人与自然有着共同的发展规律。例如，春天是万物(包括人类)萌生的季节，所以从《孟春纪》到《季春纪》，除阐明天文、历象、物候等自然现象外，重点在于说明人应当"无变天之道，无绝地之理，无乱人之纪"(《孟春纪》)，就是不要违背自然规律，也不要乱了纲纪。具体来说，这是一个万物萌生的季节，是一个生养的季节，因此要禁止杀伐伤生，把保全生命作为根本，要注重养生。养生的方法就是要"达乎性命之情"，反对"有慎之而反害之者"。为什么对生命谨慎却反而伤害了生命？《吕氏春秋》的作者认为，这是由于"不达乎性命之情"，即不了解生命的自然属性的缘故，"夫弗知慎者，是死生存亡可不可，未始有别也。未始有别者，其所谓是未尝是，其所谓非未尝非。是其所谓非，非其所谓是，此之谓大惑。若此人者，天之所祸也。以此治身，必死必殃；以此治国，必残必亡"(《重己》)。因此个人的生存是居于第一位的，甚至认为："天下，重物也，而不以害其生……故曰：道之真，以持身；其绪余，以为国家；其土苴，以治天下。由此观之，帝王之功，圣人之余事也。"(《贵生》)有了个人的生存，社会的生存才有可能，所以，尽管天下是非常贵重的，但个人的价值更为重要，因此只有得道的人才能全其天寿。对于个人来说，天下只不过是身外之物，只有那些世俗之人才"危身弃生以殉物"(《贵生》)。把这个道理推及到治理天下就是"成其身而天下成，治其身而天下治"《先己》。《吕氏春秋》又引孔子和鲁哀公的一段对话，得出这样的结论："不出于门户而天下治者，其唯知反于己身者乎！”

按照时间的发展顺序，春天之后就到了夏天，这是万物生长繁荣的季节。从《孟夏纪》到《季夏纪》，除了上述的天文、历象、物候的叙述之外，重点在说明人事与自然的相应、相契合。对个体来说，对应“夏长”，人的健康成长就应当接受教育和学习，只有通过学习，才能构建君臣、父子之间以忠孝为目标的和谐的社会关系。“忠孝，人君人亲之所甚欲也；显荣，人子人臣之所甚愿也。然而人君人亲不得其所欲，人子人臣不得其所愿，此生于不知理义。不知理义，生于不学。”（《劝学》）君臣、父子之间的和谐关系不能建立，就是不知理义，不学习的缘故。上天既然造就了人，就赋予了他学习的自然本性，所谓“天生人也，而使其耳可以闻，不学，其闻不若聋；使其目可以见，不学，其见不若盲；使其口可以言，不学，其言不若爽；使其心可以知，不学，其知不若狂”（《尊师》）。所以只有学习才能使人达成天性，“故凡学，非能益也，达天性也。能全天之所生而勿败之，是为善学”（《尊师》），能够保全天所赋予的人性，这就可以称作善学了。《吕氏春秋》在这儿揭示出一个道理，那就是人并非生而知之者，人只有通过后天的学习才能完善自己，这也完全符合天道，也就是“夏长”的道理。接下来进一步论述，在人的完善过程中，一方面要达之天性，另一方面则要注重教育。人天生有情有欲，“天使人有欲，人弗得不求”（《大乐》）。不仅情欲有善有恶，而且人的成长环境和自然界一样是复杂多变的，所谓“凡生，非一气之化也；长，非一物之任也；成，非一形之功也。故众正之所积，其福无不及也，众邪之所积，其祸无不逮也”（《明理》）。这就明确地告诉我们，正如自然界的“阴阳失次，四时易节”（《明理》）会带来灾害一样，人在成长过程中也会受到各方面环境的影响，如果不学习，不接受教育，就不能健康地成长。

从《孟秋纪》到《季秋纪》是讲秋天的自然与人的关系。秋季是一个收获的季节，秋德主杀，所以在这个季节要顺应天之自然规律，把惩治一切罪恶放在首位，要“修法治，缮囹圄，具桎梏，禁止奸，慎罪邪，务搏执；命理，瞻伤察创，视折审断，决狱讼，必正平，戮有罪，严断刑”（《孟秋纪》）。此外，社会秩序的稳定和国家机器的正常运转，除了靠法治、刑罚维持外，军队是最主要的依靠力量，所以《吕氏春秋》提出，适应秋德主杀的天道，在这个季节“天子乃命将帅，选士厉兵，简练俊杰，专任有功，以征不义，诘诛暴慢，以明好恶，巡彼远方”（《孟秋纪》），即在秋季，天子当命将帅、简练士兵、磨砺兵器，征讨不义之人，诛伐暴慢之徒，以表明爱憎,向远方宣示天子的威力。“凡兵,天下之凶器也”,所以兵出当以义为先,因为“义也者,万事之纪也,君臣、上下、亲疏之所由起也,治乱、安危、过胜之所在也”。只要能统于义,就可以使“三军一心,则令可使无敌矣”(《论威》)。秋季是收获之季,国君要顺应民意,要识贤用士,收拢人心。“今有千里马于此,非得良工,犹若弗取。良工之于马也。相得则然后成。”国君能“自知人”(《知士》),那么被知者是会竭尽全力为国服务的。

冬季,在自然上是一个收藏的季节,万物都需适应冬阴闭藏之气。对应于社会和人事,在行政上则要“命百官,谨盖藏,命司徒,循行积聚,无有不敛;坿城郭,戒门闾,修楗闭,慎关籥,固封玺,备边境,完要塞,谨关梁,塞蹊径,饬丧纪,辩衣裳,审棺椁之厚薄,营丘垄之小大、高卑、薄厚之度,贵贱之等级”(《孟冬纪》)。依照《吕氏春秋》的说法,这也是人生命、生存的最后一个周期,所以人也要顺应自然实现“安死”“以俭节葬死”“必俭、必合、必同”,这才叫真正的“爱人”(《安死》)。实现收藏的意义,在于保存事物的完美品格,作为士人也应当如此保持其完美的节操,“士之为人,当理不避其难,临患忘利,遗生行义,视死如归。有如此者,国君不得而友,天子不得而臣。大者定天下,其次定一国,必由如此人者也”(《士节》),这才算真正实现了生命的完美价值。

《吕氏春秋》以太一、两仪、阴阳、四季为框架,贯通了天、地、人之间的关系,认为三者当和谐相处,人性与天道当完美结合。“性者,万物之本也,不可长,不可短,因其固然而然之,此天地之数也”(《贵当》),人类社会的一切行为都应当建立在这个基础之上。正是在这一框架之中,《吕氏春秋》对各家学说进行了筛选、淘汰、去伪存真,从天、地、人的相互制约、统一发展的客观运动规律中探求政治原则,提出了许多新的为专制主义中央集权君主制度服务的、务实的新观点、新思想。在关于天、地、人关系的论述中,把人视为自然发展的产物,得出人类社会活动应与自然相适应的结论,提出人事与自然具有统一性的观点,并借助这一结论和观点把专制主义中央集权君主制度自然化、合理化。

限于其时的科学知识水平和政治思想背景,《吕氏春秋》在构建天、地、人的宇宙体系时,也宣扬了一些带有神秘主义色彩的天人感应思想,把自然和人类的关系神秘化,认为人和自然之间存在一种潜在的对应规律,这主要表现在:一是“应同”,即同类相应。“类固相召,气同则合,声比则应”,如“鼓宫而宫动,鼓角而角动。平地注水,水流湿;均薪施火,火就燥;山云草莽,水云鱼鳞,旱云烟火,雨云水波,无不皆类其所生以示人”(《应同》)。二是天人相互感应,这种感应有时表现为祥瑞,有时表现为灾异。《应同》篇说:“凡帝王者之将兴也,天必见祥乎下民。”《明理》篇认为,如国有乱政,就会灾异频生,“国有此物,其上不知惊惶亟革,上帝降祸,凶灾必亟,其残亡死丧,殄绝无类,流散循饥无日矣”。《吕氏春秋》高明的地方在于,认为祸福的主动权是掌握在人自己的手里,“祥者福之先者也,见祥而为不善,则福不至。妖者祸之先也,见妖而为善,则祸不至”(《制乐》),是祸是福,决定权全在于人。这也是《吕氏春秋》超越汉代董仲舒天人感应神学目的论的地方。

《吕氏春秋》诞生于秦帝国建立的前夜,它着眼于国家的建立、统一、巩固和发展,其所构建的政治文化彰显了鲜明的时代和个性特色。它创造了以道为本源,以天、地、人为框架的新的宇宙论体系。《吕氏春秋·大乐》说:“太一出两仪,两仪出阴阳。”又说:“道也者,至精也,不可为形,不可为名,强为之,谓之太一。”在《圜道》中又说:“一也者至贵,莫知其原,莫知其端,莫知其始,莫知其终,而万物以为宗。”这里的“太一”“道”“一”实质上都是指同一个东西,那就是宇宙的本源。在这个体系中,我们可以看出,自然界和人类社会的发展,始终遵循着一条规律,即阴阳的对立与转化。“阴阳变化,一上一下,合而成章。浑浑沌沌,离则复合,合则复离,是谓天常。”(《大乐》)人只要掌握和适应了这个规律,按此规律办事,就没有做不成功的事。“凡彼万物,得一后成。故知一,则应物变化,阔大渊深,不可测也;德行昭美,比于日月,不可息也;豪士时之,远方来宾,不可塞也;意气宣通,无所束缚,不可收也……故知知一,则若天地然,则何事之不胜?”(《论人》)在天、地、人的关系上,中国古代早就有天生万物、天生人类的认识,《周易·系辞下》讲:“天地絪缊,万物化醇;男女媾精,万物化生。”并在此认识的基础上构建了天人秩序。认为在天人关系中,天居于主导地位,人和万物都要受制于天。《周易·乾卦·彖传》说:“大哉乾元,万物资始,乃统天。”《周易·序卦》中则进一步提出:“有天地然后有万物,有万物然后有男女。有男女然后有夫妇。有夫妇然后有父子。有父子然后有君臣。有君臣然后有上下。有上下然后礼义有所措。”与这种对天、对政治世俗化的认识不同的是,《吕氏春秋》让天回归了自然,天不再具有神秘性,不再具有唯一的主宰权,人的主动性被大大加强了。

《吕氏春秋》虽有融汇百家、兼综诸子的形式,在思想内容上却有严格的筛选，有明显的个性特征，有明确的价值取向。在此书中，我们看不到商鞅、韩非关于“燔书”“禁锢”“坑儒”等文化专制主义的东西，但其融汇诸子百家也是有条件的，它创造了一套有别于王国时代的中央集权君主专制制度的基本理论，为秦统一后的统治进行了理论设计，上文我们提出的《吕氏春秋》是一部对未来中央集权专制君主进行政治文化教育的教科书的观点正是基于这一点。《吕氏春秋》从历代治乱兴衰中寻找经验教训，“以为备天地万物古今之事”（《史记·吕不韦列传》）。它采撷诸子百家思想学说，经过去伪存真、批判吸纳，有选择地进行整合，在新的基础上进行了统一，提出了一整套为君之道的理论，这套理论为未来国家政体、国家制度、国家政策、意识形态进行了设计，是有关中央集权君主专制制度最完备的理论，具有极强的针对性、现实性和可操作性。从这个意义上来说，不论对《吕氏春秋》做为高的评价都不算过分。

第八章　帝制时代的政治文化

一　秦始皇亲政前后的政治格局

公元前251年,秦昭襄王去世,太子安国君继承王位,这就是历史上的秦孝文王。孝文王立华阳夫人为后,子楚为太子。这时远在赵国的嬴政和母亲也一道被送回秦国,这一年嬴政刚刚九岁。

孝文王刚即位三天就突然去世,嬴政的父亲子楚即庄襄王继位。庄襄王立华阳夫人为太后,其亲母为夏太后,吕不韦因对秦国的巨大贡献,而被任命为丞相,并封为文信侯,而嬴政被立为太子。

公元前247年,在位仅三年的庄襄王去世,作为太子的嬴政以十三岁的幼冲之龄被立为秦王。“当是之时,秦地已并巴、蜀、汉中,越宛有郢,置南郡矣;北收上郡以东,有河东、太原、上党郡;东至荥阳,灭二周,置三川郡。吕不韦为相,封十万户,号曰文信侯。招致宾客游士,欲以并天下。”(《史记·秦始皇本纪》)这时虽然由秦国来统一全国的局势已初步形成,但要完成各方面的统一,建立一个主权国家这样的重任,显非一个十三岁的孩子所能完成,于是这个重大任务就自然落在了被尊为“仲父”、身为相国的吕不韦身上。成功在即的吕不韦从三个方面为未来统一政权进行了充分准备:一是“招致宾客游士”,为秦国统一做好理论准备和人才储备;二是发展经济,特别是重视农业经济的基础建设,如水利兴修,农田基本建设,田间管理等,同时提倡发展商业经济,重视商品流通;三是“欲以并天下”,在军事方面继续扩大秦国的领土,为统一扫平道路。从历史发展来看问题,吕不韦在这几方面都取得了令人瞩目的成效,为秦国的统一做出了杰出的贡献。

就在吕不韦踌躇满志、尽心尽力为秦国的统一努力奋斗之际，在秦国的政治生活中却发生了一件出乎意料而又在情理之中的大事，这就是嫪毐的叛乱。

嫪毐的叛乱有其深刻的政治背景，它和嬴政即位后亲政前这段时期秦国的政治格局有密切的关系。

从嬴政即位到其亲政之前，秦国上层统治者内部围绕着未来由谁来掌握秦国的军政大权展开了明争暗斗。卷入这场斗争的主要是丞相也是嬴政的仲父吕不韦，及倚恃于太后的嫪毐。

秦王嬴政九年（前238），按照秦国的政治文化传统，二十二岁的嬴政已经到了要举行冠礼和亲政的年龄。冠礼的日期一天天逼近，而秦国宫廷内争权夺利的斗争也开始白热化。就在嬴政冠礼举行的前一年，秦国发生了几件看似突然但又在旁观者预料之中的事情：一是年迈的夏太后去世；二是王弟长安君成蟜在进攻赵国的前线屯留（今山西屯留南）时突然降敌叛变；三是《史记·秦本纪》所记"河鱼大上"。关于"河鱼大上"，《史记索隐》谓："渭水河溢，鱼大上平地，亦言遭水害也。即《汉书·五行志》刘向所谓的'豕虫之孽'。"《史记正义》亦云："始皇八年，黄河之鱼西上入渭，渭，渭水也。《汉书·五行志》云：'鱼者阴类，臣民之象也。'"《史记索隐》还说："言河鱼大上，秦人皆轻车重马，并就食于东。言往河旁食鱼也。一云河鱼大上为灾，人遂东就食，皆轻车重马而去。"

夏太后的去世对政局影响不大，从文献记载看，她生前的政治地位远在华阳太后和赵太后之下，而且也没有什么政治野心或形成自己的政治势力。而其他两件事则对当时的政局产生了重大影响。王弟长安君的叛变，释放了一个危险的政治信号：秦国内部的政治斗争已经激化并可能随时爆发。王弟长安君对此内幕肯定是有一定的了解或详知，否则，他不会在秦国即将取得全局胜利之时转而投向一个即将灭亡之国。第三件事虽然可以视为阴阳家的"灾异"之说，但它以"鱼者阴类，臣民之象"的预言，预示了秦国将有"阴类"作祟事件的发生，暗示了当时统治集团内部争权夺利的斗争已经成为公开的秘密。

（一）嫪毐的叛乱

吕不韦在秦国的特殊地位，决定了他对秦国军政大权牢牢把握，在嬴政亲政之前他是秦国军政大权的实际掌握者。但是就在嬴政即将亲政前，这种形势却发生了吕不韦想象不到的变化。这就是嫪毐的出现及成为他的政敌。

前已述及,吕不韦的发迹得益于秦庄襄王,秦庄襄王死后,吕不韦以丞相和仲父的身份辅政,这时与他同时辅政的还有嬴政的生母赵太后。关于赵太后与吕不韦的关系,《史记·吕不韦列传》有这样的说法:子楚在赵国邯郸做人质时,"吕不韦取邯郸诸姬绝好善舞者与居。知有身。子楚从不韦饮,见而说之,因起为寿,请之。吕不韦怒,念业已破家为子楚,欲以钓奇,乃遂献其姬。姬自匿有身,至大期时,生子政。子楚遂立姬为夫人"。这段话明确地告诉世人,赵姬曾是吕不韦的姬妾,嬴政是吕不韦的亲生子。《史记·吕不韦列传》接着还说:自庄襄王去世后,吕不韦与赵姬的关系更为密切,但随着嬴政一天天长大,吕不韦总是担心这种关系会给自己带来祸害,"始皇帝益壮,太后淫不止,吕不韦恐觉祸及己"[①],于是把嫪毐推荐给太后。《史记·吕不韦列传》记载了这件事情的详细经过:"乃私求大阴人嫪毐以为舍人,时纵倡乐,使毐以其阴关桐轮而行,令太后闻之,以啖太后。太后闻,果欲私得之,吕不韦乃进嫪毐,诈令人以腐罪告之,不韦又阴谓太后曰'可事诈腐,则得给事中。'太后乃阴厚赐主腐者吏,诈论之,拔其须眉为宦者,遂得侍太后。太后私与通,绝爱之。有身,太后恐人知之,诈卜当避时,徙宫居雍。"

嫪毐的发迹,竟是因为能以其阴转动桐木所做的小车轮,实为天下之罕事。对于此事的真实性,马非百先生早已证乎其谬。[②] 这种近乎小说家言的故事,其实背后隐藏着更大的政治秘密。

嫪毐本系嬴政生母赵太后的邯郸同乡,赵太后居邯郸时已与其相识,并有了密切的往来。庄襄王死后,赵姬以帝太后的身份辅政,她是在嬴政九岁时才从赵国来到秦国首都咸阳的,在秦国缺少盘根错节的关系,势力孤单,在秦国上层统治集团中,唯有吕不韦与她有着最亲密的关系。赵太后为了扩大私人势力,巩固已有的权力,将嫪毐这位同乡和昔日的密友引为同党就十分自然。在这中间,吕不韦可能出了力、帮了忙,可能就是在宫禁十分严格的情况下以"诈腐"的手段,让嫪毐取得"给事中"的身份,从而能自由出入后宫。但让赵太后始料未及的是,由于嫪毐的出现,秦国上层统治集团的权力结构开始被打破,引发出一场血腥的权力之争。

---

① 《史记》卷八十五《吕不韦列传》,北京:中华书局标点本,1959 年,第 2511 页。

② 马非百:《秦集史》,北京:中华书局,1982 年,第 318 页。

赵太后为了维护自己的权力，并力图对未来的秦王嬴政产生影响，为了让嫪毐死心踏地为自己卖力，将“嫪毐封为长信侯。予之山阳地，令毐居之。宫室车马衣服苑囿驰猎恣毐。事无大小皆决于毐。又以河西太原郡更为毐国”（《史记·秦始皇本纪》）。在秦国这样一个严格实行按军功授爵的国家，嫪毐没有任何的军功或事功，却获得了“侯”这么高的爵位，拥有山阳、太原这么大的侯国领地，确是破天荒的。正是由于赵太后的支持，缪毐的野心不断增长。这时的他真可谓炙手可热，甚嚣尘上，他在与朝廷贵臣欢饮醉酒时竟狂妄地说：“吾乃皇帝之假父也，窭人子何敢乃与我亢！”[①]嫪毐势力膨胀，不可能不与吕不韦发生冲突，实际上吕、嫪之间争权夺利的斗争在当时的国内外已经公开化，且早为人熟知，《战国策·魏策四》记当时秦急攻魏，有人给魏王出主意说：“秦自四境之内，执法以下，至于长挽者，故毕曰：‘与嫪氏乎？与吕氏乎？’虽至于门闾之下，廊庙之上，犹之如是也。今王割地以赂秦，以为嫪毐功，卑体以尊秦，以因嫪毐。王以国赞嫪毐，以嫪毐胜矣，王以国赞嫪氏，太后之德王矣，深于骨髓，王之交最为天下上矣。秦、魏百相交也，百相欺也。今由嫪氏善秦，而交为天下上，天下孰不弃吕氏而从嫪氏乎？天下必舍吕氏而从嫪氏，则王之怨报矣。”事情远不止此，由于嫪毐势力的不断攀升，朝廷中许多高官为攀龙附凤也开始投靠到嫪毐的门下，太后每行走一步，“嫪毐常从，赏赐甚厚，事皆决于嫪毐。嫪毐家僮数千人，诸客求宦为嫪毐舍人千余人”[②]。从“事皆决于嫪毐”我们可以推测，当时在太后辅政的名义下，嫪毐插手国家事务是不可避免的，且大有取代吕不韦之势，从而引起了吕不韦的强烈不满。

而对嫪毐来说，要想真正取代吕不韦掌握秦国的政权并非一件易事。首先，吕不韦是嬴政父子王位的奠基者，他为秦国的统一无论在文治还是武功方面，都建立了不世之功，换句话说，没有吕不韦，就没有嬴政的今天。其二，公元前247年，庄襄王去世，十三岁的嬴政继位，“王年少，初即位，委国事大臣”[③]，嬴政亦“尊吕不韦为相国，号称仲父”[④]，吕不韦成为嬴政法定的监护人，其地位是难以

---

① 向宗鲁：《说苑校证》，北京：中华书局，1987年，第215页。

② 《史记》卷八十五《吕不韦传》，北京：中华书局标点本，1959年，第2511页。

③ 《史记》卷六《秦始皇本纪》，北京：中华书局标点本，1959年，第223页。

④ 《史记》卷八十五《吕不韦传》，北京：中华书局标点本，1959年，2509页。

动摇的。所以，对嫪毐来说，唯一可行的途径就是采取暴力的手段来夺取政权，而且要尽快，因为一旦嬴政加冠，就没有任何余地了。嫪毐选择嬴政加冠之机发动叛乱的原因就在于此。

秦王政九年（前238）四月，王政到雍，"已酉，王冠，带剑"。就在此时，嫪毐"矫王御玺及太后玺以发县卒及卫卒、官骑、戎狄君公、舍人，将欲攻蕲年宫为乱。王知之，令相国昌平君、昌文君发卒攻毐。战咸阳，斩首数百，皆拜爵，及宦者皆在战中，亦拜爵一级。毐等败走。即令国中，有生得毐，赐钱百万，杀之，五十万。尽得毐等。卫尉竭、内史肆、佐弋竭、中大夫令齐等二十人皆枭首。车裂以徇，灭其宗。及其舍人，轻者为鬼薪。及夺爵迁蜀四千余家，家房陵"[①]。嬴政能在极短时间内完成对嫪毐集团叛乱的镇压，而且是在远离咸阳的雍城遥控指挥并取得全部胜利，不得不令人对其周密安排咋舌惊叹。其中的细节今人已难以知晓，司马迁在此只用了"王知之"三个字，就把他对此事了如指掌、深谋于心、策划无遗、滴水无漏、后发制人、全面取胜的政治才能表现出来。我们恐怕只能说，嬴政对这次政变阴谋的内幕早已有了清楚的了解，并做好了充分的防患准备。

嫪毐势力的膨胀和叛乱之所以发生，不仅仅是嫪毐个人的野心所致，它与秦国的政治文化传统密切相关，而且对此后秦政治文化的发展也产生了深刻影响。

首先，母后参政的传统在秦国由来已久。母后参政是由于秦国社会较后世普遍开放，妇女在社会和家庭中地位相对较高，特别是在君王年幼时，这种情况尤为突出。在秦国历史上，秦昭王母宣太后的专权就非常有名，《史记・穰侯列传》云"昭王少，宣太后自治"，当时的国家大事基本上是宣太后说了算。她的异父长弟魏冉被封为穰侯，曾五次担任秦昭王的相，"穰侯之富，富于王室"。她的同父弟芈戎被封为华阳君，昭王两个同母弟弟分别被封为高陵君和泾阳君。《史记・穰侯列传》记载说："宣太后专制，穰侯擅权于诸侯，泾阳君、高陵君之属太侈，富于王室。"当时宣太后专权之事还可从昭襄王接见范雎所说的一席话中看出。范雎留秦一年多都没有得到昭王的接见，其原因《史记・穰侯列传》记昭王自谓："寡人宜以身受命久矣，会义渠之事急，寡人旦暮自请太后，今义渠之事已，寡人乃得受命。"此时，昭王立为王已经三十六年，昭王尚要事事"旦暮自请

---

① 《史记》卷六《秦始皇本纪》，北京：中华书局标点本，1959年，第227页。

太后”,可见宣太后擅权到了何种地步！太后参政给像嫪毐这样的人留下了可乘之机。太后们为了扩大势力、巩固权力,势必要援引自己身边最贴近、最可靠的人,像嫪毐他们自然就成为首选,他们最容易结为同党,成为中央政权最大的威胁。

其次,嫪毐叛乱的发生还与这个时期中央集权制度逐步加强、宦官地位提高有很大的关系。中国古代宦官起源甚早,其职责主要是侍奉君主及其后宫妃嫔,由于身份的特殊,他们往往被称为“刑余之人”,地位很低,更多时候是以“受过宫刑的家务奴隶”身份出现的[①]。到春秋战国时代,由于中央君主集权制度及新型官僚制度的的形成,宦官在政治生活中的地位日益凸显并提高,秦国亦不例外。在新发现的战国秦封泥中,“从宦者类封泥单品的重复率来看,宦者丞印(114 枚),高章宦丞(81 枚),北宫宦丞(19 枚),远超秦封泥其他品类,可见秦宦官执掌事务繁杂,奏事频繁”,地位重要。[②]

秦国宦官地位的提高主要表现在:一是在中央机构中出现了专门的宦官管理机构“宦者令丞”。《册府元龟・内臣部总序》记载:“战国之际,赵有宦者令之职。秦并天下,并建官号。少府之属,有中书谒者、黄门、钩盾、尚方、御府、永巷、内者、宦者七官令丞,诸仆射、署长、中黄门皆属焉。其詹事之属,又有中长秋、私府、永巷、宫厩、祠祀、食官令长丞,诸官皆属焉。又有将行为皇后卿及中常侍之职。”联系出土的秦封泥可知,秦代宦官事务繁杂,因此在各个部门设置管理机构确属必要。机构的设置,使宦官有了随时参与国家事务的机会。二是宦官政治地位的提高,秦国的宦官可以封爵,可以有自己的封地,可以拥有成千上万的家僮和门客,如嫪毐便是如此。三是宦官可以直接参与国家事务,奉令出使地方。《秦律十八种・仓律》规定:“宦者、都官吏、都官人有事上为将,令县贷之,辄移其禀县,禀县以减其禀。”宦者奉令出使,其口粮由所在县禀给,其出使期间的待遇与秦爵不更相同,“宦奄如不更”(《秦律十八种・传食律》)。四是由于宦官制度本身的原因,宦官和君主或后宫关系最为密切,他们有机会接触、了解上层集团的政治秘密和政治动向,并能做出准确的判断,从而有所行动。最后,嫪毐的叛乱,由于他依附于赵太后,再加上当时“有告嫪毐实非宦者,常与太后私

---

① 余华青:《中国宦官制度史》,上海:上海人民出版社,2006 年,第 76 页。

② 王辉:《秦文字通论》,北京:中华书局,2016 年,第 332 页。

乱,生子二人,皆匿之。与太后谋曰:‘王即薨,以子为后。’”[1]之事,所以嬴政即迁怒于赵太后,并将其迁至雍。嬴政对赵太后的积怨与愤怒,也可能是嬴政后来未立皇后,虽消灭了嫪毐集团,但并未废除宦官制度的原因吧。当然,这只是我们的推测。

(二)吕不韦之死

关于吕不韦之死,《史记·吕不韦列传》记载,秦王政九年,在下吏治嫪毐之案时,因“事连相国吕不韦”,“王欲诛相国,为其奉先王功大,及宾客辩士为游说者众,王不忍致法”。接着又说:“岁余,诸侯宾客使者相望于道,请文信侯。秦王恐其为变,乃赐文信侯书曰:‘君何功于秦?秦封君河南,食十万户。君何亲于秦?号称仲父。其与家属徙处蜀!’吕不韦自度少侵,恐诛,乃饮鸩而死。”

研究秦史者向来都把秦王政消灭嫪毐集团和吕不韦之死拉扯到一起,认为这是秦王政执政之前消灭的“嫪、吕为首的一派势力”[2],或称为两大势力、两大政治集团,或“两个既有关联又有区别的集团”[3],但揆诸事实,这些说法都是不准确的。

我们平常所说的政治势力或政治集团,一般是指为了一定政治目的而组织起来共同行动的政治团体,是一种政治利益联盟,这个团体或联盟的各方有共同的政治利益。

如果拿这个标准去衡量嫪毐和吕不韦,我们就会发现,在秦国历史上嫪毐政治集团是确实存在的,而所谓的吕不韦政治集团则纯属子虚乌有。

先说嫪毐,为了抢夺政权,在嬴政举行冠礼之前,在秦国统治上层就已组织起了以他为中心的政治集团,嬴政镇压嫪毐时牵涉到的这个集团的主要人物就有卫尉竭、内史肆、佐弋竭、中大夫令齐等二十人,基本都是地位很高、担负重要职责、据守关键岗位的人物。卫尉,掌宫门屯卫兵;内史,掌治京师;佐弋,主要负责教练射弋,同时负责制造弓箭类武器;中大夫令,中大夫为郎中令属官,令为其

---

① 《史记》卷八十五《吕不韦列传》,北京:中华书局标点本,1959年,第2512页。

② 参看林剑鸣:《秦史稿》,上海:上海人民出版社,1981年,第327页;杨宽:《战国史》,上海:上海人民出版社,2003年,第449页;于琨奇:《秦始皇评传》,南京:南京大学出版社,2002年,第45页;张分田:《秦始皇传》,北京:人民出版社,2003年,第99页。

③ 王云度:《嫪毐、吕不韦集团辨析》,《中国史研究》1983年第2期。

总负责,郎中令及其所属中大夫主要是侍卫宫殿门户和侍从皇帝,所以地位十分重要。仅从以上几个官员显赫的地位就可以看出,嫪毐集团的组成已远非一般的政治集团可比,亦绝非短时间内就能够形成,必然是经过了长时间的酝酿和组织,说明嫪毐的政变是有组织且蓄谋已久、有充分准备的。

人数众多是这个集团的一个特点,据《史记·秦始皇本纪》记载,参与嫪毐集团叛乱的不仅有上述的卫尉、内史等,还有县卒、卫卒、官骑、戎狄君公及舍人等。叛乱平息之后,仅夺爵迁蜀的就有四千余家,这是一个相当庞大的数字。

嫪毐集团的政治目标十分明确,就是要夺取最高政权。《史记·吕不韦列传》记载:"(嫪毐)常与太后私乱,生子二人,皆匿之。与太后谋曰:'王即薨,以子为后。'"这事在秦王嬴政下吏治时"具得情实"①。正因为如此,嬴政才采取了最严厉的手段对其进行惩治,夷嫪毐三族,杀太后所生两子,并将太后迁于雍。

嫪毐集团的政变计划也十分周密,他们选择了秦王嬴政离开咸阳到雍去行加冠礼这一隆重仪式举行的机会。因为此时应当有大部分中央官员和宗室成员必须随行出席,咸阳的守备相应空虚,是举行叛变的有利时机。

如果尊重历史,吕不韦和嫪毐绝不可同日而语。吕不韦从秦庄襄王元年(前249年)为相到秦王政十年(前237年)免相为止,前后执政达十二年之久,如前所述,无论在武功还是文治方面,他都为秦国立下了不世之功。如果说他有野心,历史曾给了他不少机遇,比如说庄襄王去世,嬴政年少,他又有赵太后那样的特殊关系,完全可以取嬴政而代之,但是他没有那样做;吕不韦曾招致食客三千人,他完全有条件组织一个以他为中心的政治集团以夺取嬴政的王权,但他没有那样做,而是让大家人人著所闻,以备天地万物之事,成《吕氏春秋》一书,以培养秦王嬴政去做一个合格的帝王;秦王政九年(前238)吕不韦因嫪毐事被牵连,十年(前237)吕不韦被免相,就国河南,一年多以后,接到秦王政"与其家属徙处蜀"的诏书,吕不韦饮鸩自杀,在这长达两年的时间里,吕不韦完全有时间、有能力、有条件进行谋反,但他没有那样做;即使"诸侯宾客使者相望于道,请文信侯"②,他也没有动摇而背叛秦始皇、背叛秦国。以上事实表明,嫪毐与吕不韦既不是一派势力,也不可称作"既有关联又有区别的集团"。

---

① 《史记》卷八十五《吕不韦列传》,北京:中华书局标点本,1959年,第2512页。
② 《史记》卷八十五《吕不韦列传》,北京:中华书局标点本,1959年,第2513页。

上述事实表明，嫪毐政治集团是存在的，而所谓的吕不韦政治集团在秦国历史上根本就不存在。这里牵涉到对《史记》中秦始皇所赐文信侯书中的那段话应当怎样去理解的问题。秦始皇说吕不韦"何功于秦、何亲于秦"显然与历史事实不符，对此我们只能将其看作秦始皇的政治宣传策略，核心的问题在于秦始皇看到或听到有诸侯宾客请吕不韦，他担心的是吕不韦会不会叛变，尽管一开始他并不忍心致法于吕不韦，但因为这种担心，终于促成了他加害吕不韦的决心，这应当是符合历史真实和逻辑的。

（三）茅焦进谏的文化意义

嬴政在平息嫪毐叛乱时，因事关太后"而遂迁太后于雍"[①]，事后因齐人茅焦以"秦方以天下为事，而大王有迁母太后之名，恐诸侯闻之，由此倍秦也"进谏，才"迎太后于雍而入咸阳，复居甘泉宫"[②]。关于此事，刘向在《说苑・正谏》中有更为详细的记载，该篇说太后被迁后，秦王政曾下令说："敢以太后事谏者，戮而杀之，从蒺藜其脊肉干四肢而积之阙下。"据说当时谏而死者有二十七人之多，但齐客茅焦仍往，"上谒曰：'齐客茅焦愿上谏皇帝。'皇帝使使者出问：'客得无以太后事谏也？'茅焦曰：'然。'使者还白曰：'果以太后事谏。'皇帝曰：'走往告之，若不见阙下积死人邪？'使者问茅焦，茅焦曰：'臣闻之，天有二十八宿，今死者已有二十七人矣，臣所以来者，欲满其数耳。臣非畏死人也。'走入白之"。他向秦王指出："陛下车裂假父，有嫉妒之心；囊扑两弟，有不慈之名；迁母萯阳宫，有不孝之行；从蒺藜于谏士，有桀纣之治。今天下闻之，尽瓦解无向秦者，臣窃恐秦亡，为陛下危之。"[③]秦王政听谏后，不仅接受了茅焦的进谏，赦免了茅焦，还立其为仲父，爵之为上卿。秦王政在杀了进谏者二十七人之后，能心服口服地接受茅焦的进谏，是否如后来学者所说，仅仅是因为害怕"统一天下的宏伟大业会受影响"[④]，我们认为事情并非如此简单。

在茅焦之前被杀的二十七人究竟是以什么样的思想和方式来向秦王政进谏

---

① 《史记》卷八十五《吕不韦列传》，北京：中华书局标点本，1959年，第2512页。

② 《史记》卷六《秦始皇本纪》，北京：中华书局标点本，1959年，第227页。

③ 刘向撰，向宗鲁校证：《说苑》，北京：中华书局，1987年，第215—216页。

④ 于琨奇：《秦始皇评传》，南京：南京大学出版社，2002年，第51页。

的,我们今天已不可得知,而茅焦进谏内容所体现的思想却十分明确:慈和孝都是儒家的核心价值观,为吕不韦鸣不平应是当时社会的主流舆论。和儒家向往的尧舜之治相反,桀、纣为中国历史上有名的暴君,对其独裁和残暴更是人人恨之入骨。这样尖锐和充满挑战性的语言,秦王政竟能接受,这就不能不引起我们的深思。究竟是什么原因让秦王政接受了茅焦的进谏?我们认为,首先是儒家传统道德对秦王政所形成的约束力和心理压力起了主要作用,这是他对儒家传统道德的认同和服膺。秦人兴起于西周故地,早期秦人曾广泛地吸收了西周的礼乐文化,这不仅仅表现在形式上,还在于其所体现的深层内涵,即仁、义、忠、孝、慈等观念已在秦人的心底深深扎根和固化。在秦王政看来,不接受此谏、不遵从儒家的这些基本道德原则就会亡国。其次,秦王政能够接受茅焦的进谏,说明尽管在商鞅变法之后,法家思想和法家政治文化在秦国曾长期居于主导地位,但儒家的传统道德价值观并没有被完全取代,人们依然将其作为道德价值衡量的标准。秦王政能全盘接受茅焦的进谏,显示了即将进入帝国时代的秦国政治文化发展的新趋势。

二　影响帝国政治文化的诸多因素

秦孝公时实行变法,不但使秦国达到了富国强兵和称霸的目的,也使法家思想和以法家为主体所形成的政治文化在秦国盛极一时。但正如前述,这种政治文化在惠文、昭襄时代发生了许多变化,秦始皇"奋六世之余烈",使秦朝政治文化再次出现了新的局面。

对于秦帝国的政治和政治文化研究,学界的成果已相当丰富,但更多的是以专制、集权、独裁等理论予以简单、笼统的概括。其实政治文化的发展不仅有其阶段性,而且有其特殊性,它既决定于其时的政治状况,亦决定于经济的发展;既决定于领袖人物的政治态度、政治意识,亦决定于当时各阶层民众的政治观念及其与政治的关系,因此,历史地考察秦朝政治文化的变迁,就非常有必要。

随着统一战争的结束,一个重要的话题被提到秦始皇的议事日程上来,这就是如何稳定和巩固这个新生政权,如何使此前在思想、文化、心理、习俗、语言、生产生活等方面彼此差异很大的各国、各地区能够实现真正的统一,如何建定法度、显著纲纪,去建设一个崭新的政治文化,这成为秦始皇要面对的首要问题。

秦的统一为在全国范围内实现政治文化的统一在客观上搭建了一个很好的平台。早在秦统一的前夕,古代中国社会的各种知识和思想已开始逐步走向统一,战国早中期那种"道术将为天下裂"的局势已发生了彻底的改变,诚如《史记·太史公自序》所说:"《易大传》'天下一致而百虑,同归而殊途。'夫阴阳、儒、墨、名、法、道德,此务为治者也。"但是如何实现政治文化的统一,不仅取决于客观条件,在集权体制下更多取决于领袖个人的政治意识、政治态度和文化倾向。

秦始皇虽然出生在其父在赵国做人质的艰难时期,但他的母家是赵国的豪族,而他八九岁时就回到了自己的国家,被立为王储,所以他在童年和少年时代应当受到过良好的中国传统文化教育,其后吕不韦作为他的仲父和老师,在政治文化和治理国政方面对他又特意进行教育和培养,因而秦始皇不仅具备超越前辈的治国理政能力,而且在政治文化方面所表现出的创造性对此后中国历史发展也产生了深远的影响。

在帝国建立之初,秦始皇顺应历史发展趋势,以海纳百川、兼容并蓄的胸怀来促进政治文化统一的实现。无论是从秦始皇的政治意识还是政治实践来看,中国古代各个流派的思想资源都受到了他的重视,并从中吸取了大量有利于维护其统治的营养,这些都对秦王朝的意识形态和治国理政实践产生了重大影响。

在秦朝政治文化中,儒家思想有举足轻重的地位。

"大一统"理论是来源于儒家经学的重要的理论之一,其思想最早由孔子提出。"大一统"一词虽见于晚出的《春秋公羊传》,但西周时期这种观念就早已深入人心,《诗·小雅·北山》的"普天之下,莫非王土;率土之滨,莫非王臣"已有表达。此后历经春秋战国的思想大论战,"大一统"逐步成为各家各学派的共识。秦始皇不仅在思想上将儒家的"大一统"奉为圭臬,而且在实践上也全面身体力行。他知道,秦虽然以军事力量完成了国家的统一,但要真正实现政治的统一,还需要更加艰难的思想文化、意识形态的整合与建设。制度和政策是思想的载体,从这个时期秦国政府的制度建设、政策制定可以看出秦始皇为实现大一统政治文化所做的努力。

秦初并天下,秦始皇即下令说:"寡人以眇眇之身,兴兵诛暴乱,赖宗庙之灵，六王咸伏其辜，天下大定，今名号不更，无以称成功，传后世。”[①]遂令群臣议帝号，并追尊其父庄襄王为太上皇，建立了皇帝制度。此后又下诏说：“朕闻太古有号无谥，中古有号，死而以行为谥。如此，则子议父，臣议君也，甚无谓，朕弗取焉。自今以来，除谥法。朕为始皇帝。后世以计数，二世三世至于万世，传之无穷。”（《史记·秦始皇本纪》）在这两篇令和制文中，秦始皇明确表示了他对传统孝道和祖宗的尊崇。除去谥法并建立新的帝位继承制，可以看作是对封建王国时代政治文化的终结和对建立大一统政治的自信，为此后两千多年的中国国家政治制度奠基，充分凸显出中央集权制度下帝王专制和家天下政治的特性。

在创建皇帝制度的同时，秦朝在中央设立了三公九卿制，地方上建立了郡县制，在整个社会上建立了新的等级制，形成一套严密的，下级对上级绝对服从、绝对负责的中央集权制，实现了对全部领土的统一集中行政管理。这不仅是对君权的集中，而且是实现统一的政治文化的前提。在此基础上，又对秦国的土地、赋税、徭役、军事、法律、上计、文字、度量衡、社会风俗等以国家制度的形式进行了统一和整齐，并将之纳入“大一统”的行政体系中。《琅琊刻石》具体生动地再现了这种和谐统一的政治局面：

皇帝之功，勤劳本事，上农除末，黔首是富。普天之下，抟心揖志。器械一量，同书文字。日月所照，舟舆所载。皆终其命，莫不得意。应时动事，是维皇帝。匡饬异俗，陵水经地。忧恤黔首，朝夕不懈。除疑定法，咸知所辟。方伯分职，诸治经易。举措必当，莫不如画。皇帝之明，临察四方。尊卑贵贱，不踰次行。奸邪不容，皆务贞良。细大尽力，莫敢怠荒。远迩辟隐，专务肃庄。端直敦忠，事业有常。皇帝之德，存定四极。诛乱除害，兴利致福。节事以时，诸产繁殖。黔首安宁，不用兵革。六亲相保，终无寇贼。欢欣奉教，尽知法式。六合之内，皇帝之土。西涉流沙，南尽北户。东有东海，北过大夏。人迹所至，无不臣者。功盖五帝，泽及牛马。莫不受德，各安其宇。

刻石虽对秦始皇的功绩、政治行为、制度建设有着许多夸饰的地方，但揆诸事实，却也不无实实在在之处，如秦的上农政策、器械一量、同书文字、匡饬风俗、除疑定法、广阔疆土等莫不是铁的事实，我们从中可以看出新兴地主阶级走上政

① 《史记》卷六《秦始皇本纪》，北京：中华书局标点本，1956 年，第 236 页。

治舞台的蓬勃气象。

秦始皇的“大一统”在中国历史上第一次实现了国家领土与主权的统一，实现了对天下国家统治权的统一、对政策和法令的统一、对意识形态和文化的统一以及境内各民族的统一，真正实现了“圣帝在上，德流天下，诸侯宾服，威震四夷，连四海之外以为席，安于覆盂，天下平均，合为一家”①的大一统理想。

秦朝大一统政治体系的建立，奠定了帝国未来的发展方向，促进了社会秩序的重构，标志着一个有共同疆域和国家概念、有共同文化和意识形态、各族人民有共同认同感的国家政权的建立和政治核心的形成。此后中国历史虽时有分裂，但统一已成为国家常态，这是一个不争的事实。统一同时也促进了各民族、各地区经济和文化在更大范围内的交流，为华夏文化共同体的形成、巩固和发展奠定了基础。

德政和德治是儒家传统政治思想的主要内容之一。秦始皇对此似乎也是情有独钟。

秦曾经是法家政治文化的沃土，秦政治文化中法家文化的底色颇为浓厚，以致秦亡之后人们多将其亡国原因归结为法家政治，“自两汉以后，秦王朝的历史形象于是定格于‘暴政’”②。但若仔细考察秦朝初年的历史，就会发现这种说法并不符合历史实际，且多有不确之处。

以秦始皇为代表的秦朝统治者认同德政、德化是治国理政的重要手段，是有普世价值的不易之论。

在上述秦始皇二十八年（前219）巡视东方时留下的《琅琊刻石》中，秦始皇对“德”的表述颇具代表性：“皇帝之德，存定四极，诛乱除害，兴利致福，节事以时，诸产繁殖，黔首安宁，不用兵革。六亲相保，终无寇贼，欢欣奉教，尽知法式。”从刻石的内容看，这里所谓的“德”，实际上就是指的“德政”和“德治”。

从秦始皇时代其他诸多刻石内容看，刻石所谓的“德”也都具备这方面意义。例如秦始皇二十九年（前218）的《芝罘刻石》云“大圣作治，建定法度，显著纲纪。外教诸侯，光施文惠，明以义理。六国回辟，贪戾无厌，虐杀不已。皇帝哀众，遂发讨师，奋扬武德。义诛信行，威燀旁达，莫不宾服。烹灭强暴，振救黔首，

---

① 《史记》卷一百二十六《滑稽列传》，北京：中华书局标点本，1956年，第3206页。

② 王子今：《秦汉社会意识研究》，北京：商务印书馆，2012年，第3页。

周定四极。普施明法,经纬天下,永为仪则。”其东观刻石云:“圣法初兴,清理疆内,外诛暴强。武威旁畅,振动四极,禽灭六王,阐并天下,甾害绝息,永偃戎兵。皇帝明德,经理宇内。”秦始皇三十二年(前215)的《碣石刻石》云:“遂兴师旅,诛戮无道,为逆灭息。武殄暴逆,文复无罪,庶心咸服。惠论功劳,赏及牛马,恩肥土域。皇帝奋威,德并诸侯,初一泰平。堕坏城郭,决通川防,夷去险阻。地势既定,黎庶无繇,天下咸抚。男乐其畴,女修其业,事各有序。惠被诸产,久并来田,莫不安所。”秦始皇三十七年(前210)的《会稽刻石》云:“皇帝休烈,平一宇内,德惠修长,三十有七年,亲巡天下,周览远方。遂登会稽,宣省风俗,黔首斋庄。群臣颂功,本原事迹,追首高明。秦圣临国,始定刑名,显陈旧章。初平法式,审别职任,以立恒常。六王专倍,贪戾慠猛,率众自疆。暴虐恣行,负力而骄,数动甲兵。阴通间使,以事合从,行为辟方。内饰诈谋,外来侵边,遂起祸殃。义威诛之,殄息暴悖,乱贼灭亡。圣德广密,六合之中,被泽无疆。皇帝并宇,兼听万事,远近毕清。运理群物,考验事实,各载其名。贵贱并通,善否陈前,靡有隐情。饰省宣义,有子而嫁,倍死不贞。防隔内外,禁止淫佚,男女洁诚。夫为寄豭,杀之无罪,男秉义程。妻为逃嫁,子不得母,咸化廉清。大治濯俗,天下承风,蒙被休经。皆遵度轨,和安敦勉,莫不顺令。黔首修洁,人乐同则,嘉保太平。后敬奉法,常治无极,舆舟不倾。”①

在上述刻石铭文中,我们看到了秦始皇及秦朝上层统治者对德政和德治内容的认识:实现国家的统一,为百姓诛乱除害,节事以时,男乐其畴,女修其业,兴利致福;建立法度,初平法式,明以义理,义诛信行,普施明法,经纬天下,立规建制,审别职任,使国家政权的运行皆有规则;发展经济,发展交通,使诸产繁殖,经济全面发展。这些思想和观念、这些做法和措施显然都来自儒家关于以德治国的传统,表明了秦始皇和秦朝上层统治者对儒家政治文化、对儒家政治价值的认同。

秦始皇和秦朝上层统治者还根据儒家的道德伦理观,用德治教化的手段来整齐民间风俗,提出要“变民习俗”的改革目标,试图运用儒家理想的德治教化来建构新的政治文化秩序,以达到稳定现实政治秩序的目的。应当说这些努力不仅符合当代实际,促进了社会的进步,而且具有深远的历史意义,为秦帝国及

① 《史记》卷六《秦始皇本纪》,北京:中华书局标点本,1959年,第249、250、252、261页。

中国历代政权提供了深层的稳定机制和长治久安的策略。这正是中国历代政治文化最为核心的精髓，也是中国社会历史长期稳定发展的根本所在。

在治国理政的政治实践中，为实现教育、教化的目的，秦始皇及其上层统治者还运用法令及当时流行的易于记诵的文学形式来表达国家意志和对臣民的政治要求及训诫，直接肯定了儒家的道德观念和从政观念。在秦简《为吏之道》中，要求各级官吏必须做到"精洁正直""宽容忠信""敬上勿犯""审知民能，善度民力"，提出"吏有五善"的标准："一曰忠信敬上，二曰清廉毋谤，三曰举事审当，四曰喜为善事，五曰恭敬多让。"要求各级官吏不仅要"慈爱万姓"，而且要做到"均繇赏罚""变民习俗"，以此作为"从政之经"。在秦简《语书》中以法律令的形式要求基层官吏为臣要"忠""廉洁敦慤"，要有"公心""能自端正"，这种借助国家意志来推行儒家政治价值和道德规范的做法，使我们看到了儒家思想在秦朝政治文化体系中的重要地位。

除了训诫之类的硬性规定之外，运用便于记诵又朗朗上口的文学歌辞来对基层官吏灌输儒家提倡的为政之道，也是秦始皇及其上层统治集团构建自己意识形态的一种重要手段。在秦简《为吏之道》的篇后附有一章以《治事》命名的成相歌辞[①]，其文曰：

凡治事，敢为固，谒私图，画局陈棋以为藉。小人慑心，不敢徒语恐见恶。

凡戾人，表以身，民将望表以戾真。表若不正，民心将移乃难亲。

操邦柄，慎度量，来者有稽莫敢忘。贤鄙既乂，禄位有续孰瞀上？

邦之急，在体级，辍民之欲政乃立。上无间隙，下虽善欲独何急。

审民能，以任吏，非以官禄夬助治。不任其人，及官之瞀岂可悔。

申之义，以毄畸，欲令之具下勿议。彼邦之倾，下恒行巧而威故移。

将发令，索其政，毋发可异使烦请。令数究环，百姓摇贰乃难请。

听有方，辩短长，困造之士久不阳。

在这首成相歌辞中，儒家提倡的自律、自省、修身、审慎行事、为民作则等有关个人道德和官德，为政当以民为本、选贤任能、职任其人的职业情操，被以极其通俗易懂的方式加以表述，显然是为了便于那些文化程度不高的基层官吏记诵，

---

① 蔡先金：《简帛文学研究》，北京：学习出版社，2017年，第334页。

使其能牢记于心。和《为吏之道》一样,这应当是当时政府编写的对官吏进行官德教育和行政能力培养、渗透儒家精神的实用教材。

秦有以吏为师的制度[①],其作用"并不仅限于对刀笔之吏的训练和法律令文的传习,而是旨在使专制政府全面控制文化教育"[②],对官吏进行职业培训和官德教育的正是上述教材。作为对基层社会进行全面控制的重要手段之一,即内在的社会规范及道德教育正是通过这些工作在社会基层的"吏"来实现的。他们通过国家专设的教育机构"学室"[③],担负起了对老百姓进行教化的任务,这正是儒家所追求的德治的重要手段和内容,是构建和稳定社会秩序的根本需要。

重视礼制建设,是秦朝初年政治文化的特点之一。礼制是儒家追求的礼治的核心内容之一。《礼记·礼运》记载,言偃曾问孔子:"如此乎礼之急也?"孔子曰:"夫礼,先王以承天之道,以治人之情,故失之者死,得之者生。《诗》曰:'相鼠有体,人而无礼;人而无礼,胡不遄死。'是故夫礼,必本于天,殽于地,列于鬼神,达于丧、祭、射、御、冠、婚、朝、聘。故圣人以礼示之,故天下国家可得而正也。"礼关乎天地、人生的各个方面,所以特别受到古人的重视。

秦国虽以军事力量实现了统一,但其礼制文化的建设亦丝毫不比其他国家逊色。诚如前述,商鞅变法前,秦国就已有发达的礼制文化,"商鞅变法以后的秦国以及秦王朝的礼制,较之周礼也增加了不少新内容。这些应属于商鞅等所谓的'更礼''易礼'的范围。如吉礼中的封禅,即不见于《周礼》,为秦始皇首次付诸实践的礼典。吉礼中的妻河,同样不在于《周礼》,当为特殊的礼俗。再如嘉礼中的朝贺,《艺文类聚》卷五引晋张亮议:'腊之明日为初岁,秦汉以来有贺。'可见此礼开始于秦。至于如凶礼的园寝,为秦新创,蔡邕《独断》及《续汉书·祭祀志》等皆有明文记载……另如因文献失载不为世人所知,幸赖考古发现才得以昭明天下的以兵马俑等从葬的礼制,则更不见于《周礼》,而是秦的发明创造"[④]。根据《史记·礼书》的记载,秦王朝建立后,对礼制建设亦多有建树:"至秦有天下,悉纳六国礼仪,采择其善,其尊君抑臣,朝廷济济,依古以来。"这

---

① 《史记》卷八十七《李斯列传》,北京:中华书局标点本,1956年。

② 张金光:《秦制研究》,上海:上海古籍出版社,2004年,第711页。

③ 王辉:《秦出土文献编年》,台湾:新文丰出版公司,2000年,第156页。

④ 黄留珠:《秦汉历史文化论稿》,西安:三秦出版社,2002年,第172页。

里概括说明了秦礼制建设的特点，一是采纳六国礼仪，择其善者而从之；二是“依古以来”，也就是保留了秦国自身的传统；三是新的礼制建设以尊君抑臣为原则。这三条原则基本上都贯穿在新的礼制之中。秦王朝为时甚短，但其在礼制建设方面有很大的创新和成就，比如：

封禅礼。封禅属于对天地的祭祀，《史记正义·封禅书》“此泰山上筑土为坛以祭天，报天之功，故曰封。此泰山下小山上除地，报地之功，故曰禅。”这种祭祀天地之礼，据《史记·封禅书》的说法，在秦之前“厥旷远者千有余载，近者数百载，故其仪阙然堙灭，其详不可得而记闻云”，“据现有史料来看，我国历史上真正把封禅说付诸实践实施的第一人，显然是秦始皇”①。

《史记·秦始皇本纪》记载：“二十八年，始皇东行郡县，上邹峄山。立石，与鲁诸儒生议，刻石颂秦德，议封禅望祭山川之事。乃遂上泰山，立石，封，祠祀。下，风雨暴至，休于树下，因封其树为五大夫。禅梁父。刻所立石。”《史记·封禅书》所记与此略有不同，其文云：“即帝位三年，东巡郡县，祠邹峄山，颂秦功业。于是征从齐鲁之儒生博士七十人，至乎泰山下。诸儒生或议曰：‘古者封禅为蒲车，恶伤山之土石草木，扫地而祭，席用葅秸，言其易遵也。’始皇闻此议各乖异，难施用，由此绌儒生。而遂除车道，上至泰山阳至巅，立石颂秦始皇帝德，明其得封也。从阴道下，禅于梁父。其礼颇采太祝之祀雍上帝所用，而封藏皆秘之，世不得而记也。始皇之上泰山，中阪遇暴风雨，休于大树下。诸儒生既绌，不得与用于封事之礼，闻始皇遇风雨，则讥之。”

《封禅书》记载了诸儒生的议论，秦始皇认为“此议各乖异，难施用，由此绌儒生”，从此埋下了与儒生对立的祸根。《封禅书》同时还记载了秦始皇的封禅礼，一是“颇采太祝之祀雍上帝所用”，即把秦国原在雍地祭祀上帝的礼仪拿来祭祀天地，二是将祷告文进行了秘藏。

泰山封禅的政治文化意义何在？《史记·封禅书》开宗明义即讲：“自古受命帝王，曷尝不封禅？盖有无其应而用事者矣，未有睹符瑞见而不臻乎泰山者也。”《白虎通·封禅》亦云：“王者易姓而起，必升封泰山何？报告之义也。始受命之日，改制应天，天下太平功成，封禅以告太平也。”《续汉志》引袁宏《后汉书》云：“夫揖让受终，必有至德于天下，征伐革命，则有大功于万物。是故王者初

---

① 黄留珠：《秦汉历史文化论稿》，西安：三秦出版社，2002年，第71页。

基,则有封禅之事,盖以其成功告于神明也。”封禅,就是报天地之功,告太平功成,明以德受命,秦始皇在统一全国之后,自认为其功德自上古以来未尝有,五帝所不及,且“昔秦文公出猎,获黑龙,此其水德之瑞”①,无论从哪一方面看他都获得了天命,封禅就是要向世人宣告他是真正的受命天子,“进而使臣民们明白,必须服服帖帖接受真命天子的统治,否则将会受到天地的惩罚。显而易见,始皇封禅的目的,正是借用天地的神力,来为巩固统一的胜利成果服务”②。

巡守又写作巡狩,源于儒家经学理论。《中国历史大辞典》对“巡守”的解释是:“古时天子每隔五年要巡视诸侯所守之境,称巡守。《尚书·尧典》:五载一巡守。孔传:诸侯为天子守土,故称守,巡行之。《左传·庄公二十一年》:王巡虢守。《孟子·梁惠王下》:天子适诸侯曰巡狩。巡狩者,巡所守也。朱熹集注:巡所守,巡行诸侯所守之土也。”郑宪仁《野人习礼》引《三礼辞典》的解释则更为详细:“天子出外巡视诸侯各国。虞夏之时,天子五年一巡守;周制,十二年一巡守。守,亦作狩。《礼记·王制》:‘天子五年一巡守,岁二月,东巡守至于岱宗,柴而望祀山川。…… 五月,南巡狩,至于南岳,如东巡守之礼。八月,西巡狩,至于西岳,如南巡狩之礼。十有一月,北巡守,至于北岳,如西巡狩之礼。’郑玄注:‘天子以海内为家,时以巡省之。五年者,虞夏之制;周则十二岁一巡守。’《文选·东都赋》李善注:‘《礼记》逸礼曰:王者以巡守之礼,尊天重人也。巡守者何?巡者,循也。狩,牧也。谓天子巡行守牧也。’《周礼·秋官·大行人》:‘十有二载,王巡狩,殷国。’言十二岁,王或巡守各国,或殷国。殷国,王巡至一国,不再偏巡各国,而由各诸侯均来此国朝觐。”《礼记·王制》记载天子巡守说:“天子五年一巡守,岁二月,东巡守至于岱宗,柴而望祀山川。觐诸侯,问百年者就见之。命大师陈诗以观民风。命市纳贾以观民之所好恶,志淫好辟。命典礼,考时月,定日,同律礼乐制度、衣服正之。山川神祇有不举者为不敬,不敬者君削以地。宗庙有不顺者为不孝,不孝者绌以爵。变礼易乐者为不从,不从者君流。革制度衣服者为畔,畔者君讨。有功德于民者,加地进律。五月南巡狩至于南岳,如东巡守之礼。八月,西巡狩至于西岳,如南巡狩之礼。十有一月,北巡守至于北岳,如西巡狩之礼。归假于祖祢,用特。”

---

① 《史记》卷二十八《封禅书》,北京:中华书局标点本,1956年。

② 黄留珠:《秦汉历史文化论稿》,西安:三秦出版社,2002年,第72页。

以上所说的巡守包含几层意思，一是从虞夏至周代就有巡守制度的存在，二是巡守的主要内容包括天子每隔一定的年数出巡，出巡有告祭柴望，有覲诸侯、考制度、赏功罚错、对背叛者进行惩罚等。至于天子巡守至一国或至四岳的说法，则明显是受后世阴阳五行说的影响而产生的。

在有关西周的青铜器铭文中，我们看到巡守礼在西周时代还在上演，如著名的《㝬钟》提到周王"肇遹省文武"、王"覲疆土"、"南夷东夷具见（覲）"。《晋侯稣编钟》有"惟王三十又三年，王亲遹省东国、南国"。但到东周时，由于王权的衰落，巡守制度开始衰微，到秦始皇即位之前，我们只能在典籍中看到理想化的巡守礼了。

秦始皇即位后恢复并创新了巡守礼。秦始皇在其一生中有过五次巡守。他的巡守既有巡视疆土，望祭山川，弹压威震新占领区，强制性地移风易俗，亦有对地方官吏的考核。在巡狩刻石中多次提到了"存定四极，诛乱除害""方伯分职，诸治经易，举措必当""职臣遵分各如所行"，提到了"贵贱分明，男女理顺""防隔内外、禁止淫佚""大治濯俗"。他"上泰山，立石，封，祠祀"，"过彭城，斋戒祷祠"，"行至云梦，望祀虞舜于九嶷山"，"上会稽祭大禹望于南海"（《史记·秦始皇本纪》），对天下名山大川和各地神灵进行祭祀，这一切都说明他是实践了礼的规定的。不仅如此，秦始皇在巡守制度上还多有创新的地方，他的创新完全着眼于国家和民族的统一，着眼于中央集权国家统一意识形态的建立，着眼于建立巩固国家的稳定机制，实现对整个社会的控制。在《琅琊刻石》中，他提出"尊卑贵贱，不踰次行"，在《碣石刻石》中提出"男乐其畴，女修其业，事各有序"，在《会稽刻石》中，他针对越地的落后习俗提出"有子而嫁，倍死不贞。防隔内外，禁止淫佚，男女洁诚。夫为寄豭，杀之无罪。男秉义程，妻为逃嫁，子不得母，咸化廉清"的要求。[①] 针对全国各地名山大川的祭祀，秦始皇在巡守过程中也将其整齐划一，使之按秦国家的意志统一起来。[②] 这些都是前所未有的事情。

秦的统一使其领土"东至海暨朝鲜，西至临洮、羌中，南至北向户，北据河为塞，并阴山至辽东"[③]，秦始皇的巡守，首先就是要表明他对这一广袤领土的占有

---

① 《史记》卷六《秦始皇本纪》，北京：中华书局标点本，1956 年，第 243、245、250、262 页。

② 黄留珠：《秦汉历史文化论稿》，西安：三秦出版社，2002 年，第 76 页。

③ 《史记》卷六《秦始皇本纪》，北京：中华书局标点本，1956 年，第 239 页。

和控制的合法性。此前天下被分裂为各个诸侯国所有,现在秦王朝“兴义兵,诛残贼,平定天下,海内为郡县,法令由一统”①,实现了各方面真正的统一。而秦始皇正是通过巡守及对天地和古代帝王的祭祀来表明自己是他们政治地位合法继承者。通过刻石和“望祭”,秦始皇向天地汇报了他的统一和治理天下之功。很自然地将帝国的合法性与整个宇宙联系在一起,说明秦始皇的统一是来自天命,这和他欲将帝位“二世三世至于万世,传之无穷”的思想也完全一致。其次,秦始皇要通过巡守向天下表明自己作为天帝和古代帝王政治权力继承者所拥有的特权,因为按照儒家礼书的规定,只有天子有“祭天地”“祭天下名山大川”的特权,其他任何人是不能染指的。通过对名山大川和地方神祇的祭祀,将它们全部纳入帝国政治生活的秩序之中,建立起秦朝皇帝的绝对权威。第三,如果我们联系秦始皇是在秦王朝刚刚结束统一战争后就立即进行巡守的这个背景,那么巡守的政治意义还在于新的社会秩序的建立,从秦始皇巡守刻石的内容可以明显看到,这个新秩序是建立在礼与法的共同基础之上的。第四,中国古代的巡狩原有捕猎之义,所以往往带有军事征伐的性质,秦始皇巡守虽不是进行军事征伐,但其对于稳定国内秩序、安定边疆、守卫国防、宣扬国威、扩大域外交流影响、强化国家意识、加强民族凝聚力却有着重大的政治意义。

建立尊君抑臣的朝仪制度。《汉书·叔孙通传》记载,汉初“群臣饮争功,醉或妄呼,拔剑击柱,上患之”②,于是叔孙通为刘邦制定朝仪。《汉书·叔孙通传》给我们留下了汉朝仪的具体细节:“先平明,谒者治礼,引以次入殿门,廷中陈车骑步卒卫宫,设兵,张旗志。传曰:‘趋’。殿下郎中侠陛,陛数百人。功臣列侯诸将军军吏以次陈西方,东乡;文官丞相以下陈东方,西乡。大行设九宾,胪句传,于是皇帝辇出房,百官执戟传警,引诸侯王以下至吏六百石以次奉贺。自诸侯王以下莫不振恐肃敬。至礼毕,尽伏,置法酒。诸侍坐殿上皆伏抑首,以尊卑次起上寿。觞九行,谒者言‘罢酒’。御史执法举不如仪者辄引去。竟朝置酒无敢讙哗失礼者。”

朝仪结束后,刘邦不无感叹地说:“吾乃今日知为皇帝之贵也。”(《汉书·叔孙通传》)此事充分说明了礼制在政治生活中对加强皇帝的权威和地位所起的

---

① 《史记》卷六《秦始皇本纪》,北京:中华书局标点本,1956 年,第 236 页。

② 《汉书》卷四十三《叔孙通传》,北京:中华书局标点本,1962 年,第 2126 页。

重要作用，是实现尊君抑臣政治秩序的重要手段。

值得我们注意的是，汉朝的朝仪基本上都是承秦制而来，这在《史记·礼书》中有明确的交代："叔孙通颇有所增益减损，大抵皆袭秦故。"《汉书·叔孙通传》亦说此朝仪为叔孙通"颇采古礼与秦仪杂就之"。应当说秦之朝仪当与此相去不远。

这个以儒家礼乐面目出现的朝仪，其制定者叔孙通的出身则更值得我们关注。《汉书·叔孙通传》记载："叔孙通者，薛人也。秦时以文学征，待诏博士。"在秦末农民起义军攻入陈时，秦二世尚召以叔孙通为首的博士诸儒生问计[①]，而"叔孙通之降汉，从儒生弟子百余人"[②]。由朝仪及其制定者的身份可以看出，秦朝时儒家及其礼乐文化始终受到统治者的重视，被视为神圣的政治文化传统，在国家的政治生活和意识形态中有其正当的地位。

宗庙制度是秦王朝礼制建设的主要内容之一。秦迁都咸阳以后，在渭河以南曾修建了宗庙，《史记·秦始皇本纪》有"诸庙及章台、上林皆在渭南"的说法。其后秦在咸阳有过两次大的宗庙建设，一次是秦始皇二十七年（前220），《史记·秦始皇本纪》记载："焉作信宫渭南，已更名信宫为极庙，象天极。自极庙道通骊山，作甘泉前殿。筑甬道，自咸阳属之。"一次是在秦二世时，《史记·秦始皇本纪》记二世皇帝元年，"二世下诏，增始皇寝庙牺牲及山川百祀之礼。令群臣议尊始皇庙。群臣皆顿首言曰：'古者天子七庙，诸侯五，大夫三，虽万世世不轶毁，今始皇为极庙，四海之内皆献贡职，增牺牲，礼咸备，毋以加。先王庙或在西雍，或在咸阳。天子仪当独奉酌祠始皇庙。自襄公已下轶毁。所置凡七庙。群臣以礼进祠，以尊始皇庙为帝者祖庙。'"祭祀天地先人，被视为儒家最重要的典制之一，祭祀先人的场合在宗庙，因为"宗庙是祭祀祖先的地方，是国家管理者、统治者依据血缘关系，在此取得对国家统治、管理合法性的'圣地'。……国王通过都城宗庙，体现着自己（国家统治者、管理者）控制国家权力的合理性、合法性。宗庙作为物化的'血缘关系'之体现，对于国家统治者的权力继承、分配起着决定性的作用"[③]。从《史记·秦始皇本纪》的记载来看，秦代宗庙的设置

---

① 《汉书》卷四十三《叔孙通传》，北京：中华书局标点本，1962年，第2124页。

② 《史记》卷九十九《刘敬叔孙通列传》，北京：中华书局标点本，1956年，第2721页。

③ 刘庆柱：《古都问道》，北京：中国社会科学出版社，2015年，第238页。

是完全合乎西周以来的礼制的。首先,从祭祀的对象看,它合乎"圣王之制祭祀也,法施与民则祀之,以死勤事则祀之,以劳定国则祀之,能御大菑则祀之,能捍大患则祀之"①的祭法要求,即祭祀的基本上都是秦国历史上为民立法、勤于国事,能定国御患、御灾的英雄祖先;其次,宗庙的设置也与"王立七庙,诸侯立五庙,大夫三庙"的周制完全吻合;第三,实行宗庙的轶毁制度也与周制不悖。只是值得我们注意的是尊秦始皇庙为帝者祖庙之事,秦始皇是帝国体制的首创者,他建立了一套全新的中央集权制度,开创了一个新时代,在时人的心目中,这种创新远非古代的任何帝王可比,立其庙为帝者之祖庙,固然是一种创新,但显然也是合乎上述周代礼制的。

设立博士制度。设立博士制度,供皇帝在进行国家大政方针的决策之前向博士们进行咨询,是秦始皇的首创。据《史记·封禅书》及《史记·秦始皇本纪》,秦朝设有博士七十人。这个咨询集团的主要构成人员,基本上都是儒生。在秦朝许多重要的政治场合,许多重大决策的制定,许多重大政治活动甚至皇帝个人私事,都有儒生的参与,从《史记·秦始皇本纪》可举出的例证就有:

秦始皇二十六年(前221),博士参与了朝议关于制定秦始皇尊号、废封建行郡县之制。

秦始皇二十八年(前219),秦始皇东行郡县,上邹峄山。立石,与鲁诸儒生议,刻石颂秦德,议封禅望祭山川事。

秦始皇三十四年(前213),始皇置酒咸阳宫,博士七十人前为寿,引发了焚书事件。

不论何时,秦始皇身边总有博士相伴以备顾问,如秦始皇二十八年(前219)东行归来,渡江遭遇大风,秦始皇向博士请教是何神在作祟。三十六年(前211)有坠星下东郡,有百姓刻其石曰"始皇帝死而地分"。秦始皇不悦,让博士写了《仙真人诗》,令乐人歌弦之。三十七年(前210)是秦始皇病逝之年,就在这一年,秦始皇"梦与海神战",他询问于占梦博士,博士告诉他"水神不可见,以大鱼蛟龙为候。今上祷祠备谨,而有此恶神,当除去,而善神可致",始皇"乃令入海者赍捕巨鱼具,而自以连弩候大鱼出射之"。(《史记·秦始皇本纪》)《史记·叔孙通传》记载,秦朝末年,陈胜起兵于山东,秦二世召集博士诸儒生问计。

---

① 《礼记·祭法》,北京:中国书店,1994年,第395页。

秦始皇设立博士制度，对于政权建设无疑是一件好事，博士在秦代国家政治生活中发挥了重大作用。博士以自身的专业知识参与政府决策，为高层领导对外对内进行决策提供参谋，拾遗补缺。博士与政府行政官员属于两个不同的系统，他们之间可以相互协作、取长补短，以避免政府在制定政策时出现偏差和失误。秦代的博士除了为统治者提供咨询之外，还肩负着保存各类传统典籍、传播各类知识的作用。秦始皇即使在严令焚书时，也特意提出博士所藏诗、书不在焚烧之列。汉代初年大量的传统典籍得以重见天日，亦当与此有关。秦王朝还允许博士招收生员、进行教育、传授知识，秦时以文学征为待诏博士的叔孙通就有“儒生弟子百余人”①，这对于中国传统文化的传播和继承是很有意义的。

秦之礼制建设，内容相当丰富，除上述之外，在清孙楷撰、徐复订补的《秦会要订补》及陈戍国的《中国礼制史·秦汉卷》、黄留珠的《秦汉历史文化论稿》中还有诸如明堂、盟会、妻河、园寝等。由此可以看出秦王朝初年对礼制建设的重视，可以看出秦朝的礼制在继承古礼传统的同时，又多有创新，彰显出明显的个性特征。

五德终始说对秦朝政治文化的影响亦非常重要。五德终始说是产生于战国时代的重要理论，它来源于五行学说。五行学说是中华民族渊远流长的思维方式，曾被称为“中国人的思想律”②。《尚书·洪范》解释说：“五行，一曰水，二曰火，三曰木，四曰金，五曰土，水曰润下，火曰炎上，木曰曲直，金曰从革，土爰稼穑。”大概在战国时代，五行思想被附会于政治和人事上，形成了五德终始说。一般的说法认为，五德终始说是战国后期齐国人邹衍（也作驺衍）创立的，但饶宗颐先生经过考证认为，“五德终始之说，向来皆云出于邹衍；今以新旧资料合证之，实当起于子思”③。不管哪种说法，这种理论总的是要依照五行相胜的自然属性来说明政治历史的发展规律。按照这个理论，土、木、金、火、水五行始终处于循环之中，而人类社会也一样在不断循环，这种循环表现在政治上，就是每一个王朝都与一个特定的“德”相对应，新王朝的兴起就是因为它所代表的“德”

---

① 《史记》卷九十九《叔孙通列传》，北京：中华书局标点本，1959年，第2721页。

② 顾颉刚：《五德终始说下的政治和历史》，《顾颉刚古史论文集》，北京：中华书局，第254页。

③ 饶宗颐：《中国史学上之正统论》，北京：中华书局，2015年，第12页。

战胜了前朝的“德”。

五德终始说曾被秦相吕不韦全面接受,《吕氏春秋·应同》总结说:“凡帝王之将兴也,天必先见祥乎下民。黄帝之时,天先见大螾大蝼。黄帝曰:‘土气胜。’土气胜,故其色尚黄,其事则土。及禹之时,天先见草木秋冬不杀。禹曰:‘木气胜。’木气胜,故其色尚青,其事则木。及汤之时,天先见金刃生于水。汤曰:‘金气胜。’金气胜,故其色上白,其事则金。及文王之时,天先见火赤乌衔丹书集于周社。文王曰:‘火气胜。’火气胜,故其色尚赤,其事则火。代火者必将水,天且先见水气胜。水气胜,故其色尚黑,其事则水。水气至而不知数备,将徙于土。”五德终始说传递了天人相通、天人相应的信息,其目的就是要把社会政治变化和王朝的兴衰更迭纳入天道的运行中去,吕不韦进而将其贯彻到秦的政治生活之中。

前面我们已经说过,《吕氏春秋》是吕不韦组织编写并对秦始皇进行政治文化教育的教科书,秦始皇接受这个思想是很自然的。而《史记·封禅书》却有另一种说法:“自齐威、宣之时,驺子之徒论著终始五德之运,及秦帝而齐人奏之,故秦始皇采用之。”我们知道,《史记·封禅书》的史料属晚出史料[1],其可靠程度显然不如前说,因此说秦始皇从《吕氏春秋》中接受了五德终始说应当是有道理的。

据《史记·秦始皇本纪》记载:“始皇推终始五德之传,以为周得火德,秦代周德,从所不胜。方今水德之始,改年始,朝贺皆自十月朔。衣服旄旌节旗皆尚黑。数以六为纪,符、法冠皆六寸,而舆六尺,六尺为步,乘六马。更名河曰德水,以为水德之始。刚毅戾深,事皆决于法,刻削毋仁恩和义,然后合五德之数。”

《史记·封禅书》亦载:“或曰:‘黄帝得土德,黄龙地螾见。夏得木德,青龙止于郊,草木畅茂。殷得金德,银自山溢。周得火德,有赤乌之符。今秦变周,水德之时。昔秦文公出猎,获黑龙,此其水德之瑞。’于是秦更名河曰‘德水’,以冬十月为年首,色上黑。度以六为名,音上大吕,事统上法。”

确如后世人所看到的,秦始皇信从五德终始说,以水德称帝,在五德中水对应黑色,因此更民名曰黔首,黔是黧黑色。20 世纪 70 年代,秦都咸阳宫遗址出土壁画的主色都是黑色。而秦人对数字六的崇尚也很值得注意,所谓“数以六

---

① 易孟醇:《史记版本考索》,《史记注译》,西安:三秦出版社,1988 年,第 25 页。

为纪”,如符节、法冠皆六寸,车轨、步长以六尺为准,田以二百四十步为亩,又分天下为三十六郡,迁十二万户于咸阳,铸金人十二等,这些数字都是六或六的倍数。说明这一切都与秦始皇崇尚五德终始说有关。也有学者认为:“秦把本朝的属德确定为水,其实证据是不充分的,因为秦始皇所列举出的符瑞——‘昔秦文公出猎,获黑龙,此其水德之瑞’,既不发生在秦的初封始祖仲的身上,也不发生在成就了统一大业的秦始皇本人身上。而且,‘秦为水德’的说法与秦的旧说也不相一致,因为秦在历史上祭祀的天帝是白帝,而不是黑帝。《史记·封禅书》载:‘秦襄公既侯,居西垂,自以为主少昊之神,作西畤,祠白帝’;‘文公梦黄蛇自天下属地,其口止于鄜衍。……于是作鄜畤,用三牲郊祭白帝焉’;‘栎阳雨金,秦献公自以为得金瑞,故作畦畤栎阳而祀白帝。’祀白帝,意味着秦本认为自己五行属金。秦始皇对本朝的历史不可能一无所知,秦始皇的做法就是要迎合五德终始说。”[①]其实关于秦属水德的说法,其渊源更早,《左传·哀公九年》:“晋赵鞅卜救郑,遇水适火,占诸史赵、史墨、史龟。史龟曰:‘是为沈阳,可以兴兵,利以伐羌,不利子商。伐齐则可,敌宋不吉。’史墨曰:‘盈,水名也。子,水位也。’名位敌,不可干也。炎帝为火师,羌姓其后也。水胜火,伐羌则可。”杨伯峻注曰:“据杜注及孔疏,赵氏之先与秦同祖,同姓嬴,嬴、盈二字古音同,赵姓盈,盈即嬴也。盈何以为水名,子何以为水位,古今未有确解。”[②]这里对盈何以为水名,虽未有明确解释,但盈(也即嬴)属水、水胜火的说法早已有之。由此我们也可以知道,秦始皇以水德自居并非空穴来风,更不能说是为了迎合五德终始之说。

秦为水德,其实是要说明秦王朝政权的建立是合乎天道的、符合天命的。秦不但以继周之正统而自居,而且在秦始皇时代人们的心目中,只有本于一统的王朝才算是正统王朝。如《史记·李斯传》记李斯说秦王曰:“今诸侯服秦,譬若郡县。夫以秦之强,大王之贤,由灶上骚除,足以灭诸侯,成帝业,为天下一统,此万世之一时也。”《史记·秦始皇本纪》:“海内为郡县,法令由一统。”他们相信《春秋》“王者大一统”的理论,相信邹衍“先序今已上至黄帝”[③]的历史学说,认为在

---

① 杨权:《新五德理论与两汉政治》,北京:中华书局,2006年,第101页。

② 杨伯峻:《春秋左传注》,北京:中华书局,1981年,第1653页。

③ 《史记》卷七十四《孟子荀卿列传》,北京:中华书局标点本,1956年,第2344页。

秦之前历史上的正统王朝只有黄帝和夏、商、周。而代周而起的就是秦王朝。黄帝以土德王，按照五行相生的原理，取代黄帝的下一个王朝夏就是木德，之后的商、周就分别为金德和火德，“秦代周德，从所不胜”，自然属于水德了。五德终始说虽然为秦找到了以水德来规范自己施政模式的理论根据，即“以为水德之始，刚毅戾深，事皆决于法，刻削毋仁恩和义”①，并以之来合五德之数，但这种政治理论和实践最终成为导致秦朝迅速灭亡的原因之一。同时，秦为水德说为秦朝政治文化增添了一层神秘的色彩，由于秦朝短祚，我们没有看到这个理论取得更大成功的地方，但它对汉代历史产生了深远的影响，构成汉代政治文化的主要内容之一。

墨家和秦朝政治文化有密切的关系。

墨家是先秦时代一个非常重要的学派，墨家的许多学者都曾受到过秦国国君的礼遇。在秦国和秦朝时代，墨家都具有较高的地位。吕不韦当年撰写《吕氏春秋》就曾接受了墨家不少政治思想观点。近年，“有学者把秦简《为吏之道》与《墨子》一书进行了比较，发现《为吏之道》的许多内容都可以在《墨子》一书中找到渊源。如《为吏之道》‘君鬼（懷）臣忠，父兹（慈）子孝，政之本殹（也）’，而《墨子·兼爱》认为‘人与人之相贼，君臣不惠忠，父子不慈孝，兄弟不和调，此则天下之害也’，相信‘若使天下兼相爱，……君臣父子皆能孝慈，若此则天下治’。前者似乎是后者的浓缩”②。

墨家对秦朝政治文化的影响主要体现在以下方面：

墨家主张尚贤。“子墨子言曰：今者王公大人为政于国家者，皆欲国家之富，人民之众，刑政之治。然而不得富而得贫，不得众而得寡，不得治而得乱，则是本失其所欲，得其所恶，是其故何也？子墨子言曰：是在王公大人为政于国家者，不能以尚贤事能为政也，是故国有贤良之士众，则国家之治厚，贤良之士寡，则国家之治薄。故大人之务，将在于众贤而已。”③这是对秦政治文化影响至为深刻的思想。重用各类人才是秦国和秦王朝的重要传统，从秦缪公到秦始皇，秦

---

① 《史记》卷六《秦始皇本纪》，北京：中华书局标点本，1956年，第238页。

② 转引自韩星：《儒法整合——秦汉政治文化论》，北京：中国社会科学出版社，2005年，第81页。

③ ［清］孙诒让：《墨子间诂》卷二《尚贤上》，北京：中华书局，2001年，第45页。

曾笼络了大批人才为其服务，他们为秦国的强大和秦朝的统一做出了杰出的贡献。

秦朝重视人才，并形成了自己的政治文化传统。而不重视人才、不重用人才，就会受到社会舆论的普遍谴责，被视为“损民以益仇”“自虚而树怨”的重大过失，这可以从李斯上秦王的《谏逐客书》中看出。秦王政时，韩国派水工郑国来秦国，名为修灌溉渠（即后来的郑国渠），实为施行削弱秦国力之计谋，这一点为秦宗室大臣看破，于是他们建议秦始皇驱逐一切客卿，当时李斯也在被逐之列。李斯于是上书秦王政说：“臣闻吏议逐客，窃以为过矣。”然后历数客卿对秦国各朝的贡献，他指出：“今陛下致昆山之玉，有随、和之宝，垂明月之珠，服太阿之剑，乘纤离之马，建翠凤之旗，树灵鼍之鼓，此数宝者，秦不生一焉，而陛下说之，何也？必秦国之所生然后可，则是夜光之璧不饰朝廷，犀象之器不为玩好，郑、卫之女不充后宫，而骏马駃騠不实外厩，江南金锡不为用，西蜀丹青不为采。所以饰后宫充下陈，娱心意说耳目者，必出于秦然后可，则是宛珠之簪，傅玑之珥，阿缟之衣，锦绣之饰，不进于前，而随俗雅化佳冶窈窕赵女不立于侧也。夫击瓮叩缶弹筝搏髀，而歌呼呜呜快耳者，真秦之声也；《郑》《卫》《桑间》《昭》《虞》《武》《象》者，异国之乐也。今弃击瓮叩缶而就《郑》《卫》，退弹筝而取《昭》《虞》，若是者何也？快意当前，适观而已矣。今取人则不然。不问可否，不论曲直，非秦者去，为客者逐。然则是所重者在乎色乐珠玉，而所轻者在乎人民也。此非所以跨海内制诸侯之术也。”他进一步说：“臣闻地广者粟多，国大者人众，兵强则士勇。是以太山不让土壤，故能成其大；河海不择细流，故能就其深；王者不却众庶，故能明其德。是以地无四方，民无异国，四时充美，鬼神降福，此五帝、三王之所以无敌也。今乃弃黔首以资敌国，却宾客以业诸侯，使天下之士退而不敢西向，裹足不入秦，此所谓‘藉寇兵而赍盗粮’者也。”并由此得出结论：“夫物不产于秦，可宝者多，士不产于秦，而愿忠者众。今逐客以资敌国，损民以益仇，内自虚而外树怨于诸侯，求国无危，不可得也。”秦王接受了李斯的建议，“乃除逐客之令”①。

秦王政能够被打动并主动接受李斯的建议，有两条主要原因，一是他对《吕氏春秋》中关于人才的思想的理解和接受；作为仲父，吕不韦对秦王政如何任用

---

① 《史记》卷八十七《李斯列传》，北京：中华书局标点本，1956 年，第 2543 – 2546 页。

各类人才来治理国政是有一定教育和培养的。二是秦国本身就有延揽人才,让人才脱颖而出、各尽其能的优良传统。秦缪公的独霸西戎与他能够笼络由余、百里奚、蹇叔、丕豹、公孙枝等人才是分不开的;商鞅入秦,受到秦孝公的重用,主持了战国时代最为成功的变法,使秦国一跃而成为当时最强大的国家,并为此后统一天下奠定了基础;秦惠王任用张仪,西并巴、蜀,南取汉中,北收上郡;秦昭王用范雎,使公室强大,诸侯服从,秦得以称帝;吕不韦当政时,秦王政的朝廷更是人才济济,李斯、尉缭、王翦、王贲、蒙恬、蒙毅,皆一代人才之翘首,正是因为他们的文武才智,秦王政才成为一统天下之主。这些都是实实在在为秦王政所目睹和亲身经历的事实,秦王政对此是有深刻认识的。

墨家主张尚同,即"立同一之义"。墨家认为:"古者民始生未有刑政之时,盖其语'人异义'是以一人则一义,二人则二义,十人则十义,其人兹众,其所谓义者亦兹众,是以人是其义,以非人之义,故交相非也。"所以主张"选天下之贤可者,立以为天子",而且要做到"国君之所是必皆是之,国君之所非必皆非之"①,这无疑为专制主义政权的建立提供了理论基础。

墨家主张建立以天子为最高、绝对权威,逐级尚同,下级对上级绝对负责的层级国家管理机构,来"壹同天下之义"。墨家认为"天子立,以其力为未足",所以要选择贤者立为各级正长,各级正长要能做到"上之所是必皆是之,所非必皆非之"②。墨家认为:"察国家之所以治者,何也? 国君唯能壹同国之义,是以国治也。……察天下之所以治者,何也? 天子唯能一同天下之义,是以天下治也。"③墨家所设计的这种国家政治制度模式,对秦朝的影响是显而易见的。

墨家维护主张建立和维护等级制度,在《尚同》中提出天下"内之父子兄弟作怨雠,皆有离散之心,不能相和合。至乎舍余力不以相劳,隐匿良道不以相教,腐朽余财不以相分,天下之乱也,至如禽兽然"。其原因就在于"无君臣上下长幼之节,父子兄弟之礼,是以天下乱焉"。

墨子的尚同说正如前述,是要建立"同一之义",墨子的义就是指天的意志,《墨子·天志下》说:"天之志者,义之经也。"建立"同一之义"的本质,"就是建

---

① [清]孙诒让:《墨子间诂》卷三《尚同上》,北京:中华书局,2001年,第73、75页。

② [清]孙诒让:《墨子间诂》卷三《尚同上》,北京:中华书局,2001年,第74页。

③ [清]孙诒让:《墨子间诂》,北京:中华书局,2001年,第75页。

立一套统治秩序。‘义’不仅是道德范畴，而且首先是一种政治主张。‘同义’不是要统治者放弃其特权而同于民，而是要所有的人安于上下等级秩序。……并通过由上而下的强制手段来实现，‘义不从愚且贱者出，必自贵且知（智）者出’（《墨子·天志中》）”[①]。换句话说，“同义”，就是要强制性地、由上而下地建立一种尊卑有别、上下有序的等级社会，如果对照秦始皇刻石所提出的“尊卑贵贱，不踰次行”（《琅琊刻石》），“贵贱分明，男女体顺”（《泰山刻石》），“职臣遵分，各知所行”（《之罘东观刻石》），我们可以明显看出墨家政治文化对秦始皇统治思想及施政行为的影响，可以看出二者之间的承袭关系。不管是秦国还是秦王朝，这种政治主张一直都在被施行，特别是秦国的军功爵制使其更为制度化，影响更为深远。新出土的里耶秦简中有大量的隶臣、隶妾、徒隶、奴、婢、黔首等称谓，向我们揭示了秦存在着严格的尊卑等级关系。[②]

道家学说以及由此衍生的方仙道术与秦朝政治文化关系亦十分密切。秦始皇生活的战国晚期，正值道家学说盛行时期，人们对自然和生命现象的探讨，对生命长久的渴望，对长生不老的追求，已成为一种普遍的社会现象，道家学说所提倡的“与天地合一”“养生延寿”，通过修炼达到“真人”“圣人”“至人”境界更是为人们所信仰、所企盼。秦始皇自然难免受其影响。《史记·秦始皇本纪》有这样一段记载：“卢生说秦始皇曰：‘臣等求芝奇药仙者常弗遇，类物有害之者。方中，人主时为微行以辟恶鬼，恶鬼辟，真人至。人主所居而人臣知之，则害于神。真人者，入水不濡，入火不爇，陵云气，与天地久长。今上治天下，未能恬倓。愿上所居宫毋令人知，然后不死之药殆可得也。’于是始皇曰：‘吾慕真人，自谓‘真人’，不称‘朕’。’乃令咸阳之旁二百里内宫观二百七十复道甬道相连，帷帐钟鼓美人充之，各案署不移徙。行所幸，有言其处者，罪死。”不久“始皇帝幸梁山宫，从山上见丞相车骑众，弗善也。中人或告丞相，丞相后损车骑。始皇怒曰：‘此中人泄吾语。’案问莫服。当是时，诏捕诸时在旁者，皆杀之。自是后莫知行之所在。听事，群臣受决事，悉于咸阳宫。”[③]“真人”一词出自《庄子·大宗师》，

---

① 刘泽华：《中国政治思想通史·先秦卷》，北京：中国人民大学出版社，2014 年，第 384 页。

② 陈伟：《里耶秦简牍校释》（第一卷），武汉：武汉大学出版社，2012 年，第 40、93、258、259、326、375 页。

③ 《史记》卷六《秦始皇本纪》，北京：中华书局标点本，1956 年，第 257 页。

其对“真人”的解释是:“何谓真人？古之真人,不逆寡,不雄成,不谟士,若然者,过而弗悔。当而不自得也;若然者,登高不慄,入水不濡,入火不热,是知之能登假遇道者也若此。”是说古代的真人不拒绝微少,不以成功自恃,不谋虑于事,失时而不失悔,顺利而不自得,登高不发抖,下水不觉湿,入火不觉热。只有到了知识和道结合的境界才能这样。秦始皇接受了这个思想和“人主为微行”“所居毋令人知”的建议,意欲修炼为真正的“真人”,一步步背离了秦人原有的民主议政传统,使国家的政治决策为个人意志所决定,国家军政大权逐步旁落到个别宠臣手中,自己远离群臣,痴迷于“真人”之道,走上了专制独裁的道路。秦始皇的这个思想,在先秦道家学说那里可以找到它的渊源,先秦道家学说主张君主独握权柄,掌握国家方针政策的制定权,不越权干预各个职能部门、各级官吏自主行使权力,各级官吏专职分工,恪守岗位,从而达到君臣共治的目标。可惜的是秦始皇只抓住了“独握权柄”这一面,而走向了另一个极端。

兴起于燕、齐沿海一带的方仙道术与道家学说有密切的关系。《庄子·逍遥游》中说:“藐姑射之山,有神人居焉,肌肤若冰雪,绰约若处子,不食五谷,吸风饮露,乘云气,御飞龙,而游乎四海之外,其神凝,使物不疵疠而年谷熟。”秦始皇二十八年(前219),齐人徐福上书秦始皇说:“海中有三神山,名曰蓬莱、方丈、瀛洲,仙人居之。”①《史记正义》引《汉书·郊祀志》云:“此三神山者,其传在渤海中,去人不远,盖曾有至者,诸仙人及不死之药皆在焉。其物禽兽皆白,而黄金白银为宫阙。未至,望之如云,及至,三神山乃居水下。”其中,对秦始皇最具吸引力的是能成为神人和使其长生的不死之药,于是派遣徐福带领数千名童男童女入海求仙人和不死之药。其后秦始皇东巡碣石,又派燕人卢生求仙人羡门、高誓,并使韩终、侯公、石生求仙人不死之药。

秦始皇依赖方仙道者追求长生和不死之药的最终结局,诚如《史记·秦始皇本纪》所说,悉招“方士欲练以求奇药,今闻韩终去不报,徐福等费以万计,终不得药,徒奸利相告日闻,卢生等吾尊赐之甚厚,今乃诽谤我,以重吾不德也”。就是说不仅仙药没有求到,而且浪费了大量的人力和物力,还招来普遍的谴责。但秦始皇求仙和长生的欲望并未因此而减退,据《史记集解》引《太原真人茅盈内记》云:“(茅)盈曾祖父濛,乃与华山之中,乘云驾龙,白日升天,先是其邑谣歌

① 《史记》卷六《秦始皇本纪》,北京:中华书局标点本,1956年,第247页。

曰：'神仙得者茅初成，驾龙上升入太清，时下玄洲戏赤城，继世而往在我盈，帝若学之腊嘉平。'始皇闻谣歌而问其故，父老具对此仙人之歌，劝帝求长生之术，于是始皇欣然，乃有寻仙之志，因改腊曰嘉平。"《史记·秦始皇本纪》有"三十一年，十二月，更名腊曰'嘉平'"的说法，说明这个记载有一定的真实性。秦代在中央设有乐府，1976 年在秦始皇陵封土西北出土有秦始皇时期（有说秦二世时期）乐府编钟，1995 年在西安市北郊相家巷出土了"乐府""乐府丞印"的秦封泥[①]。乐府一个很重要的职能就是负责从民间采风、采诗，《左传·襄公十四年》记师旷侍于晋侯时，曾引《夏书》曰"遒人以木铎徇于路"。杜注："徇于路，求歌谣之言。"《汉书·艺文志》说："古有采诗之风，王者所以观风俗，知得失，自考正也。"又《汉书·食货志》说："孟春之月，群居者将散，行人振木铎徇于路，以采诗，献之大师，比其音律，以闻于天子。故曰王者不窥牖户而知天下。"西汉有采诗、采风制度，《汉书·艺文志》记载："孝武立乐府而采歌谣。"由考古资料和传统文献及汉承秦制几方面综合来看，秦代有采诗、采风制度是无须怀疑的。像《太原真人茅盈内记》所记故事很可能就是通过这一途径直接传达到秦的上层统治者那里的。而 2010 年北京大学入藏的，被整理者命名为《泰原有死者》的秦简牍也为我们提供了这一方面的佐证，该简开头就有"泰原有死者，三岁而复产，献之咸阳"[②]的话，咸阳是秦的首都，是最高统治者理政之地，像《泰原有死者》这种奇闻怪事被进献到朝廷，必然会引起统治者的重视，不能不对他们的政治思想、政治行为产生影响。

值得我们关注的还有数术与秦朝政治文化的关系。数术也称术数，从西周晚期到两汉都十分盛行。《汉书·艺文志》的图书分类中有"数术略"一项，包括了天文、历谱、五行、蓍龟、杂占和形法。从内容看，它既含有当时人对宇宙和人事的科学认识，也有相当多的迷信成分。这些都对秦始皇执政时期的政治理念、政治行为产生过不可忽视的影响。

秦始皇刚坐上皇帝的宝座，就有人以五德终始说进奏，这正符合秦始皇欲神化其政权、论证其合理合法性的心意，秦始皇立即予以采用，遂有了秦为水德及

---

① 王辉、王伟：《秦出土文献编年订补》，西安：三秦出版社，2014 年，第 333 页、515 页。

② 北京大学出土文献研究所：《北京大学藏秦简牍概述》，《文物》2012 年第 6 期，第 65—73 页。

一系列改制措施,以合五德之数。

在秦始皇的宫廷中,豢养着大量的具有数术知识的各类人才,此中有各类博士、方术士,他们以自己的知识随时随地影响着对秦朝的政治文化,不仅包括国之大事,甚至也渗透到了秦始皇的私人生活中。“公元前221年,秦虽统一中国,但东方各国尤其是楚国强烈的反抗斗争在秦始皇心目中留下可怕的阴影,东南地区距都城咸阳遥远,中央政权一时无法进行直接管理,这时社会上又传出‘东南有天子气’的谣言,更使日趋迷信的秦始皇不安。因此秦王朝一直把东南地区作为防范的重点。秦始皇就曾多次巡游东方,足迹遍布东南各地。当时他招揽大批神仙方术之士,仅‘候星气者至二百人’。秦始皇以这批气象学家为顾问,在东南地区大张旗鼓地进行破坏‘天子气’的活动。”①见于史书记载的秦始皇在东南地区破坏“天子气”的行为颇多,可举出例证的就有:《史记正义·绛侯周勃世家》引《括地志》云:“丹徒故城在润州丹徒县东南十八里,汉丹徒县也……《徐州记》云:‘秦使赭衣凿其地,因谓之丹徒,凿处今在故县西北六里,丹徒岘东南联亘,盘纡屈曲,有像龙形,故秦凿绝顶,阔百余步,又加坑龙首,以毁其形。坑之所在,即今、龙月二湖,悉成田也。’”《晋书·元帝纪》记载:“始秦时望气者云:‘五百年后金陵有天子气,故始皇东游以厌之,改其地曰秣陵,堑北山以绝其势。’”剡山,据《嘉泰会稽志》载:“在(嵊)县北一里,白乐天《沃州记》云:‘东南山水越为首,剡为面,山巅屹起小峰,号白塔。俗传秦始皇东游,使人斫此山以泄气,号剡坑山。’”②秦台,“在(东明)县西南二十里,秦始皇东游至此,昏雾四塞,因筑台以厌之,迄今名曰秦台”③。

断山、挖池、筑台,其目的都在于斩断东南的龙脉和王气,以保证自己的江山永固。这些在今天看来十分荒唐可笑的举动,在当时却被认为是十分合理和科学的,是占据古人心灵世界主导地位的意识形态,是我们了解专制王权思想来源和秦王朝政治文化形成的根本。

秦始皇对于数术的信仰和迷恋,不仅使之成为秦朝政治文化和专制王权统治思想的重要组成部分,而且对后世产生了深远影响,尤其是“东南有天子气”

① 冷鹏飞:《“东南有天子气”释》,《学术研究》1997年第1期,第54页。

② 转引自马非百:《秦始皇传》,南京:江苏古籍出版社,1985年,第411页。

③ 转引自马非百:《秦始皇传》,南京:江苏古籍出版社,1985年,第425页。

一说的影响几乎贯穿了整个中古时代。在晋魏禅代之际，当时的太史丞许芝就曾上奏天文祥瑞说："自建安三年十二月戊辰，有新天子气见于东南，到今积二十三年。"进而劝曹丕称帝。隋代宇文恺营建大兴城，大兴城的东南隅本是一高地，据宋代程大昌《雍录》卷六的记载，其时"宇文恺以其地在京城东南隅，地高不便，故阙此地，不为居人房巷。而凿之为池，以厌胜之"[①]。这些影响和秦始皇的术数思想有着难以割舍的关系。

在《史记·秦始皇本纪》中，秦始皇身边的方术之士也给我们留下了许多关于这方面的信息，其内容涵盖了术数的各个方面，如：

"七年，彗星先出东方，见北方，五月见西方，将军骜死。"

"七年，彗星复见西方十六日，夏太后死。"

"八年，王弟长安君成蟜将军击赵，反，死屯留，军吏皆斩死，迁其民于临洮。将军壁死，卒屯留，蒲鶮反，戮其尸。河鱼大上，轻车重马东就食。"

"九年，彗星见，或竟天……四月，上宿雍。已酉，王冠，带剑。长信侯嫪毐作乱而觉，矫王御玺及太后玺以发县卒及卫卒、官骑、戎狄君公、舍人，将攻蕲年宫为乱。"

"彗星见西方，又见北方，从斗以南八十日。十年，相国吕不韦坐嫪毐免。"

"十七年，地动，华阳太后卒。"

"二十八年……浮江，至湘山祠，逢大风，几不得渡。上问博士曰：'湘君何神？'博士对曰：'闻之，尧女，舜之妻而葬此。'于是始皇大怒，使刑徒三千人皆伐湘山树，赭其山。"

"三十二年……燕人卢生使入海还，以鬼神事，因奏录图书，曰'亡秦者胡也'。始皇乃使将军蒙恬发兵三十万北击胡，略取河南地。"

"三十六年，荧惑守心，有坠星下东郡，至地为石，黔首或刻其石，曰'始皇帝死而地分'。始皇闻之，遣御史逐问，莫服，尽取石旁居人诛之。"同年秋，"使者从关东夜过华阴平舒道，有人持璧遮使者曰：'为吾遗滈池君。'因言曰：'今年祖龙死。'使者问其故，因忽不见，置其璧去。使者奉璧具以闻，始皇默然良久，曰：'山鬼固不过知一岁事也。'退言曰：'祖龙者，人之先也。'使御府视璧，乃二十八年行渡江所沉璧也。于是始皇卜之，卦得游徙吉。"

---

① 孙英刚：《神文时代》，上海：上海古籍出版社，2015 年，第 71 页。

“三十七年,始皇梦与海神战,如人状。问占梦,博士曰:‘水神不可见,以大鱼蛟龙为候,今上祷祠备谨,而有此恶神,当除去,而善神可致。’乃令入海者赍捕鱼具,而自以连弩候大鱼出射之。自琅琊北至荣成山,弗见,至芝罘,见巨鱼,射杀一鱼。遂并海西。”

数术思想从战国到秦代已发展成为系统的理论化体系,对当时社会的各个阶层都产生了深刻的影响。上述事实表明,数术思想在秦始皇的心灵世界中占据了相当重要的位置,数术已成为他维护政权、进行政治判断、制定政治决策的知识基础和理论根据。例如因为对五德终始说的信仰,秦始皇不仅依据水德改革正朔,改革各项制度,而且因为水性属阴、阴主刑杀的缘故,在国家治理模式上极力推崇法治,以刑罚为主。“刚毅戾深,事皆决于法,刻削毋仁恩和义,然后合五德之数。于是急法,久者不赦。”①由于羡慕而欲成为“真人”,秦始皇听信方士们“所居宫毋令人知”之言,而远离大臣、不信任大臣,深居简出,留下了权力空白,最后造成权臣的专权,直接导致了王朝的灭亡。

在诸多因素中,法家对秦政治文化影响最大,这点我们将在下面进行详细论述。

三　走向极端化的帝国政治文化

秦统一六国之后,由战争开始转向和平,由动荡开始转向稳定,一个全新的政治局面开始出现。对于帝国的最高统治者来说,实现政治上的大一统仅仅是一个开端,战争结束后,政治思想与文化统一、制度与道德信仰重建等一系列问题立即被提到议事日程上来。如何构建帝国的政治文化,不仅是一个理论问题,而且是一个迫在眉睫的现实问题。

对此,秦的最高统治者应当说是有一定思想准备的。成书于帝国统一前夜的《吕氏春秋》就曾给出了进行政治文化统一的具体答案,为帝国政治文化统一设计出则天法地的蓝图,这就是兼儒、墨,合名、法,以知国体,以资王法的政治文化模式,但可惜的是因吕不韦被害而导致因人废言,吕不韦的政治设计并没有被

① 《史记》卷六《秦始皇本纪》,北京:中华书局标点本,1956 年,第 238 页。

秦统治者完全采用。

虽然吕不韦的顶层设计被终止，但实事求是地讲，在完成政治上的统一之后，围绕国家政治建设的最高目标，秦王朝不仅对原先东方六国文化予以兼容和吸纳，如《史记·礼书》所说“至秦有天下，悉内六国礼仪，采择其善，虽不合圣制，其尊君抑臣，朝廷济济，依古以来”，而且对战国以来的诸子百家学说也极为宽容，学术亦相对自由。从前述对秦政治文化产生影响的诸多因素可以看出，各家学派对国家的大政方针都有一定的话语权，秦的博士制度，儒家提倡的忠、孝、仁、义，在秦始皇于各地的刻石及秦简牍中的反复出现，都说明秦朝统治者在文化上的宽容性，说明秦朝统治者也明确地意识到单靠刑治来维护政权的稳定是不行的，他们也试图以礼、法兼容的模式来构建新的帝国政治文化。但我们同时注意到，秦王朝统一政治文化的实践是由两个制度的建立奠基的：一个是以皇权为中心的中央集权专制制度，一个是以国家政权为中心的郡县制度。据《史记·秦始皇本纪》记载，秦初并天下，即令群臣议帝号，群臣提出古有天皇，有地皇，有泰皇，泰皇最贵，因此上尊号为泰皇，最后经秦始皇亲自裁定，取号为“皇帝”。皇帝不仅拥有至尊至贵的政治地位，而且掌握了对天下所有臣民的生死大权，皇帝从此成为专制集权的代名词。秦王政二十六年（前221），“丞相绾等言：‘诸侯初破，燕、齐、荆地远，不为置王，无以填之。请立诸子，唯上幸许。’始皇下其议于群臣，群臣皆以为便。廷尉李斯议曰：‘周文武所封子弟同姓甚众，然后属疏远，相攻击如仇雠，诸侯更相诛伐，周天子弗能禁止。今海内赖陛下神灵一统，皆为郡县，诸子功臣以公赋税重赏赐之，甚足易制。天下无异意，则安宁之术也。置诸侯不便。’始皇曰：‘天下共苦战斗不休，以有侯王。赖宗庙，天下初定，又复立国，是树兵也，而求其宁息，岂不难哉！廷尉议是。’”①由是分天下为三十六郡，郡置守、尉、监。

皇帝制度和郡县制度，一方面为秦朝政治文化的进一步发展提供了制度上的保证，另一方面，这种制度将皇帝的专制集权视为国家政治建设的最高目标，漠视了国家意识形态建设中最主要的一方面，即建立一个稳定社会所需要的共同信仰和共同的价值观、道德观。这种意识形态上的巨大缺失，终于使秦朝政治文化的发展走向了极端法治主义的道路。

---

① 《史记》卷六《秦始皇本纪》，北京：中华书局标点本，1956年，第238－239页。

以皇权为中心，以专制集权为特征，构成为秦朝政治文化的主要取向。

在统一全国之后，秦王朝首先确立了以“皇帝”作为最高统治者的名号，“皇帝”名号蕴藏着十分丰富的政治文化内涵，这在秦始皇巡游各地的刻石中有十分明确的表述：

唯秦王兼有天下，立名为皇帝……古之五帝三王，知教不同，法度不明，假威鬼神，以欺远方，实不称名，故不久长。其身未殁，诸侯倍叛，法令不行。今皇帝并一海内，以为郡县，天下和平。昭明宗庙，体道行德，尊号大成。

皇帝之功，勤劳本事。上农除末，黔首是富。普天之下，抟心揖志。器械一量，同书文字，日月所照，舟舆所载。皆终其命，应时动事，是维皇帝，匡饬异俗，陵水经地……六合之内，皇帝之土。……人迹所至，无不臣者，功盖五帝，泽及牛马，莫不受德，各安其宇。

秦圣临国，始定刑名，显陈旧章。初平法式，审别职任，以立恒常。……皇帝并宇，兼听万事，远近毕清。

大圣作治，建定法度，显著纲纪，……普施明法，经纬天下，永为仪则。

皇帝明德，经理宇内，视听不怠。作立大义，昭设备器，咸有章旗。职臣遵分，各知所行，事无嫌疑，黔首改化，远迩同度。①

从刻石铭文中我们可以看出，秦始皇不仅处处宣扬自己和秦王朝的功德，而且更多的是强调皇帝制度对国家权力的专制与独裁。与古代五帝三王不同，皇帝是唯一“并一海内，以为郡县”的新制度的建立者；“始定刑名，初平法式”，“普施明法，经纬天下，永为仪则”，说明皇帝不仅拥有国家最高的立法权，而且拥有普遍的司法权，这种权力不但不可分享，而且要“永为仪则”，即子子孙孙都要遵守沿袭下去；在国家行政管理上，皇帝不同于古代的五帝三王；皇帝与各级官吏没有任何血缘关系，他采取设官分职、“审别职任”及层级管理的方式，将地方的行政、财经、军事、法律、祭祀、文化甚至移风易俗的权力全都掌握在自己手中。

在秦朝的具体行政过程中，处处体现出这种君主专制集权的特征。如规定皇帝的“命为‘制’，令为‘诏’，天子自称曰‘朕’”。在公文文书中，实行严格的

① 《史记》卷六《秦始皇本纪》，北京：中华书局标点本，1956 年，第 245、246、250 页。

避讳制度,因秦始皇名政,“正”与“政”谐音,所以多以“端”字来代替“正”,把皇帝独尊的政治权威,用国家法令的形式予以肯定。这点在新出秦简牍资料中也有反映,“新见简牍有大量资料进一步证明:始皇二十六年、二十七年及二世之时,用‘端’字代替‘正’字”[①]。除此以外,皇帝还有专门的车马服饰、行道制度等。皇帝包揽了帝国一切事务的决定权,《史记·秦始皇本纪》所说“始皇为人,天性刚戾自用,起诸侯,并天下,意得欲从,以为自古莫及己,专任狱吏狱吏得亲幸。博士虽七十人,特备员弗用。丞相诸大臣皆受成事,倚辦于上。……天下之事无大小皆决于上,上至以衡石量书,日夜有呈,不中呈不得休息,贪于权势至如此”,“事无大小皆决于上”,就是对这种权力集中于皇帝一人之手的生动描述。在此专制制度之下,社会、国家、民众甚至山川鬼神都得服从于皇帝个人的意志。《史记·秦始皇本纪》记载,秦始皇二十八年(前219)至湘山祠,“逢大风,几不得渡。上问博士曰:‘湘君何神?’博士对曰:‘闻之,尧女,舜之妻,而葬此。’于是始皇大怒,使刑徒三千人皆伐湘山树,赭其山”。用这种办法来惩罚湘神,可见其专制已到了顺我者昌、逆我者亡的程度。

秦始皇甚至把专制集权的触角延伸到宫室建筑上,在这些方面皇帝个人意志起着决定性的作用。《史记·秦始皇本纪》记秦始皇“焉作信宫渭南,已更命信宫为极庙,象天极”。《索隐》谓“为宫庙象天极,故曰极庙”。天极指北极,“极”又有“中”的意思,《诗经·周颂·思文》毛传:“极,中也。”在古人的心目中,北极为宇宙之中心。《论语·为政》记孔子的话说:“为政以德,譬如北辰,居其所而众星拱之。”秦始皇修建极庙,就是要通过这种建筑方式向世人宣布秦为天下之中心、秦都咸阳为天下之中心、秦始皇为天下之中心的唯我独尊的政治观点,从而获得“众星拱之”的效果。

在专制制度下,皇帝个人的意志任何人都不可违背。秦始皇听信卢生的话,自谓真人,不欲他人知其行踪,有言其处者,则常常罪死。《史记·秦始皇本纪》记载:“始皇幸梁山宫,从山上见丞相车骑众,弗善也。中人或告丞相,丞相后损车骑。始皇怒曰:‘此中人泄吾语。’案问莫服。当是时,诏捕诸时在旁者,皆杀之。自是后莫知行之所在。”随着时间的推移,这种专制权力开始无限膨胀,使秦始皇目空一切,他不仅蔑视身边的中人、官吏,而且蔑视天下一切人,把老百姓

---

① 陈伟:《秦简牍校读及所见制度考察》,武汉:武汉大学出版社,2017年,第25页。

视为自己的对立面和敌对势力,一切自以为是,一步一步地走向孤家寡人的境地。

实行思想文化专制,是秦政治文化的主要内容之一。历史上任何政权在完成政治统一之后,都存在一个对政权合法性的论证和认同的问题,都存在一个重新构建新的意识形态,新的为公众所认可的信仰和价值观、道德观的要求,秦王朝也不例外。但正如前述,秦王朝将皇帝专制集权作为国家政治建设的最高目标,从而导致在意识形态领域思想文化专制的出现。其最典型的事件莫过于焚书坑儒。

焚书的直接起因是秦始皇三十四年(前213)的一场关于郡县制与分封制的争论。丞相李斯坚决主张实行郡县制,并借题发挥说:"五帝不相复,三代不相袭,各以治,非其相反,时变异也。今陛下创大业,建万世之功,固非愚儒所知。且越言乃三代之事,何足法也?异时诸侯并争,厚招游学。今天下已定,法令出一,百姓当家则力农工,士则学习法令辟禁。今诸生不师今而学古,以非当世,惑乱黔首。丞相臣斯昧死言,古者天下散乱,莫之能一,是以诸侯并作,语皆道古以害今,饰虚言以乱实,人善其所私学,以非上之所建立。今皇帝并有天下,别黑白而定一尊,私学而相与非法教,人闻令下,则各以其学议之,入则心非,出则巷议,夸主以为名,异取以为高,率群下以造谤。如此弗禁,则主势降乎上,党与成乎下。禁之便。臣请史官非秦纪皆烧之。非博士官所职,天下敢有藏《诗》、《书》、百家语者,悉诣守、尉杂烧之。有敢偶语《诗》《书》者弃市。以古非今者族。吏见知不举者与同罪。令下三十日不烧,黥为城旦。所不去者,医药卜筮种树之书。若欲有学法令,以吏为师。"①对于李斯的建议,秦始皇予以肯定,随即在全国上下展开了一场大规模的焚书运动。在刚刚结束战争进入统一的初期,关于未来国家政体的讨论在朝臣和儒生之间展开,本来是一件很好、很正常,而且无关谁对谁错的问题,而是李斯却从"故明主之国,无书简之文,以法为教;无先王之语,以吏为师;无私剑之捍,以斩首为勇。是境内之民,其言谈者必轨于法,动作者归之于功,为勇者尽之于军"(《韩非子·五蠹》)的极端主义立场出发,将问题复杂化,制造了"焚书"这件中国历史上最惨烈的思想文化专制事件。

在"焚书"之后不到三年,又一个重大的思想文化专制事件在秦朝爆发,这

① 《史记》卷六《秦始皇本纪》,北京:中华书局标点本,1959年,第254页。

就是“坑儒”。秦始皇信任的侯生、卢生等人，以秦始皇贪于权势，未可为求仙药为理由逃走，引起秦始皇极大愤怒，他说：“吾前收天下书不中用者尽去之，悉招文学方术士甚众，欲以兴太平，方士欲练以求奇药，今闻韩众去不报，徐福等费以巨万计，终不得药，徒奸利相告日闻。卢生等吾尊赐之甚厚，今乃诽谤我，以重吾不德也。诸生在咸阳者，吾使人廉问，或为妖言以乱黔首。”于是“使御史悉问诸生诸生传相告引，乃自除犯禁者四百六十余人，皆坑之咸阳，使天下知之，以惩后”①。“焚书”和“坑儒”，一个是从思想上对文化的毁灭，一个是从肉体上对知识阶层的清除。秦始皇的这一举动，使中国传统的文化典籍遭受了前所未有的破坏，使中国传统的自由学术思想被禁锢，清楚地显示了专制集权帝国的政治文化取向。

从表面看来，“焚书坑儒”似乎是儒、法两家在政治文化理念上的矛盾和冲突，但在骨子里头有更深刻的原因，那就是由专制集权政治决定的，一切取决于皇帝个人意志的秦朝政治文化的本质。在专制集权政治统治下，不允许任何人有个人意志的表现，不允许任何思想学术有自由的发展。战国以来自由发展的诸子百家学说及其自由学术思想的载体《诗》、《书》、百家语，及其学习和掌握者——众多的儒者和其他知识阶层，就是秦王朝专制集权政治的天敌，只有消灭了天敌，专制集权才能大行其道。李斯的建议与秦始皇的思想一拍即合，正说明这个看起来偶然的事件其实有其必然性。贾谊在《过秦论》中就曾一针见血地指出这种行为的目的性：“于是废先王之道，焚百家之言，以愚黔首。隳名城，杀豪杰；收天下之兵，聚之咸阳，销锋镝，铸以为金人十二，以弱天下之民。”“愚黔首”“弱天下之民”，这也正是商鞅和韩非、李斯一贯的愚民、弱民思想，秦始皇只不过将其付诸实践而已。

以法为治是秦王朝政治文化的主线。

秦王朝构建以法为治的政治文化并不是偶然的，它是秦人长期以来经济、政治和文化发展的结果，也是秦人自商鞅变法以来所形成的法治传统的进一步发展。

秦国具有实行以法为治的政治文化的深厚基础。《战国策·魏策三》记载，战国时人朱己曾对魏王讲：“秦与戎、狄通俗，有虎狼之心，贪戾好利而无信，不

---

① 《史记》卷六《秦始皇本纪》，北京：中华书局标点本，1956 年，第 258 页。

识礼仪德行。苟有利焉,不顾亲戚、兄弟,若禽兽耳,此天下之所同知也。"《荀子·议兵》亦提到:"秦人,其生民也狭隘,其使民也酷烈,劫之以势,隐之以隘,忸之以庆赏,鳝之以刑罚,使天下之民所以要利于上者,非斗无由也。"从这些记载中,我们可以看出:秦人早期的生存环境及游牧狩猎的生活传统铸就了其剽悍尚武的精神风尚;生存压力加重了秦人社会的军事组织色彩;崇拜权威和强力、不断进取、追求功利的价值观造就了秦人尚法的文化精神。这些都为秦人以法为治的政治文化的构建奠定了基础,而战国时代的商鞅变法不仅使秦国国富兵强,加快了兼并东方六国的步伐,而且进一步加强了以法为治的秦王朝政治文化的构建和发展。

在此之后,伴随着国家的统一,特别是秦王朝国家政治建设目标的设定,新形势下国家政治形势的发展变化,统治阶级内部矛盾的发展,统治阶级与劳动人民的矛盾,秦王朝与新占领区的文化冲突,秦王朝政治文化开始走向以法为治的极端化道路。主要表现为:

皇帝占据了国家政权中最高的法律地位。皇帝制度确定了皇帝之命为"制",令为"诏",不管是"制"还是"诏",它都具有法律效力,而且是人人必须遵循的国家的最高法。虽然秦始皇在很多场合经常对民众宣称"事皆决于法"、办事"皆有法式",但在实际上,皇帝超越法律,凌驾于法律之上,不依法办事,却是司空见惯的事。

秦王朝统治者在执政过程中,始终强调和坚持以法治国的理念和实践。《史记·秦始皇本纪》记载,秦始皇在各地"颂秦德"的刻石中,不断地强调这一理念:

泰山刻石:"皇帝临位,作制明法……治道运行,诸产得宜,皆有法式。"

琅琊刻石:"皇帝作始,端平法度,万物之纪……除疑定法,咸知所辟。……欢欣奉教,尽知法式。"

芝罘刻石:"大圣作治,建定法度,显著纲纪。……普施明法,经纬天下,永为仪则。"

会稽刻石:"秦圣临国,始定刑名,显陈旧章,初平法式。"

即使昏庸如秦二世,在其即位后仍"尊用赵高,申法令",接受赵高"严法而刻刑”的建议,“乃更为法律”[1]。

秦王朝制定了大量的法律法令,仅湖北云梦睡虎地出土的秦代简书中就有秦律三十多种。在睡虎地秦简之后,相继有龙山里耶、岳麓书院等秦简牍问世,“其主体部分是律令及其解释或者辅助性质的文献”[2]。“《秦律》的律篇之多,篇中的律条之细,充分说明了《秦律》的指导思想是企图把社会的各个侧面,以及每个侧面的细部都纳入法律范围,而不应有不利于社会和危害社会的行为遗脱于法律制裁之外,这正是商鞅以法为社会支撑点的法治思想的再现。”[3]在秦简中还保存有大量的规章制度、社会规范、政府行政章程等,它们拥有与法律同等的地位,秦王朝几乎将其全部付诸治国理政的实践之中。在国家、社会的各个领域内都运用法律手段实行管理。

在经济领域,秦王朝“以法为治”涉及各个方面。

农业方面,秦从商鞅变法之后,一直实行土地国家所有制之下的授田制,在这种所有制下,国家政府对土地资源的控制相当严格,因为这是国家税收的主要来源,是支撑国家机器运转的主要支柱。《汉书·萧何传》记载:“沛公至咸阳,诸将皆争走金帛财物之府分之,何独先入收秦丞相御史律令图书藏之。沛公具知天下厄塞。户口多少,强弱处,民所疾苦者,以何得秦图书也。”萧何所得图书,在此后国家统一中竟起了如此巨大的作用,不得不令人感叹。在这些图书中,有关土地的舆地图当是其中最为重要的一种,正是通过这些舆地图,国家掌握了全国土地的分布和数量,掌握了在此基础之上的税收多寡,方便对全国的财政进行合理安排,实现了国家对整个社会的控制。

秦有关于土地资源管理的舆地图,已为考古资料所证实,里耶秦简为我们提供了这一方面的佐证,里耶秦简‖8－224 ＋ 8－412 ＋ 8－1415有这样的内容:“其旁郡县与(椄)接界者毋下二县,以□为审,即令卒史主者操图诣｜御史,御史案雠更并,定为舆地图。有不雠,非实者,自守以下主者”[4],此简简文虽然残泐不全,但已经可以看出其中所揭露的事实,即秦已制定了相当完备、依法管理

---

① 《史记》卷六《秦始皇本纪》,北京:中华书局标点本,1956年,第268页。

② 陈伟:《里耶秦简牍校释》,武汉:武汉大学出版社,2012年,第2页。

③ 转引自阎步克:《士大夫政治演生史稿》,北京:北京大学出版社,1996年,第234页。

④ 陈伟:《里耶秦简牍校释》,武汉:武汉大学出版社,2012年,第118页。

的土地资源管理制度。

秦律涉及农业经济管理的法律不仅数量多,而且相当细微,例如:因为水潦可能会影响粮食产量,遇到下雨季节,法律规定地方官员必须及时向上级通报情况:“雨为澍(澍),及誘(秀)粟,辄以书言澍(澍)稼、誘(秀)粟及豤(垦)田暘毋(无)稼者顷数。辄言其顷数。稼已生后而雨,亦辄言雨少多。所利顷数。早(旱)及暴风雨。水潦、蚤(螽)?群它物伤稼者,亦辄言其顷数。近县令轻足行其书,远县令邮行之。尽八月□□之。”(《睡虎地秦墓竹简·田律》)。里耶秦简中有一份地方政府向上级报告的“枳枸”不实的报告,简Ⅱ8－1527记:“卅四年八月癸巳朔丙申,贰春乡守平敢言之,Ⅰ贰春乡树枝(枳)枸卅十四年不实,敢言之。平手。”[①]这份报告正是对上述《田律》的最好注脚。

不仅如此,从秦简中我们还可以看出,政府对县、道的垦田、人户数和应缴纳的田租随时都有准确的掌握,里耶秦简Ⅲ8－1519和B8－1519背很可能就是这样一件给上级的报告材料,简文云:

> 迁陵卅十五年豤(垦)田舆五十二顷九十五亩,税田四顷□□Ⅰ
> 户百五十二,租六百七十七石。率之,亩一石五;Ⅱ
> 户婴四石四斗五升,奇不率六斗。ⅢB1519
> 啓田九顷十亩,租九十七石六斗,AⅠ
> 都田十七顷五十一亩,租二百卌九石三。AⅢ
> 凡田七十顷卌二亩。租凡九百一十。AⅣ
> 六百七十七石。B8－1519背[②]

耕牛是当时最重要的生产资料,所以政府亦十分重视对耕牛的管理,专门制定《厩苑律》,规定每年四月、七月、十月、正月对牛的饲养管理进行评比,“最,赐田啬夫壶酉(酒),束脯,为早(皂)除一更,赐牛长日三旬;殿者,谇田啬夫,罚冗皂者二月,其以牛田,牛减絜,治(笞)主者寸十。有(又)里课之,最者,赐田典日旬;殿,治(笞)卅”(《睡虎地秦墓竹简·厩苑律》)。

对粮食的保管和出入,设有专门的《仓律》,到十月要“牒书数,上内史。”小到对粮食种子的使用,《仓律》都做了极为详细的规定:“稻、麻亩用二斗大半斗,

---

① 陈伟:《里耶秦简牍校释》,武汉:武汉大学出版社,2012年,第350页。

② 陈伟:《里耶秦简牍校释》,武汉:武汉大学出版社,2012年,第345、346页。

禾、麦一斗，苔亩大半斗，叔（菽）亩半斗。”不允许有任何差错。

此外对水利兴修、田间除草、道路整治、植树伐木、水产禽类保护等都有严格的法律规定。

在手工业方面，根据云梦秦简的记载，其立法及规程就有《工律》《均工律》《工人程》等多项。其中有对产品质量的要求，《工律》规定：“为器同物者，其小大、短长、广亦必等。”对产品实行生产责任制，实行严格的考核制度，《工律》规定：“公甲兵各以其官名刻久（记）之。其不可刻久者，以丹若漆书之。”工业产品不仅实行“物勒其名”的责任考核制度，而且还实行定期的检查评比，凡评比后进者，不仅本人要受到处罚，而且相关的责任人都有连带责任，都要受到惩处。

秦王朝对金融、商业及流通领域依法管理亦十分严格。秦从惠文王二年（前336）初行钱[①]，一直到秦亡，铸币权始终掌握在国家手中。秦统一之后，以半两钱作为通行的法定货币，不允许私人铸钱。国家发行的货币，不论质量好坏，都必须接受。法律规定：“百姓市用钱，美恶杂之，勿敢异。”“贾市居列者及官府之吏，毋敢择行钱、布；列伍长弗告，吏循之不谨，皆有罪。”（《睡虎地秦墓竹简·金布律》）布也可以作为货币使用，但必须符合法律规定的标准，《金布律》规定：“布袤八尺，福（幅）广二尺五寸。布恶，其广袤不如式者，不行。”同时《金布律》还规定了钱和布的兑换标准：“钱十一当一布。其出入钱以当金、布，以律。”[②]以法律的手段对货币进行统一，对金融秩序起到有力的保障，有利于经济的发展。

对商业和市场进行法制化管理。秦朝在市场设有专门的官吏“列伍长”进行管理，《关市律》规定：“为作务及官府市受钱必辄入其钱缿中，令市者见其入，不从令者赀一甲。”是说从事手工业或为官府做贸易，收到钱必须立即将钱投入钱缿中，并且要让交易的人亲眼看到，违反此法律规定者要罚铠甲一副。《金布律》还规定，凡是在市场上出售的商品，都必须明码标价，拴上价格标签，“有买（卖）及卖殹，各婴其贾（价），小物不能各一钱者，勿婴”，这就防止了商人随便哄抬物价，扰乱市场。

《秦律》还严禁国家公务人员从事商业活动，“吏自佐、史已上负从马、守书

① 《史记》卷十五《六国年表》，北京：中华书局标点本，1956年，第727页。

② 王辉：《秦出土文献编年》，台北：新文丰出版公司，2000年，第144页。

私卒,令市取钱焉,皆迁”①。

对于外邦人来秦经商,必须经过政府的审核登记,凡未经过登记,秦人不得与之交易。“客未布吏而与賈,赀一甲。可(何)谓‘布吏’? 诣符传于吏是谓‘布吏’。”②对工商管理的法律规定,由于资料有限,还难以窥其全貌,但仅有的这些已足以看出秦朝法律之细微与严苛。

以上情况表明,秦统治者在经济领域实现了广泛的以法为治,其内容相当具体而细微,充分说明,秦朝统治者无论在理论上还是在实践上,都始终贯穿了法治原则,体现出秦政治文化以法为治的特色。

但以法为治的政治文化却隐藏着重大的结构性缺失。秦王朝建立之初,秦始皇曾采取了一系列措施来进行社会、文化、思想、风俗的统一,其成绩显著,影响深远,但这一切并没有为秦王朝取得长治久安的统治效果,仅仅十五年,一个极其辉煌耀眼的巨星,一个令世人叹为观止的庞然大国就灰飞烟灭了,历史的反差是如此之大,给后人留下了无穷无尽的思考。导致秦亡的原因很多,但我们认为,秦的迅速崛起与迅速灭亡,与秦以法为治的政治文化有最为密切的关系。

首先,对社会转型缺乏足够的认识和思想准备。秦以暴力实现统一,但如何面对和平与建设,面对国家政治、经济、文化的持续发展,对全国不同区域的不同文化该如何整合与统一,秦朝最高统治者没有实现思想的转变,仍然坚持以秦国传统的以法为治的方式来治国理政。汉代初年陆贾与刘邦有一段对话,对我们理解这个事实很有启发:汉朝建立后,“陆生时时前说称《诗》《书》,高祖骂之曰:‘乃公居马上而得之,安事《诗》《书》!’陆生曰:‘居马上得之,宁可以马上治之乎? 且汤武逆取而以顺守之,文武并用,长久之术也。昔者吴王夫差、智伯极武而亡;秦任刑法不变,卒灭赵氏。乡使秦已并天下,行仁义,法先圣,陛下安得而有之?’高帝不怿而有惭色,乃谓陆生曰:‘试为我著秦所以失天下,吾所以得之者何,及古成败之国。’陆生乃粗述存亡之征,凡著十二篇。每奏一篇,高帝未尝不称善,左右呼万岁,号其书曰《新语》”③。陆贾在这儿提出了“居马上得之,宁可以马上治之乎”这个震烁千古的话题,其实这正是刘邦和秦始皇所面对的共

---

① 王辉:《秦出土文献编年》,台北:新文丰出版公司,2000 年,第 160 页。

② 王辉:《秦出土文献编年》,台北:新文丰出版公司,2000 年,第 177 页。

③ 《史记》卷九十七《郦生陆贾列传》,北京:中华书局标点本,1956 年,第 2699 页。

同问题，只是两者所给的答案不同而已。陆贾在《新语》中总结秦亡的教训时指出："秦始皇设刑罚，为车裂之诛，以敛奸邪，筑长城于戎境，以备胡、越，征大吞小，威震天下，将帅横行，以服外国，蒙恬讨乱于外，李斯治法于内，事逾烦天下逾乱，法逾滋而天下逾炽，兵马益设而敌人逾多。秦非不欲治也，然失之者，乃举措太众，刑罚太极故也。"[①]作为同时代人，陆贾对秦亡原因的总结是有一定道理的。陆贾的话揭示了这样一个道理：维护国家的统治，单纯依靠刑罚和高压的统治政策是无法维持长期稳定的。刘邦采取了陆贾的意见，以"逆取而顺守之，文武并用"的手段来治理天下，与民休息，无为而治，取得了显著的成效。他的继承者循此思路，经过近百年的探索，从"无为而治"走到"独尊儒术"，使汉家江山延续了四百年之久。秦始皇却恰恰相反，在新的王朝建立之后，他并没有认识到"攻守之势异也"[②]这一历史转型的特点，反而"怀贪鄙之心，行自奋之智，不信功臣，不亲士民，废王道，立私权，禁文书而酷刑法，先诈力而后仁义，以暴虐为天下始。夫并兼者高诈力，安定者贵顺权，此言取与守不同术也。秦离战国而王天下，其道不易，其政不改，是其所以取之守之者（无）异也。孤独而有之，故其亡可立而待"[③]，走到了历史的对立面。就是说，秦帝国建立后，并没有采取与当时社会实际相应的政治、经济、文化举措，没有及时调整对全国不同区域、不同民族、不同风俗、不同文化传统地域的相应政策，没有及时实现政府职能转变，而是以秦国固有的一套严刑峻法的治国思路和政治实践经验，来建立新的符合专制集权制度的社会秩序，这必然要与当时纷繁复杂的政治格局和文化发生冲突，必然会激化各类社会和阶级矛盾，从而引起社会动乱。

事实也确实如此，拿秦在楚地的政策来说吧，在先秦时代，秦楚之间就存在着极大的政治文化差异和明显的对立，秦王朝建立之后，秦始皇也试图通过"匡饬易俗"的手段来统一被征服的楚地，但在传统的思维定势和功利主义价值观的驱使下，他依然采取了刑治的手段，试图将楚国原有的政治文化纳入秦人的价值系统中来。这样，一场冲突自不可避免。《睡虎地秦墓竹简·语书》为我们提供了这方面的有力佐证：《语书》的发表时间是秦王政二十年（前227），在此之

① 王利器：《新语校注》，北京：中华书局，1986年，第71页。

② 《史记》卷六《秦始皇本纪》，北京：中华书局标点本，1956年，第282页。

③ 《史记》卷六《秦始皇本纪》，北京：中华书局标点本，1956年，第283页。

前，秦占领南郡已有近半个世纪之久，但正如《语书》所说，在这么长的时期内，秦在此地推行的各种政策并没有多大成效。“今灋（法）律令已具矣，而吏民莫用，乡俗淫失（泆）之民不止，是即灋（废）主之明灋（法）殹，而长邪避（僻）淫失（泆）之民，甚害于邦，不便于民。”针对此种情况，时任南郡守的腾，严厉命令地方官吏（县、道官）要强制性地在南郡地区推行秦的律令，在《语书》中他口气强硬地命令：“今灋（法）律令已布，闻吏民犯灋（法）为间（奸）私者不止，私好、乡俗之心不变，自从令、丞以下智（知）而弗举论，是即明避主之明灋（法）殹，而养匿邪避（辟）之民。如此，则为人臣亦不忠矣。若弗智（知），是即不胜任、不智殹；智（知）而弗敢论，是即不廉殹。此皆大辠殹，而令、丞弗明智（知），甚不便。今且令人案行之，举劾不从令者，敢以律，论及令，丞，有（又）且课县官，独多犯令而令、丞弗得者，以令、丞闻。”[①]《语书》“其基调反应了秦统一六国实行集权统治的强烈意志，为此，要彻底清除各地在原有价值体系上存在的风俗习惯，全面施行秦的法律”[②]。即使这样，楚地的不满与反抗还是时有发生，在《睡虎地秦墓竹简·编年纪》中就有“十九年，□□□□南郡备敬（警）”的记载。

在近年发现的里耶秦简中，我们也看到秦王朝在新占领区以法律形式推行秦政治文化的痕迹。里耶秦简Ⅱ8－461是一件被学者称为“秦更名方”的简牍。[③] 其中有如下一些记载，我们节录其中一部分：

以王令曰【以】皇帝诏。BⅥ

承【命】曰承制。BⅦ

王室曰县官。BⅧ

公室曰县官。BIX

内侯为轮（伦）侯。BX

彻候为【死（列）】侯。BXI

以命为皇帝。BⅫ

受（授）命曰制。BXⅢ

---

① 王辉：《秦出土文献编年》，台北：新文丰出版公司，2000年，第110页。

② ［日］工藤元男著，莫枯译：《云梦秦简〈日书〉所见法与习俗》，《考古与文物》1993年第5期。

③ 游逸飞：《里耶8－461号“秦更名方”选释》，见魏斌主编：《古代长江中游社会研究》，上海：上海古籍出版社，2013年，第68—90页。

□命曰制。BXIV

为谓□诏。BXV

庄王为泰上皇。BXVI

边塞曰故塞。BXVⅡ

毋塞者曰故徼。BXVⅢ

王宫曰□□□。BXIX

王游曰皇帝游。BXX

王猎曰皇帝猎。BXXⅠ

王犬曰皇帝犬。BXXⅡ

秦“更名方”实际上是一部政令的汇编。里耶所在的迁陵县是秦始皇二十五年(前222)秦在新占领地区所设之县①,在设县之后,秦随即在当地颁行原有政令,显示出专制集权国家行政效率之高,同时也反映出秦王朝统治者对新占领地区实行集权统治的强烈愿望。

秦在新统治区将原有的统治模式照搬执行,实行刑治主义的统治,这在新出土的文献资料中多有反映,如秦在迁陵设县之后,立即在当地推行秦国原有的户籍制度、土地制度和税收制度,以便对社会和人民群众实行有效的控制。里耶秦简为我们提供了大量的有关这方面的翔实资料。如关于户籍的登记:

8-552:卅二年,迁陵积户五万五千五卅四。

8-1716:卅五年,迁陵贰春乡积户二万一千三百☐。

8-927:廿七年,迁陵贰春乡积户☐。

亡者二人,(率)之,万五千三户而□☐。②

这是就一个县或者一个乡一年的在籍人户进行的统计数字,这样的工作由上面的“卅二年”“卅五年”“廿七年”来看,是每一年都必须进行的常规工作。

总体的户籍统计是建立在每年对个体人户统计的基础之上的。秦王朝对个体农民的户籍登记则更为详细,除了年籍、财产,还有爵位、徭役、兵役等的记录。里耶出土有比较完整的迁陵县南阳里户版,这里我们引录《汉唐籍章制度研究·附录》中的两条户版资料:

---

① 陈伟:《里耶秦简牍校释》,武汉:武汉大学出版社,2012年,第217页。

② 陈伟:《里耶秦简牍校释》,武汉:武汉大学出版社,2012年,第178、381、250页。

1.(K27)

南阳户人荆不更蛮强

妻曰嗛

子小上造□

子小女子驼

臣曰聚

伍长

2.(KⅠ25/50)

南阳户人荆不更黄得

妻曰嗛

子小上造台

子小上造

子小上造宁(?)

子小女虖

子小女移

子小女□(平)

这两例简文分别记录了两个家庭各自成员的籍贯、爵位、姓名、大小、性别等情况,这不仅是国家收取赋税,征发徭役、兵役,进行社会控制的需要,而且与商鞅在《商君书·去强》中提出的“强国知十三数:境内仓府之数,壮男壮女之数,老弱之数,官士之数,以言说取食者之数,利民之数,马牛刍稾之数”的精神完全一致。

秦王朝建立后,其土地的经营方式主要有两种,一种是对老百姓授田(秦简中亦称为行田),一种是由国家经营。

对这两种土地经营制度,在新的占领区,秦王朝也迅速地推行。里耶秦简 8－161 + 8－307 有“庚申,颖阴相来行田宇”①的记载。“行田宇”就是授予田宅的意思。但常见的经营方式是秦王朝政府对土地直接经营,这也是秦政府土地国有制的必然反映。

秦王朝设有专门的机构和官吏负责国有土地的经营,国有土地的生产者主

① 陈伟:《里耶秦简牍校释(第一卷)》,武汉:武汉大学出版社,2012 年,第 97 页。

要是奴隶和刑徒。里耶秦简有“作徒簿”，记录了隶臣妾们被分配到各个部门从事农业生产的的情况，如简 8－145 背记有：

凡八十七人：

其二人付畜官

四人付貳春

廿四人付田官

二人除道沅陵

……

·小城旦九人：

其一人付少内

六人付田官

一人捕羽

一人与吏上计

·小舂五人

其三人付田官

一人徒养

一人病①

这些奴隶和刑徒生存状态恶劣，生活待遇很差。秦统治阶级对他们的粮食供应和衣着均有严格的规定，见于《秦律十八种·仓律》：“隶臣妾其从事公，隶臣月禾二石，隶妾一石半；其不从事，勿禀。小城旦、隶臣作者，月禾一石半石；未能作者，月禾一石。小妾、舂作者，月禾一石二斗半斗；未能作者，月禾一石。婴儿之毋（无）母者各半石；虽有母而与其母冗居公者，亦禀之，月禾半石。隶臣田者，以二月月禀二石半石，到九月尽而止其半石。舂，月一石半石。隶臣、城旦高不盈六尺五寸，隶妾、舂高不盈六尺二寸，皆为小；高五尺二寸，皆作之。”这项规定是说这两类人员只有在为“公”做事时，才能享受上述待遇，在其他时间及场合则要自谋其食。在人格上，法律对他们亦严格歧视，服役时要穿戴与常人相区别的赤衣、赤帽，有重罪者还要戴上刑具，《秦律十八种·司空律》规定：“责（债）

---

① 陈伟：《里耶秦简牍校释（第一卷）》，武汉：武汉大学出版社，2012 年，第 84、85、86 页。

於城旦,皆赤其衣,枸椟欙杕(钛)。”《岳麓书院藏秦简(肆)》简167、168也有相同的记载:“司空律曰:城旦舂衣赤衣,冒赤毡,枸椟杕之。诸当衣赤衣者,其衣物毋(无)小大及表里尽赤之。其衣裘者,赤其里【而】反衣之。”

秦代社会存在大量的奴隶,他们分布于社会生产的各个部门,从事沉重的体力劳动,过着非人的生活。当时奴隶可以被当作物品一样买卖,里耶秦简为我们提供了一则鲜活的资料:

> 卅一年十月己酉朔朔日,贰春乡守☐Ⅰ
>
> 大奴一人直(值)钱四千三百。☐Ⅱ
>
> 小奴一人直(值)钱二千五百。☐Ⅲ
>
> ·凡直(值)钱六千八百。☐Ⅳ(8-1287)①

这是一则政府买卖奴隶的记录。于振波先生曾经推算,秦代一甲的价钱值1344钱②,按此推算,一个大奴(即一个成年劳动力)的价值还不到四个甲的价钱。

里耶秦简还有一条关于当时该地区米价的记载。简8-2015记载:“☐嘉出庸(傭)贾(价)三百。受米一石,臧(赃)直(值)百卌,得。”是说一石米值一百四十钱,按当时迁陵地区的这个米价计算,则一个大奴的价格也就是三十石米,一个小奴的价格仅值十七石米。劳动力竟低贱到如此程度。

在新占领区,劳动人民还要承担沉重的赋税徭役负担。秦政府颁布的《田律》规定:“入顷刍、稿,以其受田之数,无豤(垦)不豤(垦),顷入刍三石、稿二石。”秦实行授田制度,农民从政府手中接受的授田,不管耕种与否,都要按顷征收刍、稿这种田税。除刍、稿外,禾为田租的主要内容。里耶秦简有秦始皇三十五年(前212)迁陵县一份田租征收的统计:

> 迁陵卅五年垦田舆五十二顷九十五亩,税田四顷Ⅰ
>
> 户百五十二,租六百七十七石。率之,亩一石五;Ⅱ
>
> 户婴四石四斗五升,奇不率六斗。Ⅲ8-1519
>
> 启田九顷十亩,租九十七石六斗。AⅠ
>
> 都田十七顷五十一亩,租二百卌一石。AⅡ

---

① 陈伟:《里耶秦简牍校释(第一卷)》,武汉:武汉大学出版社,2012年,第306页。

② 于振波:《秦律中的甲盾比价及相关问题》,《史学集刊》2010年第5期。

贰田廿六顷卌四亩，租三百卌九石三。AⅢ

凡田七十顷卌二亩，租凡九百一十。AⅣ

六百七十七石。B8－1519背[①]

这是一份关于农民承担政府田租的原始记录。除田租外，农民还要交纳“户刍钱”。里耶秦简8－559有“☑十月户刍钱三【百】”，简8－1165亦有“户刍钱六十四”的记载，通过这个记录我们可以看出，当时农民的田税负担是相当重的，而这还只是“正税”，在此之外，秦政府还有许多额外征收，里耶秦简也为我们提供了这方面的宝贵资料。仅秦政府在迁陵一县征收的地方特产就有铁、铜、茧丝、生漆、鸟类、鸟羽、鱼类、枳枸（拐枣）等（陈伟《里耶秦简牍校释》）。秦在新的占领区强行推行秦王朝的各项制度与文化，必然会和当地固有的文化传统发生矛盾和冲突，“秦攻占楚境后很长一段时期，楚地民众的反秦斗争十分激烈。传世文献之外，新出简牍也有这方面的具体反映。张家山汉简《奏谳书》案例17，记载了秦始皇二十八年（前219）苍梧县民反秦的事实，判案引用的令文更是谈到‘所取新荆地多群盗’的严峻局面。里耶一号井出土的秦简中，也记载了秦占领楚地后不久，迁陵境内‘越人’的一次反叛：‘廿六年六月癸丑，迁陵拔讯榬蛮、衿☑’［J（12）10A］‘鞫之；越人以城邑反，蛮、衿、害弗智（知☑）’［J（12）10B］”[②]。

秦王朝看到了实行统一政治文化对国家统一的重要性，这一点确实是值得肯定的，但是服务于专制集权政治目标的目的性和在统一思路上继续实行秦王朝原有的制度和政策，没有意识到用武力实现统一是比较容易的，而在政治文化上实现统一并非旦夕之间就可以完成的，没有及时实现社会转型所需要的思想转变，过高地估计了法律和暴力对控制社会和民众的作用，忽视了单纯地使用法律和暴力会起到物极必反的作用。

其次，在秦王朝政治文化构建中缺失了以仁义、道德、礼义为核心的共同价值观、道德观和社会信仰的重塑，缺失了伦理秩序和政治秩序等深层稳定机制的建立，而这些恰恰是一个国家、一个社会长治久安所必须具备的。

在秦人的政治文化传统中，一直就存在着重功利而轻道德、尚军功而轻文化

---

① 陈伟：《里耶秦简牍校释（第一卷）》，武汉：武汉大学出版社，2012年，第345、346页。

② 张荣强：《汉唐籍章制度研究》，北京：商务印书馆，2010年，第27、28页。

的倾向，在秦王朝统一全国过程中和政权建立之后，围绕着国家政治建设的最高目标专制集权的建设，这种倾向又被推向了更高的极致。

极端功利化的价值观使秦人将建立军功、事功视为人生追求，看成改变个人、家庭政治地位和经济地位的唯一途径，甚至为此而不择手段，全社会上上下下都浸润在这一浓厚的氛围之中不能自拔。正因为如此，在政治文化传统和社会价值观上，秦与列国之间就存在较大差异，礼乐与仁义道德在东方诸国早已积淀于人心，并成为社会普遍的信仰和价值观念，而秦在当时列国人的心目中仍被视为“虎狼之国，无礼义之心”，而不愿与之共天下，齐人鲁仲连就曾说：“彼秦者，弃礼仪而上首功之国也，权使其士，虏使其民，彼则肆然而为帝，过而遂正于天下，则连有赴东海而死耳！吾不忍为之民也。”[①]鲁仲连的说法应当是代表了当时东方列国人的普遍看法。

按理来说，秦王朝在统一过程中和统一后就应当对此有所觉悟，并应采取与当时社会实际相适应的政策和措施来进行全面的政治文化整合，但可惜的是他们过分相信刑治与暴力的作用，在实际的治国理政过程中依然我行我素，忽视道德、仁义和全社会共同认可的价值观、道德观和社会信仰的重塑。徐复观曾敏锐地指出：“秦行的‘唯刑主义’在加之以骄奢繁役，使百姓不能生活下去，卒以此亡国，这是陆贾亲闻亲见的结论。……因为‘唯刑主义’，君臣民的关系，还原为简单的相压与被压的关系，臣民因完全处于被动地位而剥夺其人格，因而汨没了他们的仁义之心，唯有凭原始求生欲望的才智以趋利避害，没有真正的人伦关系，亦即是没有有机体的社会结构，仅凭刑的一条线把臣民贯穿起来，以悬挂在大一统专制的皇权手上，此线一断，即土崩瓦解。”[②]过分相信刑治和暴力，没有深层次的、稳定的社会机制和结构的建立，当政权一旦发生危机时，统治者就会感到措手不及，处于孤立无援的境地。徐复观在此提出的“仁义之心”“人伦关系”“有机体的社会结构”，从本质上讲，就是要建立起一种使社会能正常运行并能长治久安的稳定机制。

这种稳定机制是什么？一些曾经亲历了秦王朝统治的汉初政治家、思想家所提出的的观点很值得重视。陆贾在讲到秦亡的教训时说：“秦始皇设刑罚，为

---

① 诸祖耿：《战国策集注汇考·赵策三》，南京：江苏古籍出版社，1985年，第1038页。

② 徐复观：《两汉思想史》（第二卷），上海：华东师范大学出版社，2001年，第60页。

车裂之诛，以敛奸邪，筑长城于戎境，以备胡、越，征大吞小，威震天下，将帅横行，以服外国，蒙恬讨乱于外，李斯治法于内，事逾烦天下逾乱，法逾滋而天下逾炽，兵马益设而敌人逾多。秦非不欲治也，然失之者，乃举措太众，刑罚太极故也。"[①]贾谊在《新书·过秦下》中也指出："秦王怀贪鄙之心，行自奋之智，不信功臣，不亲士民，废王道而立私爱，焚文书而酷刑法，先诈力而后仁义，以暴虐为天下始。夫兼并者高诈力，安危者贵顺权，推此言之，取与攻守不同术也。秦虽离战国而王天下，其道不易，其政不改，是其所以取之也，孤独而有之，故其亡可立而待也。借使秦王论上世之事，并殷、周之迹，以制御其政，后虽有淫骄之主，犹未有倾危之患也。故三王之建天下，名号显美，功业长久。"不仅秦始皇如此，到秦二世也循而未改，秦二世即位后，"重以无道，坏宗庙与民，更始作阿房之宫；繁刑严诛，吏治深刻；赏罚不当，赋敛无度。天下多事，吏不能纪；百姓困穷，而主不能恤"[②]。陆贾等人从秦王朝的速亡教训中，得出了完全相同的结论，那就是"仁义不施"。他们认为只有"行仁义，法先圣"[③]，才能"建久安之势，成长治之业"（《新书·数宁》）。

所谓"行仁义，法先圣"，是有其具体内涵的。陆贾等人从历史的教训和经验出发，认为"昔者，尧以仁义为巢，舜以稷契为杖，故高而益安，动而益固。处宴安之台，承克让之途，德配天地，光被八极，功垂于无极，名传与不朽，盖自处得其巢，任杖得其人也。秦以刑罚为巢，故有覆巢破卵之患，以李斯、赵高为杖故有顿扑跌伤之祸"[④]，并引《穀梁传》曰"仁者以治亲，义者以利尊，万世不乱，仁义之所治也"（《新语·辅政》）。尧、舜的"功垂不朽"和秦的"覆巢破卵之患"就是"以礼义治之者，积礼义；以刑罚治之者，积刑罚。刑罚积而民怨背，礼义积而民和亲"[⑤]的结果。他们深信只有"行仁义，法先圣"，才能建立起使国家长治久安的稳定机制。

那么如何"行仁义，法先圣"呢？具体来讲，就是要以"五经""六艺"来教化人民，以仁义道德来绪人伦，以贤德为辅弼。《新语·道基》说："民知畏法，而无

---

① 王利器：《新语校注·无为》，北京：中华书局，1986年，第71页。

② 闫振益、钟夏校注：《新书校注·过秦下》，北京：中华书局，2000年，第15页。

③ 《史记》卷九十七《郦生陆贾列传》，北京：中华书局标点本，1956年，第2699页。

④ 王利器：《新语校注·辅政》，北京：中华书局，1986年，第59页。

⑤ 《汉书》卷四十八《贾谊传》，北京：中华书局标点本，1962年，第2253页。

礼义;于是中圣乃设辟雍,庠序之教,以正上下之仪,明父子之礼,君臣之义,使强不凌弱,众不暴寡,弃贪鄙之心,兴清洁之行。"

凡建立事功者,必须行仁义、尚道德,而要防止社会动乱,则必须以经义教化天下。"夫谋事不并仁义者后必败,殖不固本而立高基者后必崩。故圣人防乱以经义,工正曲以准绳。德盛者威广,力盛者骄众。齐桓公尚德以霸,秦二世尚刑而亡。故虐行则怨积,德布则功兴,百姓以德附,骨肉以仁亲,夫妇以义和,朋友以义信,君臣以义序,百官以义承。……《穀梁传》曰:'仁者以治亲,义者以利尊,万世不乱,仁义之所治也。'"①

上面两段论述所强调的是:一个国家、一个社会要能得到长治久安,必须重视以仁义、道德、礼义教化人民,重视通过"五经""六艺"的学习建立起"上下之仪,明父子之礼,君臣之义"的伦理道德秩序,这样才能真正建立起稳定的社会政治秩序。

秦王朝建立之后,饱受战争之苦的老百姓无不虚心向上、斐然向风,但新政权的许多举措打破了他们的梦想,秦始皇"废先王之道,燔百家之言,以愚黔首。堕名城,杀豪杰,收天下之兵聚之咸阳,销锋镝,铸以为金人十二,以弱天下之民"②,使新政权不仅丧失了传统文化的根基,同时也丧失了激活、创造新文化的动力,丧失了维护国家政权稳定的根本机制。③ 一旦遇到危机,没有稳定机制的帝国大厦,其坍塌就是在预料之中的事了。

宗法制的薄弱,也是秦政治文化的一个明显缺失。

在宗法制度上秦人与中原诸国存在着明显的差异,尽管西迁之后它曾主动、较多地吸收了周文化,但秦政治文化与周人最核心的"亲亲""尊尊"的封建宗法制度相去甚远,因此对于宗法和血缘关系表现得甚为淡漠。秦初并天下,丞相王绾等曾建议秦始皇说:"诸侯初破,燕、齐、荆地远,不为置王,无以填之。请立诸子,唯上幸许。"秦始皇"下其议于群臣,群臣皆以为便"④,但此议遭到了秦始皇和廷尉李斯的反对。秦王朝建立之后,便再也没有分封土地和人民给宗室子弟,

---

① 王利器:《新语校注·道基》,北京:中华书局,1986 年,第 34、35、40 页。

② 闫振益、钟夏校注:《新书校注·过秦上》,北京:中华书局,2000 年,第 2 页。

③ 雷依群:《重新认识秦亡汉兴》,《光明日报》2003 年 8 月 26 日。

④ 《史记》卷六《秦始皇本纪》,北京:中华书局标点本,1956 年,第 238、239 页。

秦的宗室子弟均没有任何政治权力。

不仅如此，薄弱的宗法制，还使秦人没有建立起严格的嫡长子继承制。林剑鸣先生曾对襄公立国之后秦君主王位继承情况做过一个统计，指出："自襄公建国以后，至缪公以前共九代国君，襄公、文公、宪公、出子、武公、德公、宣公、成公、缪公。计兄终弟及者三人（德公、成公、缪公），以次子立者一人（襄公），以孙立者二人（宪公、出子），不明嫡庶者一人（文公），以长子身份继位者仅两人（武公系宪公长子、宣公系德公长子）。就是到了缪公以后，秦国的君位继承也无定制。如躁公卒，立其弟怀公，灵公卒，子献公不得立，随后由简公、惠公继位，最后才立献公。可见嫡长子继承制在秦并未成为定制。"①秦始皇晚年决定选择二世胡亥为太子，应当说与秦的这种传统政治文化是分不开的。

除嫡长子继承制未成定制之外，在秦人的政治文化传统中还有一个值得注意而又经常为人们所忽视的因素，这就是秦选择储君必须"择勇猛者而立之"。《春秋公羊传·昭五年》记："秦伯卒，何以不名？秦者，夷也，匿嫡之名也。"何休注："嫡子生，不以名令于四境，择勇猛者而立之。"孔广森《春秋公羊经传通义》解释说："秦居西陲，杂犬戎之习，非实夷国也，用夷俗尔。"杂用夷俗的秦人，也像夷人一样，由于所处自然环境恶劣，在对各种生产生活资源进行掠夺的战争中，选择部族首领，一般都要选择那些体格强壮者，这是一个很重要的条件。当然，"择勇猛者而立之"并非全指被立者的身体强弱而言，它亦包括被立者的思想个性，应是智力超群、刚毅果断、峻法深刻。还有，秦代是一个崇尚法家和法治的时代，所以在王储的选择和培养上，是否精通于各种法律也是主要考虑因素之一。与公子扶苏比较起来，胡亥在这方面具有更大的优势。《史记》中的《秦始皇本纪》和《蒙恬列传》都提到，胡亥曾师从赵高学习狱律法令事，而秦始皇更是一位特别钟情于法家法治的皇帝，所以他选择胡亥作为继承人就在情理之中了。②

秦始皇死后，秦二世不仅不重视宗法，不重视宗族势力对维护国家政权的特殊作用，为了巩固到手的权力，达到其"肆意极欲，主重明法，下不敢为非，以制

---

① 林剑鸣：《秦史稿》，上海：上海人民出版社，1981 年，第 98、99 页。

② 雷依群：《论扶苏不得立为太子》，《咸阳师范学院学报》2014 年第 5 期。

于海内”[①]的专制独裁的政治目标，更是以杀戮的手段来消灭宗室子弟，“六公子戮死于杜。公子将闾昆弟三人囚于内宫，议其罪独后。二世使使令将闾曰：‘公子不臣，罪当死，吏致法焉。’将闾曰：‘阙廷之礼吾未尝敢不从宾赞也，廊庙之位，吾未尝敢失节也；受命应对，吾未尝敢失辞也。何谓不臣？愿闻罪而死。’使者曰：‘臣不得与谋，奉书从事。’将闾乃仰天大呼天者三，曰：‘天乎！吾无罪！’昆弟三人皆流涕拔剑自杀。宗室震恐。群臣谏者以为诽谤，大吏持禄取容，黔首振恐”[②]。

宗法制度创于西周，在早期封建社会，它是维系血缘关系的重要纽带，是维护国家政权的重要力量；在地缘国家时代，宗法制度虽被削弱，但其依靠血缘宗法关系建立起来的社会伦理和道德力量已形成一种意识形态积淀，形成一种无形的但可以左右历史走向的力量。秦政治文化中宗法的薄弱和宗法力量的缺失，使其在关乎国家存亡的时刻，失去宗法、宗族力量的支持，也加速了秦帝国的灭亡。

四　秦帝国政治文化形成的思想渊源

在论述影响秦帝国政治文化的诸多因素时，我们对秦政治文化形成的思想渊源这一问题已有所涉及。我们认为，对秦帝国政治文化影响最大的是法家文化，其最具代表性的人物则是商鞅、韩非和李斯，他们的思想共同形成了秦政治文化的思想渊源。

商鞅作为早期法家的代表，在秦国的变法取得了巨大的成就，同时也为秦帝国政治文化的形成和发展奠定了基础。商鞅变法以建立中央集权的君主专制制度为目的，以削弱西周以来的宗法血缘制为出发点，以刑治为手段，以富国强兵为目标，建构了秦帝国政治文化的核心内容。

商鞅入秦，先是以“帝道”“王道”游说秦孝公，秦孝公“弗听”，后来商鞅说之以强国之术的“霸道”，才引起秦孝公的兴趣，由此展开了一场轰轰烈烈的变法

---

① 《史记》卷六《秦始皇本纪》，北京：中华书局标点本，第271页。

② 《史记》卷六《秦始皇本纪》，北京：中华书局标点本，第268页。

运动，将秦国引上富国强兵之路的同时，也将秦国引上了中央集权的君主专制之路。

商鞅的“霸道”与“王道”是相对立的两种政治意识和政治形态，在政治实践上则体现为“刑治”和“德治”两种不同的治国理政概念和政治实践。这是早期儒家对古史及其政治形态的一种概括性总结，在这个具体的系统中，夏商周三代被认为是礼乐昌盛的“王道”之治。《礼记・礼运》对此有十分具体的解说：“今大道既隐，天下为家，各亲其亲，各子其子，货力为己，大人世及以为礼，城郭沟池以为固，礼义以为纪，以正君臣，以笃父子，以睦兄弟，以和夫妇，以设制度，以立田里，以贤勇知，以功为己，故谋用是作，而兵由此起。”[①]这种政治文化模式，在春秋战国时已发生了根本变化，那就是“霸道”政治文化的出现，商鞅顺应了历史潮流，他在秦国实行的一系列改革，达到了上述目的，也对此后秦国、秦王朝政治文化的发展产生了深刻而又深远的影响。

商鞅主张，在国家政治生活和所有生活生产领域，君主必须具有绝对的权威，具有对全社会的支配权和控制权。《商君书・修权》说：“国之所以治者三，一曰法，二曰信，三曰权。法者，君臣之所共操也；信者，君臣之所共立也；权者，君之所独制也。”治国必须掌握法、信、权这三个关键，而在此中权力只能由国君独握，因为“权制独断于君则威”（《修权》）。在商鞅看来，“夫民之不治者，君道卑也；法之不明者，君长乱也”（《壹言》）。这里明显是把君主、国家与人民划分为两大对立的利益集团，君是以君道来治民的，民是以法被治的。

商鞅主张建立的君主专制的中央集权制，将君主和国家利益置于全社会和全体人民之上并无限放大，造成了君主、国家和人民的严重对立，并由此形成了自己的治国理论，这就是：“昔之能制天下者，必先制其民者也；能胜强敌者，必先胜其民者也。胜其民之本在制民，若冶于金，陶于土也。”（《商君书・画策》）他认为能够制服天下的人，一定首先能够制服他的臣民，能战胜强敌者，一定首先能战胜他的臣民，认为制服臣民就如冶金、制造陶器一样。在这里，商鞅完全抹杀了人民的社会属性和基本人性，将其视为自然物而任意摆布。

由此出发，商鞅提出了他的弱民思想。《商君书・弱民》说：“民弱国强，民强国弱。故有道之国务在弱民。民朴则弱，淫则强。弱则轨，强则越志。轨则有

---

① ［元］陈澔注：《礼记集说》，北京：中国书店，1994 年，第 185 页。

用,越志则乱。故曰:以强去强者,弱;以弱去强者,强。”商鞅认为:民弱,国家就强;民强,国家就弱,所以治理国家就要使民众变弱,民弱的根本就在于朴质,民弱就会守法而不越轨。所以要成就王业,在国家统治政策上就必须以弱民为根本,而弱民的办法就是要实行恶政、重刑。《商君书·弱民》进一步提出:“政作民之所恶,民弱;政作民之所乐,民强。民弱国强,民强国弱。故民之所乐民强,民强而强之,民重弱。民之所乐民强,民强而弱之,民重强。故以强重弱,削;以弱重强,王。以强攻强弱,强存;以弱攻弱强,强去。强存则弱;强去则王。故以强攻弱,削;以弱攻强,王也。”商鞅认为,国家制定的政策是人民所憎恶的,人民就弱;制定的政策是人民所喜欢的,人民就强。所以用强民政策统治弱民,国家就会被削弱;用弱民政策统治强民,就能建立王业。

基于上述思想,商鞅主张以刑赏作为手段来实现富国强兵的目的,解决国家与民众在利益上的对立与冲突。《商君书·弱民》提出,民众有自己衡量荣辱的尺度:“民,辱则贵爵,弱则尊官,贫则重赏。以刑治民,则乐用;以赏战民,则轻死。故战事兵用曰强。民有私荣,则贱列卑官。”民众地位低下时就会尊崇爵位,怯弱时就会尊重官吏,所以民众贫穷就重视赏赐。《商君书·说民》认为:“民勇,则赏之以其所欲;民怯,则杀之以其所恶。故怯民使之以刑,则勇;勇民使之以赏,则死。怯民勇,勇民死,国无敌者,必王。”这个思想成为秦国实行军功爵制的理论依据。

商鞅的军功爵制,使民众一方面突破了宗法制的藩篱,另一方面又被牢牢地掌控在国家和政府手中,成为国家和政府奴役的对象。军功爵制成为民众改变自己、家庭社会地位和政治地位的杠杆,建立军功、事功成为全社会普遍追求的价值观和人生观,成为全社会对个人评价的价值标准。《商君书·画策》曾生动地描述了为了建立军功,一听说要打仗,人们便争先恐后的要奔赴前线的场景:“父遗其子,兄遗其弟,妻遗其夫,皆曰:‘不得,无返。’”这种长期的心理积淀遂成为一种稳定的民族心理素质,这也是秦国在军事上强大并不断获胜的原因。荀子在《荀子·议兵》中总结秦国不断走向强盛的原因时说:“秦人其生民也狭厄,其使民也酷烈,劫之以势,隐之以阸,忸之以庆赏,鰌之以刑罚,使天下之民所以要利于上者,非斗无由也。阸而用之,得而后功之,功赏相长也,五甲首而隶五家,是最为众强长久,多地以正,故四世有胜,非幸也。”[①]揭示了这种政治文化的本质。

从另一方面看,将军功、事功和刑赏作为一种杠杆,作为一种引导社会前进的手段,必然会不断地放大人的自私和贪欲,从而使社会失去公平与公正。更为严重的是,它会使一个国家和民族失去精神文化和学术文化的支撑,失去通过社会公认的道德价值与普世信仰所获得的社会控制作用,失去一个国家、一个社会长期稳定的有效机制。商鞅的改革思想给秦政治文化带来了巨大的结构性缺失,是不言自明的。

在思想文化领域,商鞅竭力推行所谓的“壹教”政策,其虽针对的是兼并战争中的“农战”问题,但本质及要害仍在于维护君主专制制度。商鞅认为,为实现这一目标,必须要实行教化的统一,也就是“壹教”。《商君书·赏刑》说:“所谓壹教者,博闻、辩慧、信廉、礼乐、修行、群党、任誉、请谒,不可以富贵,不可以辟刑,不可独立私议以陈其上,坚者被,锐者挫。虽曰圣知、巧佞、厚朴,则不能以非功罔上利。然富贵之门,要存战而已矣。”在商鞅看来,见闻广博、聪慧有辩才、诚实廉洁、践行礼乐、有道德修养、结党有信誉、请谒,都不能使人富贵,也不能因此而逃避刑罚,不允许有独立的思想凌驾于国家法令之上,所以对那些有独立思想、圣明有知识、巧言令色、敦厚朴实的人,除军功、事功之外,不能让其从君主处得到好处。对于法家以外,尤其是儒家等学派及其思想,商鞅则视之如仇雠,认为应当坚决取缔。他说:“六虱:曰礼、乐,曰《诗》《书》,曰修善,曰孝悌,曰诚信,曰贞廉,曰仁、义,曰非兵,曰羞战。国有十二者,上无使农战,必贫至削。十二者成群,此谓君之治不胜其臣,官之治不胜其民,此谓六虱胜其政也。十二者成朴,必削。是故,兴国不用十二者,故其国多力,而天下莫能犯也。”(《商君书·靳令》)在《商君书·去强》中,商鞅也提出相同的观点,说:“国有礼、有乐、有《诗》、有《书》、有善、有修、有孝、有弟、有廉、有辩。国有十者,上无使战,必削至亡;国无十者,上有使战,必兴至王。”在商鞅看来,只有禁止、取缔了《诗》、《书》、礼、乐和传统的仁义、廉洁、孝悌等美德,才能使民众思想统一到统治者的意志上来,才能增强国力。这种对人民大众实行思想禁锢的政策,是与商鞅的“愚民”思想紧密联系在一起的,他认为“故民愚,则知可以胜之;世知,则力可以胜之。

---

① 王天海:《荀子校释》,上海:上海古籍出版社,2005年,第607页。

臣愚,则易力而难巧;世巧,则易知而难力”(《商君书·算地》),所以必须禁止知识的传播,禁止大臣、诸大夫游居。他说:“国之大臣诸大夫,博闻、辩慧、游居之事,皆无得为;无得居游于百县,则农民无所闻变见方,农民无所闻变方,则知农无从离其故事,而愚农不知,不好学问。愚农不知,不好学问,则务疾农。”(《商君书·垦令》)这种以暴力强行消灭知识的思想和愚民思想成为秦帝国时代政治文化的思想渊源之一。

韩非(约前280—前233),司马迁《史记·韩非列传》说他为“韩之诸公子也”,即庶出之意,所以他在韩国王室中“处势卑贱”[①]而不为人重视。《史记·韩非列传》说他“为人口吃,不能道说,而善著书。与李斯俱事荀卿,斯自以为不如非”[②],还说他“喜刑名法术之学,而其归本于黄老”。刑名法术之学,本出自黄老,后来韩非又接受且修正了早期法家思想,在申不害、慎到等人关于术、势观念的基础上,总结出一套法、术、势结合的治国理政观念,对秦帝国政治文化产生了深刻影响。

与商鞅以富国强兵和制度建设来加强君主专制中央集权不同,韩非则更强调的是以法、术、势为手段来加强君主专制的中央集权制度,实现国家的全面统一。

作为先秦法家的集大成者,韩非的思想继承发展了早期法家的基本内容,即强调以法治国理政。韩非给“法”的定义是:“法者,宪令著于官府,刑罚必于民心,赏存乎慎法,而罚加乎奸令者也。”(《韩非子·定法》)又说:“法者,编著之图籍,设之于官府,而布之于百姓者也。”(《韩非子·难三》)认为法令是由政府制定并颁布的,是公开规范人民言行的制度,刑罚本于人心,慎法而赏,罚则针对奸令者。这些都是就形式而讲的。关于法的本质和实际功用,韩非认为:首先,立法权必须由君主一个人掌握,其他任何人不得插手,即法出自君,“言无二贵”的原则。这和早期法家的观点是完全一致的,《管子》就曾经明确提出:“明主之治天下也,威势独在于上而不与臣共,法制独制于主而不从臣出也。”其次,法是用来控制臣民的。“人主不能明法而以制大臣之威,无得小人之信矣。”君主不能

① 周勋初修订,《韩非子》校注组编写:《韩非子校注》,南京:凤凰出版社,2009年,第85页。

② 《史记》卷六十三《韩非列传》,北京:中华书局标点本,1956年,第2146页。

用法来控制大臣的威势,就无法取得小人(百姓)的信任。“人主使人臣虽有智能,不得背法而专制;虽有贤行,不得逾功而先劳;虽有忠信,不得释法而不禁;此之谓明法。”(《韩非子·南面》)君主要使大臣虽有智慧才能,也不能违背法律而专权;再有贤行,也不能在立功之前给予奖赏;即使忠信,也不能无视法纪而不受约束,这就是明法。韩非赞赏秦国“法明”,“彼法明,则忠臣劝;罚必,则邪臣止,忠劝邪止而地广主尊者,秦是也;群臣朋党比周以隐正道行私曲而地削主卑者,山东是也”(《韩非子·饰邪》)。也就是说,秦的胜利和山东诸国的失败,与秦“法明”有着直接的关系。

在韩非看来,国家的强盛与否,霸业能否有成,与能否实行法治密不可分。“故明主之国,无书简之文,以法为教;无先王之语,以吏为师;无私剑之捍,以斩首为勇。是境内之民,其言谈者必轨于法,动作者归之于功,为勇者尽之于军。是故无事则国富,有事则兵强,此之谓王资。既畜王资而承敌国之亹,超五帝侔三王者,必此法也。”(《韩非子·五蠹》)总之一句话,法是成就王业的资本。

法的作用如此之大,那么如何立法、司法,以法来保障君主专制的中央集权制度呢?

韩非依据黄老“道”的政治哲学,从宇宙自然观和社会人生观出发,指出“道者,万物之所然也,万理之所稽也。理者成物之文也;道者,万物之所以成也”(《韩非子·解老》)。认为“道”既是世上万物之源,又是总的规律和原则,因此制定法令就一定要遵循这个原则,因道而成法。“古之全大体者:望天地,观江海,因山谷,日月所照,四时所行,云布风动;不以智累心,不以私累己;寄治乱于法术,托是非于赏罚,属轻重于权衡;不逆天理,不伤情性;不吹毛而求小疵,不洗垢而察难知;不引绳之外,不推绳之内;不急法之外,不缓法之内;守成理,因自然;祸福生乎道法,而不出乎爱恶;荣辱之责在乎己,而不在乎人。”(《大体》)因此立法首先要合乎自然规律,合乎社会规律,要缘之于天理人情。因为人情“善之生如春,恶之死如秋”,故“圣王之立法也,其赏足以劝善,其威足以胜暴,其备足以必完法”(《韩非子·守道》)。这样,君主制定法令才能达到“赏莫如厚,使民利之;誉莫如美,使民荣之;诛莫如重,使民畏之;毁莫如恶使民耻之”的目的。

韩非还提出一些具体的立法、司法的原则,如轻德义、重刑法。他说:“夫圣人之治国,不恃人之为吾善也,而用其不得为非也。恃人之为吾善也,境内不什数;用人不得为非,一国可使齐。为治者用众而舍寡,故不务德而务法。”(《显学》)所谓圣人治国,不是依靠人们自觉地去行好,不为非作歹,就能使全国整齐一致,而只能采取法治而不能用德治。从这里可以看出,韩非是明确反对以德和仁义治国理政的。

韩非主张立法当用重刑。他指出:“欲治者必恶乱,乱者,治之反也。是故欲治甚者,其赏必厚矣;其恶乱甚者,其罚必重矣……是故决贤、不肖、愚、知之策,在赏罚之轻重。且夫重刑者,非为罪人也。明主之法,揆也。治贼,非治所治也;治所治也者,是治死人也。刑盗,非治所刑也;治所行也者,是治胥靡也。故曰:重一奸之罪而止境内之邪,此所以为治也……今不知治者皆曰:‘重刑伤民,轻刑可以止奸,何必于重哉?’此不察于治者也。夫以重止者,未必以轻止也;以轻止者,必以重止矣。是以上设重刑者而奸尽止,奸尽止,则此奚伤于民也?所谓重刑者,奸之所利者细,而上之所加焉者大也……今轻刑罚,民必易之。犯而不诛,是驱国而弃之也。犯而诛之,是为民设陷也。是故轻罪也,民之垤也,是以轻罪之为民道也,非乱国也,则设民陷也,此则可谓伤民矣!”(《韩非子·六反》)韩非认为,刑罚轻了会使民众轻易犯法,刑罚重了民众就会畏惧犯法。不用重刑,犯法的人就会增多,会造成社会的不稳定。

韩非虽然赞赏并继承了早期法家的主要思想,但仍然从时代的政治实践中看出了早期法家思想的不足。在《韩非子·定法》中,他批评说:“公孙鞅之治秦也,设告相坐而责其实,连什伍而同其罪,厚赏而信,刑重而必。是以其民用力劳而不休,逐敌危而不却,故其国富而兵强;然而无术以知奸,则以其富强也资人臣而已矣。……故战胜,则大臣尊;益地,则私封立;主无术以知奸也。商君虽什饰其法,人臣反用其资。故乘强秦之资数十年而不至于帝王者,法虽勤饰于官,主无术于上之患也。”认为商鞅虽然以法为治达到了使秦国国富兵强的目的,但单纯的法治在政治实践中所造成的“故战胜,则大臣尊;益地,则私封立”的局面,却是对专制集权的潜在威胁,同时,因为无“术”,而使这一切奋斗成果变成了大臣们的谋私之资,使秦国竟然数十年未能实现其帝王之业,所以他主张,除法之外更应注重“术”。

韩非所说的“术”到底是什么呢?他的回答是:“术者,藏之于胸中,以偶众端而潜御群臣者也。”(《韩非子·难三》)“术者,因任而授官,循名而责实,操生杀之柄,课群臣之能者也。此人主之所执也。”(《韩非子·定法》)韩非认为,“术”首先是由君主所掌握且暗藏于胸中独自操作的一种驾驭臣下的手段,它是不能公开的;其次,“术”的具体运用包括了根据个人的才能而授官,按照任职名位而问责,操控对臣民的生杀大权,考课群臣的执政能力等方面。

因为“术”是君主独自掌握且用以驾驭臣下的,所以这必然会导致政治走上君主专制集权的道路。韩非认为这才是一条真正的“明主之道”,他引用申不害的话说:“申子曰:‘独视者谓明,独听者谓聪。能独断者,故可以为天下主。’”(《韩非子·外储说右上》)

以上是就术的整体而言,在术的具体操作上,韩非还提出了许多意见:

术是秘密的,不可令人知道的,明主“用术,亲爱近习莫之得闻”(《韩非子·难三》)。在臣下面前,君主不可暴露自己的内心世界,让臣下感到既威严又神秘莫测。“故曰:君无见其所欲,君见其所欲,臣自将雕琢;君无见其意,君见其意,臣将自表异。故曰:去好去恶,臣乃见素;去旧去智,臣乃自备。”(《韩非子·主道》)在臣下面前,君主不要表露出自己的欲望,不要表现出自己的意图,这样就可防止臣下对君主思想的猜测和迎合,防止臣下对自己的观点进行伪装而不讲实话。君主不表现自己的好恶,才能观察到臣下的真正想法。

君主要用七术来控制臣下。七术即七种手段:“一曰众端参观,二曰必罚明威,三曰信赏尽能,四曰一听责下,五曰疑诏诡使,六曰挟知而问,七曰倒言反事。此七者,主之所用也。”(《韩非子·内储说上》)这七种手段是用来潜御臣下的,以防止臣下对君主的蒙蔽。一是对臣下的言行要从多方面去验证;二是严惩犯罪者,以体现君主的权威;三是君主的奖赏要能使臣下的能力得到最大的发挥;四是听取臣下的言论,以监督其行动;五是用可疑或诡诈的手段来考察臣下忠诚与否;六是用君主已掌握的东西故意询问臣下,以考察他们所说的是真是假;七是用与事实相反的话和事来探测臣下的真实思想和内心世界。韩非提出的这七种手段,包含了大量的阴谋诡计成分,运用权术的手腕,将臣下放在对立面,当作爪牙来使用。因为他知道:“夫虎之所以能服狗者,爪牙也,使虎释其爪牙而使狗用之,则虎反服于狗矣。”(《韩非子·二柄》)认为这些权术是君主必须要用的,“人主诚明于圣人之术,而不苟于世俗之言,循名实而定是非,因参验而审言辞。是以左右近习之臣,知伪诈之不可以得安也,必曰:‘我不去奸私之行,尽力竭智以事上,而乃以相与比周妄毁誉以求安,是犹负千钧之重陷于不测之渊而求生也,必不几矣。’百官之吏亦知为奸利之不可以得安也,必曰:‘我不以清廉方正奉法,乃以贪污之心枉法以取私利,是犹上高陵之巅堕峻溪之下而求生,必不几矣。'安危之道若此其明也，左右安能以虚言惑主，而百官安敢以贪渔下？是以臣得陈其忠而不弊，下得守其职而不怨。此管仲之所以治齐，而商君之所以强秦也"（《韩非子・奸劫弑臣》）。君主只要能够很好地把握上述控制臣下之术，就能真实地掌握臣下的动态，就能使臣下忠实于君主，不会受到蒙骗，韩非认为这也是管仲和商鞅之所以成功的地方。

如何使臣下能够尽心尽力，忠实于君主，忠于自己的职守？韩非认为，君主应当做到"参伍以听，综核名实"。具体做法是："为人臣者陈其言，君以其言授之事，专以其事责其功。功当其事，事当其言，则赏；功不当其事，事不当其言，则罚。故群臣其言大而功小者则罚，非罚小功也，罚功不当其名也；群臣其言小而功大者亦罚，非不说于大功也，以为不当名也害甚于有大功，故罚……故明主之畜臣，臣不得越官而有功，不得陈言而不当。越官则死，不当则罪。守业其官，所言者贞也，则群臣不得朋党相为矣。"（《韩非子・二柄》）韩非把法家讲求的"循名责实"具体地应用到对群臣的管理上，言不符实则罪，言过其实亦罪，臣不得越职而邀功，不得发表不当言论，凡违犯者必处以重罚。韩非认为只要这样，各级官吏就能忠于其职守，就不敢互结朋党。而要真正地做到这一点，关键是君主要很好地把握刑、赏这两种手段。"明主之所导制其臣者，二柄而已矣。二柄者，刑德也。何谓刑德？曰：杀戮之谓刑，庆赏之谓德。为人臣者畏诛罚而利庆赏，故人主自用其刑德，则群臣畏其威而归其利矣。"（《韩非子・二柄》）君主掌握并运用刑赏这两个手段，对于治政来说是非常重要的，因为人情是"畏诛罚而利庆赏"的，刑赏运用正确了，国家就稳定了，所以君主应当将其单独、牢牢地掌握在自己一人手中，而不可假于他人。

韩非主张用禁奸之术来禁锢民众的言论和思想。和前期法家将一切妨害农战政策的思想视之为"六虱"认为必须禁锢一样，韩非也主张在思想、言论和行动上都要以法为治，对法家主张以外，他名之曰"五蠹"的人和事坚决予以禁止和清除。他认为"五蠹"为乱国之俗："其学者，则称先王之道以籍仁义，盛容服而饰辩说，以疑当世之法，而贰人主之心。其言谈者，为设诈称借于外力，以成其私，而遗社稷之利。其带剑者，聚徒属，立节操，以显其名，而犯五官之禁。其患御者，积于私门，尽货赂，而用重人之谒，退汗马之劳。其商工之民，修治苦窳之器，聚弗靡之财，蓄积待时，而侔农夫之利。此五者，邦之蠹也。人主不除此五蠹之民，不养耿介之士，则海内虽有破亡之国，削灭之朝亦勿怪矣。"（《韩非子・五蠹》)在韩非看来,“学者”“言谈者”“带剑者”“患御者”“商工之民”这五种人是国家的蛀虫,君主如果不想办法除掉这些人,国家败亡就不足为怪了。因此必须对民众实行思想、言论和行动上的禁锢政策,而禁锢的最好办法莫过于“术”。用术的基本政策是“太上禁其心,其次禁其言,其次禁其事”(《韩非子・说疑》),也就是说对民众实行思想、言论和行动禁锢,最重要者莫过于思想的钳制,其次是禁锢所谓的奸邪的言论,最后才是禁锢奸邪的行为。韩非的这套办法着眼于“术”在政治上的应用,而其最根本的目的就是要实现对君主专制集权的绝对保障。

“术”的具体应用,既然要求君主将之独“藏于心中”,则必然使其发展为君主对付臣下的阴谋诡计,当然,臣下亦会将其作为阴谋诡计来对付君主,从而加深统治阶级的内部矛盾,造成朝廷和国家的分裂与灭亡。

“势”是韩非思想体系的重要组成部分。韩非解释“势”说:“柄者,杀生之制也;势者,胜众之资也。”(《韩非子・八经》)权柄是决定生杀的,势是制服民众的。在《韩非子・难势》中,韩非又进一步解释说:“夫势者,名一而变无数者也。势必于自然,则无为言于势矣,吾所为言势者,言人之所设也。夫尧、舜生而在上位,虽有十桀、纣不能乱者,则势治也;桀、纣亦生而在上位,虽有十尧、舜而亦不能治者,则势乱也。故曰:‘势治者则不可乱,而势乱者则不可治也。’此自然之势也,非人之所得设也。若吾所言,谓人之所得设也而已矣,贤何事焉? ……”韩非认为,“势”的名字虽然只有一个,内涵却很多,他将势分为“自然之势”和“人设之势”,韩非所讲的“势”主要是“人设之势”。

所谓“人设之势”,实际上就是一种可以控制和支配他人的权力。在《韩非子・难势》篇中,他引慎到的话说:“慎子曰:飞龙乘云,腾蛇游雾,云罢雾霁,而龙蛇与蚓蚁同矣,则失其所乘也。贤人而诎于不肖者,则权轻位卑也;不肖而能服于贤者,则权重位尊也。尧为匹夫不能治三人;而桀为天子,能乱天下;吾以此知势位之足恃而贤智之不足慕也。夫弩弱而矢高者,激于风也;身不肖而令行者,得助于众也。尧教于隶属而民不听,至于南面而王天下,令则行,禁则止。由此观之,贤智未足以服众,而势位足以屈贤者也。”韩非在此强调,权势和地位是根本,有了权势和地位,不肖者也可以治众、治国;没有权势,贤智也是无用的。只有有了权势和地位,才能服众,才能治理天下,直接否定了儒家“贤治”的思想。

韩非虽然否定“贤治”,主张“势治”,但他同时也指出“势治”是有一定条件的,这就是“分”和“助”。关于“分”,《慎子》中有一段非常生动而精辟的话来形容:“一兔走街,百人追之,贪人具存,人莫之非者,以兔为未定分也。积兔满市,过而不顾,非不欲兔也,分定之后,虽鄙不争。”这里的“分”实际就是指权利和地位。当然仅有“分”还不够,韩非还提出一个“得助于众”的观点,即权力、地位还要得到臣下和民众的襄助才起作用。

“人设之势”以“分”和“助”为基础,在此理论之上,韩非提出了君主用“势”的几条根本原则:

一是君主对“势”的独擅。前述韩非思想渊源于黄老特别是老子,而“势”为君主独擅亦与老子思想有着密切之关系。《老子》中有“鱼不可脱于渊,国之利器不可以示人”的话,是说治国的法宝,是不能轻易展示和给予别人的。韩非对此理解极为深刻,在《韩非子·内储说下六微》中提出:“势重者,人主之渊也,臣者,势重之鱼也。鱼失于渊而不可复得也,人主失其势重于臣而不可复收也。”在《喻老》篇中又说:“势重者,人君之渊也,君人者,势重于人臣之间,失则不可复得也。简公失之于田成,晋公失之于六卿,而邦亡身死。故曰:‘鱼不可脱于深渊。’赏罚者,邦之利器也;在君则制臣,在臣则胜君。君见赏,臣则损之以为德;君见罚,臣则益之以为威。人君见赏,而人臣用其势;人君见罚,人臣称其威。故曰:‘邦之利器,不可以示人。’”在这里,韩非对“势”进行了具体的阐释,“势”是国家利器,具体讲就是赏、罚二柄。他举“田氏代齐”“六卿分晋”的事例来说明,赏、罚掌握在国君手里就能制服臣下,反之臣下就会压制君主,所以国家的这个利器是绝对不可以轻易与人的。

韩非认为:“明主之所导制其臣者,二柄而已矣。二柄者,刑德也。何谓刑德?曰:杀戮之谓刑,庆赏之谓德。”(《二柄》)刑德就是赏罚。为什么君主要以此来导执臣下?韩非认为,这是因为“为人臣者畏诛罚而利庆赏,故人主自用其刑德,则群臣畏其威而归其利矣”(《二柄》)。人情好利惧罚,君主能够独擅其刑德,群臣就会畏惧君主的威权而追求君主给的利益诱惑,这是人情的必然。

韩非处处强调“势”一定要君主独擅,是因为“人臣之于其君,非有骨肉之亲也,缚于势而不得不事也”(《韩非子·备内》)。韩非从“性恶论”的观点出发,认为人和人之间的关系就是一种纯粹的利害关系,在《韩非子·备内》中他又说:“故舆人成舆,则欲人之富贵;匠人成棺,则欲人之夭死也。非舆人仁而匠人贼也,人不贵,则舆不售,人不死,则棺不买。情非憎人也,利在人之死也。”造车的人希望别人富贵，造棺材的人希望别人早死，这不是造车的人仁慈，造棺材的人狠毒，一切都是利益的驱使。所以君主要时刻警惕那些对君主阿谀奉承而实际上觊觎君主权力的小人，要把"势"即刑德二柄牢牢掌握在自己手中。

二是要能正确地运用"势"，即刑、德两种手段。因为这不仅是治国理政的重要手段也是使法、术、势能够得以贯彻执行的重要保证。

把刑德作为治国理政之要，是中国传统政治文化的重要内容之一。早在三代时期，刑德就已经被认为是治国理政的重要手段，甲骨文中已有"德"字的出现，《尚书》中多次提到"德"和"刑"，《尚书・盘庚》中有"惟汝含德""汝有积德""施实德于民""予亦不敢动用非德""用德彰厥善"，《尚书・尧典》中有"象以典刑，流宥五刑，鞭作官刑，扑作教刑，金作赎刑"，《尚书・皋陶谟》有"皋陶方祗厥叙，方施象刑惟明"等提法，显然，这里的德、刑已具备了治国理政的政治理念。但我们必须注意的是，《尚书》中的"德"主要是指"德治""德政"，它和韩非以"德"专指"庆赏"还是有本质区别的。作为一个法家人物，韩非对德治、德政都是持反对态度的。

韩非将刑、德的实施建立在他认为的"人情"的基础上，他说："凡治天下者，必因人情，人情者，有好恶，故赏罚可用，赏罚可用，则禁令可立，禁令可立而治道具矣。"(《韩非子・八经》)在《韩非子・难一》中他又进一步提出："明君之道不然，设民所欲以求其功，故为爵禄以劝之，设民所恶以禁其奸，故为刑罚以威之。"韩非还以法家以刑德治政成功的事例来论证以刑德治国的必然性，在《韩非子・奸劫弑臣》中，他说："古秦之俗，君臣废法而服私，是以国乱兵弱而主卑。商君说秦孝公以变法易俗而明公道，赏告奸，困末作而利本事。当此之时，秦民习故俗之有罪可以得免，无功可以得尊显也，故轻犯新法。于是犯之者其诛重而必，告之者其赏厚而信，故奸莫不得而被刑者众，民疾怨而众过日闻。孝公不听，遂行商君之法。民后知有罪之必诛，而告私奸者众也，故民莫犯，其刑无所加。是以国治而兵强，地广而主尊。此其所以然者，匿罪之罚重而告奸之赏厚也。此亦使天下必为已视听之道也。至治之法术已明矣，而世学者弗知也。"韩非所举秦孝公"设民所欲，以求其功""设民所恶，以禁其奸"使国治而兵强的事例，具有极强的说服力。

在此论证的基础上，韩非进一步发挥了他重刑、重赏的治国理论。《韩非子・六反》中说："今取于轻刑者，其恶乱不甚也，其欲治又不甚也。此非特无术也，又乃无行。是故决贤、不肖、愚、知之策，在赏罚之轻重。且夫重刑者，非为罪人也。明主之法，揆也。治贼，非治所治也；治所治也者，是治死人也。刑盗，非治所刑也；治所刑也者，是治胥靡也。故曰：重一奸之罪而止境内之邪，此所以为治也。重罚者，盗贼也；而悼惧者，良民也。欲治者奚疑于重刑！若夫厚赏者，非独赏功也，又劝一国。受赏者甘利，未赏者慕业，是报一人之功而劝境内之众也，欲治者何疑于厚赏！今不知治者皆曰：'重刑伤民，轻则可以止奸，何必于重哉？'此不察于治者也。"韩非认为，刑罚太轻，容易导致民众犯法；刑罚重了才会使民畏惧，重罚一个奸人可以禁止一国之奸邪。重罚的目的就在于杀一儆百，起到震慑和警示作用，使社会稳定，而重赏亦有同样的效果。

《韩非子·难二》讲："夫赏无功，则民偷幸而望于上，不诛过，则民不惩而易为非，此乱之本也。"所以赏罚必须要公正，"是故诚有功，则虽疏贱必赏；诚有过，则虽近爱必诛"（《韩非子·主道》）。刑德即赏罚必须是一把双刃剑，如果有罪不罚或有功不赏，必定会混淆是非。赏罚如果以贵贱来分，必然会引起人心不服，会造成社会的不公，引起动乱。

和前期法家一样，韩非处在一个兼并战争频仍、君主专制中央集权制逐步形成的时代，在当时要实现君主专制的政治目标，显非德治、德政所能达到，因此他提出的以刑、德为统治手段，不单纯是一个理论问题，而是有与现实相契合的政治实践意义，即使从现代国家治理的角度看，也不失其参考价值。

韩非的"法、术、势"思想是一个完整的统一体，在这个思想体系里，它们互相作用，互为补充。正如韩非自己所说，"君无术则弊（蔽）于上，臣无法则乱于下，此不可一无，皆帝王之具也"（《韩非子·定法》），"势者，胜众之资也"（《韩非子·八经》）。在上，君主没有术就会被蒙蔽，在下，没有法臣子就会作乱，术和法一样都不能少，势则是统治民众的资本，它们都是帝王治理天下、实现其专制集权政治目标的工具。

韩非的思想曾被秦始皇和他的儿子秦二世奉为圭臬，据说韩非在本国不受人重视，而他的著作传入秦国以后，却使秦始皇格外震惊。据《史记·秦始皇本纪》记载："秦王见《孤愤》《五蠹》之书，曰：'嗟乎，寡人得见此人与之游，死不恨矣。"其钦慕之心，跃然纸上。为此，秦王政出兵攻韩，意欲得到韩非。韩非后来虽以特使的身份来到秦国，却为李斯和姚贾致谗而死。韩非虽死，但他的思想深刻地影响了秦王朝的政治文化。就在秦帝国即将崩溃的前夜，秦二世在为自己

“欲造千乘之驾,万乘之属,充吾号名”[1]的骄奢淫逸寻找理由时,还援引韩非的思想理论作为依据。

韩非思想是帝国政治文化重要的渊源之一,主要表现在他对秦始皇君主专制的中央集权制度政治目标的实现;对帝国官僚制度的建立;对帝国官吏的选任和考核;对秦始皇和秦二世施政方法与手段;对国家与社会的严密控制;对以武力实现国家统一;对帝国诸多政治措施和政治制度建设在思想上的重大影响。

秦帝国政治文化的形成,李斯的思想亦是重要一源。此前由于李斯没有著作留世,再加上他本人的政治投机为人不齿,所以其思想甚少为人论及。

李斯本为楚国上蔡人,与韩非是同学,都是荀子的学生。但当荀子倡导“隆礼重法”的政治主张时,和韩非一样,李斯也背离了老师的道路,走向了极端法治主义道路。

李斯虽然没有著作传世,但通过他的言行,还是可以看出他的思想内涵及其对秦王朝政治文化的影响。

和商鞅、韩非一样,李斯坚决主张用武力实现国家的统一。李斯初到秦国,即以统一思想来游说秦始皇发动统一战争。《史记·李斯列传》记载了他向秦始皇的进言:“胥人者,去其畿也。成大功者,在因瑕衅而遂忍之。昔者秦缪公之霸,终不东并六国者,何也?诸侯尚众,周德未衰,故五伯迭兴,更尊周室。自秦孝公以来,周室衰微,诸侯相兼,关东为六国,秦之乘胜役诸侯,盖六世矣。今诸侯服秦,譬若郡县,夫以秦之强,大王之贤,由灶上骚除,足以灭诸侯,成帝业,为天下一统此万世之一时也。”[2]李斯从秦国历史实际出发,正确地分析了秦始皇所面临的形势,“今诸侯服秦,譬若郡县”,鼓励秦始皇抓住时机,实现统一。同时又提出了具体的统一战略,“阴遣谋士赍持金玉以游说诸侯。诸侯名士可下以财者,厚遗结之,不肯者,利剑刺之”(《史记·李斯列传》)。秦始皇从其计,对敌国权臣采用重金收买,进行拉拢、分化、打击,使其为自己服务,这种策略对秦统一六国发挥了重大作用,成为秦政治文化的一大特色。

李斯继承了商鞅的“法”、申子的“术”和韩非的“法、术、势”思想,在统治思想上极力主张实行君主专制独裁制度。他在向秦二世的上书中明确提出:“且

---

① 《史记》卷六《秦始皇本纪》,北京:中华书局标点本,1956 年,第 271 页。

② 《史记》卷八十七《李斯列传》,北京:中华书局标点本,1959 年,第 2540 页。

夫俭节仁义之人立于朝，则荒肆之乐辍矣；谏说论理之臣闭于侧，则流漫之志诎矣；烈士死节之行显于世，则淫康之虞废矣。故明主能外此三者，而独操主术以制听从之臣，而修其明法，故身尊而势重也。凡贤主者，必将能拂世磨俗，而废其所恶，立其所欲，故生则有尊重之势，死则有贤明之谥也。是以明君独断，故权不在臣也。然后能灭仁义之途，掩驰说之口，困烈士之行，塞听掩明，内独视听，故外不可倾以仁义烈士之行，而内不可夺以谏说忿争之辩。故能荦然独行恣睢之心而莫之敢逆，若此然后可谓能明申、韩之术，而修商君之法。法修术明而天下乱者，未之闻也。"[①]李斯认为，贤明的君主必须是能独断专行者，这样大权才不会旁落到大臣的手里。至于如何独揽大权，李斯提出，首先要排除三种人，即俭节仁义之人、谏说论理之臣和死节烈士；其次就是要内独视听，排除所谓的世俗偏见，清除所恶，立其所好；再次，要建立严明的法制，拔高君主的地位，这样就会形成主尊之势；此外，要断绝仁义之路，闭塞谏诤和争论，压制节烈之士。这样就能随心所欲、为所欲为，没有人敢于反对，这才算真正掌握了申、韩之术，学会了商鞅之法。

郡县制，是君主专制的重要基石，秦初并天下之后，在关于国家实行什么样的政体的问题上，丞相王绾等人力主实行分封制度，他们认为其时"诸侯初破，燕、齐、荆地远，不为置王，无以填之"[②]。李斯力排众议，认为置诸侯不便，秦始皇接受了他的意见，否定了分封制，将郡县制推向全国。《史记・秦始皇本纪》记载，其时"分天下以为三十六郡，郡置守、尉、监"。历史证明，李斯的意见是正确的，是符合历史发展、促进历史进步的。

李斯关于实行思想禁锢、进行社会控制的思想，对秦朝政治文化的影响也至为深刻。

秦始皇三十四年，身为丞相的李斯，针对博士齐人淳于越关于分封制的建议提出了尖锐的反对意见，并引发了震惊世人的"焚书坑儒"事件。焚书坑儒不仅将帝国初年意欲实行的"德刑兼备"政策彻底推翻，中断了战国以来思想学术的自由发展，中断了由国家统一而带来的统一政治文化的形成，造成对中国传统文化的致命性打击，而且成为此后历代专制集权者仿效的榜样。

---

① 《史记》卷八十七《李斯列传》，北京：中华书局标点本，1956年，第2557页。

② 《史记》卷六《秦始皇本纪》，北京：中华书局标点本，1956年，第238页。

李斯认为,要实现君主专制独裁的政治目标,君主还必须能全道而行督责之术。何谓全道而行督责之术?李斯认为:一是明确君臣身份等级之分,对臣下实行督责,让其竭尽所能为君主效力。《史记·李斯列传》说:"夫贤主者,必且能全道而行督责之术者也。督责之,则臣不敢不竭能以徇其主矣。此臣主之分定,上下之义明,则天下贤不肖莫敢不尽力竭任以殉其君矣。是故主独制于天下而无所制也。"君臣尊卑身份明确,上下之义分明,利用督责之术来实行督责,这样无论有才能还是没有才能的,都不敢不尽心竭力为君主效命。二是要实行"轻罪重罚"的政策。李斯引韩非的话说:"韩子曰'慈母有败子而严家无格虏'者,何也?则能罚之加焉必也,故商君之法,刑弃灰于道者。夫弃灰,薄罪也,而被刑,重罚也。彼唯明主为能深督轻罪。夫罪轻且督深,况有重乎?故民不敢犯也。"[①]轻罪重罚,老百姓就不敢轻易以身试法,不会产生非分之想,社会也就稳定了。三是要做到"能灭仁义之途,掩驰说之口,困烈士之行,塞聪掩明,内独视听",这样君主才能独行恣睢之心。"故督责之术设,则所欲无不得矣。群臣百姓救过不给,何变之敢图?"[②]如能实行督责之术,君主的一切欲望都可以实现,群臣和老百姓想弥补自己的过失都来不及,哪里还有可能去谋反?

李斯在秦朝当政三十多年,在治国理政的政治实践中影响巨大。他狱中上二世书中说到:"臣为丞相,治民三十余年矣。逮秦地之狭隘。先王之时秦地不过千里,兵数十万。臣尽薄材,谨奉法令,阴行谋臣,资之金玉,使游说诸侯,阴修甲兵,饰政教,官斗士,尊功臣,盛其爵禄,故终以协韩弱魏,破燕、赵,夷齐、楚,卒兼六国,虏其王,立秦为天子。罪一矣。地非不广,又北逐胡貉,南定百越,以见秦之强。罪二矣。尊大臣,盛其爵位,以固其亲。罪三矣。立社稷,修宗庙,以明主之贤。罪四矣。更剋画,平斗斛度量,文章布之天下,以树秦之名。罪五矣。治驰道,兴游观,以见主之得意。罪六矣。缓刑罚,薄赋敛,以遂主得众之心,万民戴主,死而不忘。罪七矣。"[③]这里李斯虽是在说自己的罪过,其实是在向秦二世表功。剔除掉那些夸饰的成分,从中就足以看出李斯的思想对秦政治文化的影响之大了。

---

① 《史记》卷八十七《李斯列传》,北京:中华书局标点本,1959 年,第 2555 页。

② 《史记》卷八十七《李斯列传》,北京:中华书局标点本,1956 年,第 2557 页。

③ 《史记》卷八十七《李斯列传》,北京:中华书局标点本,1956 年,第 2561 页。

结 语

秦政治文化的变迁，是一个历史过程，在各个历史时期分别呈现出不同的内容和特点。

嬴秦人起源于海岱地区以少昊和颛顼为首领的东夷部族，他们是华夏文明最早的创造者之一。在这个充满民族集体记忆的阶段，秦人的政治文化创造，主要是结束了“民神杂糅”的混乱状态，划分了司天与司地职能，使民事和神事有了严格的区分，确立了正常的宇宙秩序，确立了人间的最高领袖才有的通天权力，使宗教权完全处于政权的控制之下，从而形成此后中国政治文化最显著的特色之一。

商末周初，嬴秦人被迫西迁，由于长期与戎狄杂处，造就了秦民族英勇强悍、不畏艰难、胸怀博大和对异质文化广泛开放与吸纳的品格。从秦人先祖非子被周王封为“附庸”起，秦人又被纳入西周的政治体系中，广泛地吸收周文化，并开始向东方发展，其政治文化浸润了浓厚的周文化色彩。

周室东迁，秦襄公开始立国，“立畤祭上帝”，以示天命神授，构建起森严的社会等级秩序，以维护君主的权力和地位。这个时期，由于东方各国特别是晋国军事实力尚强，秦缪公以“礼乐法度为政”，同时把主要目标放在向西方开拓疆土上，实现了“益国十二，开地千里，遂霸西戎”的称霸理想。

春秋战国以来，由分裂走向统一、由封邦建国走向君主专政的中央集权制成为历史发展的趋势。在这个阶段中，秦人实现了由追求霸权向富国强兵、统一国家、建立中央集权制国家的转变。秦孝公在法家思想指导下，在商鞅的辅助下，以建立君主专制的中央集权为最高政治目标，利用社会组织进行社会控制，重塑新的社会价值观、道德观，进行了战国时期最彻底的变法改革，使秦国迅速走上富国强兵之路，由秦国完成六国统一的历史趋势已经形成。在法家思想的主导下，以法为治贯穿了这个时代的始终。

随着兼并战争的进行，领土的扩大，各种流派思想的交流和碰撞，国家逐步走向统一，单纯的以法为治已很难适应时代的要求，大一统政治文化应运而生。秦昭襄王时，吕不韦来到秦国，秦庄襄王时被任命为丞相，在秦国在军事上取得一系列胜利的同时，吕不韦组织门客编撰了《吕氏春秋》一书，为即将到来的统一国家进行顶层设计，制作规划蓝图，同时作为对帝王进行政治文化教育的教科书，在对未来中央集权国家的政治文化设计中，提出了一系列既有远见又有创新的思想观点。

吕不韦虽死于政治斗争，但他的政治思想对后来秦始皇时代的政治文化所产生的影响是绝对不可低估的。

从公元前230年到前221年，秦用十年时间完成了国家统一，建立起一个庞大的东方帝国，创造了丰富的政治文化，但仅仅过去了十五年，帝国的大厦就轰然崩塌了。对于秦的灭亡和秦政治文化终结的原因，当代学者比较有代表性的意见认为："在于用武力手段完成了军事征服和政治统一后，未能成功地用法律手段实现文化的统一或整合。""由文化差异与冲突引起的楚人对秦政的反感，及齐、赵等地人民对楚人反秦战争的同情是导致秦朝灭亡的重要原因。"[①]秦王朝对制度文化的整合，采取法律手段在全国特别是新占领区强行推行秦的各项制度与文化，已见前述。造成灭亡的原因到底在哪里？我们认为：

秦始皇时代，古代中国各种知识和思想开始走向融合和统一，秦始皇及其统治集团也在政治文化的统一上进行了不懈的探索和努力，显示了新兴地主阶级走上政治舞台的蓬勃朝气，但由于秦王朝政治文化是以建立君主专制的中央集权制度为其最高政治目标，而秦朝的最高统治者又过分相信刑治和暴力对社会控制的作用，忽视了对为全社会所公认的价值观、道德观的重塑，缺失了伦理秩序和政治秩序等深层稳定机制的建立，这才是导致秦国家灭亡和帝国政治文化终结的根本原因。

---

① 陈苏镇：《〈春秋〉与"汉道"两汉政治与政治文化研究》，北京：中华书局，2011年，第15页、37页。